哈佛风云录

THE

[美]达夫·麦克唐纳（Duff McDonald）◎著　　王正林◎译

从哈佛商学院看美国精英教育中的特权与野心

GOLDEN

PASSPORT

新世界出版社
NEW WORLD PRESS

The Golden Passport: Harvard Business School, the Limits of Capitalism, and the Moral Failure of the MBA Elite
by Duff McDonald
Copyright © 2017 by Duff McDonald
Simplified Chinese edition copyright © 2019 by Grand China Publishing House
Simplified Chinese language edition published in agreement with Kuhn Projects LLC, through The Artemis Agency
All rights reserved.
No part of this book may be used or reproduced in any manner whatever without written permission except in the case of brief quotations embodied in critical articles or reviews.

本书中文简体字版通过 Grand China Publishing House（中资出版社）授权新世界出版社在中国大陆地区出版并独家发行。未经出版者书面许可，本书的任何部分不得以任何方式抄袭、节录或翻印。

北京版权保护中心引进书版权合同登记号：图字 01-2018-7447 号

图书在版编目（CIP）数据

哈佛风云录：从哈佛商学院看美国精英教育中的特权与野心／（美）达夫·麦克唐纳著；王正林译．-- 北京：新世界出版社，2019.4
书名原文：The Golden Passport
ISBN 978-7-5104-6707-3

Ⅰ.①哈… Ⅱ.①达…②王… Ⅲ.①哈佛商学院－学校管理－研究 Ⅳ.① G649.712

中国版本图书馆 CIP 数据核字 (2018) 第 298010 号

哈佛风云录：从哈佛商学院看美国精英教育中的特权与野心

作　　者：	〔美〕达夫·麦克唐纳
译　　者：	王正林
策　　划：	中资海派
执行策划：	黄　河　桂　林
责任编辑：	吴伶伶　李梦娟
特约编辑：	韩周航　王羽悠佳　宋金龙
责任印制：	吴惠婷
出版发行：	新世界出版社
社　　址：	北京西城区百万庄大街 24 号（100037）
发 行 部：	(010) 6899 5968　(010) 6899 8705（传真）
总 编 室：	(010) 6899 5424　(010) 6832 6679（传真）
http ：	//www.nwp.cn　http://www.newworld-press.com
版 权 部：	+8610 6899 6306
版权部电子邮箱：	frank@nwp.com.cn
印　　刷：	深圳市精彩印联合印务有限公司
经　　销：	新华书店
开　　本：	787mm×1092mm　1/16
字　　数：	480 千
印　　张：	31
版　　次：	2019 年 4 月第 1 版　2019 年 4 月第 1 次印刷
书　　号：	ISBN 978-7-5104-6707-3
定　　价：	69.80 元

版权所有，侵权必究

凡购本社图书，如有缺页、倒页、脱页等印装错误，可随时退换。
客服电话：(010) 6899 8638

To my Chinese readers —

Your own history goes back millennia. In the U.S., we are still impressed when an institution lasts a mere century.

Harvard Business School, mind you, has had an enormous amount of influence — both positive and negative — during its first 100 or so years. And that influence has been global.

I hope you find value in my retelling of this fascinating tale of the challenges, risks, successes, and mistakes they have made along the way.

Thank you for reading.
With best wishes,
Duff McDonald

致中国读者信

中华文化绵延数千年，但在美国，拥有百年历史的学院尚属罕见，哈佛商学院属于其中一所。

在哈佛商学院成立的一个世纪里，它对美国乃至世界都产生了不容忽视的影响，既有积极的一面，也有消极的一面。

我在本书中讲述了一个精彩的故事，其中充满挑战、冒险、成功，以及哈佛商学院犯下的错误。

感谢你选择这本书。

在此献上最真挚的祝福
达夫·麦克唐纳

谨以此书献给帕特（Pat）和卡罗琳（Caroline）这两位母亲，她们的努力，对我有着最重要的意义。

安德鲁·罗斯·索尔金（Andrew Ross Sorkin）
《纽约时报》（*The New York Times*）**首席记者**

　　《哈佛风云录》控诉了哈佛商学院让美国企业受到全国人民轻视的主要原因……麦克唐纳通过一个又一个事例向我们指出，金钱和哈佛商学院自身的影响力，不但破坏了学校的课程，还歪曲了那些大学教授的世界观。

威廉·D. 科汉（William D. Cohan）
《贝尔斯登》（*House of Cards*）**作者**

　　《哈佛风云录》是一部象征着资本主义的重要著作。无论你是渴望进入哈佛商学院，还是鄙夷哈佛商学院对华尔街和企业的不良影响，麦克唐纳这部如同调查报告般的杰作都值得一读。

拉尔夫·纳德（Ralph Nader）
美国工艺事务组织主席，现代消费者权益之父

　　《哈佛风云录》详细描述了哈佛商学院心甘情愿接受企业资金和影响力的熏陶，准备将每一代学生培养成企业大亨的故事。哈佛商学院一直以来专心于塑造最新的管理技巧，却对不断高涨的企业犯罪浪潮及其他犯罪行为、公民基本价值观的衰败和经济不平等不闻不问。在这本书中,读者可以忘我地徜徉,远离金钱的酸腐气。

贝萨尼·麦克林(Bethany McLean)
《房间里最精明的人》(*The Smartest Guys in the Room*)**合著者**

《哈佛风云录》虽然不是首次批评哈佛商学院的书,但它无疑是迄今为止对哈佛商学院分析得最彻底的一本书。麦克唐纳讲述故事的意图,并不在于简化问题,相反,他大力抨击哈佛商学院用以培养MBA的案例分析法不但损害了企业,还损害了社会。现在,是时候做出改变了。

理查德·佛罗里达(Richard Florida)
《创意阶层的崛起》(*The Rise of the Creative Class*)**作者**

达夫·麦克唐纳的《哈佛风云录》记述了哈佛商学院悠久的发展历史,却又不止于此。书中提供了一个强大的视角,让我们能一窥美国商业的知识基础、失败的商业实用主义以及美国的资本制度。

《出版商周刊》(*Publishers Weekly*)

《哈佛风云录》探讨了哈佛商学院如何成为通往金钱、权力和财富最高阶梯的通行证。麦克唐纳剖析了哈佛商学院的历史,质疑了美国商业教育和资本主义的局限性。他不再毕恭毕敬,而是言辞犀利,时不时揭露哈佛商学院的虚荣做作,这种叙述方式真让人耳目一新。

《华尔街日报》(*The Wall Street Journal*)

这是一部严肃的历史书,包罗万象,精于细节。

《科克斯评论》(*Kirkus Reviews*)

《哈佛风云录》叙述了哈佛商学院自1908年建校以来的详尽历史,并猛烈地抨击了哈佛商学院对美国资本主义的影响……麦克唐纳通过深入调查,剖析了学院的师资、课程和学生,让人印象十分深刻。

《书单》(*Booklist*)

麦克唐纳在书中强调了哈佛商学院的影响力,例如,他详细叙述了哈佛商学院如何通过将统计知识引入战争策略中,帮助美国赢得二战;哈佛商学院如何协助美国奠定管理知识的基础,让美国的商业管理经验走在世界前列。

《环球邮报》(*The Globe and Mail*)

在麦克唐纳笔下,哈佛商学院历史中的成功与失败、罪行与误解,都让我们窥见了美国商人日益腐坏的灵魂。

前　言　责任的埋骨地，商业的天堂岛　1

第一部分　　狼巢初生：商业与教育的首次联姻

20世纪初，美国商业在争议中蓬勃发展，哈佛商学院应运而生，却在第一年仅迎来58名学生。短短20年后，哈佛商学院一跃成为全美最豪华、规模最大的顶级学府。可是，对于它走向成功的途径，有人赞扬有加，也有人鄙夷不屑；对于它培养出来的学子，有人称之为精英，也有人视之为豺狼虎豹。面对纷纷争议，哈佛商学院会如何应对？

第 1 章	商学教育：为新权贵而生　13	
第 2 章	埃德温·盖伊：探索哈佛商学院的使命与方法　22	
第 3 章	科学管理，一拍即合　30	
第 4 章	十年回顾：1910～1919 年　41	
第 5 章	案例分析法：是思维的延伸还是枷锁？　45	
第 6 章	华莱士·多纳姆：哈佛商学院引航者　52	
第 7 章	建在企业之上的学院　63	
第 8 章	精神科医生的社会治理之道　71	
第 9 章	十年回顾：1920～1929 年　84	

第二部分　　颇具争议："精英"生产流水线？

1929年，经济大萧条席卷美国。在这个特殊的时期，哈佛商学院如何将商界巨贾汇聚一堂，说服他们将自己打造成"精英工厂"？当美国各界都嘲讽它的学子出自流水线时，哈佛商学院又是如何在短期内让自己的毕业生脱颖而出，将他们送至权力与财富的高地？不论哈佛商学院境遇如何，它已然成为商界与教育界王冠上的明珠。

第10章　│　教育弊端初现　91

第11章　│　大萧条下的生存之道　95

第12章　│　道德权威下的管理　103

第13章　│　无所不能的MBA辍学生　110

第14章　│　十年回顾：1930～1939年　119

第15章　│　资本主义的"西点军校"　123

第16章　│　商人：不容辩驳的完美战士　127

第17章　│　精英工厂　132

第18章　│　交友原则：风光时亲昵，落寞时离去　143

第19章　│　1949届毕业班：被美元砸中的班级　149

第20章　│　十年回顾：1940～1949年　155

第三部分　　学院商业化：一张强而大的人脉网

哈佛商学院在前行半个世纪后，逐渐形成了自己独特的"商业生态系统"，校友是维持系统运作的关键能量。他们通过相互连接，编织成巨大的网络，丰厚利润和巨额债务、无上的荣誉和莫大的耻辱都在其中穿行。与此同时，哈佛商学院开始在教育上裹足不前。

第21章　│　牢笼：公司人与企业之茧　163

第22章　│　缺失领导力的权力网络　169

第23章　│　麦肯锡：哈佛商学院毕业生的"成长温室"　178

第24章　│　来自科学的挑战　189

第25章 | 权宜婚姻：福特基金会与商学院 194
第26章 | 进军亚欧大陆 201
第27章 | 校园里的性别和种族歧视 206
第28章 | 逻辑困境 211
第29章 | 十年回顾：1950～1959年 218
第30章 | 盛名之下无谬言 221
第31章 | 双面MBA：罗伯特·麦克纳马拉 228
第32章 | 商学教育一体模式下，教育还能否纯粹？ 238
第33章 | 十年回顾：1960～1969年 244

第四部分　　荣耀背后：金钱说服力在作祟

自信、追求完美的MBA从哈佛商学院毕业后，涌入华尔街。难以抵抗的金钱诱惑和缺失的道德教育，让他们变成了盲目的野心家，搅起一场又一场"腥风血雨"。然而，当他们面对风暴过后的狼藉时，这群出自象牙塔的精英却袖手旁观。或许，他们的自信不过是自负，他们所谓的追求完美，不过是为一己私利。

第34章 | 管理教育：看上去很美 251
第35章 | 《哈佛商业评论》的创刊、巅峰和丑闻 254
第36章 | "炮制"领导者 266
第37章 | 创业热潮下的冷思考 274
第38章 | 哈佛商学院与哈佛大学的博弈 283
第39章 | 谁将美国经济拖入泥潭？ 289
第40章 | 十年回顾：1970～1979年 296
第41章 | 社会责任也有破坏功能？ 302
第42章 | 一场管理主义的"谋杀行动" 306
第43章 | CEO的最高统帅 320
第44章 | 哈佛商学院的社交工程 327
第45章 | 忙碌的教授们 333

第 46 章	明星教授：迈克尔·波特和他的垄断战略　341
第 47 章	被忽视的主角：道德教育　354
第 48 章	僵持不下的论战　363
第 49 章	十年回顾：1980～1989 年　372

第五部分　　抉　择：不仅仅是面子工程

　　2008 年金融危机爆发后，恐慌不安的情绪在世界蔓延，哈佛商学院的精英们名誉扫地。若将这场灾难归咎于哈佛商学院，是否言过其实？但它不能否认，自己在一个世纪里向世界输出的理念，无疑是危机导火索。现在，哈佛商学院正站在岔道口，它会选择安于现状，还是冒险改革？

第 50 章	占领华尔街　383
第 51 章	经理人为何越来越失职？　398
第 52 章	十年回顾：1990～1999 年　403
第 53 章	以微变，应万变　411
第 54 章	MBA 的总统梦　414
第 55 章	安然为何突然破产？　422
第 56 章	应对危机的艺术：避重就轻　432
第 57 章	哈佛商学院生命线：校友经济　437
第 58 章	薪酬阴谋论　444
第 59 章	十年回顾：2000～2009 年　451
第 60 章	审视当下　458
第 61 章	新院长，旧气象　466

后　记　哈佛商学院能带头前行吗？　475

致　谢　478

责任的埋骨地,商业的天堂岛

2014年的哈佛商学院毕业典礼上,毕业生代表凯西·杰拉尔德(Casey Gerald)发表了一场被誉为"迄今为止MBA学生发表的最为激动人心"的演讲。在演讲中,杰拉尔德回忆自己是如何进入这所世界上最著名的商学院,怀着想要拿到MBA学位的明确目标,并且打算像《纽约时报》(*New York Times*)在1978年刊登的一篇文章中描述的那样,将MBA学位作为通向美好生活的"金色通行证"。但是,杰拉尔德在毕业时改变了这一观念,并认为美好生活可以再等一等。和他的很多同学不同,杰拉尔德并没有在年薪近20万美元的私募股权公司谋职,而是和其他3位同班同学创办了一家名叫全美MBA毕业生(MBAs Across America)的非营利组织,目的是将像他们一样精力充沛、充满理想主义的MBA毕业生,以及以使命为驱动的企业团结起来。

在演讲的最后,杰拉尔德表达了对哈佛商学院的使命"培养改变世界的领袖"的认同,并由衷地对他的同学们说:"我们将成为商业世界的新一代探路者;我们必须去探寻未知的方向,迎接尚未完成的挑战;我们必须充分利用自己的时间和才华,珍视今天,把握明天。新的梦想、希望和可能性正在未知的黑暗中等待着我们。是的,我们即将面对的工作也许是艰苦卓绝、令人生畏的,或是成败难料、无休无止的,又或是在我们经受了百般磨炼后仍无法完成的,但整个商业世界,甚至整个世

界的发展都取决于这些工作。人生苦短，但要完成这些工作则需要很长时间，尽管如此，我仍相信我们已经做好准备。亲人无私的爱、师长宝贵的经验、朋友的全力支持，都会赋予我们直面未来的勇气。让我们出发吧！"

要改变世界，先进入精英俱乐部？

这段时长18分钟的演讲视频在网络上的点击量超过15万次——完全可以称之为"病毒"。至少，对哈佛商学院的名誉和利益而言，这个视频是及时的。长期以来，人们对这所世界顶级学府的推崇和怀疑几乎一样多。每隔一段时间，针对哈佛商学院的谴责就会出现在各大媒体上。在2008年金融危机之后，谴责声达到了一个新高潮，人们指控它美化将全球经济带向悬崖边的行为。直到2014年，杰拉尔德站了出来。他用自身的成长经历以及毕业演讲，代表哈佛商学院向世人展示了一首充满爱的诗歌，这对哈佛商学院而言，简直是久旱之甘霖。进入哈佛商学院之初，外形俊朗的杰拉尔德就展示了他的领袖气质，他不仅谋求个人发展，还会考虑其他人的需要。很快，他的头像就登上了商业杂志《快公司》（Fast Company）的封面，以及哈佛商学院的筹款海报。他成了一名真正意义上的"封面男孩"，向世人传达着"资本主义可以成为一种助推我们追求美好生活的力量"的理念。

拥有杰拉尔德这样的"产品"，哈佛商学院更可堂而皇之地宣称："我们的办学宗旨不是为了收费，我们的确在培养改变世界的领袖。"

在那段"激动人心"的演讲中，杰拉尔德这样描述自己：一个由祖母养育长大，生活在达拉斯橡树崖（Oak Cliff）附近的非裔美国人。他先在耶鲁大学读本科，后到哈佛商学院读硕士。需要补充的是，杰拉尔德并不是典型的哈佛商学院毕业生，至少不是公众想象中的那种类型。可以断定，哈佛商学院在传递一项强加在自己身上的宗旨，一项早在20世纪30年代初就被其院长表达过，且多年来学院一直反复申述的宗旨：在培养未来的商界领袖时，哈佛商学院的核心理念就是培育整个社会的商业责任。

私下讲，一个让哈佛商学院引以为傲的事实是，杰拉尔德的演讲获取了公众的信任。那是哈佛商学院在兜售的另一样东西：一种修辞形式。

再次观看演讲视频时,你会发现自己很难不支持杰拉尔德。你甚至准备相信,原来这个地方确实不只传授顺利进入"顶尖俱乐部"的密码(哈佛商学院毕业生的富有和强大已无须赘言),他们还打算运用某种强大的力量,为我们所有人谋求福祉。毕竟,杰拉尔德不就是这么说的吗?

但事实是,几年后再和杰拉尔德聊天,他会告诉你,如果你觉得他的演讲传递了这些信息,那你可能搞错了。哈佛商学院的一些学生和教授确实会将他人利益置于自身利益之上,或平等对待两者,但这类人凤毛麟角。

2015年年初,我与杰拉尔德约在布鲁克林的一家咖啡馆见面。他告诉我:"在哈佛商学院求学的两年里,如果你采用学院现成的方法,每天花两个小时来研究每一个案例并试图解决其中的问题,那么,你的生活并不会因此而改变。整整一个学期,哈佛商学院基本上都在和咨询公司打交道。到食堂去吃个午饭,就能看到来自贝恩资本(Bain Capital)、波士顿咨询(Boston Consulting)或者麦肯锡(McKinsey)的人。虽然在咨询公司或会计师事务所工作不算太坏,但如果让1 800名堪称人类精英的哈佛商学院学生只能从这两种职业中选择一种,那就未免太糟糕了。这既不合情理,也缺乏想象力。"

我问杰拉尔德是否担心自己被指责为"异教徒",或被踢出那个大肆夸耀哈佛商学院的校友会——要知道,哈佛商学院目前的毕业生多达76 000人,他们来自167个国家,且大部分人仍然活跃在商界,这很可能是美国历史上最强大和最活跃的校友会。我之所以表示担忧,是因为他的办公地点就在国际障碍大赛(Tough Mudder)的举办地附近,而这项赛事是由哈佛商学院的校友筹办的。不过他一点也不担心:"就好比詹姆斯·鲍德温(James Baldwin)[①]对美国的评论:'我对美国的热爱,胜过其他任何国家,正因如此,我会永远坚守批评她的权利。'我对哈佛商学院也怀有同样的情感。"

"我认为,哈佛商学院正在做且做得很好的是,教育人们在模棱两可的局势下接受不完美的结果、不确定的信息、紧张的最后期限,并且想出如何以最高效和最有力的方式应对问题。但其双面性在于,拥有这种能力的人既可以建设伟大的企业,也能毁灭我们的星球或人类文明。罗伯特·麦

[①] 美国黑人作家、散文家、戏剧家和社会评论家。他的小说《向苍天呼吁》被列为20世纪四五十年代美国黑人文学的典范。——译者注

克纳马拉（Robert McNamara）是哈佛商学院的著名校友之一，作为商业领袖，他拯救了福特汽车公司（Ford Motor Company），但作为美国国防部长，他主导越南战争升级，让越南人民和美国士兵遭受了战争侵害。"

"我们得先就自己需要做哪件事来谈一谈，同时还得谈谈为什么应当做这件事而非那件事。这两件事之间的区别已然十分清晰。"杰拉尔德指出，类似这样的辩论在哈佛商学院并不经常发生，其基本辩题也是围绕学院本身的优势是什么，以及它代表哪一阶层的利益。其中一个辩题是：专业院校是否应当对其毕业生的精神生活负起责任？一方认为，进入这些学校的学生都已是成年人；另一方认为，如果他们已经是成年人，那就不必花费25万美元接受为期两年的教育。这些人从本质上讲是希望规避风险的，他们需要被引导。"从某种程度上讲，这是一种治疗，但你不能在把人们带进治疗室后，指望他们自己去解决问题。"杰拉尔德说。

世界顶级商学院的社会责任

如果说哈佛商学院没能充分地解决商学教育中的精神构成问题，那么，还有一个更为致命且更重要的方面是，它没能持续且正面接触从一开始就面临的智力挑战，也就是说，它没能促成一场有意义的、围绕资本主义社会特性以及其中的企业的讨论。哈佛商学院认为企业是一个独特的研究领域，完全忽略了每一家企业都是社会的企业这一点——要知道，世界历史上从未出现过在社会上持中立态度的企业。每一家企业都有其特有的影响力，问题在于，它们到底在发挥积极的影响，还是消极的影响。

毫无疑问，哈佛商学院已经进入了前途被看好的状态，这种状态由少数几位非凡之人的愿景支撑着。学院第二任院长华莱士·布雷特·多纳姆（Wallace Brett Donham）等人纷纷意识到，一所商学院在智力上的目标应当是做经济学家没有做过的事情，即提出一种可行的企业理论。大多数经济学家并没有对实际发生在企业内部的事情进行研究，他们只是认为，所有经理人都是理性的，但事实并非如此。由此，商学院可以从经验、哲学和道德上，对企业在运营时该如何行动提供可行的理论。有段时间，他们似乎抓住了一次机会，那便是通过商学院称颂的案例分析法，形成一种基于判断的普适性管理理论。

哈佛商学院相比于其他商学院的优势在于，它将经理人的判断视为企业经营的核心。然而，大约在哈佛商学院成立75周年之际，也就是1984年，它放弃了自己的优势，并对两类人做出让步：一类是将管理机械化的人；另一类是新自由主义经济学家。后一类人认为"经理人不过是标价很高的娼妓"。不过，商学院在1985年做了一个自相矛盾的决定，它聘请了经济学家迈克尔·詹森（Michael Jensen）。詹森对金融的研究被意识形态绑架，这使得他以一种愤世嫉俗的方式否定了学院在他到来之前发生的所有事情。

哈佛商学院为何会做出如此让步？原因就在于金钱诱惑。哈佛商学院变得（并且依然）十分自恋，以至于它认为自己可以解决一个最为重要的问题：改进资本主义体系。令人尴尬的是，直到2016年，不仅美国的经济不平等达到一个世纪以来的最高点，气候变化和其他环境问题也几乎没有取得任何有意义的进展。在过去10年里，法国经济学家托马斯·皮凯蒂（Thomas Piketty）聚焦于这些问题中的首要问题——不平等。单是这一位经济学家在该问题上所做的研究，就比这个星球上最富有的商学院中的所有教职工做的都多，皮凯蒂无疑对哈佛商学院发起了一种无声的控诉。

同样令人尴尬的是，哈佛商学院并没有做出多大努力去解决一个他们曾参与制造的问题——商界与政府之间形成了一种不必要的敌对关系——这也是美国未能有效解决环境问题的核心。他们都忽略了美国政府在帮助美国成为强大工业化国家过程中的突出贡献。不过，并不是所有哈佛商学院成员都对此表示理解，比如哈佛商学院1965届毕业生卡特·贝尔斯（Carter Bales）。

贝尔斯在麦肯锡工作了30年，并连续两年作为麦肯锡在哈佛商学院的招聘主管，同时兼任纽约市的代理预算主管助理，负责处理纽约市的空气污染问题、固体废物管理和供水项目。贝尔斯对环境保护有着满腔热忱，曾任职于众多环保组织，包括北部海岸土地联盟（North Shore Land Alliance）、大峡谷信托基金会（Grand Canyon Trust）。他还是未来资源研究所（Resources for the Future）顾问委员会中的一员，并在大自然保护协会（The Nature Conservancy）总部和纽约分部担任要职。

2009年，贝尔斯与他人共同创办新世界资本集团（New World Capital Group），这是一家聚焦于环境资源的投资公司，重点关注清洁能源、能源效率、水资源再生、废物利用以及环境服务。他拒绝"股东资本主义"（shareholder）而支持"利益相关者资本主义"（stakeholder），而环境本身就是利益相关者之一。他认为，追求最大的投资回报和获得在他看来是"不劳而获"的社会共同利益，这两者之间不能折中。这并不是一个学术问题。最近，由联合国环境规划署（United Nations Environment Programme）资助的一项调查结果显示，如果考虑到外部成本，那么世界上没有哪类大型工厂可以赚取利润。换句话讲，这些工厂想要获取利益，都需要消耗未来资源。

贝尔斯认为，哈佛商学院不仅为他提供了一个持久且具有影响力的社交圈，还对他的思维方式产生了深刻影响。他特别赞扬案例分析法教会他如何设定问题、解决问题。他说："虽然大部分学者能从问题中总结出深刻观点，但领导者只看结果。案例分析法能帮助你理解问题的相对重要性、问题之间的关联性、如何设定期望值，以及怎样调度各种资源来完成任务。"

虽然哈佛商学院使他感受到资本主义的局限性，但也让他了解到像美国这样的超级大国如何在局限中运行，并防止自身变成金钱的奴隶。但是，贝尔斯并不会因此称赞哈佛商学院。他说："哈佛商学院课程的核心问题是，它并没有对政府在经济体系中所扮演的角色形成一种正确认识，而是用一根分界线将企业与企业赖以生存和发展的政策结构、治理结构、激励结构区分开来，而这些结构都是由政府设置的。有趣的是，有许多毕业于肯尼迪政府学院的人在为非政府组织工作，但我打赌，如果你仔细观察美国联邦政府中的高层管理者，会发现一千人中也未必能找到一个哈佛商学院毕业生。"

贝尔斯认为，正是由于商学院与政府缺乏沟通，才使美国政府需要耗费大量时间、精力和金钱修复环境问题。他说："商人会对激励做出响应，而不会去开辟新途径。美国在应对气候变化方面无所作为的原因在于，各企业没有改变动机。和商界人士谈良心，就像对牛弹琴。大部分企业都在为每个季度的业绩报表而竭尽全力，这种'季度资本主义'正在主导着现实。如果你想改变各企业的观念，强烈呼吁是毫无用处的，唯一管用的方法是激励，而唯一能够设计出激励措施的是政府。可这个国家的现状是：美国地方政府、州政府和联邦政府向油气行业提供了数百亿美元的激励，这最终将毁掉整个世界。反观用于保护可再生能源的激励却少得可怜。企业操控着政府,并声称我们生活在自由市场中,这是无稽之谈。我们只能在由寡头垄断的市场中,获得可有可无的补贴或进行形式上的合作。这一市场环境会将油气资源带向悬崖。"贝尔斯在一篇题为《影响投资:向上交易,而非妥协》(*Impact Investing: Trading Up, Not Trading Off*)的文章中写道:"如果美国企业不做出改变,那么,想要解决环境问题或社会问题便毫无希望。"

哈佛商学院能否在这些方面发挥领导作用?如果商学院的教授不帮助消除商界与政府之间的意识分歧(商学院自身也参与制造了这些分歧),那么,它的领导作用便无从谈起。贝尔斯对此不抱乐观态度,他说:"不幸的是,和任何一家正在老化的、失去其有丝分裂①能力的企业一样,哈佛商学院厌恶风险,在本质上是保守的。试图让它在改革中发挥领头羊的作用确实不符合境况。正如一句古老的保守主义格言:'如果不是必须改变,那就不要改变。'但到了某个时刻,他们将不得不改变。"

这是紧迫的事务,因为商业在现代社会中占据主导地位。这些问题曾被诸如凯西·杰拉尔德等年轻一代和卡特·贝尔斯等年长一代的商学院校友,以及越来越直言不讳的公众一再提及。政府不再作为企业利益的有效托底——无论是本土企业还是跨国企业。人们也许会争辩,在世界上最发达的经济体中,跨国资本家阶级已经掌握权柄,有鉴于此,美国政府剩下的唯一托底是公众的道德。这将我们的目光带回哈佛商学院。哈佛商学院有能力领导这一变革吗?也许有,但要从内部真正地改进一个体系很难。在变革中,哈佛商学院的师生从未被视为局外人。同时,这所商学院虽然为美国企业培养出众多领导者,但这些人通常不是革命型领袖。他们本质上是保守的,内心深处是公司人②,这限制了他们在变革时代发挥出真正的领导能力。

杰拉尔德说:"现代企业的生存环境危机四伏,但哈佛商学院可以为企业提供解决方法。我们需要它,正如中国古话所说的'解铃还须系铃人'那样,唯一能够真正解决问题的人,是那些制造问题的掌权人。"接着,他建议采用另一种视角:"哈佛商学院教授克莱顿·克里斯坦森(Clayton

---

①当一个细胞分裂时,复制好的DNA以染色体的形式精确地分配到两个子细胞中的过程。——译者注

②Company Men,这类人按公司的要求着装,其观点和态度由公司塑造。他们没有辨识度,是公司的附属品。——译者注

Christensen）谈到了教育资源、优先项和过程。我们都知道这所学院拥有丰富的教育资源，但是，从入学直到毕业，学生们要经历的过程是怎样的？学院是如何设计这些过程的？意图可以产生巨大的影响。至于优先项，只要看一看学院在赞扬的人就可以了。那么，什么是哈佛商学院的优先项？"

愈成功，愈危险

作为20世纪美国最著名的、规模最大的商学院，哈佛商学院不但已经设定并将继续设定其毕业生的人生发展方向，而且还指明了他们工作的组织以及所在的经济体的发展方向。曾经，哈佛大学在公众心中占据独特的位置，但在20世纪初，哈佛商学院对社会产生的巨大影响让其"母亲"哈佛大学黯然失色，使得哈佛大学并不乐意抚养这个"孩子"。鉴于哈佛商学院在商界的地位，在它身上发生的一切事情，比如课程改革、学生职业选择和社交方式的改变等，对美国甚至全球经济都产生了蝴蝶效应。也就是说，他们的优先项就是引领趋势，并对人类产生影响。

在解决这些问题之前，似乎应该放弃比较一名哈佛商学院MBA学生的学习成本和获得的价值。虽然许多人都在关注6万美元的学费以及就读哈佛商学院的其他成本，比如可能高达50万美元的机会成本，但是，商学院为MBA提供的机会价值（金钱或工作上的机会），使得这种比较成为一件无须用脑的事。拥有哈佛大学MBA学位的人能获得社会尊重，而对于拥有哈佛商学院MBA学位的人而言，获得尊重只是开始。其真正价值在于它几乎能保证这些人进入西方资本主义世界中最强大的领域，即角落办公室①以及精英企业的董事会会议室。尽管人生充满了不确定性，但有一件事可以确定：哈佛商学院MBA学位真的是通向财富和影响力世界的金色通行证。

有许多例证能够证明哈佛商学院的成功。比如，它在提炼、定义和教授商业管理基本原理方面发挥着重要作用；它为毕业生提供了无与伦比的就业机会；它本身就是一台赚钱机器。与此同时，它同样也证明了自己没能实现它从建校伊始就设定的目标，这一失败之处表现在，它浪

---

① corner office，是指处于公司最佳位置的高级办公室，通常指总裁或总经理办公室。——译者注

费了大量时间和精力追求"商业中的科学";而另一个失败之处则是它未能培养出一批基于社会建设去处理企业问题的精英。其大部分毕业生往往十分擅长他们从事的工作,但这些工作很少跟行善沾边。哈佛商学院曾与杰拉尔德的全美MBA毕业生组织共同设计了一门课程,并于2015年9月开课,主要目的是让MBA学生到小型社区中工作。这是一个开始,但也只是一个开始。

当然,哈佛商学院并不是唯一一所由于宣扬某些观念而被指责为伪善的学府,但作为美国规模最大、最具影响力的商学院,必定要承担起一些与成功如影随形的责任重担。哈佛商学院本身就反映了现代资本主义的矛盾,它具有许多特点,如博大的野心、令人惊叹的毅力、使人印象深刻的成功以及失败。作为一个复杂的矛盾体,它值得我们仔细研究。本书将为你描述哈佛商学院在一个多世纪里的发展历程,剖析它对社会做出的积极贡献和产生的消极影响,并预测它在未来的发展方向。

剖析哈佛商学院的其中一个原因是:现代企业的内部经营环境已经从根本上失衡。无论是企业高管对短期主义①和股东价值的痴迷,还是由于裁员问题或普通员工与高管、股东之间惊人的收入差距,凡此种种,都在证明企业已经放弃自己的真正功能——为社会提供一种机制,从而使人与人、人与环境之间能密切合作、和谐相处,以实现人类共同的目标。企业不应该只追求利润,从来都不应该。

另一个原因在于:世界各地的MBA为获得成功而不择手段,他们摧毁着美国制造业,然后又通过华尔街扭曲美国经济,如今又在入侵硅谷。想一想技术领域的四大巨头:亚马逊、苹果、Facebook以及谷歌。你认为哪一家公司拥有最多的MBA员工?当然是亚马逊。毫无疑问,它是一家极其成功的公司,但与沃尔玛网上商城相比并没有明显优势,而且,它是这四家公司中员工待遇最差的一家。作为一家科技公司,亚马逊却散发着古板守旧的气息。2016年初,亚马逊董事会成员的平均年龄为64岁,而Facebook为46岁。亚马逊更多地受到成本控制的驱使,而不是受产品质量的驱使。这预示着:大批MBA已将目光投向硅谷。而作为美国创新的最后堡垒,硅谷能否在MBA们对金钱和成功的狂热追逐中存活下来,只有时间才能给出答案。

---

① 指管理者为了取得短期业绩而主动做出损害企业长期价值的管理行为。——译者注

我并不是说哈佛商学院以及其他商学院没有做过一件好事。事实上，他们做过许多正确的事情，却总是从中得出错误结论。正因如此，这些世界顶尖的商学院才变得愈加危险。

第一部分
狼巢初生：商业与教育的首次联姻

20世纪初，美国商业在争议中蓬勃发展，哈佛商学院应运而生，却在第一年仅迎来58名学生。短短20年后，哈佛商学院一跃成为全美最豪华、规模最大的顶级学府。可是，对于它走向成功的途径，有人赞扬有加，也有人鄙夷不屑；对于它培养出来的学子，有人称之为精英，也有人视之为豺狼虎豹。面对纷纷争议，哈佛商学院会如何应对？

第1章
商学教育：为新权贵而生

哈佛商学院以多项"第一"而著称：第一所要求入学申请者具有大学本科学位的商学院；第一所专注于培养学生管理能力而非只教授专业知识的学府；第一所将案例分析法作为主要教学方法的学院；第一所从事收集与分析行业内数据，整合内外部资源以提供职业培训（如今称为高管教育）的商学院；它还是第一所建设了高价值商业图书馆的院校。

查尔斯·艾略特（Charles Eliot）和阿伯特·劳伦斯·洛厄尔（Abbott Lawrence Lowell）曾接连担任哈佛大学校长（前者任期为1869～1909年，后者任期为1909～1933年）。任职期间，他们决定将哈佛商学院建设成一所研究生院，而非本科学院。这一决策使以上那些"第一"成为现实。1908年，在哈佛商学院正式成立之际，它并没有被"第一"的光环笼罩——沃顿商学院早在1881年就成立了，它是由实业家约瑟夫·沃顿（Joseph Wharton）向宾夕法尼亚大学捐赠10万美元创办而成的。此外，哈佛商学院甚至也不是第一所将商学教育纳入研究生教育范畴的商学院——成立于1900年的达特茅斯大学塔克商学院早就要求学生先读三年本科，再接受两年研究生教育。

在哈佛大学，成立商学院并非新想法。1869年，在艾略特担任哈佛大学校长后，就有人建议他创办商学院，以便与哈佛医学院和哈佛法学院形成"三足鼎立"之势,但他并没有立刻接受这一建议,而是提出了一条没什么说服力的理由:"哈佛的使命是教学生如何过上有价值的生活"。艾略特从不反对教育创新,他不仅为哈佛大学重新确立了选修课原则,而且还坚定地将科学设置到课程中。而在19世纪末期的美国,人们普遍对商界人士没有好感,正如一位文学教授对商人的见解:"什么?难道要让那些渴望一夜暴富的'淘金者'使乔叟和莎士比亚的作品沾满铜臭味?"

新财富造就的新权贵

这是一种切合时代的观点:对19世纪末美国的社会精英来讲,美国废奴运动之后积累的是毫无价值的"新财富"(new money)。与现代美国庆祝一夜暴富的社会心态截然相反的是,如果你在19世纪末的美国依靠自己的能力赚钱,那么,你不会在精英俱乐部里受到欢迎,除非你拥有继承来的财产。正如亚历西斯·德·托克维尔(Alexis de Tocqueville)[①]评价的那样,上层阶级的标志是"毫不费力地占有他人财产"。然而,通过财富掠夺而来的金钱上沾染着斑斑血迹,这些血迹大约要历经三代人的时光才能完全风干,人们也需要经历如此长的时间,才可能忘记这些财富在最初是如何得来的。

但也是在19世纪末,"商业不值得追求"的观点已不再是美国年轻人的主流思想。过半数的哈佛毕业生进军商界,与此同时,在大学设立商学学位的呼声已经非常强烈。因此,相关各方也开始调查商学教育应当是一种怎样的教育。1891年,美国银行家协会(American Bankers Association)理事会发表了关于金融与经济学院的一份报告,接着,它在1892年发表了一些欧洲国家的教学试验报告,并于1893年发表了沃顿商学院首位院长爱德蒙·詹姆斯(Edmund James)的演讲手稿,那是他1890年在纽约萨拉托加县举行的美国银行家协会会议上的演讲稿,题为《商人的教育》(Education of Business Men)。

尽管如此,在19世纪之前,美国只有两所精英大学提供商学学位。

[①] 法国政治家、社会学家和历史学家,1841年当选为法兰西学院院士。1849年出任立宪大会副主席和外交部长。在拿破仑三世1851年政变后退出政界,从事历史研究和著述。代表作有《论美国的民主》《旧制度与大革命》等。——译者注

这些高等学府最初只是试探着开设商学课程，而斗志昂扬的企业家们早在几十年前就开始为此付出努力了。到1893年，美国已经拥有超过500所商学院。大量的成功创业者，比如亨利·福特（Henry Ford）和约翰·洛克菲勒（John Rockefeller）等，都已进入商学院学习。彼时，欧洲的商学院已有百年历史，其中葡萄牙、德国和法国在18世纪中叶就已经开始创建该类院校。

詹姆斯在1890年时说："现代文明最为显著的特征是，商业在社会中的地位越来越重要，而职业阶层却在没落。在当时的欧洲，这种现象非常普遍。尽管法庭、军队和教堂依然在社会中占据主导地位，且律师和医生仍然是令人羡慕的职业，但在美国，功成名就的富商、总裁、制造商和银行家已经接过了一度由伟大的演说家、政治家、律师或牧师执掌的权杖，这是毫无疑问的事实。职业阶层失去地位，商业阶层开始兴起。无论是福是祸，政府、社会、教育机构、新闻媒体甚至包括教堂，正越来越迅速地落入商业阶层的掌控中。未来，商业阶层将会以更快的速度扩张，并主宰我们的政治与社会生活。"

对于一些人而言，詹姆斯的观点并不新颖。当时，哈佛大学的管理者正努力为其新创办的哈佛商学院争取大众认可。与此同时，美国商业进入了长达数十年的黄金发展期。钢铁年产量高速增长，从1870年的7.7万吨飙升至1900年的1 120万吨，这使美国铁路总里程从1865年的5.3万英里[①]增至1900年的19.3万英里。1865年，全国拥有14万家工厂，到1900年，数量上升至51.2万。新增的新型工厂与老式工厂形成鲜明对比——新英格兰作坊只能雇佣几百人，而福特汽车的第一家工厂就拥有1.5万名在册员工。

为了满足经济发展的需要，美国人口也在增长。1870～1900年，美国人口从4 000万增至7 600万，其中城市人口从1 000万增至3 000万。19世纪下半叶，在人口数量的增幅上，旧金山增长了一倍，密尔沃基增长了3倍，丹佛增长了20倍。哈佛大学所在地波士顿在当时已是美国最重要的城市之一，也出现了人口增长高峰：1870～1900年，人口从25万增至56万，增幅超过一倍。

商业的覆盖范围也随人口的增长而不断扩张。当时，美国的主流市场正将"本地经济"这一概念扔进历史的垃圾桶。正如詹姆斯所描述的

---

①1英里约等于1.6千米。——译者注

那样,几乎在一夜之间,由大型企业主宰的一种全新的国家经济,威胁着传统职业(律师、医生、神职人员、军人等),同时引发了一系列前所未有的社会问题和组织挑战。1888年,美国总统拉瑟福德·海斯(Rutherford Hayes)在日记中写道:"这已不再是一个由人民组成、受人民控制、为人民服务的政府。而是一个由大型企业组成、受大型企业控制、为大型企业服务的政府。"不可否认的是,建立于1636年的哈佛大学也是其中一员,它是美国最古老的大型企业之一。

美国用了整整一代人的时间从农耕社会转型为工业社会。1870年,美国的工业生产总值占全球的23%,1913年超越英国,达到36%。正如经济史学家艾尔弗雷德·钱德勒(Alfred Chandler)后来指出的那样,空前复杂的大型企业横空出世,呼吁创造一种新型的工商企业……它们由领薪水的经理人团队经营。钱德勒在他的著作《规模与范围:工业资本主义的原动力》(Scale and Scope: The Dynamics of Industrial Capitalism)中记载了大型企业发展成跨国巨头的三部曲。首先,大规模投资生产设施,以充分利用某种新技术挖掘潜在的经济效能;然后,投资本国或跨国的营销与分销网络,使供销同步;最后,投资管理。当哈佛大学用自身来论证"真正的变革是否确实正在酝酿之中"时,三部曲已经在推进中了。

以公共服务之名制造"商品"

哈佛商学院也正是沿着这三部曲发展而来的。企业突然之间需要经理人,这些人不仅需要监管和协调生产与分销机制,还需要负责制订生产计划和分配资源。企业越大,生产单元越多,需要的管理监督也就越多。属于职业经理人的时代已拉开帷幕,他们既不是企业主也不是员工,却可以依靠自身能力登上权力宝座。那是个经理人备受尊敬的时代。巴布森商学院的历史学家詹姆斯·胡普斯(James Hoopes)指出,1850年,一份来自美国人口普查局的调查报告显示,约18 859名美国人的职业是奴隶监工,这是当时世界上规模最大的经理人群体。

当时,有两股汇聚在一起的强大力量迫使查尔斯·艾略特考虑成立一所商学院。第一股力量是美国大学的演变。美国文化类似于罗马文化——强于制造,弱于创造。因此,美国将兼备这两项能力的德国大学视为榜样。同时,艾略特牢牢把握了美国人积极进取的态度和实干性特征,并且在强调实际应用的基础上，建设独立的专业院校。在第一股力量之中，艾略特本人发挥着关键作用：他于1876年参与创建了约翰霍普金斯大学。

第二股力量是日趋成熟的美国工业。19世纪末，那些白手起家的人已经成为社会关注的焦点。但随着美国企业越来越复杂和制度化，它不再需要有领袖气质的人，也不需要在专业院校中接受过教育的人，而是需要能够理解企业高层的观点和意图的人。也就是说，这些企业实际上不需要精明之人或学术型人才，而是实干型员工。这使得商界生涯越来越像官僚生涯，身处其中的人开始不可避免地表现出追求头衔和利益的倾向。

艾略特在担任哈佛大学校长的40年里始终面临一个问题：他不得不承认，大学在某种意义上就是在出售一种产品，而这所享有盛名的大学却突然发现自己并没能提供一种既受欢迎又契合社会需求的产品。在当时，企业对经理人的需求激增。一向认为自己可以掌控一切的哈佛，却没能及时解决这种供求不匹配的问题。当时，美国的精英阶层非常重视社会地位。如果说由于从商诱惑太大，以至于成长于世纪之交的美国年轻人无法被自己的父母（特别是来自波士顿的社会精英）说服而没有进入传统且高尚的职业领域，那么，最直接的解决方案便是将这些父母心中社会地位的象征——哈佛大学的学位——融入他们的孩子感兴趣的领域之中。也就是说，如果那些父母无法将孩子拉回到他们设定的圈子，他们就得扩大这个圈子的面积。

哈佛自然不会再强调以上问题，而是用来自公民、宗教、知识分子以及学术界的论据解释他们的最终决定。事实上，对于怎样应对时代的变化，艾略特的计划是创办一所社科类大学，他将法国的巴黎政治大学作为榜样，并明确表达了自己对私营企业的蔑视态度。他认为，对具有商业头脑的哈佛毕业生而言，其正确的发展方向是投身于公共服务，而不是进入私营企业。艾略特的观点是，哈佛商学院应该成为维护商界正义的力量——值得一提的是，哈佛商学院早期的候选名称是"公共服务和商业研究生院"（The Graduate School of Public Service and Commerce）——这与学术界一直以来的目标，即发展专业特长以及致力于积极的社会变革是一致的。当时，美国总统西奥多·罗斯福（Theodore Roosevelt）和参议员亨利·卡伯特·洛奇（Henry Cabot Lodge）都以书面形式对这一观点表示支持。

1898 年,艾略特对哈佛大学历史系教授阿奇柏尔德·卡里·库利奇(Archibald Cary Coolidge)表达了上述想法,而直到 1906 年,他的想法才逐渐成形,且在实践过程中遇到了诸多困难。同年,哈佛大学历史与政治学部成立了一个委员会,以研究面向公共服务和私营企业设立学院的可行性。学院中的教职工对艾略特只关注外交和公共服务的主张表示担忧,认为它们缺乏市场需求,并决定调查和开设关于私营企业的课程,以便帮助和支持私营企业。事实也的确如此,私营企业对教育的需求确实远远超过了外交领域,且会一直保持这一势头。

在哈佛商学院成立前,即将成为哈佛大学校长的阿伯特·劳伦斯·洛厄尔于 1907 年 1 月给弗兰克·陶辛格(Frank Taussig)教授写了一封信。陶辛格是一位血统纯正的哈佛人:1879 年进入哈佛读书,后来担任过艾略特的秘书,并在同一时间攻读经济学博士。之后,他于 1886 年被聘为助理教授,后在 1892 年被聘为教授,于 1940 年去世。陶辛格被称为哈佛经济学系的元老,在自己的研究领域以及哈佛大学的管理事务中都拥有绝对发言权。洛厄尔在信中写道:"一所着眼于公共服务的专业院校,注定会由于需求的缺乏而失败,而一所着眼于私营企业的专业院校,则有着无限的发展潜力。"这个观点获得了部分人的支持,到 1907 年,艾略特关于商学教育的建议被校方拒绝,但校方接受了他提出的为公共服务培训人才的建议。最后,哈佛将两者(私营企业和公共服务)结合起来,用公共服务这一理想主义作为幌子,成立了一所为私营企业服务的学院。

微妙的实验

2015 年 1 月,哈佛商学院院长尼廷·诺瑞亚(Nitin Nohria)在接受美国名嘴查理·罗斯(Charlie Rose)的采访时说:"商业是对社会产生积极影响的最强大力量。"这是典型的哈佛商学院式语言。1908 年,"商业不仅赐予商人礼物,还为它所接触的一切人和事带来好运"的观点还没有成为西方资本主义的信条,哈佛大学称自己建立商学院的目的是为所有人谋福祉:由于担心美国工业的崛起腐蚀其民主的灵魂,哈佛提出,商业是其解决方法而非导致问题的原因。这是一种挪用崇高理想的厚颜无耻的行为,而类似的事例子还有许多。在长达一个世纪的时间里,哈佛养成了欲盖弥彰的习惯。

第一部分 狼巢初生
商业与教育的首次联姻

20 世纪初，艾略特逐渐认可了商业之旅确实有奇妙之处，并认为哈佛可以帮助那些初出茅庐的从商者顺利走完这一旅程。1908 年 2 月，艾略特告诉哈佛俱乐部的会员们："这一现象产生的原因，是商业发展正处在上升期，因此对知识的需求很高。它会要求你具有语言、经济学、产业组织、商务法律等方面的知识，而且要对不同国家的资源与习俗有着广泛了解。"半数的哈佛毕业生选择进入商界，同时，他们也抬高了所在企业的身价。

艾略特的想法可以总结为两点结论（其实也代表了哈佛对自身的认知）：其一，他明显不支持哈佛毕业生仅仅由于薪水原因而进入商界的观点，认为他们的主要动机必须是学习知识；其二，艾略特隐含的观点是，对于一些社会性问题，学院已经进行了充分的研究和调查。相信你即使没有查阅伟人留在哈佛的作品，也可以得出与艾略特相同的结论。在美国南北战争之后，时任华盛顿与李大学（Washington and Lee University）校长的罗伯特·李（Robert Lee）就建议开设一门商业课程，包含商业史、法律、工业技术、经济数学、英语、写作、现代语言学等科目。不过没等具体实施这一建议，李便与世长辞了。

但是，李并没有使用"使命"一词。如果将商业视为一项使命，其内涵又是神圣的，那么，对商人的教育可能被视为一种道德追求。这被哈佛商学院概括为"不仅教学生怎样经营企业，还要教他们企业应当如何运营"这样一种带有道德维度的使命。正如哈佛商学院教授米希尔·安特比（Michel Anteby）指出的："艾略特几乎将它视为一个引导人们进入文明的项目。在那时，只要你是白人，并且不是爱尔兰人，便可以加入精英阶层，但你并不了解'精英'一词的含义。因此，这些商学院还会教授身为一名精英你要做些什么。"

洛厄尔干 1907 年写给陶辛格的信具有特殊意义，因为信中的建议变成了决策。艾略特退休后，洛厄尔在 1909 年接任哈佛大学校长一职，并在自己的整个职业生涯中克服了来自大学内部和外部的反对压力，一直支持哈佛商学院。最重要的是，洛厄尔坚持认为，哈佛必须对学生进行商学教育，而不只是教授政治经济学知识。也就是说，哈佛商学院应该成为一所专业院校，而不是学术院校。这一想法极具美国特色，即支持实用性胜过哲学性。直至今日，哈佛商学院依然对其教育的实用性引以为傲。不过，洛厄尔的决策使得处在发展初期的美国企业瞧不上毕业于

专业院校(即使是穿着哈佛校服),甚至是该类院校经济学系的人。

在另一封写给艾略特的信中,洛厄尔将其决策描述为一个伟大又微妙的试验。后辈借用此描述,将学院的这一历史时期称为"微妙的试验"。他们认为,1907年的哈佛大学仿佛独自待在实验室里,研究着不为人知的新鲜事。这种看法显然是错误的。那时,美国已经有一所为研究生提供商学教育的塔克商学院,而沃顿商学院已经在这一方面进行了近30年的试验。所以,做一个别人已经做过的试验,并不微妙。

1957年,哈佛商学院院长斯坦利·蒂尔(Stanley Teele)承认,学院数十年来一直承受着追求排名的压力,这似乎让许多人都感到紧张。他写道:"一旦企业的开创者们决定,管理工商企业的人不需要接受高等教育,那么,这会导致学院面临可怕的未来。"

商学教育的"二次拓荒"

无论如何,哈佛商学院都不甘心排在沃顿商学院和塔克商学院之后。它知道,能使自己排在首位的机会是单独为研究生提供商学教育,这也是学院的最终名称"哈佛工商管理研究生院"(The Harvard Graduate School of Business Administration)的由来。塔克商学院授予其毕业生商业硕士学位,而哈佛商学院则授予其毕业生工商管理硕士(MBA)学位。尽管当时的公众更欢迎科学学位①而非专业学位②,但哈佛理事会还是通过投票,于1908年3月30日将工商管理硕士这一专业学位正式确定下来。

因此,对于哈佛大学的商学研究及发展而言,1908年是一个里程碑式的转折点。哈佛已经为美国培养出诸多政界精英,自这一年开始,它还将培养未来的领军人物——商界精英。正如哈佛法学院和医学院在创办时的做法一样,哈佛商学院坚持认为课堂教学胜过学徒制,它还认为,"商务实践以及其支持理念,可能上升到和其他学科同等的高度"。而这些实践和理念具体指代何物,依然有待解释,很有可能是它正在追求的某种高尚的目标。毕竟这是哈佛,关于它的一切都是高尚的。

---

① 科学学位是进行理论研究,以撰写理论研究论文为主,并通过论文答辩授予的学位。——译者注
② 专业学位是针对社会特定职业领域的需要,为培养具有较强的专业能力和职业素养、能够创造性地从事实际工作的高层次应用型专门人才而设置的一种学位类型。——译者注

不论哈佛商学院已声明或未声明的目标是什么，它都不能否认自己的成立和一个直觉有关，即它可以通过商学教育赋予从商者一定的权威，表明他们毕业于科研型大学。这种做法能够帮助正在涌现的管理课程正统化、合法化。按照洛厄尔的说法，他希望将"最古老的艺术转化为最年轻的专业"。哈佛商学院和其他商学院一道，将商业培训从职业领域转移到专业领域，并在此过程中为美国政府奠定了坚实的基础。

多年以后，查尔斯·艾略特从哈佛大学以及哈佛商学院的角度做出了自己的判断："直到今天，仍有许多传统的哈佛人坚持认为，哈佛商学院的毕业生不能被认为是真正的哈佛人，他们也不赞同其附属商学院对国家的贡献优于哈佛大学。"伴随着哈佛商学院的成立，哈佛大学已经成为美国乃至全球范围内最具影响力且最为成功的院校。哈佛并不是第一个借助这种模式走向成功的院校，但它一直认为自己是一个最重要、最典型的范例。

第 2 章

埃德温·盖伊：探索哈佛商学院的使命与方法

哈佛大学成立商学院的决策一经做出，便开始挑选首任院长。院长将负责筹集建校资金、开设课程、招募教职工和学生。不仅如此，他还将肩负向来自哈佛大学和社会的批评者们证明学院存在意义的重任。面对重重困难，如果候选人不是佼佼者，根本无法胜任这项工作。

院长从欧洲来

哈佛商学院的第一任院长埃德温·盖伊（Edwin Gay）并非查尔斯·艾略特的首选。但结果证实，他是一位富有创新精神的幸运之人。盖伊是哈佛大学中世纪经济史教授，还曾任经济系代理主任。他身材瘦小结实、精力充沛，但没有任何从商经验，社交圈中也几乎没有商人。他曾在欧洲留学 12 年，于 1902 年在柏林获得经济史博士学位，师从古斯塔夫·冯·施穆勒(Gustav von Schmoller)。施穆勒是德国新历史学派的先驱，专注于研究经济发展和社会政策，以解决由工业化和城市化带来的种种问题。根据传记作家赫伯特·希顿（Herbert Heaton）的描述，施穆勒曾说服盖伊，将经济与心理学、伦理学、历史学、政治科学等密切关联起来，融合为一门真正的社会科学……经济秩序必须被视为整个社会生活的重要组成部分，因此要从伦理学的视角来加以评估。

盖伊出生在底特律市，成长于威斯康星州。高中以前，他和自己的兄弟姐妹在欧洲读书。哈佛商学院的校史中有这样一句话，"盖伊的父亲具备使他能够留学欧洲的财力"。那时，一个家庭只要能够负担孩子在欧洲受教育的费用，就一定会将孩子送到欧洲。盖伊用在欧洲学到的知识，回到美国帮助建立了哈佛商学院，以至于在接下来的一个世纪以及更长时间里，世界各地的人都纷纷选择到美国留学。

在盖伊担任哈佛商学院院长的1908～1919年，他为学院打下了坚实的基础。当然，一个传统观点在此前便已确立：哈佛大学趋向于将其涉足商学教育描述为一种比否定者涉足商学教育或经商更高尚的追求①。盖伊坚定地继承了这一传统观念，将商业定义为"体面地将东西卖出去并赚取利润的活动"。

当然，一些人并不认可这一定义，认为它仅仅是哈佛大学在实施商学教育过程中对商业的狭隘理解。那时，美国大多数企业的声誉不佳，经常成为新闻媒体揭发经营黑幕的对象。尽管美国商业的飞速发展极大地提升了美国人的生活质量，但许多人担心，国家的角色正变得扭曲，越来越多的人将金钱视为实现目标的唯一方法。1907年，来自哈佛大学的哲学家威廉·詹姆斯（William James）以一种尖锐的态度描述了这一现象，他感叹道："人们只对成功的富商顶礼膜拜，这导致了道德的软弱。而只用肮脏的金钱解释成功，已成为我们国家的通病。"

就连总统西奥多·罗斯福也频繁、辛辣地讽刺许多美国商人的自私自利，他批评道："一些罪犯拥有大量财富。"

就读哈佛商学院有失体面？

哈佛商学院将其教育理念描述成"培养有责任感的商界人士"。这一理念使它不得不面对诸多问题。

第一个问题是：实践方法。这需要努力将管理职业提升到已确立的职业范畴中，这是一个野心勃勃的目标。但事实上，那一时期并非发起一场运动来改变商人形象的好时机：1893～1897年，美国遭遇了历史

---

① 哈佛大学认为，那些否定它的人在涉足商学教育或者经商时的动机与目标，不如哈佛大学的学生那般高尚。——译者注

上最严重的经济萧条。十年之后,美国又经历了一次严重的金融危机。1908年,即盖伊就任商学院院长的那年,一场全国性的经济衰退恶化为经济萧条。即使美国人对贫富差距和收入差距一直表现出强大的忍耐力,但社会学者查尔斯·斯波尔(Charles Spaur)于1896年公布的一系列数据依然让美国人感到极为震惊:在美国,1%的人口拥有整个国家超过50%的财富,而44%的人口只拥有整个国家1.2%的财富。问题因此而变得复杂。

第二个问题是:既定职业的正统地位建立在比商业更坚实的基础之上。当时,几乎没有人质疑医学或法学的研究生教育,两者都要求熟练掌握特定的技术知识。实际上,这两个专业还要求从业人员遵守道德准则,比如为他人服务的理想和学习《希波克拉底誓言》(Hippocratic Oath)[①]。但商界不存在这类成文的道德准则,对于商人们是否考虑过为他人服务,人们不得而知。

第三个问题是:社会地位。在当时,人们普遍尊敬医生,蔑视商人。人们希望哈佛大学能够成为"思想之父",而哈佛大学也受到了这种希望的影响,致使它在看到一种尚不存在的专业时,便自认为能填补这个空白。

第四个问题是:商人是否渴望获得职业评估。他们确实不曾在哈佛校园内集会,以便和其他更有教养的学生"打成一片"。美国钢铁大王安德鲁·卡内基(Andrew Carnegie)有句"名言":"我根本不认识哪位曾经读完了大学的商界精英。"历史学家弗雷德里克·艾伦(Frederick Allen)总结道:"哈佛及其他大学发现将高等教育的范围扩大到商人身上的机会时,商人们的主流反应却是:'商业,一种职业!多么清晰的概念!'商业是那些自私自利之人的战争,而教导这些人如何参战对他们而言毫无意义。事实上,那一时期的许多商界大亨甚至对大学毕业生的能力将信将疑,他们认为大学毕业生心高气傲、不切实际,这些年轻人必须去掉许多旧习,才能融入商业世界之中。"

认为大学毕业生应当经商的观点虽不新颖,却违背了传统的职业选择。在英国,如果你想进入商界,要么必须当一名学徒,要么就得出身于经商世家。而通常情况下,只有在家族中最不起眼的成员才会经商。

[①] 该誓言按中文计算只有500多字,但影响深远,几乎所有医学院的学生在入学时就要学习《希波克拉底誓言》,而且要求正式宣誓。——译者注

如果阿德里安·卡德伯里（Adrian Cadbury）①先生有两个儿子，不能去剑桥大学读书的那位一定会待在家经营企业。

哈佛商学院提出的教育理念，虽然在哈佛大学里拥有一些支持者，但似乎贬低这种理念的人更多。即使艾略特已经意识到商业的成功也要求超凡的智力，但这仍不足以说服该理念的批评者。多年以后，哈佛商学院营销学教授梅尔文·科普兰（Melvin Copeland）回忆道："在许多哈佛教授和哈佛校友看来，大学提供唯利是图的商学教育，是有失体面的行为。"

这一切表明，在1908年初，哈佛商学院的教育理念确实引起了社会反响，可是，只有为数不多的哈佛商学院的支持者相信社会可以通过有意的和系统的改革来谋求进步是不够的，它还需要争取更多支持。此外，正如哈佛商学院第二任院长华莱士·多纳姆的观点：在社会变革迅猛而混乱的时代，传统职业没能发挥其提供道德权威的作用。神职人员在科学面前固守教条，这使得他们在许多公众心中已失去了信誉；而一度被人们认为是守护正义的律师，则变成了商业的仆人。

不过，哈佛商学院的创立者将这些争议巧妙地引到了另一个层面：社会福祉本身要求高等学府更加认真地对待商业。作为社会物质资源的受托人，商人肩负着更重大的责任，他们不能只关注自己的底线与利益。而哈佛大学作为社会教育体系的受托者，肩负着将道理教授给商人的责任。一些哈佛人认为，接受过商学教育的毕业生，能更好地解决由现代企业的发展而导致的社会问题。这些商人不仅能够管理好自己，还可能成为优秀的社会管理者。

人们对职业的看法并非古往今来一成不变。老奥利弗·温德尔·霍姆斯（Oliver Wendell Holmes Sr.）②也许是哈佛最得意的门生之一，但如果他早出生半个世纪，成长在只有爱尔兰人才能当医生的时代，他就无法进入哈佛医学院学习，也无法在那儿教书。当时，会计学才刚刚得到重视，而对于麻省理工学院在"实验室"内训练出来的工程师们，只有

---

①他在企业治理方面做出了卓越贡献，著有《公司治理和董事会主席》。此外，他先后在吉百利史威士公司、英格兰银行、IBM英国有限公司的董事会中担任主席等职务。英国公司治理财务事务委员会在1992年出版了以其名字命名的报告《卡德伯里报告》和《最佳实践准则》。——译者注

②毕业于哈佛大学，曾担任哈佛医学院教授和院长，是美国著名的医生、教授、作家及演说家，被誉为美国19世纪最佳诗人之一。——译者注

当波士顿人担心延误工期时才会选择聘用他们。无奈的是，只有那些来自特权阶级的孩子们才能拥有多样化的职业选择。

教什么？如何教？

哈佛商学院在明确使命之后，便需要找到达成使命的方法。学院面临两个主要问题：它该教些什么？又该如何教？学院在1908年8月的教学计划中回答了第一个问题。在为期两年的研究生教育中，一年级有三门必修课和一门选修课，前者包括会计学、商务法律以及经济资源。其他课程还包括工业组织、银行业务与金融、交通运输（主要是铁路运输）、保险以及公共事业。但第二个问题，对包括埃德温·盖伊在内的许多人而言依然是一个未解之谜。他想把商学教育归纳到"科学"这一领域中，这并非先例。纽约州立大学技术与商学院前任院长、管理史学家J.-C.斯彭德（J.-C. Spender）曾写道："在西点军校的带领下，工程师开始将企业形象塑造为理性的'发动机'，它们在竞争激烈的商界中将稀缺资源（输入）转变成可推销的产品或服务（输出）。"这种将企业视为机器而非有机体的理念，与当今美国经济陷入窘境息息相关。

盖伊在1909年说道："经常有一些商人告诉我，我们不能教'商业'。我对此表示赞同。我们不会教授经验丰富的商人，也不会向初出茅庐的年轻人灌输'商人意味着赚钱的人或者战斗欲强烈的竞争者'。商业之中有科学，我们感兴趣的是研究和发展商业之中包含的科学。"这种对科学的坚定信念影响深远，使得一些院校将商学硕士称为科学硕士。

盖伊将对科学的探讨精神与专业精神结合起来，并且考虑了"务实的人文主义"。这正是哈佛商学院要求学生入学时具备学士学位的明确原因——意在根据"商业管理是件严肃的事情，且商业管理需要人们视野开阔并热爱学习"的观点，为社会培养道德高尚的商业人才。而在早期，哈佛商学院将银行业务、金融和保险等纳入课程中的部分原因可能是：与这些学科对应的职业更明确。

哈佛商学院不仅雇用教授，也雇用从业人员（经验丰富的商人）为学生授课，这点体现了美国人的实用主义。例如，1908年，沃巴什铁路（Wabash Railroad）总裁F. A. 德拉诺（F. A. Delano）围绕"铁路运输也是一门职业"这一主题授课，而波士顿肖马特国民银行（Boston's

National Shawmut Bank)的 F. B. 西尔斯（F. B. Sears）则教授一门名为"银行信贷部门"的课程。早期的一些讲师还包括美国信孚银行（Bankers Trust Company）副总裁托马斯·拉蒙特（Thomas Lamont），以及普华永道会计师事务所（Price Waterhouse）合伙人乔治·梅（George May）。波士顿和奥尔巴尼铁路（Boston & Albany Railroad）的资深员工威廉·坎宁安（William Cunningham）则负责教授"铁路运营"这门课。虽然坎宁安并未获得大学学位，但他依然被哈佛商学院雇用，并成为一名备受尊敬的教授。当你凭空获得一种新资源时，就不能对其太过吹毛求疵。

基石：案例分析法

在完成课程设计以及组建起教师队伍后，哈佛商学院必须要解决"如何教"的问题。沃顿商学院使用传统的研讨会模式，而盖伊决定运用案例分析法。这种方法在哈佛法学院得到应用之后便沿用至今。这一教学方法起源于德国，基本理念就是从细节出发，收集相关信息，从而对事物进行全面认识。曾为哈佛法学院院长的克里斯托弗·哥伦布·兰德尔（Christopher Columbus Langdell）升华了这一理念，开创性地提出了一个如今广为人知的理念：学习美国法律的最佳方法是研究实际案例，而不是抽象的法律条款。

尽管盖伊的决策在当时具有创新性，且受到了社会关注，但他仍无法得知这一决策能否在接下来的几十年里将哈佛商学院和其他竞争对手区分开来。首先，哈佛商学院本意是成为一所实用性学院，但这一愿景可能永远也无法实现。因为，在采用案例分析法时，理论与实践之间出现的鸿沟会随着时间的推移而越来越大。正如 J.-C. 斯彭德和吉姆·沃什（Jim Walsh）所写的那样："盖伊的决策一直受到那些质疑其理论严密性和教学目标的人的持续攻击。"今天，哈佛商学院依然坚持将案例分析法作为授课方式，仿佛这所学院的命运注定要求它盲目地坚持这种"强大的"教学方法。

盖伊还决定增设商业史课程，使学生加深对商业的理解。但他面临一个问题，在世界各地的高等学府中，经济史虽是一门早已确立的课程，而教授商业史的院校却寥寥无几。在这种情况下，哈佛商学院必须创造先例。也就是说，在无人整理历史的情况下，想要学习历史，就需要自己来动手整理。这并不是说早期的商学课程没有很大程度地利用经济学内容，但是，将抽象的、理论性强的经济学与更加注重实用性的商学院课程，如企业理论①结合起来，两者的对比未免过于鲜明。更何况，企业面临的是更为具体的挑战。1910 年，盖伊提出关于商业的假设时，并没有将企业的主要功能概括为"生产"和"分销"，而是从经济学角度，将其概括为"制造"和"市场营销"。此外，其他一些特定领域，如银行、保险、交通运输等，仅仅是服务于这两项主要功能。

早期，美国在商业的学术研究中侧重寻找最佳的实践操作方法，关注点在于如何管理那些不断涌现的新型商界精英。尽管当时已经出现了一些脍炙人口的成功故事，比如银行家约翰·皮尔庞特·摩根（John Pierpont Morgan）、钢铁大王安德鲁·卡内基以及石油大王约翰·洛克菲勒等商人的发迹史，但人们对这些精英依然不甚了解，他们曾做过什么？优缺点是什么？没有人能给出确切答案，因为绝大多数企业仍处于发展初期。

早在哈佛商学院开设商业史课程近 20 年前，爱德蒙·詹姆斯就曾提出研究商业史的必要性。而使这门课程得以成功开设的，是埃德温·盖伊为这一课程做的系统研究：他提出在哈佛商学院中建立一座保存重要商业档案的档案馆，而使这项提议变成现实的，是洛克菲勒提供的资金支持。盖伊和陶辛格每年都会从洛克菲勒的普通教育委员会（General Education Board）中获取 12.5 万美元的资金，同时还能从私营企业那里募集到 12.5 万美元，用于维护建筑和设备。待一切准备就绪后，就可以静待学生到来。

星星之火

学生如期而至。哈佛商学院建校时有 15 名教职工，58 名学生。其中 42 人从哈佛大学获得学士学位，其余 16 人分别来自另外 13 所大学，包括耶鲁大学、麻省理工学院和威廉姆斯学院。还有两名外国学生，分别是来自中国的朱亭志（Tingchi Chu，音译）和来自法国巴黎的查尔斯·勒·德尔克（Charles Le Deuc）。这些学生的平均年龄为 23 岁，他们在一个翻新的油漆店里上课，到一个被遗弃的实验室做实验，这些地方是当时哈

---

① the theory of the firm，旨在研究企业的本质、边界和企业内部的激励制度。——译者注

佛大学校园中为数不多的可用空间。

到第二年，在最初的 58 名学生中，只有 1/4 的人返校学习，但盖伊并不气馁。他于 1909 年写道："在哈佛商学院成立初期，在课程的价值被人们完全认可之前，仍然返校继续二年级课程的学生与刚刚入学的一年级学生的比例，很可能会继续保持下去。"接下来的几年中，事实确实如他所料。不过，哈佛商学院已逐渐步入正轨，尽管对其课程感兴趣的学生并不多，但这不足以使学院的开创者们怀疑这项充满正义感的事业。

哈佛商学院声称，它自始至终的目标是培养更有责任感的商界人士。所以，是否实现了这一目标，成为人们评判其是否成功的参考标准之一。除此之外，学院还为自己设定了另一个目标：探索商业的普遍原则，以此构建管理中的科学。虽然哈佛大学在学习和教授商业管理的基本原理（制造、营销、财务等）方面颇有建树，但由于它对商业的错误认识，使得它在追求科学时选择了一条错误而漫长的道路，耗时耗力，却一无所获，直到最后才意识到自己在追逐一种妄想。在哈佛商学院成立后，哈佛大学便将探索这类教学内容的希望寄托在它身上。

那时，被世人尊为"科学管理之父"的弗雷德里克·泰勒（Frederick Taylor）在当时可谓声名显赫，而埃德温·盖伊是他最忠诚的支持者。盖伊称泰勒的成就是"自从工厂体系和动力机械引进以来工业史上最重要的进步"，并将泰勒的学说奉为准则，纳入哈佛商学院的课程。他甚至还聘请泰勒担任讲师，后者于 1908～1914 年在商学院授课。

第 3 章
科学管理，一拍即合

弗雷德里克·泰勒留给世人的遗产可谓矛盾重重。作为"科学管理之父"，他到底是工人的朋友还是敌人？他究竟是发展了商业管理学，或只是管理领域中的探索者？他提出的科学管理理论[①]在美国管理学说中占据什么位置？科学管理到底是实用的科学，还是简单的计数？不过，至少有一件事是可以确定的：在哈佛商学院成立初期，泰勒是一个至关重要的角色，他是学院当时最著名的讲师。

埃德温·盖伊在为哈佛商学院设计课程和招聘教职工时，面临一个根本问题：没有人真正知道该教授什么课程。因此，他必须要找到一位能教授某些内容，且这些内容必须与哈佛商学院当时模棱两可的雄心壮志相符。泰勒显然是一位优秀人选，原因在于：首先，他是当时最著名的管理工程师（如今该职位被称为管理咨询师）；其次，他还是商业案例研究的先行者，善于编造一些引人入胜的故事来描述某家企业如何通过某一决策从而成功规避危机。对泰勒而言，他的案例研究一定与92磅[②]重的生铁条有关。

---

① scientific management，又名古典管理理论、传统管理理论，该理论可大致概括为：科学，不是单凭经验的方法；协调，不是不和别人合作，不是个人主义；最高的产量，取代有限的产量；发挥每个人最高的效率，实现最大的富裕。——译者注
② 1磅约为0.45千克。——译者注

泰勒制：只有管理者才能拥有知识？

泰勒出生在宾夕法尼亚州一户殷实的贵格会①家庭中，从小就显示出超出常人的智慧和创造力。他曾在哈佛大学就读本科，但由于眼疾不得不辍学，转而在费城一家水压厂当学徒。随后，他到米德维尔钢铁公司（Midvale Steel Company）工作，并在6年的时间里从一名车工晋升为总工程师。正是在这家公司，他开始研究工人的生产效率，这是人类历史上第一次将机械效率的原理引申到劳动生产率领域的研究。

泰勒倡导，做任何工作都要采用"唯一的最佳方法"，他坚持认为，每一项工作都需要合适的人以及合适的工具，并且，在确定谁应当做何种工作，以及他们应当获得多少报酬时，都可以运用一种"科学"去衡量。正如哲学家、管理咨询师、畅销书作者马修·斯图尔特（Matthew Stewart）在《管理咨询的神话》（*The Management Myth*）一书中指出的那样，泰勒在推行一种全新的管理理念，他运用数学（泰勒称之为"科学"）使工人更巧妙而不是更卖力地工作。

那一时期，美国涌现出了许多大型企业，如马歇尔·菲尔德百货（Marshall Field）、梅西百货（Macy's）、西尔斯百货（Sears）、斯威夫特和奥尔玛（Swift and Armour）、美国钢铁公司（U.S. Steel）以及通用电气（General Electric）等。这些大型企业需要管理相当数量的工人，而管理者却一直不重视对工人的管控。历史学家詹姆斯·胡普斯指出，在那一时期，成功的秘诀是先行者优势、资本积累以及保护性关税。许多企业把对工人的监管视为简单的控制与命令，这同军事化管理别无二致。

当时，大多数从事体力劳动的工人都在以相似的方式劳作，领取的也都是计件工资。企业主们认为，计件工资制可以激励工人努力工作。但真正拿过计件工资的人都知道，激励只在一定程度上管用。因为，只要工人大幅提高生产力，管理方会不可避免地打破原先设定的工资体系，这使得工人必须更加努力地工作，才能使工资与原来持平。在这一过程中，管理方总能找到新的均衡点，绝不会让每个努力工作的工人拿到他们应得的报酬。

---

① 兴起于17世纪中期的英国及其美洲殖民地，贵格会的特点是没有成文的信经、教义，最初也没有专职的牧师，无圣礼与节日，而是直接依靠圣灵的启示，指导信徒的宗教活动与社会生活，始终具有神秘主义的特色。——译者注

泰勒希望改变这一局面。1879 年，当他跻身于米德维尔钢铁公司的管理层后，便开始运用自己当工人时了解到的计件工资制作为应对工人的武器。"19 世纪，名门望族的后代都希望到行政管理办公室谋得一份职位，而不是干粗活，"胡普斯写道，"只有泰勒继续和他手下的工人斗争。其他的车间管理者在看到工人们用'磨洋工'的方式对付这种虚假激励的计件工资制时，都觉得公平合理。但泰勒认为，偷懒的工人不仅在欺骗他，也是在欺骗公司。他之所以不同情工人，是因为他站在正义的一方。由此，泰勒确定了自己的管理理念：提高生产率的方式是调整计件工资体系，同时提高企业与工人的产量与收入。"在米德维尔钢铁公司，泰勒的目标是：通过运用这一"双赢"体系，使产量翻一番。

他设计出的具体做法是：计算出工人一整天的工作总量，并计划实行超额劳动者获得超额报酬的制度。为此，他通过动作研究①，"科学"地规范了工人的操作流程，并规定了产量。这被泰勒的拥护者称为"泰勒制"②，他们认为该体系使得劳资双方利益一致，但事实却与此相反：泰勒将获取知识的权利从工人手中剥夺，放到管理方手中。埃德温·盖伊把企业的两项功能视为生产和分销，而在泰勒看来，企业的两项功能是计划（管理）和执行（体力劳动）。以至于只要一提起泰勒，人们便会联想到他的观点：工人只有通过体力劳动，才能获得报酬。

由美国第三任总统托马斯·杰斐逊（Thomas Jefferson）提出的自下而上的民主理念获得民众的推崇，而美国国父亚历山大·汉密尔顿（Alexander Hamilton）主张的自上而下的权力观点则受到企业主的追捧，被美国各企业奉为金科玉律。但是，这对所有人而言都不算新闻。真正的新闻是，越来越庞大的美国工人群体发现，他们正面临一个不可撼动的"敌人"，它披着科学和民主的外衣，内里却是专制本性。

---

① 又称工作研究、工作设计或方法工程。其研究目的是在工作中如何找出最简最优的方法，以最少的动作最终达到节约人力、提高效率、充分降低时间成本、提高经济效益的目的。它涉及三个方面的关系：动作与时间的关系、动作与人体的关系、动作与产品的关系。——译者注

② 指弗雷德里克·泰勒在20世纪初创建的科学管理理论体系，也称"泰勒制"。其主要内容包括：1.管理的根本目的在于提高效率；2.制定工作定额；3.选择最好的工人；4.实施标准化管理；5.实施刺激性的付酬制度；6.强调雇主与工人合作的"精神革命"；7.主张计划职能与执行职能分开；8.实行职能工长制；9.管理控制上实行例外原则。由于泰勒制的实施，当时的工厂管理开始从经验管理过渡到科学管理阶段。——译者注

用秒表上紧工人的发条

这又将我们带回到"生铁条"的话题上。1899年春天，伯利恒钢铁公司（Bethlehem Steel Company）突然发现他们多出了一些每条重达92磅、共计200万吨重的生铁条，这些库存急需通过货车运送到市场上售卖。伯利恒钢铁公司打算用75位工人将这些生铁条搬运到货车上，因为公司确信这些工人不会尽全力，所以他们邀请泰勒来解决工人怠工的问题。当时，每个工人每天的搬运量为12.5吨。这一数值还能否增加？对于这一问题，大部分主管可能只会通过命令工头逼迫工人的方法去解决，但泰勒却采用了一种新的管理工具。他向伯利恒钢铁公司派出一个由所谓的"大学人"（college men）组成的助理团队，他们手拿一块秒表，在一旁计算工人的搬运时间。结果是，工人的实际搬运量达到每人每天47.5吨。泰勒解释说，通过制造时间紧迫感，可以激发工人的搬运潜力。

随后，泰勒从这些工人中挑选了几名志愿者，最终将目光聚集在一位名叫施密特的工人身上。他住在宾夕法尼亚州，是一个拥有德国血统的荷兰人。经过一系列"科学"计算后，泰勒通知施密特，如果将日工资的计算方法转变成按吨计算的方法，那么，假如他每天能够装车47.5吨生铁条，便可将收入提高60%。随后，泰勒还告诉施密特，他必须严格遵守"大学人"的命令："他叫你搬，你就搬；叫你走，你就走；让你坐下休息，你就坐下休息。另外，你不能顶嘴。"不管怎样，伯利恒钢铁公司的生铁条最终顺利抵达市场，泰勒也偶然发现自己为一门新的科学奠定了基础，尽管这在别人看来只是计数。

泰勒还将他科学的目光投向了伯利恒钢铁公司的堆料场，并在那儿推出了所谓的"铁铲科学"：改变让工人使用同等大小的铁铲来铲煤矿的方法，而是使用不同尺寸的铲子，使工人们能够每铲一铲原料，就能恰好达到21磅，这将使生产率提高3倍左右。人们发现，泰勒只是一位受结果驱使的人，也不赞同他的研究成果具有科学性（其中一些甚至是错误的）。

1901年，伯利恒钢铁公司被收购，新上任的高管命令泰勒专心于一项任务——在公司的机械车间内推行计件工资制。而泰勒却要求扩大而不是限制采用这种工资制的范围，并试图劝服各高管实施这一想法，他因此被无情解雇。如果泰勒制是伯利恒钢铁公司需要的，那公司为何还要解雇他？事实上，人们在后来发现，泰勒在复述施密特的故事时，一些至关重要的细节并不是真的。而那些引入泰勒制的公司，也没有取得明显效果。

即便如此，泰勒仍从伯利恒钢铁公司赚取了10万美元咨询费，且该公司共在泰勒制上投进了110万美元。泰勒还通过总结自己的案例研究，归纳了一系列原理，在对它们进行一番包装，形成所谓的科学管理理论后，便开始向那些渴望采用新方法管控员工的经理兜售。1906年，他当选为美国机械工程师协会（American Society of Mechanical Engineers）主席，"生铁条"便成了"四方谈话"研究的核心案例。所谓"四方谈话"，是指在泰勒位于费城郊区那座四四方方、修剪整齐的宅子中举办的管理沙龙。

哈佛商学院的第一位"科学家"

埃德温·盖伊于1908年5月前往费城参加"四方谈话"，那时他正急于为商学院寻找合适的课程内容。同行的还有泰勒的拥护者、哈佛大学应用科学研究生院院长华莱士·萨宾（Wallace Sabine）。盖伊的目标非常明确，他在4月22日哈佛商学院成立日上说道："我们必须从商业经验中努力归纳出科学原理，本着科学的精神去教授企业如何运用这些原理，因为它们是指引传统企业前进的途径。"这是泰勒正在做的事情。更确切地说，是他认为自己正在做的事情。

在泰勒身上，盖伊找到了解决商业与学术冲突的方法，即在两者之间建起一架沟通的桥梁。泰勒用科学作为借口，为商业进入学术界提供幌子，而他在商业领域中获得的成绩让企业家相信，科学管理确实在企业经营中有一定价值。

盖伊初次邀请泰勒到哈佛商学院当讲师时并未成功，泰勒坚持认为，科学管理只适用于生产车间。后来盖伊便威胁他，即使泰勒不答应，哈佛商学院也会邀请其他人教授科学管理这门课。为了不将自己的研究成果拱手让人，泰勒这才勉强答应，并同意在1909年春季前往哈佛商学院任教。

1911年，泰勒正式出版《科学管理原理》（The Principles of Scientific Management）一书，并因此声名远扬。随着时间的推移，他和他的信徒卡尔·巴思（Carl Barth）和克拉伦斯·汤普森（Clarence Thompson）成为哈佛商学院以及哈佛精英们最喜欢的聚会之地——坎布里奇殖民地俱乐部（Cambridge's Colonial Club）的常客。1909～1914年，泰勒每年冬天都会到坎布里奇发表演讲。这与盖伊的期望背道而驰，他原本指望泰勒为自己建立商业科学打好理论基础，但这一愿望却没能实现。

我将在下面列出泰勒制存在的问题。

首先，马修·斯图尔特坚称，该理论体系缺乏可验证性。泰勒从未提供过可供试验的数据和具体的实践方法。斯图尔特写道："泰勒提供的并不是科学原理，他把对设备的研究与真正的研究混为一谈，这只是一种拙劣的伪科学。"当时，即1908年，就有一位名叫亚历山大·汉密尔顿·丘奇（Alexander Hamilton Church）的咨询师对科学管理理论提出质疑，他写道："泰勒制除了有一系列涉及秒表的研究程序之外，背后再没有任何实质性的东西。"

其次，泰勒过于自信。他坚持认为自己的理论具有普适性，并将定量分析当成全部，却没意识到效率及利润只是企业管理的部分目标，其他目标还包括客户满意度、公共关系以及产品质量。有人认为，泰勒制中"牺牲质量、追求数量"的理念为美国工业最终遭到德国和日本的打击早早埋下了祸根。不仅如此，泰勒还让经理人只注重工作效率，并将其作为判断企业成败的标准。斯图尔特写道："那些出于短期内提高季度利润而牺牲企业长远利益的高管们，正如那些为实现短期产量目标而不惜伤害员工士气的经理人一样愚蠢。"

再次，泰勒把注意力都放在秒表、图表和生产目标上，采用过度的分析方法对企业进行管理，哈佛商学院将在此基础上更进一步，而整个管理咨询行业比哈佛商学院又进一步。严密的分析本身并没错，但如果走向极端，终将是危险的。许多所谓的业务分析往往朝着削减成本而不是创新的方向发展，原因很简单：削减成本比提出新观点更容易。这催生出被斯图尔特称为"非理性的理性主义者"（irrational kind of rationalist）的人，这类人往往低估了那些无法被轻易测量的事物的影响力。

最后，泰勒发表了一个带有反工会主义色彩的言论：经理人是企业运营的大脑，而工人们则只从事体力活动，他们在工作中的思考不会产生相应的报酬。有人坚持认为，正是在泰勒的推动下，那些使美国工人逐渐失去创造力的工作岗位得以问世。《战略之王》（*The Lords of*

Strategy）一书的作者、哈佛商学院出版社前编辑部主任沃尔特·基切尔（Walter Kiechel）写道："在长达一个世纪的时间里，泰勒制让人们一直在寻求'数字人'与'个性人'之间的平衡点，这影响了对管理思维的定义。"

所有这一切说明，泰勒制是那一时代特有的理念。改革论者声称，一些特殊的智慧来源于科学，收获于流程。哈佛商学院希望获得这种智慧，以便进入销售行业。泰勒所追求的"为所有人的利益""让企业实现繁荣，为工人带来财富"正是哈佛商学院所认可的。专栏作家沃尔特·李普曼（Walter Lippmann）指出，泰勒制并非只涉及企业生产效率，还涉及改进社会本身。其中的逻辑是，不只围绕企业如何分摊利润，还涉及如何通过劳资双方的共同努力增加利润的问题，以及将国家所获利润累加起来，国家便会进步的理念。西奥多·罗斯福总统曾恳求国会以此方法解决"国家效率的问题"。到20世纪20年代，甚至列宁也开始支持泰勒制，认为它能够解决苏联的社会问题。但他们引入的是"带牙齿的"泰勒制，工人们因此而更加担心老板的惩罚，并没指望获得奖励。

泰勒制的吸引力在于，它可能有助于提出一种中立且科学的方案，来解决当时已上升到国家层面的劳工问题。如果工人可以获得他们应得的报酬，管理方与工人的紧张关系便能得到缓解，这会把劳资双方带到一种双赢局面。甚至连一向站在工人阶级一方，因正义感而被公众熟知的新闻记者艾达·塔贝尔（Ida Tarbell）①也接受泰勒制，并称泰勒为"创造型天才"。

在泰勒成为哈佛商学院的招牌讲师仅仅5年后，他的全盛时期便宣告结束。1914年，由于他的追随者在一家军工厂实行不合理的工时标定而引发大规模的工人罢工运动，以至于美国政府不得不召开国会听证，随后做出禁止所有国有工厂实行工时标定的规定。因此，哈佛商学院与泰勒划清界限。不过，这种分裂并未维持太久，因为泰勒在1915年便逝世了，但哈佛商学院仍然致力于追求管理中的科学。

最终，泰勒得到了"残忍的暴君"而不是"人文主义者"的称号，人们认为，泰勒制的重要前提，即自上而下的权力可以信任，本身就是

---

① 19世纪末20世纪初最早的扒粪者（指揭露不公与腐败现象，力将真相展现在公众面前的新闻记者）之一，她揭露了美孚石油公司的垄断行为，为抑制石油业的不公平竞争现象起到了决定性作用。——译者注

一个谎言。由于哈佛商学院起初倡导一位极端的思想家，致使它在后期需要倡导一位平和的思想家。于是，它非常欢迎埃尔顿·梅奥（Elton Mayo）——他推行一种更加温和的自下而上的管理形式——加入学院的教师队伍。如果说权力和生产力是哈佛商学院第一个十年的代名词，那人和人性化则是它下一个十年的代名词。

各商学院从未成功地从泰勒制中提炼出任何具有吸引力的普适法则，他们通常都在简单地追求那一时代流行的管理理论。1908年，泰勒和他的泰勒制大行其道，自那以后，商学教育开始普及，且变得纷繁复杂。事实上，管理学中并不存在罗塞塔石碑①，也没有统一的理论。但这都不是问题：哈佛商学院可以借用一种科学方法来证明其教育的正统性，而且，他们也有责任付出这种努力。只要有一些能形成文字的法则，便可供学习和教授，这正是教育机构的职责所在。正如沃尔特·基切尔指出的那样，对科学性的渴望，为一个全新的、自我标榜的管理精英阶层的野心插上了翅膀。

科学管理之父的零科学成就

纵观泰勒的一生，他确实为后世贡献了许多。

泰勒对商学院的贡献在于：他的研究使得研究型大学能够接受商业。在几乎没有名人可供追随的年代，他就是管理理论界的名人。达特茅斯大学塔克商学院首位院长哈罗·珀森将学院的全部课程集中在科学管理这一主题上，认为它是"唯一连贯和合理的，因而也是可向他人教授的管理系统"。正因泰勒如此坚决，管理实际上是一门应用科学，他帮助盖伊和珀森证明了他们各自领导的商学院的存在都有其合理性。

当然，科学探索需要大量数据支持。出于对数据的需求，盖伊于1911年成立商业研究处（Bureau of Business Research），以收集各行各业的统计数据。商业研究处首先将目光放在鞋业零售市场，随后它又将收集范围扩大到其他行业的零售市场。到20世纪20年代末，商业研究处外聘代理多达30人。盖伊对数据的偏爱远不止于此，他还参与了美国国

---

①Rosetta Stone，也译作罗塞达碑，制作于公元前196年，石碑上刻有古埃及国王托勒密五世登基的诏书，是今日研究古埃及历史的重要里程碑。作者在这里指管理学中并不存在深埋地底的"秘籍"。——译者注

家经济研究局（National Bureau of Economic Research）的筹建。

商业研究处创办了《哈佛商业报告》（*Harvard Business Reports*，如今已停刊），目的是整合企业经营经验，从中提炼出抢手的管理原则，但这一努力只持续了6年，因为哈佛商学院的教授们认为，归纳管理原则是毫无意义的举措。哈佛商学院早年开展的大部分研究类似于标杆学习①，它们毫无疑问是宝贵的，但并不一定是科学的。

泰勒对管理方的贡献在于：他为管理起了个好听的名字，并提出了"科学"的管理规则，以证明对劳工提出越来越高的要求是合理的。而由他设计的生产方法在各大型企业得到应用，例如，福特汽车认为，"用以提高某台机器的生产效率的方法，同样也可以用来提高工人们的工作效率"，因此当它的工程师们在设计生产线系统时，就运用了泰勒的秒表理念。泰勒制还帮助美国崛起为工业强国铺就了道路，只需重点关注这样一个事实便不难理解：简单的测量举动，可以大幅度提升效率。

管理学大师彼得·德鲁克（Peter Drucker）曾指出，科学管理"可能是继《联邦党人文集》（*Federalist Papers*）②之后美国对西方思想做出的影响最大和最持久的贡献"。与此同时，它也促使管理权的出现和发展，这种权力不仅偏离了资本本身，也偏离了工人阶级，剥夺了工人获取知识与权力的权利，并且将生产过程的控制权交付到经理人手中。不过，作为第一批职业顾问中的一员，泰勒应该不会想到，羽翼渐丰的顾问行业后来会通过颠覆泰勒制——将管理的焦点聚集在组织金字塔底部，而不是顶端——大获成功。

泰勒制还为管理方提供了一种有用的托词，即借鉴"机械工程师的华丽辞藻，把他们自己描述为劳工的协调者而不是主宰者，这样人们便不会把管理与劳资双方之间暴力对抗的污点联系起来。如此，管理便可在科学中落地生根，而不是在经济、社会或政治的权力中扎根"。它帮助美国人迷惑自己，对管理权的专制性视而不见。这种权力并非源于高尚的气质，而是源于这样的事实：权力即一切。对经理人而言，这是一种心理慰藉——如果某个社会团体要用一种清醒的意识去支配另一个团体，

---

①benchmarking，是一家企业将自己的业绩与一流企业进行对比，来确定自己是否能达到它们的业绩表现水平，并以此来改进自己的业绩表现的流程。——译者注

②由18世纪80年代亚历山大·汉密尔顿、约翰·杰伊和詹姆斯·麦迪逊3人为争取批准新宪法在纽约报刊上共同以"普布利乌斯"为笔名而发表的一系列的论文文集，共收有85篇文章。——译者注

倘若前者真正相信他们自身的卓越性,其支配力量也更强大。人们普遍认为管理者用脑力,而工人只能依靠体力,这催生出一个自私的结论:只有那些能够解决管理问题的人,才是管理者。

泰勒对管理所做的最重要的贡献并不是计算每人每天能搬运多少生铁,而是通过其管理理论使会计学的作用不再是完成落后于企业经营的账目总结,而是转变为一种具有前瞻性的管理控制工具,并成为现代管理信息系统的基础。这些洞见留给我们的遗产,包括资本预算、财务控制、计划、调度等,远比他的秒表研究重要得多。

那么,泰勒对科学的贡献是什么?答案是:无。计数、效率以及效率的"原理"都不属于科学。泰勒兜售的是无意义的反复:效率更高的劳动力,便是生产率更高的劳动力。马修·斯图尔特写道:"美国人喜欢科学带来的效果,而不是方法。他们根本没有耐心去通过观察控制组测试假设,而是希望快速解决问题。"

泰勒对美国精神做了什么贡献?满足它的一切需要。他将效率升华为一种美德,并自豪地认为这一美德能使美国人拥有充足的睡眠;他坚持认为知识就是权力,这强化了美国的精英政治统治理论,那些精英们都忽略了一点,泰勒制的实行实际上要依靠工人阶级。泰勒曾承诺,这一体系终将使美国拥有杰弗逊式的民主和汉密尔顿式的经济。但这一承诺只是幻影而已。

泰勒对自己的贡献是什么?他变得富有了。正如历史学家茱蒂·梅寇(Judith Merkle)说的那样:"这是一项将组织方法(泰勒制)当成科学来兜售的创业计划。"泰勒在事业上取得成功后,还利用闲暇时间追求更高目标:他为自己设计的一种汤匙形网球申请专利,并用它在美国草地网球协会(U. S. Lawn Tennis Association)举办的比赛中获得双打冠军;他发明了一种"Y"字形高尔夫球杆,但由于这种设备赋予选手"机械优势"而被禁用。但他并没有因此而气馁,而是成为一名草地专家,帮助培育了如今被广泛用于高尔夫球场的绿地品种。泰勒的成功使他变得狂妄自大。1913年,盖伊初次邀请泰勒到哈佛商学院担任讲师时,他用自己特有的夸张方式拒绝了,他说:"我将在这里——费城,创立一所更大的科学管理学院,比你在坎布里奇创办的学院更大。"

泰勒为艺术做出了什么贡献?正是在他的启迪下,喜剧大师查理·卓别林在其讽刺喜剧《摩登时代》(*Modern Times*)中模仿了一位在泰勒制工厂中的工人。此外，泰勒还为约翰·多斯·帕索斯（John Dos Passos）提供了足够的写作灵感，后者在其主要作品《美国》（*USA*）的长篇小说中为泰勒写下了一部小传，并指责了美国人追求"效率至上"的思想。他在作品中如此描述：

> 泰勒从未看到过美国计划。1915年，他因肺炎住进了费城的一家医院。一天晚上，夜间值班的护士听到他在给自己的手表上发条，在他59岁生日的清晨4：30，当护士进入他的病房时，发现他已经停止呼吸，手里还握着那只手表。

第4章
十年回顾：1910～1919年

埃德温·盖伊达到了他的目的。从1908年3月30日哈佛商学院正式成立，到1908～1909学年开始，他只用短短几个月时间便完成了秋季学期的教学计划。

教育体系初步形成

盖伊决定，教育由专职教授与商界人士配合进行。因为，那些要求用现代方法从实践经验中提取的知识，确实需要拥有从商经验的人去教授。因此，弗雷德里克·泰勒、旅行者平安保险公司（Travelers Insurance）总裁西尔维斯特·邓纳姆（Sylvester Dunham）、经济学家F. W. 弗斯特（F. W. First）、波士顿零售业巨头爱德华·法林（Edward Filene）以及纽约银行家托马斯·拉蒙特等商界巨头都成了商学院的讲师。当哈佛商学院的学生在进行实地研究时，受到许多本地企业的欢迎，诸如波士顿天然气公司（Boston Gas Company）、法林百货（Filene's Department Store）、通用电气、基德尔·皮博迪投资银行（Kidder Peabody）、霍顿·米夫林出版公司（Houghton Mifflin）以及沃莎姆钟表厂（Waltham Watch Factory）。

哈佛商学院最初的生源地是哈佛大学。在1908～1909年的80名学生中，有42人拥有哈佛大学的学位。在1909～1910年的91名学生中，同样有42人来自哈佛大学。在哈佛商学院成立的头5年里，其招生人数稳步增长。1908年有33人完成了第一学年的课程，到1912年时，人数上升至77人。与此同时，具有代表性的课程数量从14增至42。

为进一步确保最前沿的管理知识能出现在哈佛商学院的课程中，盖伊成立了一个由顶级经理人（铁路公司巨头、银行家等）组成的巡视委员会（Visiting Committee），用于评估学院的工作。在哈佛商学院成立5年后，委员会第一次对学院工作进行评估，提出重实践、轻理论的建议，并指出学生缺少商业意识。委员会还注意到另一件事情：学生的英语写作能力不足，没有达到学院要求的优等生水平，因此必须要在学生的英语书写能力上进行矫正教学。

那么，哈佛商学院的学生到底在学什么？在商学院成立十年后，一份调查显示了部分已确定的科目，如会计和公司金融，这些课程在很大程度上通过"描述性"的方式来教授，即用局外人而不是管理者的角度授课，但学生们最终得换成经理人的思维去看待问题。这一情况可以由当时（1917～1918学年）二年级MBA的论文证明，这些论文的主题包括"一家制造企业的铜阀门部门的调度系统""一家电暖器企业的路径优化问题"等。换句话讲，哈佛商学院并非在培养那些满足于书本和理论、吹嘘自己学识丰富的研究生。正如弗雷德里克·泰勒曾做过的那样，有些知识需要从实践中学习，即使教学目的并不是让学生们真正拿起铁锹去干体力活。但也不能在一些细节中陷得太深，比如火灾保险或亚当·斯密（Adam Smith）提出的"在自由市场中，自我利益使所有人的利益最大化"的理论等，学院没有时间去传授这种知识，这些都是经济学系专攻的课题。然而，这引发了一些极端案例，本书很快就会讲到。

筹资难题

身为院长，盖伊的任务之一是为商学院精心塑造其早期形象，也许他在完成这项任务时获得了成功，但在另一项任务上并没有获得任何成绩，那便是：筹集资金。在哈佛商学院成立早期，捐赠来得非常艰难。不过，他也曾获得过几笔数额较大的捐款，比如说服芝加哥出版业巨头阿切·肖

(Arch Shaw）捐资。1911～1912年，来自纽约的埃德蒙·康格斯威尔·康弗斯（Edmund Cogswell Converse）用12.5万美元捐赠了一个教席教授[①]。1914～1915年，来自纽约的詹姆斯·希尔（James Hill）用同样数额的捐款捐赠了一个交通运输方面的教席教授职位。

似乎商人很愿意花时间帮助哈佛商学院安排课程，因为他们很有可能会聘请商学院的学生。不过，这些商人却没有打算资助学院的教育工作。1912年，一个由当时已退休的查尔斯·艾略特领导的委员会将哈佛商学院的捐助需求控制在60万美元，盖伊发现，商学院没有几人愿意接受这一限制，这些反对者中当然也包括盖伊本人。

1911年，盖伊请求当时刚刚就职的哈佛大学校长洛厄尔批准一项100万美元的募捐项目。这是一个敏感的请求，原因在于盖伊和洛厄尔同时将目光投向了洛尔菲勒的普通教育委员会，将其作为潜在的资金来源。盖伊筹来的资金用于哈佛商学院，而洛厄尔筹来的资金当然是用于哈佛大学。直到最后，盖伊都没能从普通教育委员会处得到支持，因此他得想方设法从其他地方筹资。然而在1912年，盖伊与洛厄尔之间的关系变得十分紧张，以至于洛厄尔要求盖伊辞职，但盖伊拒绝了这一要求，且在接下来的5年中依然保持着院长的身份。尽管洛厄尔在哈佛商学院成立之初便切断了一条筹资渠道，但仍有许多人认为，洛厄尔实际上是商学院的长期资助者。

1917～1918年，正值第一次世界大战期间，盖伊在假期前往华盛顿特区，进入美国政府工作。在此期间，他突然意识到自己已经厌倦了当下的生活，便于1919年8月向哈佛商学院提出辞职，随后便担任纽约晚邮报公司（New York Evening Post Corporation）总裁。他是带着荣誉离开的：1919～1920学年，哈佛商学院的招生人数达到412人，几乎比1916～1917学年的招生人数多出一倍，是1917～1918学年的4倍。盖伊在担任哈佛商学院院长的11年里，曾为自己因管理学院而耽误学术研究感到后悔，但他对哈佛商学院做出的突出贡献是不可磨灭的。他用尽全力，将"成立哈佛商学院"这个看似站不住脚的想法变成现实，他经受住了舆论压力，将其打造成了世界上最著名的商学院。

[①] 一些大企业会对教育事业提供赞助，教席教授就是其中一种赞助形式。企业会向学院捐赠一笔专门用于教学和研究的款项，并邀请一些在教学和研究方面非常有成就的教授来承担这一职位。——译者注

不论盖伊是否知道自己创造的其实是一段历史，他都不可能预见到，近一个世纪以后，哈佛商学院已经与高盛集团、麦肯锡成为MBA领域三大品牌之一。他使哈佛商学院成为企业的朋友、商业研究的重要源泉、一所无可匹敌的教育机构，以及一个培养着眼于为社会谋取福祉的商界人士的学府。他没能成功完成所有任务，但他确实已付出了最大努力。

哈佛商学院在诞生的头十年里，并没有培养出许多在商界能名留青史的精英，我们不必为这一结果感到惊讶。在美国商业史上，那是一段动荡的过渡期，虽然哈佛商学院的学生可能在新的教育时代中充当先锋，但他们却因为读书而错过了激烈的市场竞争。而那些竞争，在当时很大程度上是一种自由竞争。

说起聘用MBA，尽管有几家企业是哈佛商学院MBA的主要聘用者，比如美国电话电报公司（AT&T）对所有符合条件的毕业生下了"长期订单"，但市场与毕业生之间不平衡的供需，让他们不得不面临严峻的现实。MBA的年薪起薪从1910年的2 144美元下降到1915～1916年的1 450美元。这些毕业生的最大优势是哈佛商学院赋予他们学历上的威望。然而，即使"孩子"（指哈佛商学院）谦恭有礼，"母亲"（指哈佛大学本身）也一直不愿意接受，但他毕竟有着哈佛血统。

但不可否认的是，哈佛商学院在当时无论如何也无法与"领袖工厂"美国军事学院相匹敌。1802～1866年，西点军校培养了1 058名毕业生，其中有35人成为总裁、48人成为总工程师、8人成为财务主管。不过，哈佛商学院能够与其相提并论的日子不会太遥远，因为，哈佛商学院做出了一个最坚定、最持久的决定：使用案例分析法作为一步步接近商学教育的工具。

第5章
案例分析法：是思维的延伸还是枷锁？

　　案例分析法是哈佛商学院对商学教育领域做出的标志性贡献。该方法是学院的教学基础，也是财力投入的目标，哈佛商学院在它身上耗费的研究经费超过其他所有项目的总和。

　　在哈佛商学院，是否能够高效地撰写并讲授案例，是衡量教授教学水平的主要指标。同时，它还是商学院传播对商业的思考信条的主要方式，也是商学院重要的课程外收入来源。通过研究案例，哈佛商学院教授与商界从业人员的联系比其他任何一所商学院的教授都密切。一般情况下，各企业喜欢教授们围绕它们的绩效撰写案例，前提是，这一方式不会耗费高管们太多宝贵的时间。

　　哈佛商学院极其信赖案例分析法。外人怀疑，这是不是已经成为它沉重的枷锁，让它不堪重负。哈佛商学院这一品牌的吸引力，以及教授通过分析案例的教学方式而形成的独特视角，意味着哈佛商学院在学术人才市场中扮演着特殊角色。由于案例研究本身是一种回顾方法，这引发了人们对哈佛MBA毕业生的指责。许多人认为，这些毕业生只会用传统答案回答传统问题。支持者则争辩说，案例分析法的重点在于学生如何学，而不是学什么。可是，学生们能从案例研究中学到什么同样重要，比如决策力、领导力和承担责任等。

哈佛商学院支持将教学与企业关联,这在某种程度上牺牲了研究的缜密性。不仅如此,其案例研究从一开始就与现实存在偏差:由于企业对关于自己的案例拥有否决权,因此,绝大多数案例产生了正偏差,例如过高估计个人在复杂组织中的重要性,声称高管能够预见事情的发展趋势(实际上这样的预测并不存在),以及在案例中暗地里渗透一些公共关系。凡此种种,不一而足。

由于案例分析法对哈佛商学院而言十分重要,它是商学院的品牌基石,也是其所做任何事情的基石,因此,本章首先阐述案例分析法的起源,在随后的章节中,我将探讨该方法的优点与缺点,包括在它最初的推广过程中遇到的挑战,以及学院在运用这一方法后引起的一系列问题,而其中一些问题甚至到现在都没能解决。

哈佛商学院教学灵感之源:哈佛法学院

1911年,在哈佛商学院成立3周年之际,身为出版商的学院支持者阿奇·肖告诉埃德温·盖伊,他认为商学院的教学方法存在根本性缺陷。在他看来,课程过于普通、描述性过强,且无法为MBA学生传授高管必须具备的关键能力。也就是说,MBA学生不仅需要学习解决问题,还需要学会辨别问题。而肖认为,那些学生根本无法辨别自己是否遇见了问题。对此,盖伊回答道:"如果你能清楚分辨问题,为何不来帮助我们?"

最后,两人通过合作,弥补了商学院教学方法上的根本性缺陷。在肖的强烈呼吁下,盖伊为二年级学生开设了一门"经营战略"课程,以便让学生能以"最高管理层"的视角思考问题。肖还说服15名高级经理人参与课程,他们要在一周之内为学生们上三堂课。在第一堂课上,他们解释自己在经营过程中遇到的问题,并为学生们答疑解惑;在第二堂课上,学生们开始对一些问题进行分析,并提出解决方案,整理成报告;在第三堂课上,这些高级经理人与学生们就报告展开讨论。这一做法使得哈佛商学院在未来十年中都显得与其他商学院与众不同:它是第一所通过案例分析法,收集、提炼和教授企业在现实中的经营问题的商学院。

在帮助和弥补哈佛商学院教学方法的缺陷上,肖的做法值得称赞。事实上,盖伊从一开始就注意到了缺陷。在对哈佛商学院1908~1909学年的课程进行分类时,他就制订了包含案例分析法的教学计划:"在商务法律的课程中运用案例体系。在其他课程中，只要实际可行，便可引入类似方法。同时，还应着重强调课堂讨论，这类讨论将与特定主题相结合，可称之为问题方法（problem-method）。"

促使盖伊提出这种教学方法的灵感，部分来源于哈佛法学院。早在几十年前，时任法学院院长的克里斯托弗·哥伦布·兰德尔（Christopher Columbus Langdell）就对法律教学进行了一次革命性改革：将学习法令条文转变成剖析司法意见。盖伊的另一个灵感来自于古斯塔夫·冯·施穆勒，后者在教授经济学和社会科学课程时发现了运用案例教学的潜力。唯一使盖伊对推行案例分析法犹豫不决的是，学院缺少实际案例和能以这种方式教课的教授。

梅尔文·科普兰在《一个时代的标志》（And Mark an Era）一书中介绍了自己在20世纪上半叶于哈佛商学院从教的经历，他写道："哈佛商学院创办之初，在吸引学生方面的主要竞争对手是哈佛法学院，而这种情况一直持续到今天。现在，哈佛商学院依然沉迷于一种即将消失的美好境况中：在拥有精湛技术的当代年轻人看来，哈佛商学院使斯坦福大学商学院黯然失色。尽管如此，仍有许多在商界谋职的人，在其学业的起点选择就读法学院而非商学院。如果盖伊要与之竞争，必须使哈佛商学院独具特色，同时还要表明它在教学质量方面能与其兄弟院校竞争。"

如何用案例教学

盖伊在推行"问题方法"时还力推课堂讨论，他甚至已经选定了教授——梅尔文·科普兰来担此重任。科普兰曾师从盖伊攻读经济学博士学位，在哈佛商学院工作一年后，便前往纽约大学，最后于1912年返回哈佛商学院。盖伊说服了他，并请他在"商务组织"这门一年级课程中做教学试验。当时，学生被任意分为两组，一组由科普兰负责，另一组由保罗·切林顿（Paul Cherington）负责。切林顿在教学中更注重交流，他是美国最早的营销专家之一，著有《广告中的商业力量》（Advertising as a Business Force）和《营销要素》（The Elements of Marketing）。

在试验开始一周后，盖伊便询问科普兰进展情况，科普兰答道："到目前为止，我还有足够的授课内容。"显然，尽管在课程开始之前只有两天准备时间，他依然对自己的能力感到自信。盖伊则对他说："这并不是

我要问的问题，我想知道的是，你是否找到供学生交流和讨论的内容？"科普兰后来写道，从第四天开始，他在授课时不再单方面向学生传授知识，而是采用苏格拉底问答法（Socratic method）①。这正是案例分析法的核心理念。

本杰明·贝克（Benjamin Baker）在其1915年撰写的《在哈佛任教》（*Teaching the Profession of Business at Harvard*）一文中反复提及一个众所周知的观点："不能照本宣科地教授商学这一专业。因为，实际的经营问题，即企业管理者一定会遇到并解决的那类问题，与课本上纯粹表述的问题并不一样。这好比一位病人在向年轻医生描述的症状，与医学课本上描述的症状不会完全一样。因此，正如年轻医生必须通过在医院里实习，以便学习如何诊断一样，商学专业的学生也必须到企业中实习，以辨别和解决商业中的问题。"

几十年后，哈佛商学院市场营销教授马尔科姆·麦克奈尔（Malcolm McNair）总结出一条被学院视为真理的信条：案例不仅使哈佛商学院变得特别，也使其毕业生显得特别，因为学生们能以卓越的方式学习；它还使其教授显得与众不同，因为教授们在撰写和教授案例时仿佛是艺术家。马尔科姆说："公平来讲，案例是一种独特的文学形式，它能够激发学生的学习兴趣，并带来一种'姑妄听之'的思考方式，即在介绍案例时，姑且先信以为真，变得真正关心它；接下来，一定会有策划、叙述结构、自主探索企业及其管理者的问题。通过以上流程，学生真正将自己带到企业经营的特定情形之中。"

事实是，哈佛商学院的案例并不是一种独特的文学形式。它们只是一种将某些糟糕的商业情形通过书面概括汇总起来的"大杂烩"，其中还夹杂着堆积如山的数据、图表以及其他杂项，而它们的特别之处在很大程度上也就是法学院案例的特别之处。通过案例分析法学习就是为学生进入商界做准备，这好比培养海军陆战队的预备役军校。在那里，教官负责教授新上任的海军陆战队军官如何适应将来的工作。同理，案例能迫使准高管们像军官那样，在战争的迷雾中进行决策、交流和行动。

哈佛商学院将大量材料一股脑儿地抛给学生，使他们无法在规定时间内完成阅读，这迫使学生必须同时进行多项任务，对任务进行轻重缓

---

① Socratic method，苏格拉底在教学过程中采用问答法，环环紧扣、层层解析、步步推进、启发诱导，通过问答、交谈、争辩、诱导或暗示，把学生导向预定的结论。——译者注

急的排序，以思考出他们需要着重关注的最重要的10%。这其实类似于一位企业高管日常工作的真实写照。长期以来，哈佛商学院坚称自己比其他任何商学院都能更好地教授学生技能，并且将无法处理过量信息的学生淘汰出局，这种情况在工作中也是不可避免的。

缺点：以说教代替体验

1867年，约翰·斯图尔特·密尔（John Stuart Mill）[①]在探讨大学应当在培养专业人员中扮演何种角色时讲道："大学应当不仅教授学生专业知识，还应当把教授他们如何管理好对专业知识的运用作为教学目标。"换句话讲，就是应当教专业人员如何去思考和判断。而哈佛商学院聚焦于通过案例来教学，正是为实现这一目标。

但是，在哈佛商学院，教授们真的在设法实现这一教学目标吗？《优秀的绵羊》(*Excellent Sheep*)一书的作者威廉·德雷谢维奇（William Deresiewicz）对此持有不同看法。他写道："精英学校喜欢吹嘘他们在教学生如何思考，但他们只是在教学生一些分析技能和修辞技巧，这些都是在企业和职业生涯中获得成功的必备能力。"对许多人而言，获得这两种能力便足够了。当哈佛商学院MBA被问及在学校中的收获是什么时，一些成功的高管，比如摩根大通CEO杰米·戴蒙（Jamie Dimon）和哥伦比亚广播公司（Columbia Broadcasting System）总裁兼CEO汤姆·墨菲（Tom Murphy）等人的回答是案例分析法。但是，一谈到哈佛商学院是否令他们具备某种能力，将他们的行动与更广泛的社会问题联系起来时，这些人的态度则变得不置可否。

但哈佛商学院毕竟顶着名校光环，它不能过于直接地接受案例分析法（尽管在正确的背景之下，这是一种新颖而强大的教学工具），而要极其详尽地说服自己和他人，这种方法实际上可以解答任何问题。有时，他们会发现自己竟以一种陈腐的语气来鼓吹该方法。1994年，由哈佛商学院创办的《哈佛商业评论》(*Harvard Business Review*)发表了一篇文章，题为《经理人发生了什么？》(*Whatever Happened to the Take-Charge*

[①] 英国著名哲学家和经济学家，古典自由主义思想家。他在政治、经济、哲学等多个领域均有杰出贡献，是功利主义的支持者。密尔对西方自由主义思潮影响甚广，尤其是其著作《论自由》，更被誉为自由主义的集大成之作，同时也与弥尔顿的《论出版自由》一道，被视为报刊出版自由理论的经典文献。——译者注

Manager?）。哈佛商学院院长尼廷·诺瑞亚在文中提出："案例分析法能够判断某一特定情况下的各个参数，并决定什么样的理念和行动将在该环境下奏效，这是区分高效经理人与普通经理人的标志。"这就像在说，能够判断某次特定投掷情形中的各个参数，并决定什么样的摆臂动作将在该环境下奏效，是区分高效击球手与普通击球手的标志。这一观点如同毫无意义的陈词滥调。

案例分析法最显著的缺点是，它为学生们带来一种错觉。一位来自哈佛商学院的内部人士戴维·尤因（David Ewing）曾鹦鹉学舌地提起该方法中的传统智慧，他说："这对学生有着深远影响，迫使他们对决策负责。"这是可笑的。案例分析法确实使学生置身于决策情景中，但它哄骗学生仅仅去思考一些经验，而它们只是借助案例分析法累积起来的毫无意义的经验，根本不能代表真实体验。

在描述案例分析法时，让教授们引以为傲的是，案例分析法会向实践者灌输所谓的"贵在行动"理念。诺瑞亚在一篇文章中写道："通常，经理们要在没有任何确定性的情形下，面临一系列必须迅速采取行动的问题。引用经济学家肯尼斯·阿罗（Kenneth Arrow）的话来说：'我们必须采取简单的行动，为无法确定的结果做准备。'"同理，如果天气预报说今天有50%的概率要下雨，那么，对于无法预测的天气状况，我们需要选择是否带伞出门。诺瑞亚质疑的是，案例分析法是否能使人们在特定情形中做出正确的选择。我在这里完全尊重肯尼斯·阿罗的观点，对他毫无冒犯之意。但是，对于人们无法预测的事情，大多数人并不需要靠经济学家来告诉自己如何应对。而且，我们有时必须在自己完全了解情况之前就先做出决定，这种能力根本不值得炫耀，因为这就是生活。设想一下，某所大学的物理系声称其毕业生具备做实验的能力，对此，你会怎么想？

优点：拓展观察视野，快速获得知识

从支持者的角度看，案例分析法确实如沃顿商学院首位院长爱德蒙·詹姆斯所设想的那样。他曾写道："我们可以系统地总结某些经验，使它们可以在短时间内向学生灌输大量知识。这可以拓展他们的视野，并且训练他们养成观察的习惯。通过这种观察，这些年轻人可以更快地

获得经验。如果换成另一种方式，学生可能需要花更多时间才能学到这些知识。"或者，正如一位 MBA 学生在近一个世纪之后所说的那样："万一你正试图预测某个特定事件的发展方向，过去的事情（无论是真实的还是模拟的）不可能告诉我们将来会发生什么，但你可以从中了解规律。所以，过去的事情会或多或少地帮你预测可能发生的事情，或许它可以告诉你某件事情可能的结果是什么，这比任由事情发展要好得多。"不过，要再次指出的是，这其实是一种暗示：知识总是越多越好。即使是广为人知的结论，都可以归功于案例分析法。根据上述逻辑，案例分析法（虚假经验）总是好过傻瓜方法（忽视经验）。这看似很难反驳，但事实上，经过反复试验从而发现可靠的方法（实际经验）这一方式依然有其优势。

  案例并非没有价值。相反，哈佛商学院赋予了这些案例特有的价值。我将在后文对此进行阐述。1912 年，埃德温·盖伊做出的一个决定，奠定了哈佛商学院在接下来一个多世纪里的发展轨道。他曾经说："我们正在尽可能且迅速地确定教学方法，但这面临许多困难。主要问题是获取合适的案例材料以供讨论。不过，时间和经验将解决这个难题。"事实的确如此。但是，时间和经验也带来了新问题。2015 年，哈佛商学院不再缺乏案例，而是面临案例过量的情况。每位学生在毕业前要研究 500 多个案例。一些学生说，这些经验让他们喘不过气；另一些学生则引用鲍勃·迪伦（Bob Dylan）的歌词"太多微乎其微的事"（too much of nothing）去形容他们的学习状态。

第6章

华莱士·多纳姆:哈佛商学院引航者

美国哲学家、作家拉尔夫·瓦尔多·爱默生(Ralph Waldo Emerson)曾说过,一个机构,其实是一个人延长的影子。如果这种说法是正确的,那么对哈佛商学院来说,留下影子的并不是埃德温·盖伊,而是他的继任者华莱士·多纳姆。1919~1942年,时任院长的多纳姆带领哈佛商学院进入崛起时期,为学院的发展打下了坚实的基础。

他巩固了案例分析法的运用,将其作为哈佛商学院标志性的教学工具;重塑了对"管理者"的定义;招聘(并晋升)了几十位教授,他们留下的知识与经验,依然为如今的教授所借鉴;他计划并争取了为商学院建设标志性建筑的资金。然而,他所做的影响最持久的贡献是清晰地阐明了哈佛商学院教育目标中的道德含义。多纳姆为学院的存在提出了正当理由,并阐述了近一个世纪之后仍在沿用的哈佛商学院之所以存在的意义:现代企业的崛起,为社会带来了诸多问题,而哈佛商学院将为这些问题提供解决方法。

从贫穷的学生、失意的商人再到最具影响力的院长

多纳姆本职并不是学者,不过他是一位彻头彻尾的哈佛人。1877年,

他出生于马萨诸塞州的洛克兰，于1898年从哈佛学院毕业。多纳姆的父亲是位乡村牙医，受家庭经济条件的约束，他没有选择寄宿，每天往返于相距50英里的家和学校之间。为节省开支，他只读了3年就毕业了。

和同伴相比，多纳姆的大学时光远谈不上轻松，但幸运的是，在那个艰难的时期，他遇见了正确的人。多纳姆的老师是阿伯特·劳伦斯·洛厄尔，当这位后来的哈佛大学校长问多纳姆在毕业之后有何计划时，他说出了自己的心声。虽然他很想上哈佛法学院，但可能无法支付学费，因此倾向于选择教书。洛厄尔不希望看到这样的事情发生，便借给他2 000美元作为无息贷款。多纳姆接受了，随即前往哈佛法学院就读。在法学院的头两年里，他担任洛厄尔的教学助理。1901年，多纳姆从哈佛法学院毕业后，告诉洛厄尔自己正准备结婚，他希望先还清洛厄尔的债款，以便与新婚妻子过上不欠债的生活。洛厄尔说，只要他真正与未婚妻结婚，自己将免除他的这笔债务。多纳姆做到了，洛厄尔也没有食言。

1901年，多纳姆在波士顿旧殖民地信托公司（Boston's Old Colony Trust Company）的法律部门开始了自己的职业生涯。多纳姆性格直率而果敢，这使得他能以极快的速度晋升。在入职5年后，即1906年，他便成为副总裁。两年后，他前往哈佛商学院授课，主题是"证券包销以及通过银行购买和出售证券"，这是学院"企业金融"课程的一部分。

1917年，一家位于马萨诸塞州名为湾街铁路（Bay Street Railway Company）的企业进入破产程序，多纳姆被法院任命为资产管理人。这是一份吃力不讨好的工作，但他一干就是两年。两年后，洛厄尔再次问起他的计划，并提出让多纳姆接管当时依然处境不佳的哈佛商学院院长一职的想法。就这样，1919年10月7日，多纳姆成为哈佛商学院新任院长。

泣血的美国：失业、贫富差距和劳资矛盾

多纳姆来到哈佛商学院时，恰逢这个时代的"衰亡故事"达到高潮，这是后现代主义者对衰落与瓦解的委婉说法。1920年，一战带来的经济繁荣景象已化成泡沫，美国民众正在高通胀、高失业率、高生活成本以及持续的劳工纠纷中苦苦挣扎。商业被指为罪魁祸首，商业经济的衰败威胁到整个国家的经济，而财富越来越集中在少数人手中。同时，企业权力日益膨胀，以至于威胁到美国的民主制度。

在阿道夫·A.伯利（Adolf A.Berle）和加德纳·米恩斯（Gardiner Means）合著的一部名为《现代公司与私有财产》（*The Modern Corporation and Private Property*）的书中，他们颇具创意地刻画了当时的企业形象。两人在书中指出："经济权力被集中在控制着巨型企业的少数人手中，这是一种无比强大的力量，它可以伤害不计其数的平民，也可以让他们受惠；它可以为某一个社区带去灾难，也可以为另一个社区带去福祉；它可以影响整个地区，改变贸易发展趋势。"虽然阶级冲突依然是美国民众争论的焦点，但这场争论似乎不像过去几十年那样激烈了。艾达·塔贝尔在她1939年的回忆录中写道："19世纪80年代的美国在滴血，人们在努力接近正义事业，寻找为社会治理弊病的办法，使国家更人性化和社会化。过去和现在一样，一些人希望世界变得更美好，尽管在当时，这些人看起来跟疯子一样。"

1910年，那些曾经被看成疯子一样的人开始掌权。同年，15名工会会员当选国会议员。尽管在镀金时代①，社会达尔文主义②盛行一时，但1914～1916年，进步人士的势力开始发展壮大。在向大西洋对岸的欧洲投去警惕的一瞥后③，美国政府突然发现，是时候认真对待劳工问题了。

仅仅在15年的时间里，美国政府开始重新勾画国家制度和法律政策"路线图"，将许多事务纳入法制管理的"轨道"上，包括财政和金融政策——1913年成立美联储，并制定所得税制度；消费者保护政策——1906年成立美国食品药品监督管理局并制定《联邦肉类检验法》、1914年成立联邦贸易委员会；环境保护政策——1905年制定国家森林管理制度、1913年制定国家公园管理制度；维护劳工权益——1916年制定《童工法》、八小时工作制和劳工赔偿制度；1907年对竞选资金进行管理和改革；1903年完善反垄断政策，并于1914年通过《克莱顿反托拉斯法》，进一步对垄断行为进行规定和强化管理。作家罗伯特·帕特南（Robert

---

①Gilded Age，指美国内战后的28年，即1870～1898年，用来形容那一时代的美国政治腐败、崇尚粗鄙的实利主义的社会状况。——译者注

②Social Darwinism，19世纪的社会文化进化理论，因和达尔文生物学理论有关系而得此名，该理论的核心概念是：生存竞争所造成的自然淘汰，在人类社会中也是一种普遍的现象。穷人是生存竞争中的"不适者"，不应予以帮助；在生存竞争中，财富是成功的标志。这种思想常被利用来强调人种差别和阶级存在的合理性以及战争不可避免等。——译者注

③19世纪中期，英、法、德等国的无产阶级开展了独立的政治运动，主要表现是发生了著名的三大工人运动，即法国里昂丝织工人的两次起义、英国宪章运动、德国西里西亚纺织工人起义。——译者注

Putnam）曾对一定数量的美国公民进行调查，并在《独自打保龄》（*Bowling Alone*）一书中写道："整体看来，在原本阻止激进变革的宪法体系中，这一系列改革取得了一些令人印象深刻的成就。"你甚至能发现，它们展现了"贵在行动"理念。

尽管如此，社会批评家托马斯·弗兰克（Thomas Frank）在《上帝注视下的市场》（*One Market Under God*）一书中写道："从19世纪90年代至第二次世界大战期间，自由市场体系使美国社会贫富差距悬殊，由于这一体系对民主的侵害，它屡次遭到批评和攻击。有时，美国民众不再相信它能为自己提供生活保障。"或者，正如专栏作家沃尔特·李普曼于1914年所写的那样："我们并不习惯生存在如此复杂的社会文明中，当个人联系和永恒的权威消失时，我们该何去何从？我们没有可借鉴的先例，没有使社会文明变得更简单的智慧。我们已经改变了生存环境，这比改变自己要迅速得多。"

正当美国社会处于迷茫期时，多纳姆成为哈佛商学院院长，这并不是件坏事。盖伊已经花了十年时间试图说服商界相信，和学术界携手合作有诸多好处，但他并未取得成功。突然之间，出现了一种有利于说服商界的氛围，这有两方面的原因。第一，即使是那些对自己事业的虔诚与正义深信不疑的商人，也始终无法被公众接受。现在，商人们总算意识到，与学术界进行合作似乎能塑造良好的企业形象。同时，他们发现这位孜孜不倦的哈佛商学院院长，可能是最好的合作伙伴。除此之外，多纳姆身为"业界人士"的背景（他曾是波士顿的一位银行家）对商人更有吸引力。第二，随着《克莱顿反托拉斯法》终于开始抑制通过传统方法（兼并、串通）而获得的市场势力，企业因此提高了运营效率，这使他们确信自己迎来了胜利的曙光。出于上述原因，他们将目光转向哈佛大学以及哈佛商学院。

企业形象美化方案：成为案例主角

如果教授们依然将得出深奥、晦涩的商业理论作为重点，那他们在案例研究与教学的最终目标不外乎是采用纵向研究方法，对事实进行记录和归类，并从中寻找一般规律，从而归纳出某种理论。但在多纳姆任院长时期，哈佛商学院开始对案例研究的过程进行优化，即培养学生"提高应对新事物……及各种情形时,采用全面观察视角的能力"。尽管学院依然寄希望于通过这种伪科学的研究所能够带来的成果(某种商业理论),但也开始强调这种研究可能带来的其他好处:这和在抵达目的地前欣赏沿途风景有些类似——当你研究的对象并不存在时,你所能得到的结果几乎全部来自研究过程。

1924年,哈佛商学院的大部分课程已转换至案例体系,美国其他商学院也紧随其改革步伐。此时,一些企业敏锐地察觉到,案例有助于企业招聘人才、发展公共关系,便开始主动向学院要求成为案例主体。1922年,多纳姆对通用电气赞赏有加。首先,他赞赏该企业对这类用于培训年轻人的素材的价值深有远见,然后又赞扬该企业支付了哈佛商学院的教职工们在研究和撰写关于通用电气的案例时的费用,并表达了希望其他企业也能出资支持这类活动的愿望,但最终却未能如愿。在1923年,尽管美国电话电报公司效仿了通用电气的做法,但自那以后,哈佛商学院再没能找到愿意支付其研究费用的企业,以至于不得不自行筹集资金。据说,在这项任务上,多纳姆充分展示了自己的才能。他在20多年的院长任期内,为支持案例撰写筹集了200多万美元资金。不过在50年后,即1979年,哈佛商学院每年用于案例制作的费用已高达600万美元。

最优秀的销售员往往具备两个特点:第一,他们非常相信自己正在销售的产品,这种信念越强烈越好,甚至于越是接近宗教式的狂热越好;第二,他们会不停地寻找新的销售方法。华莱士·多纳姆兼具这两个特点,他代表哈佛商学院充当销售员而创下的纪录无人能及。

唯一的问题是,这种信念体系之下潜藏的某些假设没有经过检验。在开始时你并不会意识到这一问题,因为,当你刚刚尝试做一些新的事情时,犯错在所难免,你甚至都不知道自己曾做出过哪些假设。但是,当销售员开始被自己的信念体系所左右,并且引申到依赖于该信念的假设时,信念体系可能会遇到危险。在这之中最具代表性的例子,便是将某只股票的价格当成衡量企业价值的唯一指标;另一个例子是,顽固的资本家不可动摇地坚持一种立场,认为无拘无束的资本主义是过去、现在以及未来解决人类面临的挑战的唯一方式。在多纳姆担任院长期间,这种思想在哈佛商学院中很有市场。他在1927年写道:"我已得出结论,像美国这样的文明国家,如果要在一种有秩序的演变中求得进步,最大的需求是有公德心的商人。"他非常认可自己的观点,这对于一位代表哈佛商学院的销售员而言很有帮助，因为有"公德心的商人"正是他向社会兜售的"商品"。

1927年，多纳姆在《哈佛商业评论》上发表的一篇文章中清晰地阐述了他的销售辞令："商人的社会责任……是不可逃避的。然而，拿商界人士和法律界人士比较，在解决问题方面，前者处在不利位置。商界缺乏知识面广泛、拥有良好教育背景和受过严格训练的人才。我们在商业中的常规训练，依然拘泥于行业本身，覆盖面过于狭窄，并且在特定的方面过于专业化，这种训练几乎没有为人们提供关于商业在社会中的重要性的观点。"这种看法是正确的，他也一直在找寻机会向大众传输这一观点。多纳姆虽然不是学者，但他写下了许多涉及商业伦理以及商人社会责任的书籍和论文。他曾在《哈佛商业评论》上撰文，严厉批评商人在引发经济大萧条时扮演的卑鄙角色。

不仅如此，他还和那些优秀的销售员一样善于精简和优化销售辞令——哈佛商学院可以教育出有公德心的管理者。多纳姆还对其进行了补充中：哈佛商学院授予管理者的知识，将比行业本身给予他们的更多。1920年，他撰文写道："人们越发意识到，在商业组织中难以获得的全面的训练，可以通过商学院获得。此类训练可以为企业获得受过培训的年轻管理者提供最便捷的途径。"

经理人：新时代的强盗贵族

如果"管理是一个决策过程"的理念让现代读者觉得很平庸，那是因为诸如哈佛商学院之类的院校已经花了一个世纪向人们传达这一理念。不过在多纳姆时代，经理人在企业舞台上仍是新面孔，其职责有待定义。约翰·米克勒斯维特（John Micklethwait）和阿德里安·伍尔德里奇（Adrian Wooldridge）在《企业的历史》（*The Company*）一书中指出："如果镀金时代的原型人物是强盗贵族[①]，那么，其继任者便是经理人，也许他们是更加沉闷乏味的角色，但也许他们最终会成为令人惊讶且具有争议性的角色。"

原因在于，经理人是多部门企业中的重要一员，他们的日常工作并不是大声叫嚷着"争议"，而是在为企业做出重要决策。比如，该部门应

[①] 指在某个时代由于政策监管不力而造就的垄断市场经济的金融资本家。——译者注

当订购多少吨橡胶来制造轮胎？我们应当把营销费用花在何处？经理人的出现，是现代企业中权力关系巨变的具体表现，而在这一巨变期间，所有权开始脱离控制权。

美国人总是把创始人或发明家当成偶像，从爱迪生一直到乔布斯时代都是如此。2016年，成为创始人变成一种时尚：越来越多的商学院学生希望创办自己的公司，而不是为别人工作，可这并不是近年才出现的趋势。在20世纪，商学院课堂中最受尊崇的故事主角并不是那些勇于抨击社会传统观念的人，而是那些知道如何建设大型企业，并清楚如何运营这些企业的职业经理人。哈佛商学院引以为傲的不是科学探索，也并没有着眼于培养发明家，而是注重培养以技术统领一切的精英。

想一想美国的汽车行业，它曾在长达一个世纪里支撑着美国作为世界顶尖工业强国的地位。如果你崇尚恃强凌弱的企业家主义，那么，敢于打破传统习俗的天才亨利·福特可能会成为你心目中的英雄，尽管这个人身上有许多怪癖。然而，如果你倾向于理性决策、控制增长，并且认同"所有问题的本质都是管理问题"这一理念，那么你心目中的英雄可能是精于管理员工的通用汽车掌门人艾尔弗雷德·斯隆（Alfred Sloan）。一个明显的原因是，天才无法被教育出来，但管理者能。另一个不明显的原因是，不利用实际经验，还能否在课堂上教授学生管理课程。以一个世纪之后的视角来观察，这似乎是一个不甚明显的假设。尽管我们确切地知道，管理经验可以被传授和兜售。

换种方式来看：很少有MBA能完全了解一家企业制造的产品以及其中的原理，无论是汽车中的钢结构，还是通过电波来通信的物理原理，抑或是智能手机应用程序中的源代码。但是，只要把这些产品拿在手上，MBA便知道如何操作。换言之，MBA更想成为艾尔弗雷德·斯隆式的经理人。正如哈佛商学院的商业史学家托马斯·麦克劳（Thomas McCraw）所说："福特所做的，是为了机器；斯隆所做的，是为了人。"

随着仕龙阀门公司（Sloan）和杜邦公司（DuPont）的管理先驱们开始在企业的实际运营过程中开拓创新，哈佛商学院也紧随其后，为正在形成的管理思维铺路搭桥。这种管理思维代表了与过去决裂，不仅与行业内部决裂，也同哈佛商学院的过去挥手告别：从此以后，技术能力（企业赖以创建的组成部分）服从于管理能力（企业的经营与管理）。从更加学术化的角度来考虑，相关的学术学科，例如经济、工程、会计等都要服从于商业管理的理念，即把商学教育视为一种商业。正如梅尔文·科普兰所说："在哈佛商学院，经济学……是被视为一种商业管理的工具来教授的，而不是让商业管理变成应用经济的一个方面。"哈佛商学院正在商学教育中开创新领地。

多纳姆并非不重视知识的价值，但他看重的知识是源自于哈佛商学院，而不是从其他地方借来的知识。为了使学院能产出更多知识，多纳姆为变革商学院教师资源做出了很大贡献，他广泛招揽优秀教师，如风险投资之父乔治·多里奥特（Georges Doriot）等在业界举重若轻的专家。然而，他遗留给后世的主要成就是，说服人们相信哈佛商学院的教育将使得"部分之和大于整体"，这也是美国社会将要依赖的教育。

在多纳姆担任哈佛商学院院长时，恰逢美国政治上的进步时代①即将结束。不过他对"什么有益于社会"的见解，仍是透过进步的"棱镜"观察得来的。哈佛商学院承诺的"通过科学的经商方法来提高美国的经济效率"与"科学有能力解决道德问题"的进步情绪完美对接，但多纳姆是一个特殊的进步分子，于他而言，"社会和经济改革的要义并不是使美国社会更加公平……而是使其运行道德化，使之可预测性更强，因而能提高经济效益"。尽管其他进步分子希望抑制企业权力，但多纳姆之辈想要改进这种权力。

多纳姆在强调精英阶层的领导胜过技术培训时提出，在较早前相对简单的文明社会中，管理阶层的地位与当前复杂组织中的商业团队相似。哈佛商学院正训练其学生掌握管理技能，也想当然地将他们视为管理精英的一流人选。鉴于课程以及教学方法的不断变化，如果这一观点属实，那么，这既是他们信任自身能力及其学生能力的表现，也是一种无耻的表现。

某种程度上，多纳姆鼓吹精英主义表现了他的偏执。沃尔特·基切尔指出："这种阶级傲慢……在今天看来，几乎不可理解……他热切地相信，一群受过教育的管理骨干，即一个新型的管理阶级，便是应对各种

---

① 历史学家通常把1880~1920年称为美国的进步时代。这一时期，美国社会上出现了改良主义思潮并促使政府采取行动。美国政府一方面积极推进反垄断，严厉打击金融欺诈和金融垄断，建立并强化了食品监管、环境监管等多方面的监管体系，开始致力于保障劳工福利。同时，启动文官制度改革，加大对官员腐败行为的惩处。由此美国开始了"吸进新鲜氧气，吐出毒化的废气"的进步时代。——译者注

问题的答案,包括经济萧条、政府无能、社会动荡等。他和查尔斯河①两岸的其他人将普通工人贬低为可以出于更高目标而对其进行操纵的下等人。"同时,撇开"成为伟大哈佛社区的一分子"等言辞不谈,多纳姆还瞧不起河对岸的那些人。"多纳姆不仅想让哈佛商学院横跨查尔斯河,而且,如果他能做到,可能会把所有桥梁都炸掉。"1949年,哈佛大学校长詹姆斯·科南特(James Conant)回忆道:"他对我们其他人视而不见,企图将商学院独立出去。"直到20世纪末,这种情结仍然在商学院徘徊。1986年,克雷格·麦罗(Craig Mellow)在一篇题为《哈佛MBA应是我们的领导者》(*And a Harvard MBA Shall Lead Us*)的文章中写道:"哈佛商学院继续鼓吹一种强烈的统治阶级意识。"今天仍是如此。

创校维艰:缺乏资金的日子

如果你打算对整个经济体进行敌意收购,那么,你应当确保自己的动产以及不动产状况良好。20世纪20年代初,哈佛商学院依然没有自己的建筑,教职工们挤在哈佛大学仅有的几间狭小的办公室里工作,教室则散落在哈佛大学中。由于哈佛大学的空间有限,以至于哈佛商学院的一些班级要么提早上课,要么推迟上课。对多纳姆而言,这威胁到了学院实现更宏伟的目标。埃德温·盖伊在其院长任期内设法使哈佛商学院的运营收入与支出大抵持平,但多纳姆认为,为了使建筑和知识都能持久地保存和发展下去,是时候为商学院争取必要的资本投资了。

多纳姆在1922年写道:"当前,学院的生活条件令人非常不满。虽然我们可以用分散在四处的教职工、教室以及并不完备的实验设施来得到一些宝贵的智慧成果,但是除非我们这些年轻的学生在适宜的条件下学习,并组成一个在形式上和思维上都具有凝聚力的团体,否则,所有现实状况都在暗示,我们不可能在他们的脑海中树立起商业作为一个职业的清晰概念。"哈佛商学院认为其学生与哈佛大学的其他学生十分疏远。而事实上,在一些橄榄球赛中,哈佛商学院的学生已经坐在观众席上为来自哈佛大学的对手喝彩了。

多纳姆曾是一位银行家,当他用银行家的视角来观察商学院时,发

---

① 美国马萨诸塞州东部的一条河流,在波士顿注入大西洋,沿岸有哈佛大学、波士顿大学、布兰戴斯大学和麻省理工学院等著名学府。——译者注

现了一个迫切的财务需求。1921~1922年，商学院用于案例收集的经费超过3.2万美元，他预计来年至少需要5万美元，另外还需5万美元成立学生贷款基金会。但是，同建设新宿舍预计的150万美元以及建设行政办公楼的200万美元建设经费相比，上述经费的数额就显得微不足道了。校园空间的局促感越发明显：尽管10年来哈佛商学院一直很难说服学生继续二年级的学习，但到20世纪20年代，这一问题已经得到解决，继续二年级学习的学生接近七成。

即使是按20世纪20年代的标准，哈佛商学院的学费也很昂贵，且一直在上涨：1919~1920年，学费为250美元；1921~1922年，学费涨至400美元，这也是哈佛大学历史上首次出现研究生院的学费超过本科学院的情况；1923~1924年，学费上涨到500美元；1930年，学费达到600美元。即使学费仅仅在4年之内便翻了一倍，仍无法解决哈佛商学院的资金需求。多纳姆在如噩梦般的案例研究上陷入了困境，他必须在学生数量越来越多且校园容量并未拓展的情况下，依然保持教学质量。

从梅尔文·科普兰发表的《一个时代的标志》的字里行间，读者定会得到一些哈佛商学院在成立初期的信息：我们不知道它的课程到底意味着什么，但这并没有让哈佛商学院的课程项目推迟片刻。对于缺少课程的现实，多纳姆选择用圣洁的美德来包装哈佛商学院。

多纳姆知道，整个"商业科学"是个伪命题，真正的关键在于修辞。商学院的目的是在爆炸式发展的经济形势下培养一些对管理"做归做，说归说"的人。修辞的本质是扰乱人们的头脑，这也正是我们3000年来一直对它感兴趣的原因，也是它与商业自然而然相适应的原因。当然，当代大多数商学院的教授们从未清楚地意识到，他们正服务于修辞。当哈佛商学院将苏格拉底问答法引申为其主要教学方式时，人们只能希望哈佛商学院能发现苏格拉底的警告——除非修辞学与一种具有指引作用的道德理念相结合，否则它仅仅是一个用来追求个人利益而说服别人的恭维手段。可商学院却忽略了这一点。

曾任纽约州立大学技术与商学院院长的J.-C.斯彭德指出，管理是一种以经济为媒介，具有创造性的艺术形式。这并非一种卖弄聪明的说法，如果管理所采用的任何一种艺术形式都具有不确定性特点，且我们辨别某种局面的方式也具有不确定性，唯独其中的创造性是可预测的，那么，管理的不确定性与经济接合时，其中的创造性就可以成为"价值"。从这一角度考虑，管理也许是资本主义民主中最重要的艺术形式。

斯彭德还认为，领导的艺术就是将自我投射到管理情景中，这是哈佛商学院从一开始就在培养的领导者类型。但它的教育方法存在一个问题：它并不支持学生以一种有利于社会的方式将自己投射到某种情形之中，如此才能得到最大的回报。哈佛商学院教学的本质是不可知论①，这也是多纳姆一直在努力否定的事实。

1924年，多纳姆说道："最吹毛求疵的评论家能挑出的唯一毛病是，哈佛商学院提供了更多有所作为的建设性机会。"这些建设性机会包括建设新校舍，为了哈佛商学院，多纳姆迫切需要一个富翁的资助。

---

① 否认认识世界或者彻底认识世界的可能性的哲学理论，它否认客观规律，排除社会实践的作用。——译者注

第7章
建在企业之上的学院

如果说成为哈佛商学院第二任院长本身就面临一些独特挑战，包括说明商学院存在的合理性等，那么，华莱士·多纳姆还有一些职责是任何时期的任何一位院长都要担负的：聘请教职工、确定教学政策、监管商学院预算，而且还得成为主要的资金筹集人。最后一项职责，从来都不是院长工作中愉快的部分。但在20世纪20年代，出现了一个引人注目的现象：多纳姆无法忍受请求哈佛商学院的几百位校友捐献资金，他开始从别处筹集资金。

在上任几周后，多纳姆便成立了教职工建设委员会（Building Committee of the Faculty），以考虑学院的建设需求，并于1920年1月13日向该委员会递交了自己的建议。当然，他们可以按自己的想法对学院建设进行规划，但一直苦于缺乏资金。1922年底，当时已退休的哈佛大学校长查尔斯·艾略特告诉多纳姆："我注意到你十分重视为学生们建设宿舍楼。你认为，这笔资金是由某一个人捐助，还是由一个想要获得名声的家族捐助？你是否找到了合适的人选或家族？也许我可以助你一臂之力。"

一位相当显眼的候选者出现了，他就是当时纽约第一国家银行（New York's First National Bank）总裁乔治·贝克（George Baker），他是当时美国最富有的人之一，预估身家超过 1 亿美元。贝克并没有上过哈佛大学，但他的儿子小乔治在大学时曾和多纳姆同班。此外，在 1908 年，小乔治被他父亲的老友托马斯·拉蒙特（Thomas Lamont）选为哈佛商学院的捐助者；1915 年，贝克捐赠了詹姆斯·蒙特希尔教席教授；1919 年，贝克父子向哈佛大学基金会捐款，捐赠了乔治·贝克经济学教席教授。

因此，当多纳姆在 1923 年初请求洛厄尔批准他筹资 500 万美元时，贝克父子一定都在他那并不太长的潜在捐助者名单之上。洛厄尔建议他将另外两项筹资计划，即为化学系筹资 300 万美元以及为美术系筹资 200 万美元建设博物馆放在优先位置。多纳姆则说服洛厄尔相信，将这三笔捐助整合成一笔 1 000 万美元的筹资活动有着诸多好处。于是，在 1923 年 12 月 24 日，哈佛理事会同意这一筹资计划，并任命多纳姆为哈佛大学延伸服务委员会执行主席。

主席则由哈佛理事会的成员之一、马萨诸塞州主教威廉·劳伦斯（William Lawrence）担任。为了证明世纪之交的马萨诸塞州其实是一个很小的世界，他还有一个身份——洛厄尔的远房表亲。不得不说，他是一位精英筹资人：1904 年，劳伦斯负责一个 250 万美元的筹款活动，以增加哈佛大学教职工的工资；1914 年，他帮助韦尔斯利学院筹集 200 万美元，以翻新其毁于火灾的主建筑；1924 年 3 月 20 日，他开始负责哈佛的筹款活动。

接下来，无数阴谋诡计陆续登场。劳伦斯和贝克在佐治亚州的哲基尔岛俱乐部举行了秘密会谈，中间人是托马斯·拉蒙特。这次活动对美国最富有的家族而言无异于一场静修。哲基尔岛俱乐部所在地风光优美，拥有猎场，可以猎到野鸡、火鸡、鹌鹑、鹿等野味。贝克告诉劳伦斯，他需要和朋友好好聊聊，包括拉蒙特、乔治·惠特尼（George Whitney），以及他的密友、美国电话电报公司总裁沃尔特·吉福德（Walter Gifford）。拉蒙特和惠特尼都是摩根大通的合伙人，他们同吉福德一道，都在哈佛商学院的巡视委员会工作。

哈佛商学院在其官方历史中异常详细地描述了为这次集资做出的努力，目的是告知人们，即使是贝克这样成功的商人，也有兴趣对哈佛做出捐献。他们最终达成了学院历史上最重要的一笔交易，而学校的教职工和学生，全都对这一成功的交易痴迷不已。梅尔文·科普兰显然不知道其中的讽刺意味，从而将一个捐款 500 万美元以要求商学院以他的意愿命名，并提出了一些不可思议的要求的人描述为"极其谦虚的人"。以下这段话来自劳伦斯的回忆录，据称，这段话截取自劳伦斯与贝克之间的谈话：

> "主教，我一直在思考着商学院的事务。"贝克说道，"我应该捐出100万美元，但我对你的提议没有兴趣，因此我实际上不愿意捐款……不过，如果我捐出500万美元后，能有权利来建设整所商学院，我将非常乐意捐款。我不在意这是一所怎样的学院，只是想以建设企业的标准创造第一所研究生院而已。我想承包这一项目，你认为哈佛会同意吗？"

根据《道德背景：商业伦理史的探讨》（*The Moral Background: An Inquiry into the History of Business Ethics*）的作者加布里埃尔·埃本德（Gabriel Abend）的说法，贝克更有可能说出的是："这是你要的支票，能否别再来骚扰我了？"无论是哪种情况，贝克的脑海里总想着艾略特所说的"不朽的目的"。他曾梦想着在如今的乔治·华盛顿大桥的位置建设一座横跨哈德孙河的大桥，但美国陆军部阻止了他的计划。因此，当哈佛商学院提出另一个可能会使他达到"不朽的目的"的方案时，他接受了。从那时起，学院被命名为"哈佛大学工商管理研究生院——来自乔治·贝克基金会"。

不过，某些人的"不朽的目的"比贝克的影响力更大。2015年，1980届哈佛商学院毕业生、对冲基金经理约翰·保尔森（John Paulson）宣布捐资4亿美元给哈佛大学工程与应用科学学院，该学院的名称便被改为"哈佛约翰·保尔森工程与应用科学学院"。一位来自Boston.com网站的记者向哈佛商学院发言人吉姆·艾斯纳（Jim Aisner）提问，哈佛商学院是否会出售自己的更名权。艾斯纳答道："哈佛商学院是一个历史悠久的品牌，所以这对我们来说是不可能的。"

声势浩大的建校工程

贝克捐款之后，哈佛商学院开始加速制订在查尔斯河两岸建设校园的计划。资深作家杰弗里·克鲁克香克（Jeffrey Cruikshank）曾在《微妙的实验》(A Delicate Experiment)一书中详细记录了校园建设规划的细节、竞争激烈的建筑设计投标、院长与监工身份为多纳姆带来的双重压力等。我在这里不再赘述整个建设过程，只列举以下三个重点：第一，仅建筑设计投标一项，哈佛商学院就花费了4万美元，创下史上最贵的建筑设计纪录；第二，中标的建筑方是麦金、米德和怀特建筑事务所（McKim, Mead & White），这几乎是意料之中的事情，因为这家事务所已经为哈佛大学设计了好几幢建筑（包括哈佛大学体育场），并且还为贝克的朋友约翰·皮尔庞特·摩根（J. P. Morgan）设计了他在纽约的家；第三，校园建设以极快的速度进行着，因为当时已至耄耋之年的贝克渴望亲眼看到校园竣工。

贝克的愿望实现了。1925年6月2日，第一台蒸汽挖掘机的启动，标志着校园建设正式开始。一年多后，即1926年9月，750名学生搬进了五幢全新的学生宿舍楼。第六幢宿舍、贝克图书馆以及摩根大厅（行政办公大楼）则在随后的几个月内建成。不过，院长办公室直到1929年才完工。1927年6月4日，约4 000人聚集在哈佛商学院新图书馆前的广场上，其中不乏商界巨头：约翰·皮尔庞特·摩根，托马斯·拉蒙特，通用电气总裁欧文·杨（Owen Young）和杰拉尔德·斯沃普（Gerald Swope），梅西百货的赫伯特·斯特劳斯（Herbert Straus），以及马歇尔·菲尔德百货的詹姆斯·辛普森（James Simpson）。

在多纳姆的演讲稿中，不乏溢美之词："贝克先生，我谨代表商学院的全体教职工，衷心地感谢您为我们带来的机会以及赋予我们的责任。在这里，我们将再次承诺，相信这也是您希望我们做出的保证：只要在能力范围之内，我们将为商界培养出专业水平优秀和道德高尚的商业人才，以不辜负您的慷慨赠予，您是我们终生的榜样！"欧文·杨扮演了必不可少的角色，他称赞哈佛商学院的使命"几乎是宗教般神圣的"，并预言道："当现在的部长们都归于尘土时（暗讽他们很无能），哈佛商学院将尽最大能力来提防商界出现教育的漏洞。"杨还指出，随着商业作为美国重要的社会力量而得到重视，其重要性远胜于宗教和政治。因此，现在正是阐明学院社会责任的好时机。

当然，有些人对此持反对观点。1924年，文学批评家约翰·杰·查普曼（John Jay Chapman）在《哈佛商业评论》举办的一场晚宴上嘲笑哈佛商学院：

先生们，你们真的相信，你们可以一边接受华尔街的捐款，一边却摆脱它的影响吗？如果真是如此，那么，你们实际上就是一群理想主义者！曾经有人认为，任由富豪们资助院校，相当于给学习套上了一个马嚼子。但是，由于人们已发现商业是一种职业，这样的做法便被认为是完全正确的。朋友们，真相是，商业不是一种职业：再华丽的修辞手法，再不计代价的宣传活动，也不能使它变成一种职业。这一事实好比一块尖锐的岩石深深扎在航道中心，而为了应对这块岩石，哈佛正艰难地掌控着她的筏子……我可以想象一个人纯粹出于热爱而从事医学、法律、建筑或者工程，但我不能想象一个人经营某家公司是为了亏损。这不会是商业。商学院，意味着一所教你赚钱的学校。

为何我们应当因"商人"这一身份而赋予他们尊严和尊重呢？给他们别的！给他们一块印有自己的照片以及资料的勋章；赞扬他们在捐款时的慷慨与仁慈，以及他们的勇气、智慧和好运。不要因其他的事情而给予他们尊严和尊重，这会进一步助长这些商人的虚荣心和傲慢。

哈佛商学院在向学生灌输公民责任感方面是否做得成功，或者说，是否有能力来做这些，依然是一个充满争议的问题。不过，它肯定有能力完成一件事情，那便是：防止学院的商业部破产。15年后，多纳姆注意到，贝克遗赠的宿舍楼和现金捐赠，在哈佛商学院的收益来源中依然占据着一半以上的比率。

来之不易的图书馆

虽然由贝克捐建的建筑已有90多年历史，但这些占地约14公顷的庄严建筑，依然是哈佛商学院校园的核心，并且为其他商学院的建设确立了标准。

按佐治亚风格建设的摩根大厅（应贝克老友约翰·皮尔庞特·摩根的请求，以其名字命名），拥有红色的砖墙和白色的装饰边框，它和富丽堂皇的贝克图书馆一道，让人们回忆起美国的起源。尤其是贝克图书馆那与众不同的钟塔和六根壮丽、高达三层楼的圆形支柱，更是释

放出一种永恒的气息。不过，试图描述其洞穴状的内部结构，可能会让各位读者产生不适。哈佛商学院毕业生、《哈佛商学院的福音》(The Gospel According to the Harvard Business School) 作者彼得·科恩 (Peter Cohen) 在书中将其描述为一个排干了水的游泳池、一个公交车站、一个橄榄球场、一个网球场、一所监狱以及天堂。"有些人对它大加赞美，认为它是一种对真理的诠释，"科恩写道，"但对其他世代的人而言，它只是一座奇怪的纪念碑。"

哈佛商学院以其图书馆为荣，当中收藏的典籍，包括关于工商业历史的资料，可追溯到 15 世纪。根据哈佛商学院网站的介绍，这些收藏包括手稿、书籍珍本、小册子、照片、打印材料、广告用语以及企业报告等。

在贝克捐建之前，哈佛商学院的图书馆是其渴望社会尊重的一种具体表现，特别体现了华莱士·多纳姆本人对得到尊重的渴望。他在 1922～1923 年向哈佛大学校长提交的报告中，首次详细介绍了他在建设图书馆时做出的努力。而他确实为这项工作花费了 20 年时间。那时，图书馆有 31 000 册藏书，多纳姆四处找寻二手书店，以寻求具有历史价值的商业书籍。一年后，藏书量增加了 20% 多，达到 37 700 册，捐献者包括高盛集团、纽约市立图书馆以及史高威尔－威灵顿咨询公司 (Scovell, Wellington & Company) 等。1924～1925 年，哈佛商学院与美国商业历史学会商议，将图书馆打造成其自身藏书的存储之地。

1928～1929 年，已故参议员尼尔森·奥尔德里奇 (Nelson Aldrich) 的家人向哈佛商学院捐献了其个人金融书库。1930～1931 年，约翰·皮尔庞特·摩根向商学院转赠了一批珍贵的铁路文献。当然，美国自身的商业与经济能够追溯的历史有限。如果贝克图书馆想与其他图书馆进行竞争，就必须拓宽其收藏范围。1929 年，一个千载难逢的机会降临在多纳姆身上。

英国伦敦大学退休教授赫伯特·索默顿·福克斯韦尔 (Herbert Somerton Foxwell) 在自己的职业生涯中建设了两座书库，其中收藏了大量珍贵的商业与经济学文献。1901 年，他售出了第一座书库。26 年以后，他已到 79 岁高龄，打算出售第二座书库，但要等到他去世以后才能成交。多纳姆为此和福克斯韦尔进行了两年商谈，至 1929 年，多纳姆决定以 12 万美元左右的价格买下福克斯韦尔的书库。

不论多纳姆在1929年时是否有充裕的资金，和其他许多感染了那个时代的动物精神①的美国人一样，他看了看哈佛商学院不断改善的财务状况，便推测商学院仍会继续沿着同样的道路发展下去。那一年，哈佛商学院的招生人数达到了创纪录的1 000人，并在一段时间内收获了运营盈余。

福克斯韦尔的书库，被认为是世界上最杰出的经济学书库，包含从16世纪至20世纪20年代关于经济学的精品佳作。其中有布德于1522年所著的拉丁文著作《论货币》（*Treatise on Coinage*）第一版、伦敦证券交易所在1820～1860年的每周报表。在当时，这些收藏可以极大提高哈佛商学院的社会地位，不过仍不能打消学者们对传授商学理念的高等教育的质疑。

不过，福克斯韦尔一直活到1936年，而那时，哈佛商学院内部与外部的环境（美国还未走出经济危机的阴影）已急剧恶化。商学院的招生人数比1931年下降了近30%，学费也被迫随之下降。1936～1937年，哈佛商学院还面临运营亏损问题。突然之间，多纳姆必须在最糟糕的时刻到来之前，筹集超过10万美元去购买福克斯韦尔的书库，他认为，即使是最惜书的藏书家也难以拒绝这笔收购业务。在这一艰难时刻，他的救星克劳德·克雷斯（Claude Kress）出现了，后者自1929年以来便一直在哈佛商学院的巡视委员会任职。克雷斯拥有遍布全美的艺术装饰品连锁店，在大萧条期间，这些店面的业绩依然居高不下。他不仅出资10万美元收购福克斯韦尔的这批藏书，还另外出资5万美元，在贝克图书馆中建造了一个特殊的房间——克雷斯商业与经济文库——用于收藏这些藏书。该文库于1938年对外开放。

同年，福克斯韦尔的藏书横跨大西洋，来到哈佛商学院。前哈佛商学院教授霍默·范德布鲁（Homer Vanderblue）捐出了5 000册亚当·斯密的作品，包括1776年版的《国富论》（*Wealth of Nations*）及其中译本、法译本、俄译本和西班牙译本。多纳姆在当时写道："再没有其他图书馆能拥有这位'政治经济学之父'如此之多的藏书了。"第二年，他信心满满地将贝克图书馆描述为"世界上最杰出的商业和经济学图书馆"。

---

① 该理念由经济学家凯恩斯提出：投资行为不能用理论或理性选择去解释，因为经济前景根本难以捉摸。因此他提出投资的冲动要靠动物精神，即靠自然本能的驱使。——译者注

耗资 750 万美元的建筑败笔

根据贝克的建议,哈佛商学院的大多数宿舍和教职工住宅都以美国历任财政部长命名,如亚历山大·汉密尔顿、艾伯特·加勒廷(Albert Gallatin)、萨蒙·蔡斯(Salmon Chase)、休·麦卡洛克(Hugh McCulloch)、约翰·舍曼(John Sherman)、卡特·格拉斯(Carter Glass)以及安德鲁·梅隆(Andrew Mellon)。虽然贝克显然把他自己及其好友摩根也当成其中一员,但到目前为止,只有一位哈佛商学院的毕业生担任过美国的财政部长:高盛集团前 CEO 汉克·保尔森(Hank Paulson)。

麦金、米德和怀特建筑事务所的规划,导致哈佛商学院建在一处闭塞之地,并且建筑群看起来有些拥挤,这对哈佛商学院内依然密密麻麻挤在一块、已习惯于定期接受严厉批评的师生们而言,是一种贴切的暗喻。

1992 年,哈佛商学院为自己的建筑增添了一个"亮点":在三层楼高的摩根大厅的中庭,参观者发现了一块硕大无朋、色彩斑斓,印有希腊海洋女神特提斯头像的拜占庭式马赛克壁画。这块公元四世纪的马赛克壁画一度被埋藏在古叙利亚王国首都安条克的一间公共浴室的地底,于 1938 年被发掘出来,后放置在华盛顿特区的敦巴顿橡树园(Dumbarton Oaks),在 1989 年来到哈佛商学院。就这样,哈佛商学院建设了一座混杂着不同信仰的"教堂",连同与世隔绝的水上花园一道,共耗资 750 万美元。这也许是哈佛商学院成立一个世纪以来经历的唯一一次建筑上的失败。

《金钱之旅:探秘商学院》(*Gravy Training: Inside the Business of Business Schools*)一书的作者写道:"商学院喜欢古式建筑、常春藤和草坪,因为它们能给人留下古老而又永恒的智慧印象。"20 世纪 20 年代,哈佛商学院就已经拥有了上述三样东西,这一偏好一直延续至今。学院每年斥资 1 000 余万美元维护和翻新建筑及绿地,而且,随着哈佛商学院的名气越来越大,哈佛大学的重心开始越过查尔斯河,渐渐向哈佛商学院靠近。

第8章
精神科医生的社会治理之道

某些毕业于哈佛商学院的学生创建了一些生命力持久的企业。这些人的名字会形成一张长名单,而被揭露为骗子的人的名单则要短得多,其中最臭名昭著的就是安然公司(Enron)前首席执行官杰夫·斯基林(Jeff Skilling)[①]。而同时做过以上两件事情,即在欺诈基础上建立企业的人的名单,是所有名单中最短的,目前只有一位上榜——"医生"埃尔顿·梅奥(Elton Mayo)。

1880年,梅奥出生在澳大利亚阿德莱德的一户普通家庭中,是家中长子。其父名为乔治·吉布斯·梅奥(George Gibbes Mayo),是一位土木工程师;其母名为汉丽埃塔。埃尔顿·梅奥曾分别在三所医学院就读,分别是阿德莱德大学、爱丁堡大学以及圣乔治医学院,但都没能毕业。最后,在他接近30岁时,终于在阿德莱德大学拿到了学士学位。他曾在昆士兰大学当过哲学讲师,并在后来成为一名"准医生",为在第一次世界大战中遭遇炮弹袭击的士兵进行心理治疗。即使梅奥是一位没有医师资格证的精神病医生,也没在治疗老兵时遇到过麻烦。倘若他对这份职

[①] 2006年,安然公司前首席执行官杰夫·斯基林因欺诈、共谋、内部交易以及向公司的审计师提供虚假报表等一系列罪行被判处24年有期徒刑。斯基林经过多年上诉,于2013年获得十年减刑。——译者注

业感到满意，那么，他的名字也许会在历史上默默无闻。然而，梅奥是一位野心勃勃的人。他幻想自己不仅是一位临床治疗师，还是一位社会理论家，他认为自己手里握有一种"治疗方案"，并打算将它传播到世界各地。

梅奥的理论核心有一个合理的开始。和许多敏锐的观察者一样，他注意到现代工业企业中很多从事常规任务的工人都很难找到工作的意义。另外，他还对日益紧张的劳资矛盾感到震惊。仅在1919年，美国就有400多万名工人参加罢工。同年6月，无政府主义者在美国8个城市同时引爆8颗炸弹，还将一些炸弹邮寄给约翰·皮尔庞特·摩根和约翰·洛克菲勒之类的商界巨头。因此而导致的恐慌，引发了1919～1920年的红色恐怖①。如果进步分子是在寻求对美国的政治体系进行全面检修，那么，为何突然之间出现了一系列小规模却不断演变的偶然事件？显然，事件的主谋者对推翻美国政府更感兴趣。因此，绝不是只有梅奥在担心。

但这正是事情开始变得有趣之时。对梅奥而言，工人动乱与战争神经症在病理学方面相似，它不是由少得可怜的工资或恶化的工作环境造成的。虽然这些心理创伤源自社会，但梅奥认为，部分创伤来自工人自己，他们在一场虚构的资方与劳方的战争中踩上了民主的地雷阵。梅奥坚称，真正的战争是每个人与自己之间的战争，是一场针对"社会失范"②和"失控的精神之火"的战争。

在这一情况下，急需的纠正措施并不是改变工作环境，而是改变工人自身，这样才能治疗他们的"心理疾病"。在梅奥1919年出版的书籍《民主与自由：社会逻辑的论文》（Democracy and Freedom: An Essay in Social Logic）中，他呼吁纠正思想，使具有反叛意识的工人恢复到平和的状态中，并再度自发地与他们的同事合作。3年后，随着"病人"病情加重，"医生"梅奥决定上门服务。于是，在1922年，他登上了开往旧金山的轮船，决定通过治愈工人的"疾病"来拯救西方文明。

---

① 又名红色恐慌，是指于美国兴起的反共产主义风潮，分为两阶段。第一阶段自1917年俄国十月革命爆发后延续至1920年，欧洲无政府主义者和左翼政治的躁动以及暴力加剧了现存国家的社会和政治紧张局势。第二段开始于1947年，几乎贯穿20世纪50年代，此次恐慌来自美国国内外共产主义者对美国社会的影响以及对联邦政府的间谍行为。——译者注

② anomie，字面意思为没有或失去社会规范。在社会学中，主要指人们对什么是适当的社会规范的理解存在的本质上的分歧，也指由社会规范或价值观的瓦解或缺乏造成的不稳定状态。——译者注

解决劳资矛盾，就是梳理人际关系？

正如马修·斯图尔特指出的那样，梅奥对社会病的诊断，基本上是从当代许多领域的一些思想中东拼西凑而来。他那种末世浩劫般的叙述，来源于奥斯瓦尔德·斯宾格勒（Oswald Spengler）在1918年出版的《西方的没落》（*The Decline of the West*）一书；他认为"混乱"是当代工业企业中的工人从重复的劳作任务中寻找意义的警告，这一观点直接取材于法国社会学家埃米尔·迪尔凯姆（Émile Durkheim）于1897年出版的具有开创性意义的论著《自杀论》（*Suicide*）。在该著作中，迪尔凯姆将失范型自杀（anomic suicide）①的原因归结为由经济震荡引发的道德混乱的结果；对无意识精神的描述，是对弗洛伊德学说的附和；其无意识合作的观点，是对当时英国理想主义哲学家思想的总结。最后，他还借鉴了意大利社会学家维尔弗雷多·帕累托（Vilfredo Pareto）的观点，认为维护社会秩序的责任应落在精英的肩上。

梅奥把这些思想碎片拼凑到一起，形成了自己的观点。他坚持认为，解决劳资矛盾，是对人际关系的治疗，它可以替代弗雷德里克·泰勒的科学管理中的"头领支配工人"这一理念。梅奥还把自己看成是一位科学家，但他的科学并不依托于秒表，而是依托于精神实验室。通过发展工业心理学，梅奥承诺将修复已被工业化破坏的社会和谐，治愈冲动和怨气冲天的工人，以防止他们因不满而导致社会动乱。他显然从未考虑过工人面临的不公平待遇。

梅奥不只是借用别人的观点，他甚至还借用身份。他在前往美国时，拿着一封从昆士兰州州长办公室寄来的信，那封信错误地将他的身份定为"心理学和生理学教授"。后来，他借此蒙骗哈佛大学中那些看重社会地位的人，让他们以为他曾在英格兰获得医学学士学位。不过，这都是无关紧要的事情，梅奥有一项非常重要的工作要做。在接下来的20年里，他的名声日益显赫。如果说他曾在那段时间向大众展示了什么研究成果，那便是和他并没有医学学位这一真相同样不重要的东西。可惜的是，这一真相并没有妨碍他获得名声。即使他说的不是彻头彻尾的谎话，他也是一位被遗漏的撒谎者。有时候，他在和别人交谈时的言行举止并不像

---

① 这类自杀主要发生在动荡时期，是一种个人会觉得失去改造社会、适应新的社会要求的能力，失去与原有社会的联系，在这种缺乏社会约束的调解下产生的自杀行为。——译者注

一位医术精湛的医生,当旁人建议他纠正别人的错误假设时,他却回应,纠正可能会中断流畅的交谈。

梅奥希望去治疗的工人群体,曾对他投来怀疑的目光。在工会看来,除了组织工人活动以外的所有事情,都是管理方在设法诱引工人满足他们贪婪的欲望。从心理疾病的含义来看,梅奥可以原谅工人们的妄想以及他们的激进政治,因为他们生病了。不过幸运的是,他发现自己有很多支持者不仅接受他的诊断结果,还接受他开出的处方。

梅奥为当时在进行政治辩论的某一方提供了援助。一方面,约翰·杜威(John Dewey)①倡导工业民主,也就是将公民民主的原则移植到职场之中;另一方面,那些主张民主的现实主义者怀疑美国民众进行理论思考的能力,并坚持认为,要由开明的管理精英代表美国政府引导民主的发展方向。梅奥显然乐于帮助后者。

梅奥不但支持工业独裁政治,还支持垄断。他争辩说,不用参与竞争的经理人能够将更多精力放在照顾工人的精神上。约翰·洛克菲勒在艰难地应对反垄断机构和动荡的工人队伍时,发现梅奥的观点格外有说服力。首先,梅奥支持开明管理,不主张政府干预。其次,他很"务实":不但承诺研究工人,还承诺使工人更容易控制。这在美国的移民劳工不时冒出激进政治思潮的时代,是一种很有吸引力的观点。梅奥的理念是一种保守思想,他将劳资矛盾定义为一种社会疾病,开出的处方是合作而不是提高薪资水平。洛克菲勒为梅奥提供了关键的资金支持,使后者不仅能拥有一个国家级的发展平台,还让他走进了哈佛商学院。

但是,你不一定非得成为垄断资本家,才能从他的话语中汲取知识。许多经理人从这位"医生"的建议中得到了安慰。梅奥建议,劳资矛盾的解决方案是对民主采用一种治疗方法——加强管理控制。不仅如此,在大萧条期间,也就是梅奥最耀眼的时刻,他提出的方案在解决劳资矛盾中成本最低。如果薪水低并不是导致工人"患病"的原因,那么,加薪就不是治疗方法。而且,他所呼吁的革新,并不是在一线车间对技术进行革新,而是对工人的思维方式进行革新。梅奥坚持认为,团体绩效与社会凝聚力关联性更强,与金钱激励关系不大,这暗示着他支持用精神回报替代物质回报的观点。

---

① 著名的实用主义哲学家、教育家和心理学家,也是美国早期机能主义心理学的重要代表,该学派主张意识是连续的整体,强调心理的适应机能,重视心理学的实际应用。——译者注

为何埃尔顿·梅奥能成功出售他那"最著名、最引人注意的"管理思想？麻省理工学院斯隆商学院的管理学教授约翰·万·曼伦（John Van Maanen）解释道："反复地对老板和经理人说，工人们真的不可理喻，他们缺乏合作是因为消极怠工，他们对报酬的渴望掩盖了他们在工作中与管理者沟通的需求，管理者要密切关注工人们的社会和情感需求，并且承担起将社会和谐带入职场这一历史使命。对老板和经理人而言，还有什么会比这些话更有吸引力呢？"

为基金会服务的教授

梅奥抵达旧金山后不到两个月，便得到了美国国家研究委员会（National Research Council）负责人弗农·凯洛格（Vernon Kellogg）的赏识。凯洛格对梅奥传递的信息惊叹不已，便邀请他到华盛顿特区。在那里，梅奥向一群管理精英开始了他的布道。至此，他的发展平台扩展到了《哈珀杂志》（*Harper's*）等国家级媒体。1924 年，他在该杂志上发表了一篇题为《文明：危险的旅程》（*Civilization: The Perilous Adventure*）的文章，并在文中声称，他的工业心理学是拯救社会的唯一方法。

这吸引了洛克菲勒基金会（Rockefeller Memorial Foundation）中的一位慈善家，他同意在沃顿商学院投资，为梅奥谋得一个职位，这也成为决定梅奥成败的机会。因为，科学理论是一回事，科学证据则是另一回事。不过，梅奥找到了一个证据：当位于费城的一家纺织工厂请求梅奥提供帮助，以解决工人高流失率和低生产率的问题时，梅奥建议该企业规定员工有规律地休息，以避免疲劳工作。其结果是：工人的生产效率提高了 30%，梅奥的知名度也随之提升。

同一时期，他开始与华莱士·多纳姆接触，后者与梅奥有着相同嗜好：将自己的工作用浮夸的语言描述成治理社会弊病的主要方法。在当时的哈佛商学院，泰勒制已不再是核心课程，多纳姆正急需一门替代课程，它应该有严肃的科学探索前景，还应该重新确认企业管理者在社会中的核心地位。梅奥的观念恰好符合多纳姆的想法，于是多纳姆决定，假如哈佛大学校长洛厄尔能够批准，他将聘请梅奥为哈佛商学院的教授。

一开始，洛厄尔没有被多纳姆说服，他担心在聘用梅奥之后，哈佛理事会会做出一个心照不宣的承诺：如果洛克菲勒基金会不再提供资助，哈佛大学仍然要继续资助梅奥进行工业关系的研究。而所有的参与方（梅奥、洛克菲勒基金会以及多纳姆）都心知肚明，这个项目是实验性的，哈佛对该项目不抱任何期望。

不过在财务方面，梅奥的前景开始变得乐观。洛克菲勒基金会同意延长资助梅奥的研究，时限为4年；一位名叫林肯·法林（Lincoln Filene）的波士顿商人积极倡导对工业关系进行更缜密的研究，于是也来凑热闹，承诺将负责基金会并未包含在内的研究费用；通用电气总裁欧文·杨也承诺，如果前两位资助者中有一人力不从心，他将自动补缺。

由于不用再考虑任何可能的财务风险，洛厄尔最终同意了这一任命。于是，1926年6月，埃尔顿·梅奥成为哈佛商学院工业研究系助理教授。

事实证明，洛厄尔对财务的担心是多余的。在接下来的20年中，洛克菲勒基金会的资金源源不断地流向梅奥在哈佛商学院的项目，累计金额达150万美元。在社会科学研究领域，该项目是获得资金最多的项目之一。对一向称筹资任务是"几乎不可忍受的负担"的多纳姆而言，那些资金就像天上掉下的馅饼。

进入商学院后，梅奥找到了维尔弗雷多·帕累托的信徒劳伦斯·亨德森（Lawrence Henderson），后者是哈佛医学院教授，也是一位享有国际声誉的生物化学家。亨德森原本是一名真正的医生，却与梅奥这位自封为"人类灵魂的医师"为伍。不过，亨德森在其他方向有着自己的主张，他认为自己可以在帕累托关于社会平等的理论与人体平衡系统之间搭建一座桥梁。

两人合力，在摩根大厅的地下室建设了一间"疲劳实验室"（Fatigue Laboratory）。梅奥带来了洛克菲勒基金会的3.5万美元实验资金，还带去了他"科学的研究成果"，尤其是他那关于"疲劳、高血压、精神病与循环系统相互关联"的理论。亨德森负责实验的操作，校园内因此出现了一种奇观：学生们穿着西装，系着领带，在一个特别设计的跑步机上奔跑，实验人员在一旁监测他们的呼吸和血液中某些化学成分的变化。尽管这个实验室最终对科学做出了一些微小的贡献——研究发现，人体可以存储少量的钠，这使得钢铁厂工人开始食用食盐片，以预防过度出汗导致的抽筋、中风甚至死亡——但它未能证明梅奥的理论，再加上他本人对职业声誉的追求，促使他想方设法在某些虚假理论的基础上进行研究。

没有研究的研究者

在哈佛大学,梅奥又花了两年时间继续自己的研究工作。他与哈佛商学院的关系,使各大企业向他敞开了大门。但是,工人们依旧对他的治疗服务不感兴趣,他还需要绞尽脑汁让他们的老板和管理者确保"信心与合作"。不过,梅奥对华莱士·多纳姆有信心,因为多纳姆非常信任他这位"医生",任凭他把哈佛商学院的学生变为实验对象。梅奥发现,对于心理疾病,许多人可能只看结果不看过程,因而忽略了许多细节。于是他继续说服多纳姆,让他相信,哈佛商学院那些表现不佳的学生,只是因为精神错乱。多纳姆在1929年写给哈佛大学校长的信中感谢了梅奥的工业研究系对商学院做出的贡献:"他帮助了那些情绪紧张、心理疲劳、不适应商学院环境的学生,以及那些多少有些强迫症的学生,还有那些不能正确认识自我的学生。"

然而,梅奥一直面临着一个挑战:洛克菲勒基金会采用每年续捐的方式为他提供资金。为使这些资金不会断供,梅奥急需提出另一种"成功的理论"。1928年4月,他在写给慈善家的信中模棱两可地指出,他的研究进展顺利。不过,由于缺乏一些企业合伙人,他一直没能得出令人满意的结论,但马修·斯图尔特指出了真相:"他拥有大量理论技巧,却没有数据来填充。他是一位没有研究的研究者。"

仅仅两周后,梅奥便找到了解决办法——接受参与霍桑实验的邀请,实验对象为霍桑工厂(Hawthorne Plan)的工人。这是一家位于伊利诺伊州西塞罗市郊(芝加哥西部)的大型工厂,是当时美国最大的电话制造工厂,拥有2.2万名工人。最初霍桑工厂属于美国西电公司(Western Electric),后来转归美国电话电报公司。

梅奥之所以能被邀请,是由于一场演讲。1927年10月,他在位于纽约的哈佛俱乐部向一群实业家做演讲,主题是工业心理学对职场的帮助。当时,西电公司的人事主管史蒂文森也在场。当时,他正对某个项目中一些前后矛盾的数据感到困惑,该项目意在弄清照明条件对生产效率的影响。他认为梅奥也许能解释那些数据,而这一项目正是霍桑实验。

其中一组数据对研究人员来说很有意义:由本厂工人组成的控制组在更明亮的环境下工作,生产效率有所提高。如果实验止步于此,那么,当时在工业工程师之间进行一场围绕自然光和电灯光的优缺点的辩论便可得出结果。通用电气声称，和生产效率提高所带来的效益相比，电灯照明本身的成本是其10倍之多，它还找来一个"中立的"第三方来为这一立场背书。1924年，通用电气通过资助霍桑实验，说服了国家研究委员会成员担任他们的名誉负责人。

问题在于研究人员过于科学化。实验中，在由另一批本厂工人组成的控制组中，研究人员将他们在工作时的照明条件保持恒定，结果是，这组工人的生产效率也有所提高。这让通用电器资助了3年的研究难以为继。许多额外的试验也显示了同样令人感到奇怪的结果。在调查疲劳对生产效率的影响时，最初的研究成果表明，当工作条件改善时（如延长休息时间），生产效率也会提高。但是，当这些工作条件恢复到它们最初的水平时，生产效率却没有随之下降，而是保持在已经提高的水平上。

不过，这一切研究都发生在梅奥参与霍桑实验之前。史蒂文森给他的任务是论证照明条件对生产效率的影响是否能持续下去。而梅奥得出的第一个理论显示了他的同事亨德森医生对他的影响：通过对血压、心率甚至血红蛋白含量的测量，工人越是接近机能平衡，他们的生产效率会越高。毫无疑问，这又是一个无意义的理论。梅奥在这些伪命题中过于冒险，致使他打起了退堂鼓，而且，他在该理论背后发现了一个更难以反驳的事实：当监管者出现在生产车间时，情况便完全不同。

研究者也意识到这一事实：当工人们知道有人在监管他们时，工作会更努力一些，这种现象被称为"霍桑效应"[①]。这并不重要，因为那些研究者并没有找到对这一现象的满意解释。正因如此，梅奥那没有根基的理论，终于找到了它的归属。于他而言，答案——也就是他"伟大的阐明"——是互动的特性，而不是互动本身。毕竟，奉行泰勒制的管理者整天都在监视着他们的工人。不过，泰勒制的追随者受到更多的是互动（交谈、喊叫、咒骂）的激发，而霍桑工厂的研究人员做得最多的是倾听，而非其他。

梅奥告诉这些研究人员，他们只需要提高管理者的互动能力即可。梅奥知道，只探索工人的意识是徒劳的，因为问题产生的真正根源是无意识的，它们来自工人阴暗的内心。1929年，他在提及霍桑实验时写道："如果可以从管理中去除所有威吓，而且大部分管理者都是受过训练的互

---

① 当人们在意识到自己正在被关注或者观察的时候，会刻意去改变一些行为或者是言语表达的效应。——译者注

动者，那么，美国将进入一个全新的合作时代，那些看似天方夜谭的愿景都将变成现实。"还有谁比梅奥本人更适合训练互动者？

友好管理，就是提升效率的关键？

梅奥的一位同事称他为"一个懒汉"。1928～1929年，他在霍桑工厂只待了6天，这意味着，他在霍桑实验中得出的结论可能是预先计划好了的。梅奥还决定在波士顿训练他的互动团队，他要求团队成员伪装成医生，同波士顿一家精神病诊所里的病人进行交流，以此来训练他们的互动能力。马修·斯图尔特写道："梅奥将工人与精神病人进行类比。纵使他和他的团队为表现出服务于公共利益而不得不披上学术权威的外衣，也无法掩饰这种训练是毫无意义的。再没有什么比这更能真实地反映梅奥的管理理念了。"

梅奥以一种强硬的态度回击了外界对霍桑实验中相互矛盾的研究结果的批评。来自芝加哥大学的工业心理学家阿瑟·科恩豪泽（Arthur Kornhauser）指出，梅奥的研究缺乏有意义的科学控制，是相当徒劳的。对此，梅奥回应道，他要将"西电公司的方法塞到科恩豪泽及其部落的研究者的喉咙里"。科恩豪泽是犹太人，梅奥已不止一次发表反犹太主义言论。最后梅奥和泰勒一样，坚持对一系列复杂的事实进行简单的解释，从而归纳出一系列虽然不真实，但足以向大众兜售的理论。

1929年11月，梅奥在一篇文章中向世界报告了他的研究成果。他将生产效率的提高归因于温和管理和工人心理状态的改善，这一结果像野火一样迅速传遍了商界和学术界。"实际上，"他后来写道，"当大家知道，他们在工作时不会受到管理者的胁迫时，会全心全意地、自发地投入到合作中去。他们感受到自由，并且没有后顾之忧。"这又是一种懒的表现。实际上，梅奥从未真正地抽出时间为霍桑实验做一番权威性的描述。这一任务落到了弗里茨·罗特利斯伯格（Fritz Roethlisberger）和威廉·迪克森（William Dickson）身上，两人于1939年合作出版的《管理与工人》(*Management and the Worker*)，被认为是现代工业心理学的奠基之作。

简而言之，梅奥认为，友好的管理者能使工人团结一致，进而改善工作效率。这对于企业管理者而言是一个喜闻乐见的发现，这让他们更有理由宣称，金钱并不会给工人带来幸福感，而善意和成就感才会使工人幸福。梅奥声称,工作本身是次要的,发展自我决定①的能力更重要。当然,这些理论听起来非常人道,但在和谐的表象下,隐藏着并不美好的事实:首先,梅奥的研究结果几乎是重申他自1919年以来发表的论文;其次,霍桑实验的全部意义在于辩证运用心理学来提高生产效率,以此压制工人联合起义的冲动。那些工人真的不在乎钱吗?可以确定的是,他们的老板十分在乎。如果说弗雷德里克·泰勒将这个世界分成了思考者(管理方)和行动者(工人),那么,梅奥则更进一步,将工人贬低为一群怀着非理性情绪的人,而操纵他们的最好方式是微笑。

不过,这种精英主义观点完全符合多纳姆的胃口。他在1931~1932年写给哈佛大学校长的报告中,将梅奥空洞的理论升华为现实:"通常情况下,管理者往往是空谈者和驱使者,但那些能够从工人那获得最大成果的人,如今都被称为优秀的倾听者。当工人对管理方式的改变做出响应,而不是对鞭策和激励做出响应时,才能使生产产量有所提高。"多纳姆之所以夸张地赞扬梅奥,是因为梅奥恰好交出了多纳姆需要的"产品":针对管理中人的因素进行"严谨的"科学研究,研究结果不仅证明了管理技能的价值(哈佛商学院存在的理由),而且还进一步赞扬了那些使社会稳定、和谐的经理人。此外,梅奥不仅在实验中运用案例研究,他还以一种让学术界(通过研究)和工业界(通过实践)印象深刻的方法来完成实验,这被多纳姆描述为"在研究企业价值上的最佳案例"。虽然梅奥在学术诚实方面有所欠缺,但他拥有相当强的创造才能,尤其擅长创造管理理论。

对梅奥而言,不仅是哈佛商学院的支持十分及时,连他推出研究成果的时机也恰到好处。"照明对生产效率的提高有所帮助"的假设被证明是毫无根据的,这无疑让支持该研究的通用电气感到气馁,但另一家大型企业一直对这项研究十分感兴趣,那便是美国电话电报公司。这位电话行业的"垄断者"在新资本主义运动中走在最前沿,该运动在当时席卷了美国各企业的公共关系部门,在全国范围内将企业的形象重新塑造成有灵魂的人。美国电话电报公司的一位管理者曾说:"必须让员工理解和热爱企业。要有意识地依赖它、爱它,对它怀有真挚的感情,并认为它必不可少。"过去只把注意力集中在客户身上的企业突然发现,他们也

---

①一种关于经验选择的潜能,是在充分认识个人需要和环境信息的基础上,个体对自己的行动做出自由的选择。——译者注

需要关注一下员工。几十年来，霍桑试验理所当然地向众人宣告：善待工人，他们也将报之以善意只是偶然现象。

从名噪一时到孤立无援

在多纳姆结束院长任期之前，梅奥一直在哈佛商学院享有难得的待遇。他的工作很轻松，要教授的课程很少，这使得他与一位献身于教育事业的教授产生了龃龉。不过，他在1935年开设的"管理中的人的问题"成为哈佛商学院第一门真正教授人际关系的课程，而且，霍桑实验为整个组织行为学的发展奠定了基础。梅奥直接的知识继承人是曾于20世纪三四十年代在哈佛商学院任教的"现代管理学之父"、美国电话电报公司高管切斯特·巴纳德（Chester Barnard）。他在梅奥自下而上的管理理念的基础上塑造了更加完整的经理人形象，这类经理人不但受到自上而下的权力的领导，而且还受道德规范的领导。

马修·斯图尔特认为，梅奥真正的遗产并不是研究成果本身，而是研究对象。他的一些主要研究成果，如"管理是关于人的""个人可以通过社会手段寻求自我实现"并非由他得出。20世纪20年代在哈佛大学任教的玛丽·帕克·福列特（Mary Parker Follett）早在他之前就发表了上述两个观点。同样，在梅奥对信任本质的思考中，他仅仅是"发现了"一个早已为人所知的事实：道德是卓越管理的基础。

梅奥坚持认为，互动能力在管理中最为重要。他在1945年写道："绝不能以为这类技能可以轻松学到。"可是，他忽视了一个重要的事实：工人和他们的老板或同事之间真正的、持久的信任不能通过第三方来建立，甚至像梅奥这样大有学问的人也不行。几乎所有类型的第三方干预，往往都只是创造了信任的幻象，这与鼓舞人心的演说家催促员工参加团队建设活动是一回事。真正的企业文化必须由管理者精心打造，而不是让管理者通过假扮医生的方式就能自发形成。

梅奥和他在哈佛商学院以及霍桑实验中的同事严格地控制着他们的研究人员以及研究数据，以至于在他1949年去世之前，那些数据依然被完好无损地保存在霍桑工厂中。但是，当这些数据被暴露在阳光之下时，梅奥的研究成果在科学审查的"照射"下立即枯萎。自那以后，梅奥及其研究成果就成为人们抨击的对象。批评者说，那些一度叫得很响的效

应起源于研究者的个人偏见而非基于事实。梅奥和他的同事们串通一气，将工人塑造为非理性且不可理喻的人，将资本家塑造为非剥削的且不会制造阶级冲突的人。《假先知》（False Prophets）的作者詹姆斯·胡普斯直率地指出："梅奥……是个江湖骗子。他在智力和诚实方面超出常人的缺陷，使他那些闪闪发光的理论暴露出肤浅的本质，并让他忽略了与其观点相悖的证据。"

在10多年的时间里，梅奥一直是众人注目的对象。1933年，他写了一本名为《工业文明的人类问题》（The Human Problems of an Industrial Civilization）的书，该书非常畅销，并在1941年登上《财富》（Fortune）杂志的封面。然而到那时，他在哈佛商学院的几个同事疏远了他。事实上，由于梅奥的职位是依靠外部资助而来的，这让他在商学院中一直处于边缘化状态。

一些理智的学者在经过分析后，指出梅奥的管理理念过于温和。在曾经追随梅奥的研究者中，只有罗特利斯伯格跨过鸿沟，最终在哈佛商学院开启了他的职业生涯，并成为获得最高评价的教授之一。罗特利斯伯格将组织行为定义为一个经验主义的、与道德无关的、只关注人们在组织中的行为方式的研究领域。他将组织描述为"社会系统"，认为经理人的工作是保持这一系统的平衡。尽管罗特利斯伯格从未彻底脱离梅奥的阴影，但这种转变，即从理想主义的观点转为切合现实的观点已经非常难得。

尽管多纳姆可以透过梅奥那些不太可靠的研究方法观察到他对哈佛商学所做的贡献，但商学院中的其他教授却不买账，他们开始对梅奥所谓的研究才华与他被夸大的声誉感到愤怒，也非常反感梅奥对学术的冷漠和工作态度。例如，他每天上午10：00左右才到学校，下午3：00左右就离开，期间还要到哈佛广场的圣克莱尔餐馆喝酒、吃饭。这种现象背后恰是对他的讽刺：埃尔顿·梅奥知道怎样让别人更努力地工作，自己却从未努力地工作过。

哈佛商学院教授亚伯拉罕·扎莱兹尼克（Abraham Zaleznik）察觉到梅奥为商学院带来的消极影响："霍桑效应之所以成为传说，是因为梅奥用他令人炫目的创造性洞察力，有意识地设计了一部分试验研究，使其理论看上去有理有据。这种传说使哈佛商学院对创造性的认知过于理想化，许多年轻的研究人员会因为创造性没有降临在自己身上而感到挫败，因而拖延了商学院的研究进程。然而，研究的现实是，我们只能算是葡萄园里的劳动者。我们必须通过辛勤劳作，才能获得一些成果。若有一个人拥有创造性的灵感，那么他（她）确实会更有研究能力，但这并不能主导真正的科学研究。"

1942 年，当华莱士·多纳姆将哈佛商学院院长办公室的钥匙转交给继任者唐纳德·戴维（Donald David）时，梅奥在商学院的日子也屈指可数了。他在最后的 5 年中试图扩大自己的影响力，力图从工业企业顾问发展成为整个社会的顾问。1947 年初，戴维院长关闭了疲劳实验室，并发出梅奥在商学院的职业生涯即将结束的信号。1947 年 5 月，梅奥正式退休。哈佛商学院为他举办了告别会——"梅奥周末"，洛克菲勒基金会、西电公司、美国电话电报公司以及标准石油公司的代表都前来参加。不幸的是，洛克菲勒基金会借此机会与他正式告别。他原本以为可以到英国的国家工业心理学研究所（National Institute for Industrial Psychology）谋一份职位，但当人们意识到洛克菲勒基金会不再向他提供资金时，这一期望也就落空了。1949 年 9 月 1 日，梅奥离开人世。

埃尔顿·梅奥所有值得吹捧的成就是：第一，他使美国企业着重关注涉及现代管理任务的某些核心事实，而与他同时代的许多人并没有看到这些；第二，如果你善待他人，对方也可能善待你，即管理、道德与生产力之间存在关联。

不过，他敲响了一记非常响亮的警钟："我们实际上非常需要管理精英，他们可以评估和处理人们在合作中遇到的具体困难。"在《工业文明的人类问题》一书中，梅奥写道："现在，没有哪所大学提供了任何辅助工具去发现和培训新型管理者。"2015 年 8 月，每年都聘用大量 MBA 的亚马逊发现自己成为《纽约时报》一则负面报道中的主角，该报道抨击亚马逊对待其员工像对待废物一样。看来，对梅奥笔下的新型管理者的搜寻，远未结束。

第9章
十年回顾：1920～1929年

1919年底，华莱士·多纳姆刚成为哈佛商学院院长，便开始在这里刻下自己的烙印。他清晰地阐明，要通过案例分析法教授学生，并开始进行课改，从原来的以行业为导向（如钢铁业、制造业）划分学科转而以部门为导向（如生产、营销、财务、会计、商业统计）划分学科。为帮助学生有效选择选修课，以实现他们的职业目标，在他的监管下，哈佛商学院将课程分为八类，分别是会计、银行及金融、商业统计、对外贸易、工业管理、生产与作业管理、市场营销和交通运输。最为重要的是，他明确指出不仅要教授商学知识，还要教授商业应承担的社会责任。

如此看来，多纳姆的改革方向明确，且进展顺利，但他随后的一项决策却让他陷入争议，那便是：教授之间需要分享教材和案例，以便他们中的任何人都可以接受任何任务，去教授任何一门特定课程。几乎没有人接受这项提议，商学院的教授们认为，这些资源并不能互相交换。对于过去热衷于保护教学材料与教学经验的教授而言，这一提议对他们而言无异于一种冲击。有位教授由于感到自己受到侮辱，以至于提出辞职。

不过，随着哈佛商学院的招生人数激增——从1917～1918年的97人，猛增到1921～1922年的505人——教师队伍也在扩大。大多数教授在一定程度上做出让步，认为分享自己的教学材料也是件好事。首先，它可以让越来越多的初级教授尽可能迅速地成长起来；其次，在当时，每年都有约 300 名新生入学，哈佛商学院不得不将教授们分成几组，而教学材料和案例的分享，不但能为教授减少重复性的工作，而且还能筛选出最有价值的教学材料和案例。这是哈佛商学院历史上一个至关重要的决策，它使得商学院在应对大班级的竞争之中具有显著优势。即使到 2015 年，哈佛商学院的班级规模依然在美国所有精英商学院中保持领先地位，它的班级人数达到 935 人，比沃顿商学院（859 人）、哥伦比亚大学商学院（743 人）、西北大学商学院（691 人）、密歇根大学商学院（447 人）、杜克大学商学院（440 人）和斯坦福大学商学院（410 人）的班级规模都大。

这并不是说哈佛商学院对所有入学者都敞开大门。实际上，早在 20 世纪 20 年代初，随着申请入学的学生人数激增，哈佛商学院开始逐渐抬高其入学门槛。起初，商学院尝试进行一些在当时十分流行的智力测验。多纳姆十分清楚一个事实，得分高的人并不会自动转化为成功的商业人士，但他坚持认为，对于无法通过这些测试的人，哈佛商学院也没有他们的容身之处。他在 1921 年写道："鉴于哈佛商学院早已由于沉重的学业负担而闻名，那些没能通过测试的人，他们在未来的失败概率会更大。"

不过，在那些符合入学资格的学生中，退学率也很高。1920～1921 年，在 309 名攻读一年级的学生中，只有 237 人（占比 77%）被判定合格，可以升入二年级。而在这些学生中，实际只有 174 人（占比 73.4%）继续攻读二年级课程。在多纳姆担任院长的第三年里，升入二年级的学生比率上升到了创纪录的 84%，他将这一增长归功于案例分析法的普及和研究团队的发展壮大。不过，另一种替代的解释可能是分数贬值。在大萧条期间，新生入学人数直线下降，有资格升入二年级的学生比率却一直很高，在 1932 年和 1933 年均达到 95%。可以说，这是哈佛商学院为应对外部压力对分数弄虚作假的极其明显的例子。在 20 世纪 20 年代，当人们开始批评哈佛商学院对待女学生的方式时，女学生的分数几乎在一夜之间就增加不少。无疑，哈佛商学院肯定又在分数上做了手脚。

向学术靠近

不论出于何种原因，哈佛商学院都能较之前吸引更多学生继续二年级课程。多纳姆曾谦虚地表示，商学院几乎没有想过返校修完二年级课程的学生比率有朝一日能超过84%。不过,在1928～1929年,这一比率达到89.6%。在不到3年时间里,哈佛商学院的招生人数远远超过了其计划招收的600人,在1929～1930年,招生总数达到了1 015人。

1926年,哈佛商学院聘请埃尔顿·梅奥,这表明了多纳姆再次进行课改的意向。商学院在把课程定位为按部门划分学科的基础上,还需要根据不断变化的外部环境,在必修课和整体的课程组合上进行调整。多纳姆一直在想办法反驳外界对商学院不精于学术的指摘,为此他在学院中组建专业学术联盟。1927年,他聘请了曾在哈佛大学授课的诺曼·格拉斯(Norman Gras)来教授管理学历史,并请他担任杂志《商业与经济史》(Quarterly Journal of Business and Economic History)的总编。与此同时,他还说服了著名的哲学家艾尔弗雷德·诺思·怀特黑德(Alfred North Whitehead)来商学院授课。

当人们发现商业统计数据大有可为之时,商学院就将其囊括到核心课程之中,它与社会对这一学科的理解不谋而合——一种有效的管理控制手段。在这一领域中,有一位著名的教授——詹姆斯·麦肯锡(James McKinsey)——麦肯锡咨询的创始人,于1922～1923年在哈佛商学院教授预算控制中的问题。另有一位著名的教授,哈佛商学院没能留住,那便是在1924～1927年在商学院教授工业金融的阿道夫·A. 伯利。1927年,伯利离开哈佛商学院,前往哥伦比亚法学院任教。1932年,正是在哥伦比亚法学院,他与格迪纳·米恩斯一道写下了关于企业管理的著作——《现代公司和私有财产》。

商业伦理这门课程的设置历程则要曲折一些。直到今天,哈佛商学院一直在思考如何将伦理融入商业课程。出于许多方面的原因,如学生对这门课不感兴趣、教授对于如何教授这门课程各持己见等,哈佛商学院一直没有真正接受商业伦理课。这门课程在商学院中最好的境遇也只不过是个"穿插节目",而它最差的境遇是几乎被忽略,但哈佛商学院总是宣称自己正在思考如何将伦理引入商业。1922年,多纳姆首次对此做出明确表示,他写道:"从专业院校毕业的学生理应……做好准备在伦理困境中主动实践……多数商人没有对其工作以及伦理标准形成专业的态度。"尽管如此,多纳姆依然用了5年时间,才迎来哈佛商学院第一位商业伦理学教授卡尔·托伊希(Carl Taeusch),他于1928年到商学院担任助理教授。第二年,多纳姆首创商业伦理系,但该系只有陶施克一位教授,而且，他的商业伦理课只是二年级的选修课程。由于学生们对此缺乏兴趣，这门课在 1935 年被叫停。

在这个十年之中（1920～1929 年），哈佛商学院的学生可以选择许多课程：有特定领域的课程，如"福特汽车的工业教育""安全剃须刀广告中的问题""国际贷款的分配方式"；有概念上非常宽广的课程，如"企业主的观点""利润共享"；有高利害关系的课程，如"假设在国家紧急情况下，美国陆军部对铁路的控制"；还有高深莫测的课程，如"心智"。

褒贬不一的教育成果

哈佛商学院开始聘请毕业于本校的 MBA，让他们成为学院内商业研究处的案例研究者，而不是进入企业。哈佛商学院甚至声称，在毕业之后为母校工作，与毕业后为其他人工作具有同等优势，这可以缩短他们的学习曲线，从而快速取得进步。换句话讲，与哈佛商学院有关的一切事情与任何其他事情相比，都具有优越性。

当然，一些人对此观点持反对意见。《美国高等教育》（*The Higher Learning in America*）一书的作者索尔斯坦·凡勃伦（Thorstein Veblen）认为，人们在学习曲线上的行进速度与他们接受的教育不相关，因为学习曲线实际上是一条通向无名之地的路径。他写道："任何一位年轻商人在业务精通程度上的提升，大体上不会为社区带来什么好处。如今，这样的年轻商人已经太多了，他们在做事时太过机敏和熟练，不会为共同利益着想。对业务比普通人更精通，只是提升了企业中参与活动的人的技能与热情，和所有权的再分配相比，几乎没有任何实质性结果。由这类人领导的企业只专注于市场竞争、获取财富，而不是提高产品质量。"

即使如此，在 20 世纪 20 年代，哈佛商学院仍骄傲于社会对其毕业生的需求正在稳步增长。尽管在大萧条刚开始时，美国各地对应届毕业生的需求直线下降，但哈佛商学院却可以理直气壮地宣称，企业主们对其毕业生的兴趣，与其新生入学率一样在日趋上升。怪不得在 1921～1928 年，美国一些大型企业年均增长率达到 6.1%，而普通企业却只有 4.4%。

多纳姆声称，哈佛商学院已经解决了一直令他们困扰的问题：毕业生刚进入企业，对自己最初在企业管理层级中的起点一直抱有过高期望，因而对入职后缓慢的晋升过程感到不耐烦。商学院甚至建议企业主对其毕业生的起始薪酬设定上限，好让这些毕业生谦虚一点。1921 年，多纳姆写道："从商人角度进行评价判断，毕业生们的态度已经实现了令人满意的改进。"即便这是事实，该解决方案也并非永久有效。直至今日，哈佛商学院的毕业生依然经常为人所诟病：和其他新入职的员工相比，他们会在更短的时间内辞去第一份工作。1922 年，多纳姆曾向外界宣告，在哈佛商学院 120 名 1921 届毕业生中，只有 1 人在一年之内辞去了第一份工作。自那以后，再没有哪位院长发出类似宣告。

到 20 世纪 20 年代末，多纳姆已经将哈佛商学院塑造成一股不可忽视的力量，其毕业生数量在他院长任期内呈直线上升的趋势。1926～1930 年，在 2 456 名学生中有超过一半的人顺利毕业。1926 年，哈佛商学院 56% 的毕业生加入了哈佛校友会，这一比率是哈佛众多研究生院中最高的。这些校友中不乏鼎鼎大名者，如高端百货商店内曼·马库斯（Neiman Marcus）创始人赫伯特·马库斯（Herbert Marcus）之子斯坦利·马库斯（Stanley Marcus）。斯坦利在家族企业中从货品管理员开始干起，到 1950 年他父亲去世时才接任 CEO 一职。19 年后，他将内曼·马库斯以 4 000 万美元的价格出售给由哈佛商学院毕业生经营的企业，即爱德华·卡特（Edward Carter）的卡特霍利霍尔连锁店（Carter Hawley Hale）。还有基德尔·皮博迪投资银行的总裁阿尔伯特·戈登（Albert Gordon）和乔治·洛夫（George Love），后者同时领导着两家大型工业企业，分别为固本煤炭集团（Consolidation Coal Company）和克莱斯勒汽车公司（Chrysler Corporation）。

1925 年，有接近 2/3 的校友选择进入银行业、销售业和生产业工作，有一小部分人选择留在哈佛商学院执教。不过，受到快速致富的诱惑，许多 MBA 开始向往到华尔街工作，其中投行尤为抢手，但 1929 年的经济崩溃为这一趋势画上了句号。1930 年，多纳姆反常地用一种轻描淡写的语气说道："毕业生们在投行谋职时会经历一些困难。"不久之后，多纳姆本人也体验到经济崩溃带来的各种困难。

第二部分

颇具争议:"精英"生产流水线?

1929年,经济大萧条席卷美国。在这个特殊的时期,哈佛商学院如何将商界巨贾汇聚一堂,说服他们将自己打造成"精英工厂"?当美国各界都嘲讽它的学子出自流水线时,哈佛商学院又是如何在短期内让自己的毕业生脱颖而出,将他们送至权力与财富的高地?不论哈佛商学院境遇如何,它已然成为商界与教育界王冠上的明珠。

第10章
教育弊端初现

如果哈佛商学院的创始者们认为他们不仅经受住了战火的洗礼,还经历了足够多的内部冲突,以及来自商界和学术界人士挥之不去的傲慢批评,那么,在1930年,他们尚未经受过的猛烈打击终于到来了,而带来打击的人是亚伯拉罕·弗莱克斯纳(Abraham Flexner)。弗莱克斯纳是洛克菲勒的普通教育委员会委员,也是一位作家和批评家。他在1930年推出了一项针对美国高等教育现状的批评性研究,取名为"大学",并将矛头直指哈佛商学院。

弗莱克斯纳于1866年出生在美国肯塔基州路易斯维尔市,作为教育界的权威人物,他早在1910年时发表的《弗莱克斯纳报告》(*The Flexner Report*),已成为医学教育史上的经典文献,监视着教育这个被他视为永久领地的领域。他还怀着"发展前沿知识"的野心,和路易斯·班伯格(Louis Bamberger)共同创办了普林斯顿大学高等研究院。后来,这所学院吸引了爱因斯坦和约翰·冯·诺伊曼(John Von Neumann)等科学家前来任教,这已远远超越了"发展前沿知识"的目标。

弗莱克斯纳既是一位批评家,也是一位创新者。尽管他的意见对哈佛商学院而言有些刺耳,却非常值得倾听。然而在大多数时候,哈佛商学院都在装聋作哑。因为,弗莱克斯纳在一开始就给出了一个结论:除了医学院与法学院以外,其他专业院校的迅猛发展,对大学秉持的推动知识进步的神圣目标是一种威胁。

不了解商业的商学院

弗莱克斯纳坚持认为,社会肯定不需要在哈佛大学办一所教授商学知识的研究生院,但讽刺的是,普通教育委员会却帮助建立了哈佛商学院。弗莱克斯纳指出,哈佛商学院过于自命不凡,以至于将自己置于危险的处境中,这在很大程度上源于哈佛大学朝着专业主义方向发展的野心。尽管弗莱克斯纳并没有明确否定,受过专业教育的管理者可能会在将来某一时刻发挥出潜力,但他坚决认为,那一时刻还没有到来。在他看来,当前控制着整个美国的经济危机,是"那一时刻"还未到来的证明。1927年,埃德温·盖伊发表了一次演讲,谈到社会进步与商学教育的关系。弗莱克斯纳这样嘲笑道:"盖伊教授,哈佛商学院首任院长,对商业以及商学院持有一种虔诚的期望,但他没有谈到细节。"

接着,弗莱克斯纳补充了一些细节:"现代商业的特点是敏锐、充满活力且精明,但它不是智慧的。它并没有被一种专业的行业标准所制约,它着眼于——在我们现有的社会组织下,必须着眼于——自身的优势而不是崇高的目标。"弗莱克斯纳确实考虑过将商学研究当成一种学术追求,但他猛烈抨击哈佛商学院,认为它没有着重强调对商业现象的研究,而是将重点放在毕业生创业这一不值得关注的方面。他说:"对一所现代大学而言,缩短学生的学习经历,为银行、百货公司或运输公司提供广告商或销售员,这是与大学的崇高目标毫不相关的事情,也是不值得的事情。"

弗莱克斯纳认为哈佛商学院的教学模式使师生之间出现了严重脱节:从教育者的角度来看,他们可能更专注于发展前沿知识;从即将成为管理者的学生角度来看,他们却对探索前沿知识没有兴趣。他说:"那时,在哈佛商学院的教职工中,确实有些人对商业现象感兴趣,并且能用批判的眼光对其进行研究。但是,根据商学院管理层的立场,这所学院依然强调让学生出人头地,这简直是美国民众生活中的毒瘤。为此,他们还制作了145页的小册子来描述哈佛商学院。整个小册子中,从开头到结尾,没有一句话或一个单词提到专业的或科学的概念……试问,哪所大学的医学院胆敢以这样的方式来定义自己的理想及教育目标?"

弗莱克斯纳还指责哈佛商学院未能适当分析其课程的基本价值:"从商业立场来看,哈佛商学院的观察视角非常狭隘。难道现代商业应当像它声称的那样是被所有人接受的?或是在提及商业时,作为文明社会中的一员,就没有对它提出批评的责任?遗憾的是,哈佛商学院既没有提出道德问题,也没有提出社会问题,更没有像哈佛医学院的教授们对经验医学①采取守势那样,在商学教育上采取守势。它甚至没有用一个相对广阔的视角去观察商业。"另一位批评家指出,凭空构建一门新学科的压力——更别提哈佛商学院在创办初期面临教职工的高流失率,使它对商业及商学教育的不当理解变成一种可原谅的罪责。但是,这一行为带来的影响一直延续至今。

弗莱克斯纳接着抨击了哈佛商学院毫无意义的研究努力,特别是它出版的案例教材。他说:"在不到10年时间里,商学院出版了整整15本剖析广告、销售管理等领域的教材,这些教材从300多页到1 000多页不等……这能与生产力相匹配吗?它们的直接目的,是为学生步入商界做好准备。在这些教材中,没有一丝社会的、伦理的、哲学的、历史的或文化的微光。它们就是广告,无论是从字面意义,还是从其精神含义上去看,都与我们用于出售吊袜带、专利药品、人造丝袜等产品所使用的广告毫无二致。"

然后,弗莱克斯纳提出了关于资金筹集以及捐款企业可能污染学术环境的问题,其中最为显著的"污染源"是哈佛商学院的250名合伙人。这些合伙人由一群商界大亨组成,商学院邀请他们出资支持它的案例研究,每位大亨需在每年缴纳1 000美元年费。弗莱克斯纳写道:"资金的管理权转归一个受托管理委员会,该委员会由捐款人选举出来,委员们将自己描述为'选举出来的商业领袖'。他们的意图毫无疑问是清白和可敬的。但是,一所在社会与经济领域运行,并且课程涉及'财务、政府、劳工关系……以及公共事业'等领域的商学院,其研究资金不仅逐年由这些'商业领袖'提供,还由他们管理,并且只由他们管理。如此一来,学院还有什么学术自由和科学精神可谈?你还可以想象有什么事情比这更天真吗?"

---

①指只有经验没有理论支撑的医学。——译者注

被忽视的忠言

　　有些人为了压制弗莱克斯纳的批评,指出他在1930年的报告中出现了一些显而易见的败笔。首先,他认为美国大学的黄金时代止于1930年。其次,他还建议,为净化自身、纠正明显错误,哈佛大学应当与哈佛商学院划清界限,将后者改称为"波士顿商学院",而这件事显然没有发生。不过在当时,人们不可能忽视类似弗莱克斯纳发出的批评声。1931年,弗莱克斯纳站在哈佛商学院的门阶上做了一次演讲,演讲的部分记录仍被保留在哈佛大学保存的华莱士·多纳姆的信函档案中。尽管多纳姆并不想公开表达他的观点,但他确实曾对哈佛商学院的一位支持者写道:"弗莱克斯纳的观点与我对商学院工作的理解相去甚远,我甚至从未对他提出的问题感到烦恼。"不管像弗莱克斯纳这样的批评者是否只看到了哈佛商学院低劣的动机,多纳姆管理下的商学院依然坚持更高使命:"说到这所商学院在文明中的位置,我们打算,至少像其他大学中许多更古老的院系那样,在哲学概念的方向中走得更远一些。"

　　最后,多纳姆极不自然地将弗莱克斯纳的一条批评意见——商学院企图巴结商界,因此有意避免批评商界——转变成哈佛商学院的优点。他写道:"在这所商学院,有一个坚定的观点由我提出,而且我愿意对它承担全部责任。到目前为止,我的任何一位同事都认为:弗莱克斯纳所批评的不是事实。我在哈佛商学院工作了12年,我了解到,如果我们还没有足够地了解商界,便草率地评判商界政策,会导致两件事情:第一,我们无法提出切合实际的、建设性的意见;第二,从整体上毁掉我们向商界做出建设性评论的可能性。我们待在这里(不评判商界),仅仅因为我们值得拥有这样的机会。"

　　如果他们愿意,就继续待在那里吧,但哈佛商学院已经得到了一些信号。它所做的一切事情,包括教学方法、课程设计、研究发展、资金筹措,尤其是它的根本价值观,都将是外界批评的对象。

第 11 章
大萧条下的生存之道

  20 世纪 20 年代中期，对银行的储户而言，美国任何一家银行的破产都算不上大事。1921～1929 年，平均每年有 600 多家银行破产，尽管如此，如果将整个美国的银行储蓄额的损失换算成百分比，这一比率仍不超过 0.25%。但是，在 1929 年发生的股市崩盘让整个世界措手不及。不过，股票市场中的恐慌情绪无关紧要，唯一的问题是，市场会不会随着股市崩盘而进入衰退期。在 1930 年，这一问题的答案并不明朗。时任美国总统的赫伯特·胡佛（Herbert Hoover）认为，市场不会随着经济崩盘急速衰退。而一向对经济问题颇为关注的华莱士·多纳姆却对此无动于衷，在他 1930 年写给哈佛大学校长的信中，对当时的经济状况只字未提。

  接下来，崩溃降临了：1933 年一季度，数千家银行破产，使得 5 亿美元的储蓄化为乌有，时任美国总统的富兰克林·罗斯福（Franklin Roosevelt）下令让全国的银行放假。他在 1933 年 3 月 4 日的就职演说中为鼓舞全国人民的士气说道："我们唯一要害怕的就是害怕本身。"但是，这并不能鼓舞哈佛商学院。因为罗斯福对哈佛商学院而言就是"害怕本身"。

  原因在于，罗斯福在其就职演说中对银行家展开抨击："掌握人类物品交换的统治者们失败了，他们固执己见又无能为力。现在，他们虽然承认失败,却撒手不管了。这些贪得无厌的钱商,将受到舆论法庭的起诉和众人的唾弃。"

攀附势力最强者

人们称罗斯福首个总统任期的第一个季度为"百日新政",这是对他施政效果的肯定。在此期间,美国国会通过了一系列重要的法律和法令,数量之多,在美国历史上前所未有。美国政府着眼于稳定金融体系而采取了众多措施,包括于1933年3月9日出台的《紧急银行救济法》,以及于同年6月13日出台的《业主贷款法案》和《银行法》。在哈佛商学院,没有人对这些措施的必要性提出异议,但真正让他们感到惊慌失措的,是罗斯福为入侵私有财产这片神圣的领地所采取的一系列举措。比如,于1933年6月通过的《全国工业复兴法》,这是美国政府有史以来第一次试图对美国经济进行计划和管制。此外,还有同年5月组建的田纳西河流域管理局(Tennessee Valley Authority),这使得美国政府直接在能源生产领域与私营企业展开竞争。

到1931年年中,多纳姆自然开始牵挂起美国的经济状况,他认为工业体系达到了这样一种发展状态:"企业再也不能对由它自身所导致的社会弊端视而不见了。"第二年,他着手从理论上将导致大萧条的原因归结为过度专门化。他给出的解决方案是:"我们需要一种新型企业高管,他们应是一群理解社会文明这一复杂有机体的管理者。"他在自己接连出版的两本书中表达了这种理念,分别是1931年出版的《随波逐流的商业》(Business Adrift)和1932年出版的《不可预见的商业》(Business Looks at the Unforeseen)。然而,根据所有迹象来看,他对美国经济面临的问题有一定见解,却没能意识到美国政府就是打算让企业收拾他们自己的"烂摊子"。

1933年,当罗斯福从立法困局中突围时,多纳姆使用了一些可以解释为崇拜,也可以理解为未经修饰的蔑视的话语评价了这位总统的决策。他写道:"当前,西欧和美国政府的权力高度集中,都在想方设法地控制错综复杂的工业文明。这个人有勇气秉持高贵的信念,他坚信脱离传统至关重要。在他的领导下,美国正经历着许多控制工业文明的试验。"而后,他又发出警告:这些试验可能会导致灾难性后果。哈佛商学院的官方记载将多纳姆使用的"高贵的信念"等同类词,作为他受到罗斯福这一系列举措的"激励"的标志,但我们也很容易将这些词理解为屈尊俯就,甚至是更为恶劣的态度。

根据多纳姆的想法,美国只是错误地运用了自己的生产能力。不过,将物质生活的标准提高到历史最高点是一回事,而从整体上将物质的价值抬高,高于无形的事物和精神价值,又是另一回事。这种做法会将美国暴露于潜在危机面前:如果物质目标崩塌,道德水准也会崩塌。多纳姆认为,当时的美国正是出现了这种情况。然后,多纳姆告诫那些可能会选择"容易"道路的人,是他们"将国家的失败归结于少数贪财者自私的短视行为"。那么,根据逻辑推理,如果问题的根源出在这个国家的灵魂上,那为何要惩罚那些贪财者?这种思路在哈佛商学院反复出现,既无聊透顶,又迟钝缓慢,仿佛一个国家不可能同时追求物质文明与精神文明,于是便要惩罚作恶者,并质疑国家的优先战略。事实上,我们根本不需要在两者之间做出取舍。

对华莱士·多纳姆而言,解决上述问题的方法就是扩大哈佛商学院的影响力,使之回到查尔斯·艾略特一开始想要达到的程度。他在 1934 年写道:"我们必须成为一所教育国有企业和私营企业的学院。"如果说政府干预是必要的,那么,实施这些干预的人应当是"能够胜任且接受过专业培训的人,他们需要敏锐地意识到,自己处理的专业性问题与社会普遍问题之间的关系处在不断变化的状态中"。换句话讲,针对大萧条及其形成原因等问题的答案,恰好是回答世界各地每个问题的答案:哈佛商学院。

在 1934 ~ 1935 年,哈佛商学院对课程进行了全面修订,以便适应政府对商界的干预日益增强的现实。1934 年,哈佛商学院制订了一项计划,准备任命一位专门讲授政商关系的教授,并开始将这一计划付诸实施。第二年,哈佛商学院宣布聘任霍华德·贝维斯(Howard Bevis)为法学教授,负责公共管理一课。另一些新课程包括关于联邦财政与税务的研究课程、关于政府在农业中的职能的课程,以及公共管制,即关于政府管理问题的课程。尽管一些课程已经涵盖了商业问题的公共方面,比如经济计划统计、经济平衡问题等课程,但新课程确立了公共商业管理在 MBA 课程体系中的核心地位。如果哈佛商学院无法击退政府干预,那他们一定非常想从政府管制中分一杯羹。

合伙人制度：哈佛商学院的"金库"

华莱士·多纳姆并没有注意到大萧条的到来，他辩解道，其他人也没注意到。作为商学院院长，多纳姆专注于负责让学院始终具备偿付能力，因为他们正设法应对学费收入减少（从 1931～1932 年的 674 128 美元降至 1934～1935 年的 436 367 美元）、宿舍收入缩减（从 1930～1931 年的 219 465 美元降至 1934～1935 年的 144 503 美元）、捐赠收入被削减（从 1931～1932 年的 141 981 美元降至 1936～1937 年的 105 256 美元），甚至连商学院收到的捐赠品也几乎消失了。不过，多纳姆想方设法找到了一个经济来源——在其他收入报表已纷纷崩溃的情况下，这成为一个重要的经济支撑，但也被亚伯拉罕·弗莱克斯纳认为是一个应当被鄙视并加以批判的来源——哈佛商学院的 250 名合伙人。

多纳姆在 1929 年时就开始构想合伙人制度，他的具体目标是为哈佛商学院的案例研究提供定期的和有保证的经费资助。1930 年初，合伙人制度正式推出，规定成员每年需交纳 1 000 美元年费。这些"捐赠"统一由一家位于马萨诸塞州的非营利组织"捐出"，其受托人来自哈佛商学院的巡视委员会。哈佛商学院的长期支持者及其巡视委员会主席杰西·斯特劳斯（Jesse Straus）负责招募合伙人。这位主席来头不小，其父亲伊西多·斯特劳斯（Isidor Straus）和叔叔内森·斯特劳斯（Nathan Straus）共同创办了梅西百货公司。后来，伊西多·斯特劳斯在泰坦尼克号沉船事故中与妻子艾达一同遇难。杰西和他的两个哥哥资助哈佛商学院建设了斯特劳斯大厅，以纪念父亲和母亲。

包括小乔治·贝克、乔治·惠特尼和杰拉尔德·斯沃普等都是巡视委员会的成员，有他们推动招募工作，哈佛商学院很快便吸引了 200 位合伙人。1930 年 7 月 21 日，一位记者在《纽约时报》上的一篇文章中阿谀奉承道："很少有如此多的大亨同时出现在一所学院举办的活动中。"成为合伙人是一桩不错的买卖，因为巡视委员会是按身份和排名来招募的，这证明了合伙人的社会地位。这是一个令人印象深刻的团体，包括乔治·贝克、约翰·皮尔庞特·摩根、《纽约时报》的引路者阿道夫·奥克斯（Adolph Ochs）、金融家奥托·赫尔曼·卡恩（Otto Hermann Kahn）、安德鲁·梅隆、欧文·杨，以及来自伦敦的塞尔弗里奇百货创始人戈登·塞尔弗里奇（Gordon Selfridge）。

1931年，随着经济状况不断恶化，有39位合伙人帮助哈佛商学院摆脱困境。在10年之间，这些合伙人的年平均总捐款额接近5.5万美元。这些钱被用于哈佛商学院的案例收集，使这项工作在大萧条期间也能顺利进行。1930～1937年，这些合伙人为商学院提供了2/3的研究资金。但是，他们的真正影响还没能发挥出来。虽然在20世纪30年代，合伙人的捐款金额一直非常稳定，但到1940年，合伙人制度开始对企业开放，吸引企业加入。同年，该团体改名为"哈佛商学院合伙人"，到20世纪40年代末，已有超过350家企业和个人成为该团体中的一员。

合伙人的捐款数额在1954～1955年时达到顶峰，创下25万美元的纪录，与此同时，合伙人的福利也越来越多，周末会议是福利之一。尽管哈佛商学院继续将它称为一群"企业和个人"，但到1959年，这些合伙人基本上都成了企业：有328家企业，只有58名个人。由于企业实力比个人更强，年费也涨至1 500美元。当时，哈佛商学院院长唐纳德·戴维吸纳了高盛集团的高管西德尼·温伯格（Sidney Weinberg）和麦肯锡联合创始人马文·鲍尔（Marvin Bower）到巡视委员会中，进一步充实了合伙人这一团体。戴维的目标是，到1964年，哈佛商学院可以收到100万美元捐款。

包庇有钱的"杀人犯"

哈佛商学院的案例研究大部分围绕上述企业，这是意料之中的事。它在寻求企业领导者的建议，以帮助辨别有前景的调查领域上从未失败过。商学院也确实找到了领导者：哈佛商学院合伙人董事会主席、默克公司（Merck & Company）董事长兼CEO雷蒙德·吉尔马丁（Raymond Gilmartin）。他在1980年的董事会报告中赞赏董事会成员："显然，对我和董事会的所有成员而言，我们的理念和挑战都具有价值，而且，它们会带来不同。"

它们究竟会带来怎样的不同？在吉尔马丁做出这番评价的20年后，默克公司陷入制药行业历史上最大的丑闻中：它被指控忽略（或掩盖）一些对自己不利的证据。这些证据证明，如果患者长期服用由默克生产的止痛药万络（Vioxx），会显著增大心脏病发作和中风（现称脑卒中）的风险，可是默克公司花费了令人难以置信的5亿美元用于营销该药品。

早在1999年，默克公司就知道这些潜在危险，但依然卖出了价值数十亿美元的万络，直到2004年9月被迫从市场上收回该药品。当时，研究者在一次临床试验中发现，已经服用该药物18个月的患者，他们患上心脏病和中风的概率是服用安慰剂①患者的5倍。2005年，吉尔马丁辞职，国会调查人员随即发布了一批文件，这些文件详细记录了默克公司是如何在知道万络存在安全问题之后依然积极促销该药物的。不过，默克公司坚称，吉尔马丁的辞职与万络没有关联。

公众对默克公司失败的原因一清二楚：领导层将营销摆在首要位置，将安全放在次要位置；将法律放在首要位置，将道德放在次要位置。一份研究估计，在服用万络的美国人中，有8.8万人曾遭受心脏病发作，其中有3.8万人已经离世。哈佛商学院对此事的反应是，它在2009年进行了一次关于万络事件的案例研究，并指出：学生要从默克公司下架该药物这个迟来的决定中吸取教训，即使该公司几乎不可能采取其他方式来应对这个危机——有时候，做正确的事情需要做非常艰难的选择。如此，全然不顾后果（销售危险的药物）的行为竟被视为英雄式领导（由于停止销售万络而损失了利润）。

当然，这可能与某一事实相关联：2006年，吉尔马丁成为一名哈佛商学院的讲师。2011年，《哈佛商业评论》的网站上出现了一篇文章，在其中，吉尔马丁孤注一掷般地赞扬自己和他的管理团队及时将万络下架，完全是因为"我们从来没有忘记药物是为人民而制造的，而不是为了牟利"。这一信条，正是默克公司创始人乔治·默克（George Merck）提出来的，吉尔马丁在文章中宣称他和管理团队从未忘记该信条。2012年，哈佛商学院为吉尔马丁颁发奖杯，以此表彰他对健康产业所做的贡献。

教学尝试：高管再教育

合伙人制度的引入，并不是多纳姆开展的唯一一项在此后几十年里依然能获得积极回应的试验。在1928~1929年，哈佛商学院的教授们留出一些时间向MBA学生传授市场研究的重要性，而且商学院自身也进行了一些市场研究。当时，对于商学院的核心教育产品，即有公德心的

---

① 是一种"模拟药物"。其物理特性如外观、大小、颜色、剂型、重量、味道和气味都要尽可能与试验药物相同，但不能含有试验药的有效成分。——译者注

MBA，美国各界的需求十分旺盛，且呈现上升趋势。不过，美国各界对其他人的需求又是怎样的？那些经验丰富的高管是否愿意返回商学院深造？

1928年夏，哈佛商学院为企业高管开办了有史以来的首个特别班，为在金融、公共事业和交通运输等行业的高管提供为期6周的培训。在首次培训中，总共有179人报名参加，其中有170人都是在任高管；1929年，参加该培训的人数增至224人；1930年，由于外部因素干预，只有156人报名参加培训，且培训时间缩短至4周；1931年，特别班被取消，在1936年和1937年重新开办后，又再度被取消。

这次短暂的试验为高管教育埋下火种。据称，高管教育如今已成为MBA这一大型复杂项目的重要组成部分，但这都是后话。20世纪30年代，特别班的直接成果在这个十年出现，菲利普·卡伯特（Philip Cabot）教授功不可没。

卡伯特出生于传统新英格兰清教世系，差一点被糖尿病夺去生命，好在1923年医学界发现了胰岛素，他才得救。1925年，他本着一种玩世不恭的态度开始在哈佛商学院任教。卡伯特的性格确实如此，毕竟他曾经成功地告诉死神，晚些时候再来找他。

作为特别班的组织者之一，卡伯特发现，与高管交往益处多多。1934年5月，由于大萧条给美国经济带来劫难，他便提议改变特别班的培训主题，建议哈佛商学院召集一些年龄在30～50岁的企业高管举行一系列会议，以此来精心考虑政企在新型关系中出现的问题，并为理解和探讨国家事务提供背景。这些会议经常在周末举行，因而被称为"卡伯特周末"。

多纳姆当然坚决支持美国政府减少对经济的干预，即使美国政府当时正在应对的危机确实由商人所致，而他们正是哈佛商学院引以为傲的开明商人。他在1934年写道："摆在美国民主面前的一个重要问题是，确定区分政府领域和私营企业的分界线……政府如今在众多领域所做的一些事情，为人们增添了更多负担，这些负担超出了他们的时间、智慧或能力所能承受的范围。"他考虑过政府对经济的管控力度会越来越强，尽管这是出于"控制少数反社会人士"的目的。不过，即便是最激进的反政府商人，如果发现警察正在逮捕其企业中那些罢工闹事的工人，也可能会认可政府的作用。

与此同时，多纳姆开始沮丧，原因是美国商人不愿意承担他认为应当承担的责任，于是他尝试建立一个论坛，大家可以就责任问题在论坛上高谈阔论。他写道："过去，这些领导者太关注他们自己的企业事务，从而忽略了整个国家的事务。"

1935年春，哈佛商学院举行了4场会议，总共有70人参加。会议探讨的主题从"实业家和商人必须面对的社会与政府问题，以帮助稳定我国工业"发展到"劳资关系问题及其社会意义"。论坛参与者只需支付12美元，其中7美元是房间和会议室费用，5美元是参与讨论的费用。随着美国在1935年通过《社会保险法案》，第二年每场会议参与者平均只有50人，重点讨论失业补偿、养老金以及医疗保险等主题。

不过，直到1938年，这些探讨才开始触及实质性问题。或者说，才开始讨论"为社会所期望的大规模组织的长期生存创造条件"。第二次世界大战的爆发为这一愿景提供了发展条件。那年，参加会议的企业家十分确信他们对社会的价值，以至于他们担心自己的缺席会使那些价值无法延续。于是，探讨的主题还包括"商业企业的领导如何才能得到永续发展？"。

尽管美国直到1941年12月"珍珠港事件"爆发之后才正式宣布参加第二次世界大战，但卡伯特抢在美国参战之前，于1940年率先讨论了一个哲学问题——民主和商业。当时，负责军方采购服务的官员和负责生产管理的高管提出了250条提议，例如怎样与政府签署采购合同等。

不幸的是，死神在1941年再度找上卡伯特，在他69岁那年夺去了他的生命。多纳姆赞扬卡伯特代表哈佛商学院对社会产生的广泛影响，他在1942年写道："卡伯特比我认识的所有人都更能激发他人的热情。通常，他能通过生动的描述，使人们反省他们认为已经全面考虑的事情，从而让人们震惊于新的发现。"有人认为，这包括对美国政府的地位进行重新思考。美国政府通过干预经济，将有待处理的问题变成了不可多得的商业机会。

第12章

道德权威下的管理

华莱士·多纳姆在院长任期内,多次谈论到经理人的道德与责任。而埃尔顿·梅奥在霍桑工厂的"研究发现"只能用来确认他已知的事实:西方文明的命运掌握在开明的管理精英手中。如果哈佛商学院打算将霍桑实验提升到更为专业的层面上,依然需要一位得到同事们高度尊重的高管,来代表管理层举行一次投票。恰在此时,一度在美国最重要的大型企业——美国电话电报公司中担任高管的切斯特·巴纳德出现了。

优秀的管理者,可能是糟糕的领导者

在哈佛商学院,巴纳德并不是教授,甚至也不是兼职教师,但他是埃尔顿·梅奥及其信徒哈佛医学院教授劳伦斯·亨德森组建的"帕累托^①圈子"的成员。1937年,巴纳德曾到阿伯特·劳伦斯·洛厄尔的洛厄尔学院授课,主题涉及"经理人的职能"。据称,亨德森对巴纳德能够阅读

---

① 维尔弗雷多·帕累托(Vilfredo Pareto,1848~1923),意大利经济学家、社会学家,著有《政治经济学教程》《政治经济学手册》《普通社会学》《社会主义体系》等。此外,他还是洛桑学派的主要代表之一。该学派的主要特点是一般均衡论,该理论的实质是说明资本主义经济可以处于稳定的均衡状态。在资本主义经济中,消费者可以获得最大效用,企业家可以获得最大利润,生产要素的所有者可以得到最大报酬。——译者注

帕雷托的法文原著印象深刻。第二年，在多纳姆、卡伯特、亨德森和梅奥等人的说服下，巴纳德将这门课的讲义整理成文字，出版了《经理人员的职能》（*The Functions of the Executive*）一书。如今，这本书依然被认为是20世纪最有影响力的管理学著作之一。

巴纳德生活在一个残破的家庭中，他5岁那年母亲就去世了，之后和祖父母一同生活。1906年，他凭借自己的才华和努力拿到奖学金，进入哈佛学院读书。尽管他没能获得学位便退学了，但这并没有阻止他拥有辉煌的职业生涯。1909年，他开始在美国电话电报公司工作，并于1927年出任贝尔电话公司（Bell Telephone Company）总裁。他还担任过其他一些颇具影响力的职务，包括美国劳军联合组织负责人、洛克菲勒基金会会长、美国国家科学基金会主席。但有一份工作让他清楚意识到道德为他这样的经理人带来的优势，那便是他在大萧条期间在新泽西紧急救济署担任的署长一职。

作为一名来自美国电话电报公司的资深一线管理者，巴纳德表现出了良好的职业素养。早在1917年，巴纳德就与美国国防委员会合作设置电话率，共同优化国家经济效率。后来在大萧条期间，他在贝尔电话公司奉行不解雇政策，并因此赢得良好口碑。当时，人们认为他是一位讲究人道主义且懂得降低成本的经理人。20世纪30年代初，巴纳德曾接手运营了一个救济项目，并于一年半后辞职。但在1935年，新泽西州州长又恳请他回归该项目。因为在当时，有众多罢工者上街示威游行，在局势恶化的情况下，游行很可能转变为骚乱。他回归项目后，便立刻在新泽西州首府特伦顿与一群罢工者代表举行谈判，示威活动也在此期间趋于恶化。在街头发生的一次意外推搡，促使警察对抗议者采取暴力措施，逮捕了罢工者代表，并对其进行审判。

与罢工者进行谈判后，巴纳德俨然变成了梅奥。在倾听罢工者控诉后，他说，他采用了尊重罢工者人格完整性（通过和他们握手）以及认可他们的愿望等方法，他了解到："严格来讲，对罢工者及其家人而言，他们的人格在某种程度上比食物更重要。"巴纳德回忆："人们往往会谈论和奋力争取自己并不想要的东西。"

在巴纳德摆出了这种通情达理的姿态后，加上他又采取了一些心理操纵手段，压制游行取得了很好的效果。罢工结束了，所有人都平和地返回家中。

在某种意义上，巴纳德是穿着布克兄弟①西装的维尔弗雷多·帕累托。和帕累托一样，巴纳德将组织看成系统，同追求平衡的人体进行类比。为达到平衡，组织既需要效力，又需要效率。能够清楚地阐明目标并知道如何实现目标的管理者，也就是帕雷托所认为的管理精英。

巴纳德是"重生"的梅奥：他避而不用自上而下的权力，支持道德领导；他在讲述如何和平解决罢工事件时，几乎没有提到罢工者提出的将食物救济增加35%的要求，他也未兑现请求救济署拨付更多资金的承诺。对巴纳德以及他在哈佛商学院的追随者而言，钱无关紧要。最重要的是他的道德领导，只要他理解罢工者需要获得社会认可就行了。后来，他把这次经历视为纯粹的个人成就。尽管如此，巴纳德仍谦虚地认为，他在当时并没有对自己的成就留下深刻印象，这表明了他在当时的行为是发自内心和顺其自然的。然而，即使是最伟大的人，也需要时间来意识到自己到底有多伟大。

巴纳德的理论呼应了梅奥的观点，两人都拒绝在工作场所实行民主理念，而支持心理操纵。同时，他们还无视现实，沉浸在自己的幻想中：巴纳德的下属都认为他是一位既阴冷又有贵族气派的领导者，巴纳德则认为自己是员工们的崇拜对象。他甚至这样来看待别人可能理解为公然歧视的管理技巧："通常情况下，人们会根据他人的种族、国籍、肤色和阶级差别而产生个人厌恶，虽然这有害无益，但我认为这基于组织需求。"

和历史上许多伟大的说教者一样，巴纳德忽略了那些与他想法不一致的事实。为何美国的大型企业很成功？对巴纳德而言，答案并不包括他们对资本的调度、政治影响力或规模（在他看来，这是一种垄断），而是几乎取决于管理层与普通员工之间的沟通。他坚持认为，权威是虚构的。因为工人们可以选择是否要服从命令，这意味着真正的权力在他们自己身上，而不是在管理层身上。

在巴纳德看来，经理人在发出命令时并非在行使权力，而是为员工们有能力完成却没有勇气去实践的工作承担责任。关键在于：缺乏这种勇气是一种道德缺陷，甚至是道义上的怯懦。而补救办法是，由经理人展示一种道德力量，承担起指导员工的责任。紧随时代潮流的经理人注

---

① Brooks Brothers是美国服装品牌，以上班服为主，也以优质见称，更是不少名人世代之选，历年来不少政界领袖如前美国总统肯尼迪、福特、布什及克林顿都是该品牌的长期捧场客，布克兄弟因此被称为"总统的御衣"。——译者注

意到，权力是对外的，授权是对内的。

巴纳德留给后世的遗产是复杂的。他对管理理论的贡献，包括对组织的系统思考、区分正式组织和非正式组织以及对有效沟通的思考等。根据管理历史学家 J.-C. 斯彭德的观点，哈佛商学院将管理视为一门艺术而不是科学，在这一点上，巴纳德是真正的智慧之父。他着重强调团体活动中目标的重要性，这与哈佛商学院的综合课程"经营战略"格外契合，这门课程的关键是教授学生如何选择和执行长期战略。

在哈佛商学院师生们的眼中，巴纳德是一位能验证他们提出的开明管理理念的经理人。但是，巴纳德在缓和劳资关系中采用的特殊方法，是用家长式作风替代独裁统治。这种做法使人们盲目崇拜道德领导，以至于在今天，我们依然在与这种盲目崇拜抗争。巴纳德提出种种理由来解释成功是道德纯洁性的结果，以及领导企业的本质是一种道德领导。他不但给我们留下了导致领导者妄自尊大的危险，更糟糕的是，他还给我们留下了詹姆斯·胡普斯在巴纳德理念的基础上提出的关于道德领导的悖论。胡普斯在《向 CEO 致敬》（*Hail to the CEO*）一书中写道："相信自身纯洁的人，在道德上不足以担任领导者。"而哈佛商学院则向新生强调，在他们进入这所商学院后就会成为美国未来的领导者。这只会使未来的劳资关系更为紧张。

课改，只为更全面的控制

哈佛商学院对埃尔顿·梅奥以及切斯特·巴纳德的欢迎，让人们产生错觉，使他们认为商学院的课程全都是关于温和管理。哈佛商学院可能为自己披上了一层人文主义的面纱，将管理作为自己的教学主题，但其教学核心最好用另一个词来描述：控制。

第二次世界大战结束之后，"控制"这一词并没有在哈佛商学院的课程名称中出现，但它所带来的思想演变已经持续了一段时间。莱斯大学的会计学教授斯蒂芬·泽夫（Stephen Zeff）回顾了哈佛商学院第一年的情形。当时，担任会计学助理教授的威廉·摩斯·科尔（William Morse Cole）负责教授一年级学生"会计原理"，该课程的主要目的并不是为了教会学生如何记账，而是让学生掌握一些理论知识，使他们能够了解会计学的重要性。从一开始，哈佛商学院便固执地认为，即使是那些不打算当会计师的学生,也需要了解企业高管是如何运用会计学提高工作效率的。

1912年,哈佛商学院还引进了一门课时为半年的"商业统计学"课程,由梅尔文·科普兰任教,他注重分析企业的工商统计数据,而非一般的经济统计数据,这是一种对市场更细致入微的观察方式。随后,在罗斯·沃克(Ross Walker)教授的推动下,该课程经历了多次修整,使原本独立的主题被综合成一种广泛的控制概念。

沃克于1926年成为哈佛商学院教授,在20世纪30年代中期离开,到一家毛纺厂担任会计,最后又在1937~1938学年返校任教,并加入"会计学原理"教学组。出于会计学自身的特点,哈佛商学院对这门课程做出了进一步优化:"会计学不再是一门单独的科目,它是商业管理的组成部分。"在10多年的时间里,哈佛商学院一直传递着这样的理念:对企业成本数据的收集,并不是一个终点,而是一个起点。

我们将时间倒回1922年。那年,芝加哥大学教授詹姆斯·麦肯锡撰写了一本多达474页的教材,从全新的视角来阐述会计学,并将它命名为《预算控制》(Budgetary Control)。当时,包括会计师在内的许多人认为,会计学是一种用于总结过去的手段,即使它不是战略业务,其重要性也不容忽视。在麦肯锡提出的新概念中,记账数据转变成一种解决业务问题的工具。

1922年,尽管麦肯锡还没有创建公司,但在会计学领域,他已是一位有影响力的人物。正是此时,哈佛商学院新增一个课程类别,并将该类别中的"工业分析与控制"这门课程描述为"将会计学和统计作为企业分析数据与进行预算控制[①]的方法"。同年,阿切·肖出版了哈佛商学院助理教授托马斯·桑德尔斯(Thomas Sanders)撰写的《工业会计中的问题》(Problems in Industrial Accounting)一书,在这部500页的案例汇编中,包含150个案例,其中只有15个案例是以管理层视角来分析的。

到20世纪30年代初,美国大部分企业精英纷纷开始接受预算控制,这要归功于詹姆斯·麦肯锡。有人估计,自1922年以来,80%的工业企业引入了预算控制。一位评论员在《预算控制》出版10周年后写道:"再

[①]预算控制是根据预算规定的收入与支出标准,来检查和监督各部门活动,以保证组织经营目标的实现,并使费用支出受到严格有效约束的过程。预算控制通过编制预算并以此为基础,执行和控制企业经营活动并在活动过程中比较预算和实际的差距及原因,然后对差异进行处理,是管理控制中运用最广泛的一种控制方法。——译者注

没有哪种管理机制能像预算控制那样被企业迅速引入。"因此，沃克的一位同事暗示，沃克帮助哈佛商学院将会计从"老式账房中的工作，变成一种普适的管理工具"。而当哈佛商学院在其官方记录中把这句话写进去时，只是意味着它再度忽略了他人的成就。不论罗斯·沃克对哈佛商学院的贡献是什么，他都在慢慢地走进麦肯锡的影子之中，他甚至在麦肯锡工作了15年。

1938～1939年，沃克引入了一门二年级选修课——预算控制全析，将成本分析与政策决定关联起来。如果二年级的"经营战略"这门顶石课程[①]创造了一种"有效的管理机器"，那么，到20世纪30年代末，哈佛商学院已将有效的预算工具作为这部机器至关重要的组成部分。不过，这并不是一种具有开创意义的想法。实际上，美国的工业帝国是由复杂的控制与成本管理方法建立起来的，这可以追溯到杜邦公司早在第一次世界大战之前就已经开始运用的杜邦分析法[②]。

当哈佛商学院在对所谓的管理智慧进行二次编译时，它会自然而然地将自身视为管理智慧的主要提供者。在大多数情况下，这种自信并没有害处。然而，当商学院的教授和学生将现实的一部分（即管理会计和预算控制的运用）理解为现实本身时，情况就开始变得危险起来。哈佛商学院过度强调成本控制，不惜用成本控制将产品创新之类的任务从经理人的主要任务中抽离出来，使得美国企业在20世纪70年代偏离了正确的管理轨道。但是，这种因果报应早在20世纪30年代末，即数字化管理的空洞本质被暴露在众人面前时便出现了。

当哈佛商学院意识到会计数据在管理决策中的潜力时，它便先人一步，在20世纪40年代初就设立了"管理控制"一课。这门课程最初被设计为哈佛商学院"工业管理者"项目的一部分，该项目又是商学院为美国备战第二次世界大战的动员工作的一部分。"管理控制"一课可以被称为"华莱士·多纳姆入门课程"，因为它体现了多纳姆在担任哈佛商学

---

①capstone course，又称顶点课程，是美国高校开设的一种让学生整合、拓展、批判和应用在学科领域的学习中所获得的知识、技能和态度等的课程，学生必须完成该门课程才能获得毕业资格。——译者注

②利用几种主要的财务比率之间的关系来综合分析企业的财务状况。具体来说，它是一种用来评价公司赢利能力和股东权益回报水平，从财务角度评价企业绩效的一种经典方法。其基本思想是将企业净资产收益率逐级分解为多项财务比率乘积，这样有助于深入分析比较企业经营业绩。由于这种分析方法最早由美国杜邦公司使用，故名杜邦分析法。——译者注

院院长期间一直在推动的各种综合调查方法。

20世纪40年代中期，哈佛商学院在新院长唐纳德·戴维的领导下，对课程进行了彻底调整。一年级的课程被统称为"管理的要素"，并被分为六个部分：生产、市场营销、金融、控制、管理实务、公共关系与责任。学院告诉学生，在思考管理过程时要综合这六个部分，并向学生解释道，控制是"运用数据选择各种行动方案和评估实际绩效"的方法。

沃克有一位名叫罗伯特·安东尼（Robert Anthony）的学生，此人后来成为他的研究助手，之后又成为哈佛商学院教授。安东尼继承了沃克的思想，将控制理念引入教科书，于1956年撰写了一本名为《会计学：教程与案例》（Management Accounting: Text and Cases）的教材。他丰富了控制理念，以涵盖哈佛商学院首次支持贴现现金流①概念在管理决策中的运用，这一概念被当成计算内部收益率②的首要方法。一位评论员说道，正是这一增补，使得《会计学：教程与案例》一书的影响力大增，它促使美国一些大型跨部门企业纷纷在预算和资本分配决策中采用贴现现金流的方法。正如莱斯大学会计学教授斯蒂芬·泽夫指出的那样，管理层认为从会计信息③中可以发现未来的政策，这激发了管理层选择会计政策的兴趣，尤其是当公认的会计准则④并没有给出明确答案时。20世纪中期，当美国大部分大型企业占领核心市场，并拥有强大的顶线增长时，它们会客观地选择某种会计制度，从而为外部各方提供更优质的信息。

到20世纪70年代，国际市场竞争日趋激烈，企业发展受到威胁，再加上机构投资者对各企业施加压力，以逼迫他们达到其盈利预测，人们才开始注意到将会计制度引入管理层监管之下的不利之处。泽夫写道："企业经理努力使会计制度与企业的战略目标一致，以实现最大限度的盈利。"如果控制的最初意图是将会计学和统计数据的用途从回顾过去转变为描绘未来的工具，那么，到20世纪70年代，哈佛商学院的毕业生已经能运用从"控制"中学到的知识，更好地描绘今天。

---

①Discounted Cash Flow，简称DCF，是评估投资机会的吸引力的方法。它是指将未来某年的现金收支折算为目前的价值。未来现金流的现值必须通过重新计算（折算）来确定。如此，一个企业或计划项目才能被准确估值。——译者注

②Internal Rate of Return，简称IRR，是资金流入现值总额与资金流出现值总额相等、净现值等于零时的折现率。——译者注

③是反映企业财务状况，评价经营业绩，以进行再生产或投资决策的重要依据。——译者注

④是规范会计账目核算、会计报告的一套文件。其目的在于把会计处理建立在公允、合理的基础之上，并使不同时期、不同主体之间的会计结果的比较成为可能。——译者注

第13章
无所不能的MBA辍学生

PayPal联合创始人兼风险资本家彼得·蒂尔（Peter Thiel），在他2014年出版的《从0到1：开启商业与未来的秘密》（*Zero to One: Notes on Startups, or How to Build the Future*）一书中，经常将美国的精英商学院作为阐述对象，如哈佛商学院、斯坦福商学院和沃顿商学院等。当然，这是一个具有讽刺意味的选择，因为蒂尔曾对MBA的价值做过一番著名的评论："永远不要聘请MBA，他们有朝一日会毁了你的企业。"不过，他并不担心这一评论会影响书籍的销售，仍然将自己对MBA的不满公之于世。新闻媒体则照单全收，一字不改地报道出来。

蒂尔享受他可能引起的争议。他曾在旧金山参加了一场由MBA学生组织的会议，并在会上发表演讲。他在演讲中称，MBA只在创新已经达到巅峰时才相信创新。蒂尔指出，他们错过了垃圾债券的繁荣期，只是在1989年才关注这一领域。而那时，距离迈克尔·米尔肯（Michael Milken）①被送进监狱只有1年时间。蒂尔补充道，在1999年之前，没有哪位MBA选择在硅谷附近工作，而在1999年之后，他们却一下子陷进了互联网泡沫。

---

① 投资分析师，20世纪80年代驰骋华尔街的"垃圾债券大王"。其成功秘诀是找到一个无人竞争的资本市场，先入为主并成为垄断者。后因违法经营而锒铛入狱。——译者注

这是一些娱乐性十足的现象，但这些现象不足以说明事实。实际上，蒂尔和他热衷于批评的许多 MBA 一样，都是追随者，而他却相信自己是领导者。他明显在概括性地描述 MBA 的从众行为，但许多从商学院毕业的人，尤其是从哈佛商学院毕业的人的经历，从源头上就削弱了这些概括性描述的说服力。米尔肯在垃圾债券巨头德崇证券（Drexel Burnham Lambert）迎来职业生涯的全盛时期时，弗雷德·约瑟夫（Fred Joseph，1963 年毕业于哈佛商学院）已是这家企业的总裁；阿瑟·罗克（Arthur Rock，1951 年毕业于哈佛商学院）是硅谷最具传奇色彩的投资者之一，他是英特尔公司的创始投资人，也是苹果公司的早期支持者；托马斯·帕金斯（Thomas Perkins）和弗兰克·考菲尔德（Frank Caufield）都毕业于哈佛商学院，两人联合创建了以他们名字命名的极具传奇色彩的风险资本公司；哈佛商学院教授乔治·多里奥特是现代风险资本行业的开创者之一，这一行业曾吸引彼得·蒂尔加入。

年轻时：最受欢迎的教授

除上述成功人士外，另一位成绩斐然的 MBA 不得不提。

乔治·多里奥特身高 1.78 米，身材瘦长结实，留着喜剧演员彼得·赛勒斯（Peter Sellers）式的胡子。从 20 世纪 20 年代中期攻读 MBA 开始，一直到 1966 年在教授岗位上退休，多里奥特在哈佛商学院学习和工作的时间长达 40 余年。他是一位移民，乡音增加了他的魅力，使他的学生、投资者和企业家在半个世纪里都陶醉于他的声音，他因此被称为"哈佛商学院最具影响力和最受欢迎的教授"。

多里奥特生于 1899 年，他的父亲是一位汽车工程师，曾为标致汽车公司（Peugeot Motor Company）制造出第一批汽车。由于父亲的原因，他在很小的时候就经历过创业的诱惑与挑战。在多里奥特 3 岁时，他父亲从标致公司辞职，与人共同创建了汽车制造厂 DFP。虽然这家企业在第一次世界大战的余波中陨落，但不管怎样，它为多里奥特攒够了学费，使他能够到巴黎公立中学就读，并于 1920 年获得理学学士学位。之后，他远渡重洋来到美国，计划前往波士顿，进入麻省理工学院深造。

多里奥特来到波士顿时，手里还拿着一封他父亲的老友写给阿伯特·劳伦斯·洛厄尔的信。多里奥特从没听说过洛厄尔，他想，把这封信交给这个完全陌生的人，不失为一件有礼貌的事情。当然，洛厄尔就是当时哈佛大学的校长。他在自己的办公室接待了多里奥特，在问及理想时，多里奥特告诉他，希望能像父亲一样开家工厂。于是，洛厄尔劝服多里奥特，去哈佛商学院深造。接下来，洛厄尔向多纳姆推荐了多里奥特，多纳姆欣然同意。就这样，1921年春，年轻的多里奥特成为哈佛商学院一名特别的学生。

多里奥特并没有读完两年的MBA课程，他在1921年底便退学，在一家由库恩雷波公司（Kuhn, Loeb & Company）管理的投行找了份工作。他在那里工作了4年后，多纳姆用哈佛商学院院长助理的位置吸引他回到哈佛。而让多里奥特站上讲台的契机，是因为他告诉多纳姆，哈佛商学院教授的泰勒制并未达到标准。于是，多纳姆赶开了正在教课的教授，让多里奥特展示标准，并对他予以高度赞赏。1925~1926年，多里奥特被提拔为工业管理系副教授，到那时，他已发展并完善了"制造工业"一课。1927年秋，有140名学生报名参加该课程，比1926年增加了50%。1928年，多纳姆让他接手"经营战略"一课，它是二年级的顶石课程，共有330名学生选择这门课。到1929年秋，多纳姆将他提升为正教授，当时多里奥特才刚刚30岁。

多里奥特因说话刻薄而闻名。他对罗斯福新政的憎恨尽人皆知。当他和许多同事发现，美国政府突然之间侵略性地干预商界事务时十分惊讶。于是，在1932年，多里奥特对一位记者说："如今，美国商人由于愚蠢的管制变成了残疾人。"在1934年的一场演讲中，多里奥特甚至稍稍抬高了多纳姆推崇的精英主义："我们必定会得出一个结论，纳税人有更大的权力来管理没有纳税的人。"当民主党人为追求选举成功而关注这些评论时，多里奥特意识到，向公众表达这些情绪会为自己带来麻烦，从那时起，他便把这些想法埋在心底。

多里奥特并不害怕将矛头对准强大的特权阶级。1929年股市崩溃后，他写了一份用词刻薄的白皮书，名为《投资信托的喧闹》（The Investment Trust Racket），指责高盛集团和知名投资人瓦蒂尔·卡钦斯（Waddill Catchings）以欺骗投资者的目的成立大量金融机构。不过，多里奥特从未发表过论文，其传记作者将原因归结为他那小心翼翼的性格，因为他对论文需要承担的法律后果感到担忧，也惧怕面对哈佛大学的追究。简言之，他能精明地将自己的想法隐藏起来，以免殃及自己和哈佛商学院。

和身居高位者交朋友，总是胜过批评他们。1932～1941年，多里奥特在20家企业的董事会任职，同时还是另外10家企业的高管。不过，他的合同覆盖范围不只在商企领域，还涉及军事领域。

盛年时：卓越的将军

多里奥特早在20世纪20年代就开始与美军接触，帮助美国陆军部处理军事开支。1932年，他在贝克图书馆向许多军官发表了一场题为"在重大紧急事态下的工业动员"（Industrial Mobilization in a Major Emergency）的演讲。

当时，随着人们开始认真思考世界大战再次爆发的可能性，多里奥特被迫从个人角度去考虑某些事情。如果他想为战争做一些真正的贡献，那么，他必须成为一名美国人。机缘巧合之下，一战时期的杰出指挥官、战略情报局（OSS）组建者威廉·多诺万（William Donovan）邀请他一同会见富兰克林·罗斯福总统。总统询问多里奥特是否做好了帮助这个国家的准备，多里奥特回答"是"。于是，1940年1月8日，他在波士顿法院获得了美国公民身份。第二年7月，他被任命为军需后备队中校。

在接下来的几年里，多里奥特在制定美国工业政策上发挥着关键作用。他与赫兹租车（Hertz）创始人约翰·赫兹（John Hertz）等人一道，向福特、通用等汽车的高管施压，迫使这些汽车制造公司转产军用汽车，帮助汽车产业扩大生产能力，以满足战时需要。他还倡导实行燃气配给制度，以节约至关重要的橡胶资源，并且还提议生产合成橡胶以取代天然橡胶。1942年，他被任命为资源部门负责人（该部门是军需部研发组前身），负责整个国家的生产、资源保护以及设计规范问题。

正是在这岗位上，多里奥特发现了自己的潜力，即帮助挖掘、资助创新产品和具有创造力的企业。他在战争期间引领创新浪潮，参与设计和制造了一些新颖的产品，如防水面料、防寒鞋、压缩食品等。

1943年10月，多里奥特被任命为军事规划部主任。他的人生好比一个传奇故事：1944年底，艾森豪威尔（Eisenhower）将军误判美军将在欧洲战场取得全面胜利，便向多里奥特致电，建议他减缓工业生产速度，但多里奥特并没有采纳这一建议。后来的战局发展表明，多里奥特是正确的。原来，德国人向美军发起了一场出其不意的进攻，这场战争后来被称为"阿登战役",这是美国在二战中所经历的最血腥的战争,美军阵亡人数达 19 000 人。因此,美军依然需要大量物资。多里奥特在哈佛商学院的同事弗农·奥尔登(Vernon Alden)后来说道:"我们必须要感谢多里奥特,是他让我军能够拥有重整队伍、继续战斗直至赢下战争的物资供应。"

1945 年 2 月,多里奥特晋升为准将。同年 8 月,罗伯特·麦克卢尔(Robert McClure)少将写信给多里奥特,以个人名义恭喜他:"你完成了卓越的物资供应工作,为美军提供了最耐用、最舒适的装备……毋庸置疑,在这场战争中,美军的军粮供应是最好的,装备也最齐全。"同年 10 月,多里奥特被授予杰出服务勋章,这是非战斗人员在战时可以获得的最高荣誉。1946 年 5 月,多里奥特退伍,但人们依然称他为"将军"。

中年时:超级资本家

战争使乔治·多里奥特成为某种意义上的风险资本家,但和平年代才使他有机会成为一名真正的风险资本家。1946 年 6 月,麻省理工学院院长卡尔·康普顿(Karl Compton)组织了一小群来自新英格兰的权力掮客①,其中有马萨诸塞投资信托基金的梅里尔·格里斯沃尔德(Merrill Griswold)、佛蒙特州议员拉尔夫·弗兰德斯(Ralph Flanders)以及哈佛商学院院长唐纳德·戴维等。这些人联合成立了美国第一家风险资本公司——美国研究与发展公司(American Research and Development Corporation,以下简称 ARD)。1946 年 12 月,他们从美国各公共部门筹集了 350 万美元。由于一些公共部门不肯合作,所以他们没能达到筹集 500 万美元的目标。

多里奥特当时还在军队服役,他只能在 ARD 中担任董事会主席,弗兰德斯为 ARD 总裁。在弗兰德斯被选入美国参议院后,多里奥特便从他手中接任 ARD 总裁一职。事实证明,美国研究与发展公司是哈佛商学院毕业生——尤其是多里奥特以前教过的学生可以真正找到工作的地方。

ARD 的投资指南,在今天的风险资本专业的学生看来一定很熟悉:投资项目必须经历试管阶段,产品必须得到专利或知识产权保护,且必须拥有诱人的获利前景。多年来,哈佛商学院一直有效地运用着从"用

---

① 指拥有众多追随者,可在政界等施加影响的人。——译者注

公共权力庇护私营实体"的指南中找到的秘诀，而弗兰德斯也借鉴这一秘诀，回答了关于 ARD 员工过少的问题："ARD 并不是私营企业，它是一种社会运动。我的员工就是美国。"

那时，唐纳德·戴维打破了一条商学院长期坚守的规则，该规则规定了商学院教授能够在校外从事其他工作的时长。一般而言，教授们将大部分时间用在教书上，但多里奥特反其道而行之。他只有每周二和周三在哈佛商学院教书，其余时间则在 ARD 工作。起初，ARD 发展得并不顺利，它的第一笔投资就没有成功。直到 1949 年，ARD 都没能从投资中获得足够的资本收益，以至于无法继续运营。当它向公共市场寻求帮助时，又再度被拒绝：在筹款 400 万美元的目标下，他们最终只筹得 100 多万美元。

但 ARD 确实在进步，即使公共市场仍然对它不感兴趣。1953 年，ARD 股价创下有史以来最低点，只有 16 美元。1954 年 1 月，为防止投资者对自己彻底失去兴趣，ARD 首次支付红利。随后，投资银行罗思柴尔德 - 昂特伯格 - 托宾公司（C.E. Unterberg, Towbin）落井下石，指出 ARD 在成长中的企业中投资的股票，只是一种价值投资。

1957 年，一切都发生了改变。ARD 用 7 万美元，得到了由麻省理工学院的工程师肯尼斯·奥尔森（Kenneth Olsen）和哈伦·安德森（Harlan Anderson）创办的数字设备公司（Digital Equipment Corporation，以下简称 DEC）70% 的股权。这两位工程师发现计算机硬件领域的投资机会，并打算研发一种性价比更高的主机，以替代当时主导市场的 IBM 主机。DEC 创造了历史，逐渐发展成一家能颠覆整个行业的企业，成了绝佳的投资对象。凑巧的是，DEC 聘请的首位销售员就是多里奥特的学生泰德·约翰逊（Ted Johnson）。

好像多里奥特还嫌自己不够忙似的，20 世纪 50 年代，他参与创建了欧洲第一所研究生商学院，被《时代周刊》称为"欧洲哈佛"的欧洲工商管理学院。它的成立，得益于无限制使用哈佛商学院的案例以及福特基金会①的资金支持，而哈佛商学院的人早已渗透在福特基金会之中。在多里奥特看来，共同市场的建立是必然趋势，而欧洲工商管理学院的

---

① 福特基金会是由亨利·福特在1936年设立，以研究美国国内外重大问题，如教育、艺术、科技、人权、国际安全等方面课题为宗旨。用出资创办研究机构、颁发奖学金、向国外派遣专家、捐款、捐赠图书仪器等方式，向国内外有关组织、研究单位提供资助，以影响美国社会生活、文化教育事业和政府的内外政策，美国政府多年来与该机构合作。——译者注

目的正是为这一市场培养人才。他的习惯做法是，召集一批自己的学生加入这项事业，包括法国总统的胞弟奥利维尔·季斯卡·德斯坦（Olivier Giscard d'Estaing）。

20世纪60年代，多里奥特敏锐的投资眼光使他在德事隆电子公司（Textron Electronics）和泰瑞达（Teradyne）这两家大型企业中拥有75万美元的股份。为证明哈佛商学院"学子满天下"，他还支持萨帕塔近海公司（Zapata Off-Shore），该公司由"战争英雄"老布什领导，是一家海上钻机制造商。虽然老布什并没有在哈佛商学院读过书，但其子小布什曾就读于哈佛商学院。

1960年，《巴伦周刊》（Barron's）在一篇文章中称赞多里奥特帮助许多企业取得成功。1961年，ARD在纽约证券交易所上市，这是有史以来公开上市的第一家风险资本公司。同时，多里奥特一直推崇的观点开始见诸报端：尽管最好的投资机会也是最有风险的投资机会，但如果你可以使投资机会系统化，便能避免部分风险。

1963年，《时代周刊》在一篇题为《最有商业头脑的教授》（The Profit-Minded Professor）的文章中，将多里奥特称为"商人教授"，把他的工作描述为"观察、推动、担心和传播希望"。1965年，《商业周刊》（Business Week）称多里奥特的成功证明了"理论可以转化为利润"。令人惋惜的是，人们给予这位将军的赞扬，并没能阻止一件事情：1965年3月，一封来自哈佛大学校长内森·普西（Nathan Pusey）的信通知多里奥特，不论他愿意与否，都必须在1966年8月31日退休。

荣耀一生

不论如何，多里奥特的退休是光荣的：1966年8月19日，DEC上市，每股价格达22美元，使得ARD最初在DEC的7万美元股份升值为3 850万美元。当ARD最终清算其在DEC的股份时发现，股份总价值已经超过4亿美元，这是自ARD创办以来最成功的投资。同时，DEC还促成了硅谷的发展。不过，ARD在多里奥特21年的领导下投资了120多家企业，年回报率只有17%。其自传作家斯宾塞·安特（Spencer Ante）认为他最大的失误，是没能培养一位接班人。1965年，长期担任多里奥特助手的威廉·艾佛斯（William Elfers）离开了ARD，因为艾佛斯确信，尽管多里奥特已经快 70 岁，但他仍不会交出权力。艾佛斯后来创办了格雷洛克合伙企业（Greylock Partners），获得了巨大成功。1972 年，ARD 被并入德事隆。正所谓成也萧何，败也萧何，ARD 实现繁荣发展的原因是多里奥特的投资能力，而使 ARD 走向衰亡的原因也在于他——同哈佛商学院的案例中许多充满悲剧色彩的主角一样，多里奥特在移交权力方面做得一团糟。

然而，这并不妨碍他成为传奇人物。正如罗伯特·芬克（Robert Finkel）在《对话私幕股权与风险投资大师》（*The Masters of Private Equity and Venture Capital*）一书中所写的那样，多里奥特"创造了一种思维方式和企业运营方式：将投资者的资金集中起来，然后对其施加戒律、强加责任，营造一种使命感……通过利用资本支持创新，为资本主义的历史写下新篇章"。当一系列的政策变化——如 1978 年，资本收益税从 49.5% 降至 28%；1979 年，厘清谨慎人规则①——使得风险投资成为一个完全开放的领域时，该行业像火箭一般开始腾飞，而这支火箭正是由乔治·多里奥特及其同辈人制造的。

多里奥特常说，他将投资对象当成自己的孩子，投资回报只是这种关系下的副产物，而不是最终目的。"当你有一个孩子时，你不会要求他（她）带来你期望的回报。"1967 年，没有子嗣的多里奥特在接受《财富》杂志采访时说道，"我认为自己是一名创业者，而不是只关注回报率的投机商。"

在商界取得成功的多里奥特，在教育界中也获得人们的一致好评，他被公认为那个时代哈佛商学院最受欢迎的教授。尽管他的课程——如二年级选修课"制造业"——被学生公认为最难的课程，不过，在 700 名选修了多里奥特课程的学生中（多里奥特是少数几位不用案例研究法作为主要授课方式的教授之一），许多人的名字都被镌刻在美国商业年鉴上。

多里奥特对学生的教育并不局限于金融业或制造业。许多学生都记得他言简意赅的评论，如"运动装是为报童和学生准备的""委员会就是致力于让你无所事事"。他甚至还自创格言，其中一些是不言自明的道理，比如"实干者的普通点子，比空想家的出色点子更有价值"；另一些道理

---

① 指在养老金计划和养老基金的投资管理过程中，投资管理人应当达到必要的谨慎程度。谨慎人规则通常不对养老基金的资产配置（如投资品种、投资比例）做任何数量限制，但要求投资管理人的任何一个投资行为都必须像一个谨慎的商人对待自己的财产那样考虑到各种风险因素，为养老基金构造一个最有利于分散和规避风险的资产组合。——译者注

却富有洞察力,比如"当心投行家,他们观察世界的视角与你不同""在世界的另一个角落,总有人会用新产品替代你的产品"。

多里奥特还是哈佛商学院的教授中强调全方位了解企业所有事务的教授之一。尽管后来从商学院毕业的几代MBA并不太渴望用金融工程使自己变得富有,但多里奥特要求这些学生既要研究企业的投入与产出,还要了解企业赖以运转的各种机制。桑福德伯恩斯坦公司(Sanford Bernstein & Company)创始人兼董事会主席扎尔曼·伯恩斯坦(Zalman Bernstein)如此评价多里奥特:"他对美国企业产生的影响,大于哈佛大学所有教授对美国企业的影响。"

第14章
十年回顾：1930～1939年

1915年，《纽约时报》发表社论支持受过大学教育的商界人士："我们有信心认为，受过大学教育的人比只受过少量教育就进入社会的人，能够更好地融入现代企业的发展与进步之中。"这是一则大胆的言论，因为在1900～1909这十年里，大型企业的创始人、CEO及继任者中，受过大学教育的人只占19%。可是这一言论是正确的：在1930～1939这十年里，这一比率已经过半，达到52%。在这一方面，哈佛商学院功不可没。

商界人士学历水平的提高只是众多变化之一，还有一些比这更深层次的变化，包括从根本上重新思考企业的经营目的。作家约翰·米克勒斯维特和阿德里安·伍尔德里奇在《公司的历史》一书中指出：到20世纪30年代，一方面，美国实业家将企业"几乎看成是他们自身的目标……它们需要得到照顾，需要成长"；另一方面，英国实业家依然认为企业是"实现更先进的文明的手段"。尽管乔治·贝克为哈佛商学院带去声誉，但他在剑桥大学仍不被重视："对英国的知识分子而言，尤其是在两次世界大战期间，在商界谋职是一种卑鄙的生活方式，只有那些愚蠢的和缺乏想象力的人才会去追求那种生活。"

显然，英国的知识分子没有读过华莱士·多纳姆的文章，他曾经写下一条不切实际的建议：美国不应与欧洲展开残酷的商业竞争。他认为，应该让竞争留在欧洲大陆。

企业权力在握，商人地位提升

在哈佛商学院，有些人甚至比多纳姆更进一步，开始质疑商学院课程的奠基理念。在观察到20世纪20年代至30年代美国市场中产能过剩的现象后，在哈佛商学院负责"公共事业管理与管制"一课的教授克莱德·拉格尔斯（Clyde Ruggles）表达了一个不会受到哈佛商学院认可的观点："我们总是认为私营企业应当具有完全的能动性，政府管制不应干涉企业管理。这种观点让我们忽视了一个事实——管理层应当对管理不善负责。根据自由放任政策和杰弗逊的民主精神，最好的政府管得最少，但这为那些不利于公共利益甚至企业本身利益的商业实践提供了发展机会。"

具有讽刺意味的是，克莱德在1929年接受了马萨诸塞州立法委员詹姆斯·哈根（James Hagan）的教学调查，而哈根对他提出的"学术客观性"非常感兴趣。因为有证据表明，新英格兰之光协会（New England Light Association）每年支付给克莱德1.5万美元。这些钱表面上看起来是帮助克莱德修订教材，而其他人对这些钱的印象却是"宣传费用"。甚至连多纳姆也没能对这种利益诱惑产生免疫。1931年，他依然在旧殖民地信托公司的董事会任职，同时也是哈佛希尔天然气公司（Haverhill Gas Company）、坎布里奇储蓄银行（Cambridge Savings Bank）的董事会成员。

几位受人尊敬的权威人士开始质疑，企业的触角四处延伸，甚至影响到美国民众生活的各个方面。1933年，路易斯·布兰代斯（Louis Brandeis）法官写道："企业已经变成了弗兰斯坦①创造的怪物。它们由许多案例与成文法的碎片拼凑而成，而且这些怪物还能享受到非同寻常的法律保护，社会对它们'对利润与权力的病态追求'几乎不设限制。"在《现代公司和私有财产》一书中，伯利和米恩斯指出："虽然美国政府在某些方面对企业进行管制，但那些更加强大的企业，则想尽一切办法逃避这些管制。"不过，在20世纪30年代，大多数美国人面临的更为迫

---

①是一部小说中疯狂科学家的名字，他用许多碎尸块拼接成一个"人"，并用闪电将其激活，因而制造出了怪物。——译者注

切的难题，是一家人的生计问题。

尽管罗斯福和其他理论家的追击限制了CEO们的权力，但企业的经济力量依然完好无损，对管理人才的需求依旧旺盛，经理人的数量继续呈爆炸式增长，公司人方兴未艾：在工业企业中，经理人对工人的比例由1900年的8.1%上升到1929年的17.9%。这是美国社会在当时最让人印象深刻的变化之一，也是管理资本主义时代的标志。

随着20世纪30年代趋于尾声，哈佛商学院还未能大规模培养出著名的校友。让人印象深刻的只有麦肯锡联合创始人马文·鲍尔和李维·斯特劳斯公司CEO沃尔特·哈斯（Walter Haas）。当时，哈佛商学院正忙于批量生产一种热门"产品"。1932年，在哈佛商学院的395名毕业生中，有80%的人在学年中期找到了工作，其中有61人选择在连锁商店和百货商场谋职，商业和投行紧随其后，招聘了44人；1933年，金融行业占据头把交椅，394名毕业生中有84人进入该领域。制造业位列第二，吸引了76人；1934年，制造业超过金融业，前者招收了67人，后者招收了61人。同时，在政府求职的人数突破历史新高，达12人。1935年，商学院的学生依然保持这种求职倾向，制造业再次居于首位，290名毕业生中有62人进入该行业，银行业位居次席，吸纳了56人。这些迹象表明，在美国经济遭受重创后，哈佛商学院变得比以往更强大，它培养的毕业生人数刷新了历年纪录，美国企业也对这些毕业生求贤若渴。

反思失当之处

但学生人数的持续增长也带来了一些麻烦。到1937年时，哈佛商学院一年级的班级规模已接近200人，但现有教职工数量不足。因此，哈佛商学院决定扩大师资规模，缩小班级规模，增加班级数量。因此，商学院每年需要增加5万美元的薪水支出。尽管美国许多地方都在设法应对产能过剩，哈佛商学院则完全相反，它不得不应对人数爆满的情况：摩根大厅快被学生挤满了，贝克图书馆的书也快放不下了。

此时，哈佛商学院已有百余年历史。它经历了美国经济的风云变幻，商业的领导地位也在公众的赞扬声与嘲笑声中来回转换。在每一个重要关头，哈佛商学院只是相应地修改其宣传辞令，内容几乎围绕哈佛商学院校友的影响力。20世纪30年代末，华莱士·多纳姆意识到，是时候扩

大校友的影响力了:"在过去 8 年里,商业信誉下降,而商界的管理者却在这个关键时刻失败了,我们绝不能让这种失败再度出现。商界需要高度忠诚、受过专业培训、积极进取的年轻人。在这方面,哈佛商学院需要承担培养出这类年轻人的责任。"

哈佛商学院还意识到研究某些重要事务的责任。虽然梅奥从那些所谓的研究中得出,工人渴望的不是更高的工资,而是与管理者进行沟通,但他没能研究出经理人内心深处的渴望。在搜寻这一问题的答案时,哈佛商学院自豪地宣布,它是第一所研究"经理人薪酬问题"的商学院。

哈佛商学院的教授几乎都不支持政府对商界加强管制。到最后,他们不得不面对与愿景背道而驰的现实。即使如此,在 1935 年,商学院开始为政界人士提供培训,不过这项培训没能持续到 1939 年。那时,多纳姆和其他教授正强烈呼吁美国政府减少对经济的干预。

与此同时,多纳姆已做好退休准备。看着他花了将近 20 年来思考和试验哈佛商学院应当教授哪些课程,同时还不停地恳求捐赠者的支持,没人忍心指责他。多纳姆的努力,确实为商学院留下了两个影响深远的结果。第一个结果是:哈佛商学院是培养通才而非专才的地方,这是因为学院坚持教授也应当是通才。第二个结果是:哈佛商学院终于意识到,工商管理硕士中的关键词并不是"工商",而是"管理"。哈佛商学院不仅教学生怎样经营企业,还在教学生怎样管理企业。

1942 年,多纳姆卸任哈佛商学院院长,他写道:"管理就是世界上所有领导者围绕的中心主题。眼下这个世界的崩溃,是因为管理不善。我们的文明程度根据管理者的成功与失败而起起落落,因此他们必须负责任地采取行动,而且应当讲究策略地行动。"多纳姆通过这段话向外界发出了一个信号:这一次,哈佛商学院要将影响上升到爱国主义以及国家发展的层面上。

第15章
资本主义的"西点军校"

多年来,哈佛商学院拥有过许多外号,"资本主义的西点军校"是其中之一。可以说,其毕业生是资本主义这支军队的军官,私营企业的工人是军官们麾下的士兵,但这种将哈佛商学院与军队联想起来的做法有着更深层次的意义。早年,哈佛商学院不仅培养了未来的企业领导者,也培养了真正的军官。原因在于,商场与战场十分类似,都需要人们通过实践学习经验教训。至少,哈佛商学院就是用这一理念教育学生的。

20世纪20年代初,美国陆军部决定成立自己的学院,致力于为军官提供商业培训。其目的是,确保美国军界与商界在战时能密切合作。当美国陆军部征求华莱士·多纳姆的意见时,他建议将军官送到哈佛商学院培训,完成培训的军官需要到陆军工业学院担任讲师。1920～1939年,有135名美国陆军和55名美国海军进入哈佛商学院,至1939年,陆军工业学院中有50%的讲师都拥有哈佛商学院学位。

1939年,美国军方要求多纳姆修改课程,将与国防相关的商业问题作为教学内容。到1940年秋,哈佛商学院为二年级学生提供两门课程,分别是"工业动员"和"国防与经济",并教授陆军预备役军官如何解决后勤补给问题。1941年3月,教职工通过投票决定,开设一门为期一年的国防课程,学成之后便可拿到工业管理学士学位。

1941年秋天,哈佛商学院的学生开始朝军事方向倾斜。在那年招收的788名学生中,有108人选择MBA-后备役军官训练军团课程(MBA-ROTC),该课程侧重于培训军需部军官;287人选择"工业管理"课程;393人选择MBA常规课程。多纳姆在接受《时代周刊》采访时说:"在现代战争中,工业准备和生产最为重要……后方的任何失败,都会严重影响军队取胜的机会。"即使是他本人,也没能预见即将发生的事情:美国的制造厂商即将展开史上规模最大的工业制造运动。1942年,时任美国参议员的哈里·杜鲁门(Harry Truman)公开抨击新泽西州的标准石油公司(Standard Oil)不对研发合成橡胶进行投资,而选择去保护与一家德国石化公司订立的合作协议,杜鲁门指控该企业的行为"接近叛国"。

二战时:暂停民用教学,向军事院校转型

1941年12月7日,日军偷袭珍珠港。翌日,美国总统罗斯福对日宣战,不久之后,哈佛商学院开始要求每位学生签署一份承诺书:一旦有机会,将申请到军队中服役,并且接受军方发出的服役命令。这一举动,让哈佛商学院避免成为逃兵役者聚集的天堂,也使学生们注意到他们肩负更重大的责任。

1942年春,哈佛商学院成立了陆军航空部队统计学校(Army Air Forces Statistical School),这所学校致力于在陆军航空部队中培训新型军官,使他们熟练掌握兵员管制、军需、补给和作战等方面的知识。该校招生人数达150人,比哈佛商学院在1941年创办的海军供应学校(Navy Supply School)的学生人数多出1倍。鉴于军人人数显著增加——1942年6月,学院中有450名军队受训人员与1 200名MBA学生结伴学习,挤在一个仅能容纳1 000人的大堂中——使得一所私企性质的学院开始由内而外转变成一所军事院校。

1942年,美国海军在哈佛大学的操场上建设了一栋两层楼高、拥有十间教室的卡本特厅(Carpenter Hall),位于摩根大厅后方的网球场则被改造成考伊食堂(Cowie Mess Hall)。

1943年6月,哈佛商学院的教职工投票决定暂停民用教学,这标志着它已经彻底成为一所军事院校。经常有身着制服的士兵在列队经过贝克大厅时高唱进行曲,被人们称为"高声歌唱的统计学家"。1942年,华

莱士·多纳姆写道:"案例分析法的灵活性使得我们的课程成功地转变为战时状态。"他并未夸大其词:1943年,商学院的教授们编写了专门用于军事教学的600个案例。

在战争期间,有几所商学院并没有像哈佛商学院那样与政府"同呼吸、共命运",结果,它们在战争期间的招生人数下降,被迫开始招收女性。由于哈佛商学院确保了在战争期间"满载负荷地运行",便能推迟进入性别平等的时代。1962年之前,哈佛商学院都没有招收女性。

有86位哈佛商学院校友在战争期间献出了宝贵的生命,这所商学院为赢得战争而做出的贡献确实让人印象深刻。其中,有两个贡献尤其值得被铭记,因为它们直接影响了战后哈佛商学院的课程设置。

第一个,也是最重要的贡献是:陆军航空部队统计学校的成立。该校由埃德蒙·勒尼德教授领导,得到了罗伯特·麦克纳马拉(Robert McNamara)、迈尔斯·梅斯(Myles Mace)以及乔治·伦巴第(George Lombard)等多位教授的支持。该校的目的是打造遍及世界的统计军官网络,这些军官的任务是监测来自前线,最终返回各司令部的信息流。前文提到的"管理控制"课程,就是这些努力的直接结果。1945年,陆军航空部队向勒尼德颁发"杰出服务奖章"以表彰他出色的工作。罗伯特·麦克纳马拉在后来的职业生涯中依靠这种网络,在福特汽车总裁的位置上获得成功,从而名垂青史;而作为国防部长,他又用该网络在越南战争中造成毁灭性破坏,从而臭名昭著。

第二个贡献是:1943年2月引入的"再训练"课程。它是为那些因年龄太大而没能入伍,却一直想方设法帮助美国打赢战争的商界人士而设。在美国教育部的支持下,一门持续15周的课程得以开设,对年龄在35～60岁的经理人进行培训,使他们适应与战争相关的工作。首次开设的班级招收了121名学生,他们被人称为"翻新的轮胎"。尽管这些学生对战争本身并没有产生较大影响,并且不到一年就毕业了,但这一课程为商学教育中一个最有意义的领域——高管教育——奠定了发展基础。

二战后:开设专门项目,研究受创经济

在哈佛商学院的帮助下,一系列管理课程被转变为强大的武器。有一种观点认为,哈佛商学院所做的贡献,尤其是在发展后勤供应能力上,

对美国赢得战争有十分重要的作用。第二次世界大战是美国历史上第一次几乎动员整个国家的经济体系参与的战争,当美国回到和平年代时,不得不面临行业萎缩甚至是经济崩溃的风险。虽然哈佛商学院可能对赢得战争做出了巨大贡献,但在二战结束后,它有着另一个更接近其本质的角色要扮演:监测及调整受战争影响最大的工业企业。

以飞机制造业为例。1939年,美国仅仅制造了3 611架飞机。到二战结束时,全国拥有的飞机数量接近30万架。此外,还有86万辆坦克、250万辆卡车、50万辆吉普车、8 800艘海军舰艇、5 600艘商船、260万挺机关枪、410亿发子弹。生产规模竟在短时间内变得如此庞大,几乎令人难以置信。1939~1945年,美国军费支出总额增长了24倍,从25亿美元升至620亿美元。正如时任战争部长办公室生产总监的威廉姆·努森(William Knudsen)所说:"我们赢得战争,是因为我们在生产规模上击垮了敌人。这样的规模,是他们无法想象的。"如今,这些过剩的产能急需要转换,而经济管理不善的漏洞赫然耸现。

对美国的许多制造厂而言,战争的结束将导致他们最大的客户——美国政府——出现损失。1942~1945年,在哈佛商学院开展的绝大部分研究项目都涉及战后经济的调整问题。比如,国家应该如何保护飞机制造厂的偿债能力?如何处置过剩的飞机?如何处理政府拥有的造船设施?

仅仅5年后,随着另一场战争在朝鲜展开,哈佛商学院组建了动员分析中心,由院长斯坦利·蒂尔领导。在短短一年半中,36名教职工运用来自陆军、空军、商务部和国防部的62万美元总预算,开启了9个独立研究项目。

第16章
商人：不容辩驳的完美战士

哈佛商学院第三任院长唐纳德·戴维是土生土长的美国人：1896年2月15日出生于爱达荷州，1916年从爱达荷大学毕业后，在家族企业工作了一年。1917年秋，戴维入读哈佛商学院，在毕业后加入商学院的研究团队。1920年，多纳姆邀请他担任副院长一职。在接下来的5年里，戴维凭借他在家族企业中的工作经验在商学院教授市场营销课程，并开设零售学课程。1926年，他成为哈佛商学院的一名副教授。

他并未就此止步。1927年，戴维辞去哈佛商学院的职务，到皇家复合膨松剂公司（Royal Baking Powder Company）担任副总裁，这一职务是他的密友兼哈佛商学院同学小威廉·齐格勒为他提供的。1932年，皇家复合膨松剂公司被佳格集团（Standard Foods）兼并后，更名为美国玉米生产公司（American Maize-Products）。在1932～1942年，他一直担任这家企业的总裁，直到多纳姆请他回到哈佛商学院任副院长。作为哈佛商学院的代表性人物，他的行事风格与商学院如出一辙。戴维为了获得工商管理学教席教授这一职务，说服齐格勒向哈佛商学院捐赠100万美元，这恰好是1927年齐格勒将他从哈佛商学院挖走时的价格。

在某种意义上，戴维未曾真正离开过哈佛商学院。尽管他离开教育界有14年之久，但一直都在商学院的巡视委员会任职，并且是多纳姆亲自选择的继任者,因而与商学院一直保持着密切联系。在担任院长的头几年,他还花费了许多时间和精力,将多纳姆发起的与战争有关的各种计划变成现实。然而,正如哈佛商学院在其案例研究中得出的结论:即使是精心挑选出来的继任者,也会背离他们的前任领导者的发展思路。没过多久,由华莱士·多纳姆管理的哈佛商学院与唐纳德·戴维管理的哈佛商学院之间的差别便开始显现。

多纳姆在成为哈佛商学院院长时,已经拥有丰富的企业律师经验,因此,他也是一位思想家和理论家。他把精力集中在与埃尔顿·梅奥、艾尔弗雷德·诺思·怀特黑德等人的交流上,而不是与企业经理人的交流上。他认为西方文明的命运掌握在他教育出的管理精英手中,如果多纳姆觉得他们没有达到自己的期望,便会花许多精力来训诫他们;而如果多纳姆认为他们达到了自己的期望,也不会吝惜赞美之词。

戴维的观察视角则稍稍不同。如果说多纳姆来自象牙之塔,那么,戴维则来自充满市侩气息的企业董事会,他是亲商的保守派,反对政府干预私营企业的经营事务。如果说多纳姆培养出来的商人应当懂得更多,那么,戴维培养出来的商人确实懂得更多。东北大学达莫尔-麦金商学院的教授伯特·斯佩克特(Bert Spector)曾说:"企业经理人可以填补战后美国领导岗位的空缺,然后通过他们独特的技能来影响这个充满不确定性和危险的世界。"戴维认为,高效经理人具备两种特殊能力:第一种是对人与事物的组织能力;第二种是对于即将做出的决策和采取的行动,在快速地评估其中的风险之后能果敢决策的能力。拥有这两种能力的经理人,是当今企业最需要的管理精英,对他们的需求比以往任何时候都更强烈。

当美国即将在第二次世界大战中获胜时,戴维极其清楚地表达了他的观点:商界不需要为过去的无节制而向美国公众道歉,相反,公众应当对管理精英心怀感激,还应从道德层面重新看待商人。1949年,他对《纽约时报》的记者说道:"今天,商人的道德水平高于以往。"

"对商业自由的侵犯,就是对自由本身的攻击"

1949年,《哈佛商业评论》在一篇题为《公众眼中的企业》(*The Public Looks at Business*)的文章中指出,大部分公众不同意戴维的这一观点。他们确信,所谓商人的道德水平,往好里说是没有道德,往坏里说是贪得无厌。对此，戴维认为这只是沟通失败的结果。他写道："几乎没有哪位商人善于清晰地表达自己的观点，这导致公众对他们的动机心存怀疑，而且也不相信他们能真诚待人。"一些人以一种更自大的态度来看待公众与商人之间断开的联系，并认为这是公众缺少教育而不是缺乏沟通的结果。1949 年，马文·鲍尔写道："越来越多的商界领袖，正在努力教育员工正确看待个人利益与企业利益之间的密切关系。他们知道，消息最灵通的员工不会为企业制造不利于经营的氛围。"

有了这种有益于商人的信息，戴维很快变成了美国商界精英的宠儿，而商界精英为表达感激之情，大幅增加了给哈佛商学院的捐款。1949 年，在由小约翰·洛克菲勒领导的筹资活动中，商学院累计筹集到 1 200 万美元。

戴维与多纳姆一致的地方在于，他确信，有益于商界的事情也有益于美国。因此，他继续保持了哈佛商学院一贯珍视的传统：坚称经理人从自身的经济利益出发行事，事实上也是以所有美国人的名义行事，甚至是在保护美国人。如果说多纳姆害怕的是因工业化进程而导致的社会问题，那么戴维害怕的东西则更加恐怖，那便是在冷战期间想要毁灭美国的政治力量。

1949 年夏，《哈佛商业评论》发布了戴维撰写的文章，题目为《变化世界中的商业责任》(*Business Responsibilities in an Uncertain World*)。他写道："敌对双方是民主和极权主义……企业领导者应帮助保护民主和公众的生活方式。"他强调，美国人最好的防御手段不仅仅是核武器，还包括可靠的经济增长。如果有些美国人觉得这些语句看起来有些熟悉，那是因为他们在别的地方也听人说过。例如，咨询行业巨头麦肯锡曾称赞自己"帮助资本主义在其依然受到全世界怀疑的艰难时刻更好地发展"。

哈佛商学院每一任院长的法定职责包括聘请教授、监管课程、筹集资金，而他们的非法定职责包括敲响美国人领导能力缺失的警钟——是从哈佛商学院的视角来敲响——并告诉大家，这需要由哈佛商学院毕业生来弥补这种缺陷。1949 年 12 月，戴维在一场演讲中清晰而明确地宣告："这个世界正迈向社会主义，美国正在成为福利国家①……我们正面临意

---

① 是国家通过创办并资助社会公共事业，实行和完善一套社会福利政策和制度，对社会经济生活进行干预，保证社会秩序和经济生活正常运行的一种方法。在施瓦茨的《美国法律史》一书中，福利国家是指从罗斯福新政到第二次世界大战爆发之间的历史阶段。——译者注

识形态冲突，这是一场理念之战。"

戴维强调，不仅需要政府回归到罗斯福新政之前的状态，商界也要进一步对某些社会问题切实负起责任。他总结道："极权主义的威胁来自国家内部，任何对商业自由的侵犯，本质上就是对自由本身的攻击。"

企业成为主导社会的力量

戴维认为，从美国人的生活中攫取权力的时机已然成熟。尽管在战争爆发之前，美国人已经用怀疑的眼光来看待庞大的官僚机构。但是，当他们看到这些机构在赢得战争中做出的重要贡献时，怀疑的态度已有所软化。管理大师彼得·德鲁克在 1946 年对通用汽车开展了一项研究，并将研究结果写进《公司的概念》（Concept of the Corporation）一书。他在书中总结道："大型企业已经成为美国社会的代表性机构，因为它们确立了美国民众的生活标准和生活模式。"第二次世界大战虽然使得美国处在垄断地位，但它也强化了等级制度的权威。

德鲁克是正确的。到 20 世纪 50 年代，公司人团体不断发展壮大，变成了推动企业稳步前进的资本主义战士。在某种程度上，他们甚至主导了美国人的生活。一个在战争后筋疲力尽的国家乐于用其个性去交换稳定的工作，这是美国自大萧条以来都未曾出现过的景象。大部分人几乎没有理由质疑管理层的权威，尤其是在他们发现忠诚和恭顺会得到稳定的职业和美好的前景作为回报时。到 1949 年，几乎一半的美国工人都在企业中拿固定薪水。

威廉·怀特（William Whyte）在《公司人》（The Organization Man）一书中写道："具有讽刺意味的是，这些美国工人谈论着单调的工作、激烈的竞争以及无法掌控个人的发展方向，但他们并没有真正处在困境中。实际上，在个人与组织之间，他们认为双方的利益和目标是一致的……"为寻求安慰，美国人非常关注数字。1949 年，全世界一半的商品由美国人制造、种植或开采。美国人吃掉的食物是全球平均水平的 3.5 倍之多，而他们也完全有能力享用盛宴。因为，美国人的收入比全球平均水平高 15 倍。即使在发达国家之中，美国也是佼佼者：到 1950 年，美国的人均 GDP 为 3 204 美元，远超德国和英国。

因此，到 20 世纪 40 年代末，美国人对商学学位的兴趣高涨。虽然在1919年整个国家只有110人被授予MBA学位，但到1949年，这一数字升至3 897人，尽管在这30年间美国人口仅增长了50%。同样，在1919年，只有3.2%的本科生获得商学学位，但到1949年，这一比率增长了4倍多，达到13%。对戴维而言，这一现象出现的部分原因是：美国的年轻人发现了那种清晰的、现实的危险，并且意识到，机会的自由、选择的自由以及真正竞争的自由，要通过自由市场经济才得以实现。

当戴维担心资本主义制度可能因为企业管理者未能承担更广泛的社会责任而崩溃时，有人对此持反对观点。他们认为，如果企业管理者承担了这些责任，资本主义制度才会崩溃。1958年，《哈佛商业评论》刊登了市场营销顾问西奥多·莱维特（Theodore Levitt）的文章《危险的社会责任》(*The Dangers of Social Responsibility*)。在其中，莱维特就戴维的观点争论道，经理人应当把精力放在赚取最大利润上。尽管到20世纪70年代末期，人们更偏向于莱维特一方，但在那时（1958年），戴维一方的观点，即"企业规模越大，它承担的社会责任也越大"变成了被普遍接受的商业思维。不过，我们还可以从另一个角度来看待这一争论：大型企业有一种维持秩序的本能倾向，这些企业认为自己不但需要维持内部秩序，还要维持外部，即社会经济的秩序。

在哈佛商学院，戴维既监督课程修订，又负责策划许多重要项目，尤其是"高管培训项目"以及"工会计划"（具体内容将在后面的章节中探讨）。但是，他在理念上的贡献——清晰而有力地阐述了大型企业在20世纪中期扮演的社会角色——是他最重要的遗产。华莱士·多纳姆为哈佛商学院登上公共舞台做好了准备，戴维则让它真正登上了公共舞台。

1954年12月，戴维即将退休时，收到了小约翰·洛克菲勒的信。洛克菲勒写道："您的视野、智慧以及无所畏惧的勇气具有非凡的意义！"洛克菲勒知道，戴维的身体中涌动着冷战分子的血液。1949年，在一份关于戴维的报告中，哈佛商学院的研究人员写道："他拥有明确的目标，建设性的观点和不带任何瑕疵的进步思想……"

戴维助推美国企业的领导者占据社会主导地位，这让哈佛商学院得以与他们平起平坐。在某段短暂的时期内，哈佛商学院毕业生确实在主导着美国的经济发展，而且，他们在登上权力巅峰的最后一段路程，正是由戴维铺设的。

第 17 章
精英工厂

1942年，戴维请哈佛商学院副院长尤金·朱克特（Eugene Zuckert）创办并推出"战争工业培训"，目的是将被战争经济"拖累"的商界人士集中起来，对其进行培训，让他们适应在与战争相关的产业中工作。朱克特先将美国教育部拉进来，作为这门课程的资助方，然后再吸引哈佛商学院的企业朋友们提供赞助。企业可以寻找被战争经济拖累的真正有能力的经理人，为他们提供到哈佛商学院进行4个月培训的机会。等到培训结束时，企业便可以聘请这些"翻新的轮胎"。

这是一个难以完成的任务。1942年底，通用电气和柯达都退缩了，它们没有为值得获得这一投资、为战争做贡献的任何一位经理人提供机会。于是，朱克特开始联系柯蒂斯-莱特公司（Curtiss-Wright Corporation）。这是一家制造飞机零部件的公司，它在战时生产合同的价值仅次于通用汽车，制造了近15万个飞机发动机和3万架飞机，位居全美第二。一开始，柯蒂斯-莱特公司的管理人员也犹豫不决，该公司飞机制造部门的一位主管反问道："如果企业中有许多员工也可以受益于那样的课程，为何要掏钱对那些不再为其工作的经理人进行再培训？"

然而，朱克特与柯蒂斯-莱特公司之间的沟通与交流起到了作用，它使商学院迎来了商学教育史上最重要的发展——高管教育，即企业将高级管理者送到商学院的再培训项目中来。有了柯蒂斯 - 莱特公司的响应，其他企业也纷至沓来——1943 年，19 家企业赞助了 121 名"翻新的轮胎"，他们中超过 25% 的人参加了首次开设的"战争工业培训"课程。戴维院长在 1944 年时写道："这些人由雇佣他们的企业送来，希望他们在培训课程结束之后可以胜任责任更加重大的工作岗位。"那时，参加培训的学员中，有 80% 的人是由其所在企业资助的。

哈佛商学院发现，经验丰富的老手也能真正听得进一些新的秘诀。"这些年龄在 30 ～ 50 岁之间且被精心挑选而来的人，在理解和掌握新观念方面完全没有困难，"戴维用哈佛商学院惯有的居高临下的语调写道，"而且，他们可以理解那些缺乏经验和不够成熟的人无法学会的事情。"哈佛商学院马上抓住这次机会，到 1945 年，"战争工业培训"被升级为"高级管理培训项目"（Advanced Management Program，以下简称 AMP）。AMP 项目横跨六大主题：生产组织和工程、市场营销管理、成本与财务管理、主管与工人、管理控制以及企业组织与管理。

摇钱树和筛子：高管培训项目

由于受到美国对管理人才的急切需求的影响，最初的培训时间只有 14 周。后来，随着企业对管理者需求的紧迫性逐渐缓解，人们希望哈佛商学院能够延长培训时间，但商学院的做法恰恰相反：培训被缩短为 13 周。这使得人们怀疑，仅仅在 3 个月的时间里，一个人的知识与经验可以得到多大程度的提升？除此之外，还有一个更为重要的因素必须考虑，那便是：企业能够允许他们最有发展前景的经理人脱产多长时间？事实上，把 AMP 培训时间定为 13 周是一个对三方有利的决定。首先，资助经理人的企业会拥有管理水平更高的经理人，企业简历也随之得到亮化。其次，哈佛商学院为自己找到了新的收入来源，和"主营业务"MBA 项目的收入相比，由于 AMP 的日程安排更为紧密，因此它带来的收入更加丰厚。哈佛商学院也从不羞于承认，AMP 的盈余收入，几乎从一开始就弥补了 MBA 项目及研究项目的亏空。最后，经理人不但学到了新知识，还可以从哈佛拿到一纸证书，而这张证书很容易被人们误以为是真正的 MBA 学位证书。

哈佛商学院似乎不可能意识到，AMP 会将它变成一条流水生产线，

使它能够在很短的时间内，便"制造"出最新的"经理人产品"。AMP是哈佛商学院与战争相关的投入，即使人们很想去谴责，也难以做到。随着AMP的引进，哈佛商学院开始以低廉的价格，向任何愿意掏钱的人出售自己的名誉。

事实证明，该项目刚一问世便立刻热卖。哈佛商学院一年级开办了两个为期13周的培训班，每个班约有75名学员，平均年龄45岁。而且，企业高管对该培训的需求呈上涨趋势：1951～1952年，来自37个不同行业的161家企业资助了334名高管学员，此外，还有29名来自陆军的高级军官。

1954年，哈佛商学院进一步拓展其培训项目，为处于职业生涯中期，即年龄介于25～35岁，在重要运营岗位（而不是管理岗位）任职的经理人策划了一个"中层管理培训"。（Middle Management Program，以下简称MMP）。MMP将MBA和AMP进行折中，培训时间为8个月。学员在完成培训时就可以获得哈佛商学院颁发的证书，还可以选择是否参加MBA二年级的学习。1960年，MMP的培训时间缩短为17周，其名称被改为"管理开发培训"（Program for Management Development，以下简称PMD）。

随着越来越多的教授并不具备经商办企的经历，因此，教授们与这些在职高管的交流变得更为富有成效，因为这些学员能够在课堂讨论中运用他们的实践经验，这与大多数MBA学生通过案例分析法而想象出来的经验截然不同。美国企业的价值日渐突显，到1956年，哈佛商学院院长斯坦利·蒂尔宣称："这个教学项目……对整个国家的商业和商学教育有着巨大影响。"虽然蒂尔的结论太过笼统且完全没有意义，但他说得确实有道理：自哈佛商学院于1943年就开辟这一培训领域，到1957年，全美有超过8所学院开始提供与之类似的高管教育。

如果人们怀疑教一群23岁左右的年轻人用最高管理层视角来看问题是否有价值，那么，以当前管理思维来看，几乎没有人会否定，在职业生涯中期进修对一位正处于上升期的经理人的价值，尤其是那些并没有获得MBA学位的经理人。哈佛商学院的培训项目设计得较为合理：培训时间较短，企业可以自行选择培训项目，经理人也可以根据他们自身的职业期望及其雇主的计划来安排和调整培训时间。这些培训项目确实为经理人提供了思考的机会，让他们即能够深入思考自己在企业中的角色，还可以用更宽广的视角思考自己在行业、国家经济以及整个社会中扮演的角色。

此外，教授们在教授这些课程时发现，这些学员们的阅历、经验以及观察视角与 MBA 学生完全不同。哈佛商学院教授戴维·加文（David Garvin）曾说，MBA 学生正处在人生的形成和发展阶段，而接受高管教育的学员则已经对社会产生价值。对 MBA 学生而言，案例为他们提供了某种形式的模拟体验；对经理人而言，他们会从案例中提取出更具远见和更有普遍意义的经验教训。对此，哈佛商学院的一位教授总结道："在 MBA 项目中，我的工作就是传授经营和管理的经验，但那只是一种替代性经验……在 AMP 培训中，我觉得自己的工作完全不同了。我站在一群从事管理工作的人面前，总觉得自己像个冒牌货。我的工作变成了帮助他们将经验升华为一系列具有实操性的理论。"

哈佛商学院教授哈里·莱文森（Harry Levinson）曾指出，AMP 之所以拥有持久的吸引力，是由于一个心理因素："中年，人们开始屈服于自己的命运，也是他们同周边环境接触最为广泛的时期。与此同时，他们在心理和生理上正逐渐老化，意识到自己不再像年轻时那么精明能干，体能也不如从前。在这一人生阶段中，随着生活一步步展开，他们（高管）有时不得不放弃个人竞争，转而开始投资于他人的发展与提升……对生活目标也产生了一种新的感觉。"

到 20 世纪 50 年代中期，AMP 已经成为哈佛商学院的固定配置。到那时，商学院开设了六个单独的教育项目，它们分别为：MBA、MBA 博士生项目、AMP、MMP、工会计划以及为年轻女性提供商学教育的哈佛-拉德克利夫学院。人们曾怀疑哈佛商学院正"出售"自己的毕业生，即使他们只在学院中接受了 13 周培训，也能声称自己在哈佛上过学。但是，当哈佛商学院开始称这些人为校友，并于 1957 年组建 AMP 校友会时，这些怀疑便烟消云散了。到 1958 年，也就是 AMP 引进 15 年后，AMP 校友占商学院总校友人数的近 1/4。不过，哈佛商学院要求他们为这一荣誉掏钱：和 MBA 一样，哈佛商学院成立了 AMP 校友关系项目，目的是专门向他们恳求捐助，直到他们死去方才罢休。

各企业的招聘人员长期以来都倾向于将哈佛商学院之类的院校作为筛选工具，AMP 也具有相似的筛选功能：由于学员们是经过老板们的筛选才能得到培训机会，所以哈佛商学院至少可以从某种程度上保证入学申请者的资质。到20世纪50年代中期，大约有20家大型企业，包括西屋电气（Westinghouse）、美国无线电公司（RCA）和IBM在内，开始每年都选送1人或多人参加哈佛商学院的培训。很快，这些企业对培训的兴趣，威胁到自由无约的经理人在行业中的生存和发展，而这项计划最初其实是为他们设计的。如果换作是一所真正在乎管理人才的商学院，可能会招收那些没有企业资助的经理人来培训，但哈佛商学院并没有那么高尚。1957年，它决定仅仅招收那些由各企业资助的学员。蒂尔院长在解释这个决定时写道："即使以'背叛者'这个词最好的含义来表示，他们（指离职经理人）也更像是背叛者。"概括来说，哈佛商学院不是为那些背叛者开设的，它是为美国企业中的"战士"开设的。

在20世纪60年代，各培训项目继续在哈佛商学院中飞速扩张，并不时出现一些重要的里程碑事件。比如，1961年，商学院招收了第一位参加AMP培训的女性学员，并在同年推出了一个长达1 000多页的顶石案例；1965年，它引进了以计算机为基础的培训课程；1968～1969年，商学院为学员建设了专用教室与宿舍。但是，经理阶层的里程碑是：到1967年6月，在美国所有企业的现任董事会主席和总裁中，有460人是AMP校友。同年，哈佛商学院对自己在这方面做出的开拓性努力深感自豪，以至于哈佛商学院教授肯尼斯·安德鲁斯（Kenneth Andrews）特意为此出版了一部名为《大学管理发展项目的有效性》（*The Effectiveness of University Management Development Programs*）的著作。1972年，哈佛商学院又增加了一项培训——"小型企业管理培训"，专门针对销售收入在100万美元至1亿美元之间的企业家和企业主。后来，商学院赋予它一个更高调的名字——"经理/总裁管理项目"。

日本兴业银行：用百万美元满足虚荣心

20世纪70年代，哈佛商学院这项"摇钱树"业务的热度逐渐冷却下来。1972～1975年，AMP的招生人数下降了30%。部分原因在于外部经济环境，但同时也因哈佛商学院不断抬高学费：AMP学员的学费从1969年的4 060美元上涨至1975年的6 850美元。不过，学员们在业界的影响力也在不断攀升：1977年，该项目中1 250名校友在美国各企业担任董事会主席或总裁。通货膨胀也使得学费水涨船高：1979年，AMP

的学费是 8 700 美元，到 1981 年，学费便涨至 11 100 美元。

20 世纪 80 年代，AMP 的招生人数开始增长。1984 年，哈佛商学院推出一个新项目，旨在吸引"能够任命经理人，做出重要决策以及决定组织发展方向的人。"换句话讲，哈佛商学院想再造"卡伯特周末"，但这次的目的是让对方掏钱。最终，哈佛商学院失败了。同那些确实需要时刻了解医学行业最新信息的医生们不同，CEO 们不需要接受"继续教育"，他们也不需要通过 AMP 项目获得良好的名声和社交网络，因为这些他们已经拥有了。

虽然哈佛商学院对大型企业的 CEO 没什么吸引力，但它还是可以吸引足够多的中层管理者，以至于到最后，商学院发现自己不得不尴尬地告诉某些资助企业，它并不能保证他们选送的中层管理者都能获得培训机会。用什么才能保证？当然是钱。以日本兴业银行为例。1980 年，日本兴业银行总经理黑泽洋（Yoh Kurosawa）紧随上司中村周男（Kaneo Nakamura）的步伐参加了 AMP 培训。中村早在 1966 年便参加该培训，那时，中村是日本经济明星，他自信地询问哈佛商学院教授雨果·尤伊特胡芬（Hugo Uyterhoeven），日本兴业银行是否能成为第一家向哈佛商学院捐赠教授席位的日本企业。当时负责筹资工作的尤伊特胡芬教授回答道，哈佛商学院非常愿意接受日本企业的捐赠，但捐赠金额必须要超过 100 万美元。

中村接受了这一方案，但前提是日本兴业银行与哈佛商学院能因此发展一段"富有成果的关系"。中村的目的在于，可以在未来源源不断地将其银行中的高管送到哈佛商学院的 AMP 培训中。尤伊特胡芬回应道，没有任何企业每年能送 2 名学员到该培训中，之所以要限制人数，是为了防止 AMP 学员全是大型企业选派的高管。不过，如果日本兴业银行能完成捐赠，它可以每年任意选派一名高管参加 AMP 培训，另一名可以去参加 PMD 培训。作家保罗·马克（Paul Mark）在《帝国缔造者》（*The Empire Builders*）一书中写道："事实上，捐款并不能保证日本兴业银行的高管进入哈佛商学院，但尤伊特胡芬可以把这种情况向 AMP 和 PMD 的招生主管解释，只需一眨眼工夫，双方握个手，就能敲定这笔交易。"

在接下来的 4 年里，这段"富有成果的关系"得到蓬勃发展，日本兴业银行共有 8 名经理人参加了 AMP 和 PMD 培训。1984 年，已晋升为日本兴业银行总裁的中村遵照他在这笔交易中的义务，填写了一张支票给哈佛商学院,从而捐赠了日本兴业银行金融教席教授。

这两位日本人在 AMP 培训中学到了什么?这是个有意思的问题,因为在 1991 年,当时已成为日本兴业银行董事会主席的中村在面对一起数十亿美元的诈骗案时辞职,总裁黑泽洋被迫减薪 50%。中村在解释辞职决定时,把自己比作一名武士:"这是日本式的决定,和哈佛式决策无关。"

IBM:一份价值连城的调查问卷

哈佛商学院可能一直在坚守自己制定的制度:每家企业每年只能选送一人参加 AMP 培训。但这并不意味着他们不会想别的办法,将这一培训作为新的资金来源。

以 IBM 为例,到 20 世纪 80 年代,这家企业和哈佛商学院已经维持了几十年的友谊,原因在于:一方面,IBM 是哈佛商学院的合伙人之一;另一方面,两者之间存在私人关系。比如,哈佛商学院教授西奥多·布朗(Theodore Brown)与 IBM 董事会主席托马斯·沃森(Thomas Watson)之间有着深厚的友谊。1964 年,IBM 向哈佛商学院捐赠 500 万美元,以支持一个为期十年的关于技术进步和社会变革的项目。20 世纪 80 年代,哈佛商学院仅有两家电脑供应商,其中一家便是 IBM,而曾在哈佛商学院攻读 MBA 的乔治·贝策尔(George Beitzel)在 IBM 担任高级副总裁,同时还是哈佛商学院合伙人董事会成员。

IBM 与哈佛商学院之间的金融交易不计其数,但其中有两项尤其值得一提。第一项交易是 1982 年 IBM 与哈佛商学院联合开展的一项研究,主题是"微型计算机对哈佛商学院教育使命的适用性"。1984 年,IBM 向哈佛商学院出售和出租了 180 台电脑用于 AMP 培训。对 IBM 而言,这些微不足道的投资可以带来宝贵的回报。那时,每一个 AMP 培训班中都有几百名高管,作为"教育"的一部分,这些高管得花 3 周时间学习如何使用 IBM 的电脑。

这项合作最圆满的结局是,AMP 毕业生回到各自的企业后,会下数额巨大的订单购买 IBM 的产品。即使他们不这么做,这些人也对 IBM 有重要的价值。高管们是 IBM 的销售对象,它曾对这一群体进行过一次市场调研,结果发现,这个市场极其宝贵,不能轻易离开。正常情况下,IBM 几乎不可能说服近 200 名高管使用他们的设备,让他们花几个小时来回答调查问卷的问题。如果哈佛商学院将这两项（计算机培训和回答调查问卷）作为 AMP 课程中的强制部分，结果会如何？令人惊讶的是，这个主意似乎与哈佛商学院的"教育使命"不谋而合。保罗·马克写道："事实上，这个主意价值连城。那些调查问卷的回复顺利地被哈佛商学院转交给 IBM 进行分析。"

能证明 IBM 和哈佛商学院剥削学生的第二项交易是 MBA 项目。IBM 在盯紧 AMP 学员时，还试图说服当时的哈佛商学院院长约翰·麦克阿瑟（John McArthur），要求 MBA 学生购买 IBM 的电脑。麦克阿瑟起初拒绝了，因为，要求学生花 3 000 美元购买电脑未免有些过分，而且那些电脑也没有能与学院中的案例系统兼容的软件。于是，IBM 提出帮助商学院研发新软件，使案例系统在技术上处于前沿。在那时，麦克阿瑟仍然不愿意强迫学生购买电脑。

在此过程中，有人将哈佛商学院计划于 1985 年重建"安德森之家"的事提了出来，该计划包含教职工办公室的建设。IBM 为这一工程资助了 400 万美元，其中包括安装电脑、激光打印机，并在哈佛商学院首次安装局域网。1984 年 2 月，哈佛商学院成为美国第一所要求学生购买电脑（每台价格高达 2 800 美元）的商学院。当然，麦克阿瑟把这个决策与商学院的"教育使命"挂起钩来，称其为"在哈佛商学院的 MBA 和 AMP 项目中用两年时间发展和试验使用电脑"的结果。虽然时间能够证明这一决策的正确性，但在 1984 年，它却显得非常可笑：在一年级课程中的 400 个案例中，只有不到 50 个案例需要使用电脑。

全面修订案例会花费大量时间，因为这需要教授们逐个转换案例格式，使它们能适应电脑系统，而且教授可以出于个人利益向 IBM 之类的公司提供咨询服务。哈佛商学院尝试利用金钱奖励，对能够将案例计算机化的教师提供使用费，并允许他们将案例放在磁盘上出售。即便如此，到 1986 年时，也仅有 44 个案例被放在 9 张磁盘上出售。甚至连商学院最著名的那些教授，也直言不讳地表示对这件事情没有兴趣。那时，在哈佛商学院中，只有迈克尔·波特（Michael Porter）[①]教授编写了一个适应电脑系统的案例，像西奥多·莱维特、约翰·科特以及商学院的案例大师罗兰·克里斯坦森（Roland Christensen）等人则一个案例都没有编写。

[①] 被誉为"管理学之父"。他曾在1983年被任命为美国总统里根的产业竞争委员会主席，开创了企业竞争战略理论并引发了美国乃至世界对竞争力的讨论。——译者注

学位证书背后的利益链

大多数人选择进入哈佛商学院的首要原因是：拥有更加光明的职业前景。关键在于，他们不仅可以拿到哈佛商学院的学位证书，还能利用商学院庞大、忠诚度极高的人际关系网络。而能够跟随商界最优秀的教授学习，和缴纳的高昂学费相比，是完全值得的。但是，AMP 的教育价值明显不如哈佛商学院的证书及其社交网络重要。虽然教育价值很难量化，但可以用一些具体的事情对它进行衡量：一家咨询公司的合伙人曾说，他的员工选择放弃加薪，以向公司换取进入哈佛商学院深造的机会，哪怕深造时间只有 1 个星期。

这一选择的吸引力在于，哈佛商学院的 AMP 毕业生将有机会说："我在哈佛商学院深造的时候……"如果你花 7.8 万美元参加为期 8 周的 AMP 培训，那只是这笔交易的一部分。

2012 年，超模提拉·班克斯（Tyra Banks）一会儿说她从哈佛商学院毕业，一会儿又说她毕业于哈佛大学，事实上，她只是参加了一次为期 9 周的"商务行政主管与经营管理培训"（Office of Personnel Management，以下简称 OPM），因而获得了一纸文凭。她对哥伦比亚广播公司的记者说："那很难进，但很值得。"看来她根本不知道，那些培训班其实一点都不难进。2014 年，班克斯又开始参加 OPM 培训。她在接受《倾城杂志》（Allure）的采访时又说："许多人想不通我为什么要上哈佛商学院，我也说不出原因……我去那里，是因为想创办一家化妆品公司，并且想确定我已经拥有了创办、发布、建设、领导、发展这家公司的能力。"

还有一些人恬不知耻，谎称自己参加过 AMP 培训。1971 年，来自芝加哥的天主教神父保罗·卡齐米尔·马辛克斯（Paul Casimir Marcinkus）被教皇保罗六世任命为梵蒂冈银行负责人，他试图擦亮自己那张几乎并不存在的管理学学位证书。马辛克斯曾在一次采访中声称，他在哈佛商学院参加过培训班。后来，他被指控在安布西亚诺银行破产事件中涉嫌欺诈，差点遭受牢狱之灾。之后，马辛克斯承认自己学历造假，不过他坚持称，那仅仅因为是他的工作日程不允许："我没去哈佛商学院上课，是因为我根本没有时间。"

支票换名誉

在哈佛商学院开始 AMP 培训的 20 年中，它已吸引了众多高管前来参加，这使得哈佛商学院能够讲出一些杰出校友的成功故事。

其中最令人印象深刻的是 1957 届 AMP 毕业生，印度实业家拉丹·塔塔（Ratan Tata）。2010 年，塔塔向哈佛商学院捐资 5 000 万美元，用于建造一栋以其名字命名的建筑。2014 年 1 月，一座集合了教室与宿舍，占地 15 万平方英尺①的塔塔大厅（Tata Hall）正式落成。

让我们将时间倒回 1995 年。当哈佛商学院看到这位潜在的捐资人时，便知道要给他良好的声誉，于是塔塔在那年获得了哈佛商学院的最高荣誉"校友成就奖"，而这一奖项很少颁发给 AMP（日本兴业银行的中村周男也曾在 1985 年获得这一荣誉）。

不过，塔塔在对这座新建筑献词时废话连篇。塔塔称，他在 AMP 培训中度过的那段时光，是他生命中最重要的 13 个星期，而这笔捐款正是他用来回馈哈佛商学院，以报答这所学院给予他的一切。随后，哈佛商学院院长尼廷·诺瑞亚称塔塔集团（Tata Group）因其正直而广受尊敬。也许这是事实，但由于这句话出自一所商学院院长之口，难免有损塔塔集团的形象。因为，诺瑞亚已经接受了塔塔集团提供的董事会职务，这真是一个巨大的讽刺。

2014 年 4 月，哈佛商学院开始为 AMP 学员兴建另一座建筑，它由赵氏家族捐资 4 000 万美元建设，被命名为赵朱木兰中心（Ruth Mulan Chu Chao Center），成为哈佛商学院校园内第一幢纪念女性的建筑。尽管赵氏家族没有人参加过 AMP 培训，但这是赵家为凸显他们对哈佛商学院的嘉许而做出的捐献：赵家 6 位女儿中，有 4 位获得了哈佛商学院的 MBA 学位，其中就包括在 2001 — 2009 年担任美国劳工部长的赵小兰。

多年来，AMP 培训一直在演变和发展。部分原因在于，许多经理人已经拥有了 MBA 学位，因此，他们不再需要 AMP 学位证书。还有一个影响因素是：商学院不再是唯一能为高管提供继续教育的地方，企业大学、咨询公司等都可以为高管提供培训。最近几年，哈佛商学院开始重点吸引外国学生。此前，在商学院的任何一个班级中，外国学生的占比

---

① 1 平方英尺约为 0.09 平方米。——译者注

只有10%~15%。到2014年,已有超过一半的学生来自国外。更加量身定制的、根据企业要求特制的培训项目被综合起来,变成短期培训,这使哈佛商学院引得各行各业的资金如雪片般飞来。

哈佛商学院提供的培训越多,教授们的负担就越重。除此之外,高管教育的爆炸式发展,让商学院面临一个新挑战:高管们越发不能容忍那些只有纯学术背景的年轻教授,这使得商学院更加需要经验更丰富的教授。

值得注意的是:2015年,哈佛商学院在高管教育这一领域中用79个不同的培训项目吸引了1万余名高管,并因此获得1.68亿美元收入。这些数字,使得人们更加确定哈佛商学院的高管教育几乎完全出于商业运营,而非学术。与此同时,MBA项目带来的收入几乎比它少了5 000万美元,只有1.2亿美元。最近,有人进行了一项计算,在将所有企业每年花在高管教育的总支出累加起来后发现,数额竟高达250亿美元,这是一个令人难以置信的数字,以至于领导理论大师沃伦·本尼斯将其描述为"惊人的培训抢劫"。

即使是把那些琐碎的因素都算上,比如指定的职业教练、营养师和个人培训师等,高管教育的边际利润依然远超MBA项目,这让它成了哈佛商学院的两大财务支柱之一(另一支柱是哈佛商学院的出版业务)。现在以及可预见的未来是,哈佛商学院仍将继续向世界各地的经理人出售学位,以此换取丰厚的利润。

第18章
交友原则：风光时亲昵，落寞时离去

在哈佛商学院多年来开展的众多教育试验中，有一项试验因其独特性而格外引人注目，那便是"工会奖学金培训"（Trade Union Fellowship Program，以下简称TUP）。起初，该培训连同"公共管理与经济部门"一道在商学院推出，旨在为工会推选出来的领导者提供为期9个月的进修学习，这也是商学院唯一一次严肃地承认，除管理方之外，其他社会阶层的观点也值得重视。更加令人注目的是：据说，美国政府在批准TUP的40年后，里根总统当选时，该项目被彻底否决。但这都是后话。

1942年9月23日，《纽约时报》上出现了《工人进入哈佛》（*Union Men to Take a Harvard Course*）这样一条新闻标题。TUP培训被描述为"旨在促进劳工与行业之间更为融洽的关系，不但要使双方在当下保持融洽关系，还需要双方齐心协力，解决战后美国遇到的各种问题"。在TUP培训开办第一年，吸引了13位工会领袖参加，他们分别代表铁路职员、淘金工人、电工以及服装女工。

哈佛商学院教授萨姆纳·斯利克特（Sumner Slichter）负责TUP，该培训中包含"经济分析""工会问题与政策""管理中人的问题"这三门必修课和几门选修课。尽管哈佛商学院多年来已逐步提高了入学要求，却在TUP招生上降低入学要求——学院对培训者文凭不做要求，工会可自行选出参加培训的人。哈佛商学院甚至同意分摊培训费。

1941年，随着美国罢工事态和劳工动荡不断升级，不仅改善劳工与管理方关系迫在眉睫，美国还需要随时提防被卷入国际金融危机中。不过，哈佛商学院不仅仅是在战争前夕才意识到，自己需要与工人们融洽相处。早在20世纪30年代，工会便组织了一系列运动，再加上罗斯福新政中对劳工权益的保护，使得工会力量显著增强，并在20世纪50年代达到顶峰。1934～1939年，美国劳动力大军的工会密度从11.5%增至27.6%，于1945年达到34.2%。

托马斯·弗兰克在《上帝注视下的市场》一书中指出，当工会成功地杀出一条血路，原本强烈反对工会的管理集团突然意识到，工会通过将其更为民主的组织结构强加到独裁企业之上，使得企业更具合理性，让它们不再是一度让美国人十分惧怕的独裁实体。

至少在某种意义上，历史的角色已经逆转：当各企业正急切地试图低调处理工会权力时，工会权力却与日俱增。来自哈佛商学院的邀请，让它更加确定自己已经成为企业事务中一股正当的力量。正当各企业在发展过程中变得极其复杂时，工会也遵循这样的发展轨迹。工会领袖们意识到，对会员稍稍进行一些管理培训会十分有益。马萨诸塞州劳工联合会财务处长肯尼思·泰勒（Kenneth Taylor）称TUP培训"非常好——假如会员们不会从那里沾染上哈佛口音的话"。

TUP有一个意义非凡的附加价值：工会会员可以在AMP培训中和高管们一同上合班课，而且，类似的合班课有很多。如果工会会员们不打算与CEO们坐在一块上课，那么，他们可以和CEO的儿子们一块上课。一位会员描述道，这也是一种"深入了解他们的父亲如何思考问题"的机会。确实如此。1955年，一位参加了TUP培训的工会会员说："有人曾告诉我，许多企业高管从未和劳方交流过。从他们提出的一些问题中……我确定他们只是通过阅读我们撰写的反对资方的文章来了解劳工。"哈佛商学院的教授也是如此。

1948年，随着哈佛商学院在几年间相继开设了多个高管教育项目，商学院决定将TUP的培训时间缩短到13周，且只开设一个班（1952年又增加了另一个班）。但是教授职责，尤其是来自哈佛大学其他学院的教授职责依然重大。多年来，TUP在哈佛商学院和哈佛大学创造了多个第一，但那些荣誉与劳资关系没有关联。首先，TUP是哈佛商学院第一个接纳女学员的培训项目；其次，在 1955～1985 年担任 TUP 执行董事的约瑟夫·奥唐纳（Joseph O'Donnell）是一位信奉天主教的欧裔美国人，这一身份在哈佛大学历史上的管理层中极其罕见。

被孤立的工会

20 世纪 50 年代，大批国际工会会员涌入哈佛商学院，使得它在吸纳外国学生方面领先于其他商学院。后来，当人们发现美国中情局在其中功不可没时，便开始从根本上怀疑整个培训的目的。原来，在冷战初期，美国的间谍机构支持欧洲和拉丁美洲一些保守派工会，而 TUP 正是帮助那些工会组织开展活动的完美途径。一本写于 20 世纪 70 年代，用来描述 TUP 的小册子说得再明白不过了："海外候选学员由美国国务院、劳工部以及美国国际开发署挑选。"而美国国际开发署与美国中情局之间有着说不清道不明的联系。

TUP 的学员规模从来没有超过哈佛商学院其他培训项目，而工会的参与日渐式微，使得商学院最终无法看到戴维院长最初描述的"令人兴奋的可能性"。1956 年，该培训的参与人数创下新低。到 1957 年，斯坦利·蒂尔院长认为 TUP 培训的前途依然存疑。这种怀疑恰巧来自哈佛商学院，特别是企业管理者急于看到它带来的投资回报，而 AMP 和 PMD 学员无法从他们的工会伙伴身上找到共同点。哈佛商学院将这两类学员之间缺乏交流的原因，直接归咎于工会一方："AMP 的学员人数和水平稳步升高……使得这两类培训之间出现失衡。"

1969 年，当哈佛商学院的管理者们没能想出怎样教授一些重要的知识时，时任院长的乔治·贝克（George Baker）像其他管理者长期以来所做的那样，在剖析 TUP 培训的失败原因时，把哈佛商学院描述成受害者，而不是始作俑者："这个培训项目……缺乏真正的活力……我觉得应当认真考虑……在哈佛商学院的其他培训项目之间，是否还能放入这样一个缺乏活力的培训项目。"1981 年，时任院长的约翰·麦克阿瑟以同样的口吻说道："我们的师资力量不足以支持学院进行研究与教学。"他们一定是无法从汤姆·墨菲（Tom Murphy）等哈佛商学院毕业生那里得到用于维持 TUP 培训的款项，因为在 1983 年，汤姆的首都传播公司（Capital Cities）被美国劳工总会-产业劳工组织称为"美国最强硬的反工会企业"。

尽管如此，在哈佛商学院内外仍有许多人看到了TUP培训的活力。但是，自里根总统上任后，便对工会持对立态度，这使得麦克阿瑟院长终于摆脱了对该项培训的责任。当然，里根此时面对的是一个已经非常虚弱的敌人：20世纪50年代，工会密度近35%，由此达到顶峰后，却在之后的20多年里呈下滑趋势，最终在1975年降到不及25%。美国工会衰落的原因有许多，从经济结构的改变（制造业衰落，服务业兴起）到工会领导组织腐败，还包括企业主越来越强硬的抗拒态度等。1979年，劳动经济学家彼得·佩斯蒂洛（Peter Pestillo）指出了一个牵连到哈佛商学院的因素："年轻工人很自我。我们正沉浸于个人崇拜，而劳工却在宣扬与资方结盟的好处。"

在哈佛商学院，个人崇拜引领着毕业生远离工会会员密集的行业，转而进入金融服务、咨询以及高新技术等行业。考虑到这一点，麦克阿瑟要求将TUP培训从"战士领域"①中剔除，但商学院必须要想方设法留住大部分捐赠资金，这使得它不得不应对严峻的财务挑战。然而，这一决定仍为商学院带去好处：它再也不必假装对工人阶层感兴趣了。

想要了解哈佛商学院当时的真正想法，只要看一本来自哈佛商学院的书就行了：由《哈佛商业评论》前总编戴维·尤因写于1990年的《在哈佛商学院内部》（*Inside the Harvard Business School*）。值得称赞的是，尤因承认："我认识的教金融和管理课程的许多教授都对工会有偏见。"接着，尤因展示了一个被他实证过的证据："他们可能钦佩工会能代表工人对抗管理方过分要求的努力……但总而言之，他们认为工会限制和约束了管理层采取最佳管理方式的自由，而那些管理方式，恰恰是帮助美国企业在全球经济竞争中追求最大效率的途径。"

奇怪的是，学院中的管理学教授也站在管理方一边。尽管我们不难看出管理方为何认为工会对其有限制与约束的作用，但人们依然疑惑，为何连管理学教授也在用企业管理者的眼光看待工会。这在哈佛商学院的历史上是一个至关重要的问题。在某个时刻，无论是有意还是无意，哈佛商学院的教授们决定，他们的工作不是为了让学生继续质疑企业或管理层的性质，而是让他们接受管理，听之任之。20世纪80年代，教授们的决定开始显现其影响力。尤因说，他记得在一堂课上，学生们形成的共识非常清楚：多年来，工会与资方谈判的工资水平，已经远远超

---

①作者在这里指哈佛商学院，因其自称为商界培养"战士"。——译者注

出了在自由竞争的职场中员工应得的工资水平。这些高工资出自隐性资本，因为钢铁企业正在和国外生产商竞争，已经无力支付劳动力成本了。最后，尤因无奈的总结道，虽然这些偏见可能来自个人信念和意识形态……但它已成事实。

尤因认为，美国劳资关系的历史是由教授连同管理层的"朝臣们"一同修订的。在其中，由于劳工不肯妥协，管理层便将自己视为受害者。尤因综合以上两者的视角写道："在美国，工会诞生在逆境之中，当它的力量在20世纪三四十年代开始崛起时，仍继续扮演着管理方的敌人。它构建了一系列规则，通常使得各项管理固定化，也使生产力受到损害……但在20世纪60年代，由于工会对管理层的反对过激，导致它自作自受：美国工厂在世界市场中的竞争力下降，工人们因此失业。"接下来，反工会人士最喜欢的谣言出现了："到20世纪七八十年代，许多美国制造厂商的资产缩水，在这其中，工会的态度起着至关重要的作用。"

无法逾越的沟壑：收入差距

到20世纪末，当美国的CEO们需要削减成本时，开始解雇工人，然后再将其返聘为临时工，并在此过程中砍掉工人们的福利。于是，工会的力量受到重创。正如社会批评家托马斯·弗兰克评论的那样，当整体生产力水平不断上升时，甚至是最为教条的新古典主义经济学家也愿意接受为工人涨工资。但是，美国的经理人通过削弱工会势力，切断了这种关联。20世纪末，美国的生产力水平达到巅峰，但工人的工资依然不见上涨。弗兰克写道："生产力水平的提高被直接导入到股票价格，工人们变得更高效，产能更高。可到头来，变得更富有的却是股东。"

这导致不平等程度越发严重。经济学家约瑟夫·斯蒂格利茨（Joseph Stiglitz）在《不平等的代价》（*The Price of Inequality*）中指出，在美国，1949～1980年工会最强大的30年中，制造业中的生产力水平与工人的时薪紧密相连，所谓一荣俱荣，一损俱损。当这种关联被切断后，除最高管理层外，工人的工资不再上涨。接下来发生的事情更令人愤恨：根据美国经济政策研究所提供的数据显示，1978～2013年，CEO的报酬增长了937%，比股市增长幅度还快了1倍多，几乎是普通工人工资增长幅度（只有10.2%）的100倍。CEO与工人的报酬比例，由1965年的

20∶1发展到2013年的511∶1。

最近数十年里,企业螺旋式上升的成本来自组织结构图的顶端而不是底层,令人震惊的是,认为"工会对企业不利"的观点,已成为一个被广泛接受的事实。与之形成鲜明对比的是,尤因"实证的"证据并不存在。2015年,来自哈佛大学的劳动专家理查德·弗里曼(Richard Freeman)教授在《纽约时报》的一篇文章中列举了工会可以为工业带来的诸多好处,包括提高士气、降低员工流失率、提供更多改进生产力的建议等。至于因工会会员太多而产生的成本,弗里曼说:"这就好比你想找到最大的负数,但所有人都知道,它并不存在。"

即使把美国汽车工会搬出来讨论(一个令反工会人士最害怕的"怪物"),也难以看出工会如何会成为美国在世界市场中竞争失败的根源。《纽约时报》专栏作家尼可拉斯·克里斯多夫(Nicholas Kristof)指出,2010年,德国汽车工人的时薪和福利共为67美元,而美国汽车工人却只有34美元。同一年,德国的汽车制造厂生产的汽车数量是美国的两倍,且利润颇丰。克里斯多夫写道:"如果将美国汽车业的问题归咎于工会问题,也未免太油嘴滑舌,毫无道理。"不过,哈佛商学院并不这么认为。

第19章
1949届毕业班：被美元砸中的班级

哈佛商学院毕业生在商界取得巨大成功的例子有很多，如果要将所有人的名字列在一张表上，那么，它会长得令人难以置信。然而，在商学院成立之初，却非常缺少成功故事。部分原因在于，培养一批日后有所成就的MBA，再到他们真正成为成功人士，要花上几十年时间。同时，MBA们还受到了一些外部因素的干预，如大萧条、战争等。不过，对于哈佛商学院1949届毕业生而言，情况稍有不同。他们无疑都才华横溢，而他们的职业生涯，也可以作为对任何时代、任何地方、任何一项事业的成功真理的终极展示：时机就是一切。

1949年，美国人非常推崇理性且注重分析的管理。他们认为这种管理能赢得战争，也能带来和平。在当时，虽然各商学院的产出依然不足（1949年只有3 900人被授予MBA学位），但已不再有人质疑它们对发展管理思维和培养管理人才所做的贡献。1949年，当人们一提到"商学院"时，在很大程度上还是指哈佛商学院。在那一年的MBA毕业生中，每6人便有1人毕业于哈佛商学院，而在已经工作的MBA毕业生中，又有几乎一半的人来自哈佛商学院。这些毕业生恰好在美国最和平、经济最繁荣的时期开始了自己的职业生涯。有人将他们统称为"49届毕业生"（'49ers）。

古罗马哲学家塞内卡曾说，所谓幸运，就是准备与机遇会聚之时。如果简单地称49届毕业生为幸运儿，无疑是对他们的否定。在当时，他们是商学院有史以来最成功的MBA毕业生。到1974年25周年聚会时，他们的成就更是惊人，以至于《财富》杂志称之为"被美元砸中的班级"。

甚至在哈佛商学院的所有毕业生中，超级成功的49届毕业生也很多，以至于有两位作家各写了一本书来描述他们——一本是劳伦斯·谢姆斯（Laurence Shames）写于1986年的《大时代》（*The Big Time*），另一本是戴维·卡勒汉（David Callahan）写于2002的《家族精神》（*Kindred Spirits*）。不过，两位作者在解释成功原因时各执一词。谢姆斯剖析了个中原委，卡勒汉则没那么严肃。谢姆斯看到了塞内卡所说的"会聚之时"，即这个时代的机遇恰好与做好准备的MBA毕业生会聚——"不论是什么样的业务，朝着其中可能获得丰厚报酬的细分市场而采取的最专注和最有效的行动，恰好就是那个时代最应景的行动。"而卡勒汉虽然承认那是个好时代，但他还是把一切归功为49届毕业生的正直、谦虚、价值观及领导力。

为何49届毕业生能力出众？

49届毕业生一点也不像20世纪80年代的MBA。1985年，将近28%的MBA选择到华尔街求职。而1949年，只有不到1%的MBA（6人）选择了华尔街。他们中更多的人进入了市场营销领域，而不是金融领域。原因在于，不论何时，营销都是报酬更丰厚的细分领域。1948年，伴随战后消费水平激增，广告行业的账面收入呈现爆发式增长，达到6.5亿美元，并于1960年达到120亿美元。1949年，利华兄弟公司招聘的哈佛商学院毕业生，与华尔街招聘得一样多。

戴维·卡勒汉和49届毕业生把所有成功因素全都归功于个人价值，就像将某支体育队获得赛季冠军归功于团队努力那样富于洞见。就我个人而言，我尊重他们的观点，但那些观点缺乏客观性。

他们忽略了战争因素。在49届毕业生中，有86位退伍老兵，平均参战时间接近3年。毫无疑问，在军队中锻造的价值体系，一定会体现在他们生活的其他方面。但是，还有另一个不太带有感情色彩的因素在帮助他们成功：商学院的学生往往在做事时雷厉风行，当你刚从服役了

3 年的部队里退役时，紧迫感只会比之前在部队中更为强烈。战后，即 1948 年，98% 的学生读完了 2 年的 MBA 课程，而这一比率在战前一直徘徊在 50% 左右。

另一个被忽略的因素是：1942～1946 年，MBA 课程被暂停。如果你和 49 届毕业生一样，也在 1947 年申请入学，那么，你需要和 2 500 名申请者展开竞争。哈佛商学院筛选申请者的主要方法是 30 分钟的面试。在面试中，它想在申请者身上寻找什么？唐纳德·戴维的回答是"笃定的意志"。谢姆斯对此进行了更为详细的描述："信心、坚定、雷厉风行、积极的姿态。这是商学院不可能教的东西。"总之，若你是一位申请者，要想让哈佛商学院在 1947 年将你招收入学，你必须是申请者中的佼佼者。或者，如谢姆斯所说的那样："哈佛商学院将使那些不需要它便能成功的人获得成功。"

谢姆斯在这里提出的观点很重要。衡量哈佛商学院或者其他任何一所商学院对其毕业生职业生涯的影响，最具挑战性的事情之一是改变学生。比如，对医生而言，他们即使没有研究生身份，也能获得成功。即使哈佛商学院声称自己并不生产领导者，而是"教育"领导者，同样也是对这一事实的默认。或者，正如密歇根大学管理学教授杰里·戴维斯（Jerry Davis）所说的："如果你面对的学生是不断进取的人，那么，你在教室里做些什么就真的并不重要。这是一种选择效应。即使你在那两年里只给他们吃棉花糖，他们也依然会成为行业的领军者。"

一经录取，49 届毕业生毫无疑问在扮演着社会期待他们扮演的角色。布兹·艾伦·汉密尔顿咨询公司（Booz, Allen & Hamilton）高级合伙人、49 届毕业生康拉德·琼斯（Conrad Jones）曾对一位同班同学阐述他对精英主义的看法："我们被当成精英来对待，这并不是一件烦心的事。让我心烦的是，我们并不是学院所认为的那种精英。它认为我们将成为知识精英，可我们不是。我们不是天生的精英，也不是艺术型或创造型精英。我们将变成的是实干型精英。慢慢习惯吧……我们将被训练成在派对上也能保持清醒、节制的人。我们将手握工具，随时随地都能干起活来。"

言过其实吗？不，这更像是轻描淡写：到 1986 年，652 名 49 届毕业生中，有 45% 的人要么是 CEO，要么是 COO。他们是如何做到的？虽然每个人的成功故事都各不相同，但他们仍有相似之处：好时机。1950～1955 年，美国有超过 300 万名新员工领着固定薪水，造成一种企业朝古典组织①发展的局面:人们突然发现,组织的顶层空间似乎比底层更大一些。哈佛商学院经济史学家艾尔弗雷德·钱德勒简述了49届毕业生的前景:"他们站在即将到来的机遇和繁荣中。美国历史上,再没有哪一类人比他们更幸运。"此外,得益于《退伍军人法案》,那年几乎没有人在毕业时还欠着学费。

但他们在向着巅峰攀登的征途中并非一帆风顺。

1954年,广播电视界传奇人物汤姆·墨菲辞去在利华兄弟公司的高管职位,到纽约州首府奥尔巴尼的一家小型广播电视台工作。当时,各个商家都在向广播和电视媒体花费巨额资金争夺广告席位,墨菲将这一情形描述为"对国民生产总值征收版税"。他从中看到商机,开始收起版税。1984年,已担任首都传播公司董事会主席的墨菲筹集到35亿美元资金,并做出了一个轰动一时的决定:在所有人都不知晓的情形下,买下美国广播公司。

彼得·麦科洛曾在费城一家企业担任销售副总裁,当他辞职后进入纽约州罗契斯特市的哈洛伊德公司(Haloid)工作时,薪水只有原来的一半。哈洛伊德公司是一家工业复印机制造厂,当彼得在1966年被任命为总裁后,他带领该公司(后更名为施乐公司)从1960年的4 000万美元销售收入一路发展到1979年的70亿美元销售收入。

马文·特劳布冒的并不是哈佛商学院所认为的那种风险,他在将布鲁明戴尔百货店打造成年收入达5亿美元的"炫耀性消费大本营"的过程中,常常把赌注押在一些不知名的设计师身上,比如卡尔文·克莱恩(Calvin Klein)等,但几乎都能获得成功。

还有一个被忽视的影响因素是,美国经济在当时的发展势头极其强劲,这几乎加快了所有49届毕业生的发展速度。1950~1960年,美国国内生产总值实现了连年倍增,从5亿美元增长到1万亿美元。

资本造英雄

当然,在评估他们的成功时,为强调个人因素,我们往往对宏观因素轻描淡写。强生公司董事会主席詹姆斯·伯克回忆,有一次,他被上司

---

① 从20世纪初至20世纪中叶,在组织结构理论领域中占支配地位的是古典管理理论,其组织结构理论为"古典组织结构理论"。该理论认为,所有的组织都共同拥有一种最好的组织模式,即通过一种层级制的安排,将组织活动用统一规定的计划和制度来支配。——译者注

小罗伯特·约翰逊（Robert Johnson Jr.）叫到办公室，要他解释为何在某种失败的产品上花费了 86.5 万美元。他把关于此事的回忆全都写在案例之中，俨然把自己视为"案例研究的英雄"。约翰逊问他："你就是那个让公司损失了这么多钱的人？"伯克点了点头。约翰逊说道："好，我只想祝贺你。如果你犯了错误，这意味着你在决策并承担风险。如果不承担风险，我们都不会成长。"

MBA 最喜欢的格言之一是：失败实际上等于成功。这是一种看似毫无害处的想法，和绝大多数企业的信条一样空洞无物，甚至毫无用处。这只是一种能够和资本产生关联的白人才适用的格言，正是社会上的这一少部分人，才最有资本做到成功地失败。在日新月异的硅谷，失败对个人成长而言就是转瞬即逝的一日游。

49 届毕业生是真正意义上的冒险者吗？除了墨菲和麦科洛之类的特例外，绝大多数 49 届毕业生都相当厌恶风险：到 1959 年时，他们中有 25% 的人在员工人数达到或超过 1 万人的大型企业中工作。谢姆斯写道："普通的 49 届毕业生，并不是真正按照他们自己的想法开辟事业。他们把自己藏身于大型组织之中，组织的命运不仅与他们的命运是隔离的，还比他们自身的命运更重要。"

风险和回报往往成正比，但在 20 世纪 50 年代，即使降低自己将要承担的风险，回报也可能不减反增。到 1969 年时，在员工人数达到或超过 2 000 人的企业中工作的 49 届毕业生，比起那些在员工人数仅为 50 人左右的企业中工作的人，收入几乎多了 50%。49 届毕业生内德·杜威（Ned Dewey）回忆道："我们喜欢把自己想象成冒险家，可我们只是一群刚从军队退伍回来的 25 岁青年，外表虚张声势，但内心渴望一份稳定的工作。而且，哈佛大学喜欢把自己想象为一个能培养出与众不同的成功人士的地方。事实上，对通用汽车而言，这只是一所没有前途的学校。那么，到底是谁在欺骗谁？"

由于强生之类的大型企业对市场的控制，他们能够承受一定程度的风险，而这种风险却可以毁灭规模小一些的竞争对手。事实上，到 20 世纪 70 年代初，强生旗下已经拥有 88 家企业。这些企业在批评政府干预的同时，也乐于让政府在技术、航空以及医药研究中给予资助，这样企业便可以将自身要承担的风险推给整个社会。经济学家约翰·肯尼斯·加尔布雷斯（John Kenneth Galbraith）写道："现代商业企业的发展，只能被理解为一种降低风险的努力。"加尔布雷斯是一位引人关注的人物,他反对当时流行的一种见解,该见解认为,政府为公众提供保险(如失业补助、社会保险等),是与民族精神相悖的行为。

有几位49届毕业生也这么认为。1968年,掌控着家族企业——索内斯塔国际酒店的罗杰·索纳本德(Roger Sonnabend)当选全国工商业主联盟地区主席,成为时任美国总统林登·约翰逊(Lyndon Johnson)"向贫困宣战"(War on Poverty)行动中少有的商界人士。索纳本德用能够被哈佛商学院同学理解的语言来解释签约理由:"企业承担社会责任与加强盈利能力,并不是天生就相互冲突的。事实恰恰相反,它们是同一个硬币的两面。"但凡与哈佛商学院有点关系的人一直坚称"对商界有益的事情,对美国也有益",不过,索纳本德的视角有所不同,他坚称"对美国有益的事情,对商界也有益"。

戴维·卡勒汉在书中写道,49届毕业生"为20世纪90年代伟大的繁荣奠定了基础"。这一观点并没有错。但是,那些在1939年、1929年以及1919年毕业的人,也同样做出了贡献。每一代商界精英,至少都在其身后留下了一些积极的影响。不可否认的事实是,49届毕业生同样也为20世纪70年代的大萧条,以及盛行于20世纪80年代的自私自利的丑陋价值观埋下伏笔。他们一边忙于夸大自己自由世界救世主的角色,一边忙于低估那些经济开始慢慢复苏的国家(如德国和日本)带来的竞争威胁,而这些国家并不热衷于向世人宣告自己干得多漂亮、多正确。2014年,劳伦斯·谢姆斯回忆道:"49届毕业生过于相信自己的正义性,他们对我说了一些本不该说的话。他们习惯了商业媒体的吹捧,总是以理想化的形象出现,以至于没有意识到像我这样只是想诚实地做一份工作的人,可能对热切地谈论他们或哈佛商学院并不感兴趣。"

终于,有几位49届毕业生发现自己从战后繁荣的高处滑落,且下坠速度与他们当初攀登的速度一样快。他们在职业生涯中的头几十年中上升得十分顺利,以至于那些新闻媒体每隔5年就要采访他们一次,只是为了对他们的进步表示惊讶。彼得·麦科洛在1968年被任命为施乐公司CEO时年仅46岁,几乎比美国CEO的平均年龄年轻10岁。其他许多49届毕业生也获得了同样的头衔。因此,《财富》杂志将这个班级的40周年聚会戏称为"CEO的舞会"。

第20章
十年回顾：1940～1949年

1946年2月，哈佛商学院开始招收新生，并不失时机地宣告它最近对一年级课程的全面修订。一年级课程被综合为一门课程，即"管理的要求"，根据唐纳德·戴维的说法，这是学院在证明"商业管理中的许多问题并不是在密封舱中找到的"。学院还增加了一些新的二年级课程，包括"投资管理"和"新企业中的问题"等，以反映经济变化。

虽然哈佛商学院坚称自己依然采用最高的入学标准，但它的学生与其他研究生院的学生相比，能力并不出彩。20世纪50年代中期的一份调查显示，在参加标准化测试的所有研究生和专业院校学生之中，商学院学生的得分低于平均水平。不过，这并不能证明这些商学院的学生们在放松自己——他们的阅读时间约为每晚6小时，周末时约为每晚2小时，因为书面报告必须在星期六晚上9：00上交。

课业压力，对案例分析法的意义产生的困惑，再加上要应对严格的评分制度，使得学生们心烦意乱。即使他们向教授抱怨也无济于事，因为这种困惑是商学院有意为之的。如果你真的无法确定在商界居于什么位置，那么，你在商学院的经历会让你慢慢习惯面对充满未知的未来。这是商界人士的"新兵训练营"，在这里，体验甚至比分数更重要。

1947年12月，当哈佛商学院管理层在探讨分级制度时，斯坦利·蒂

尔院长告诉学生:"我们只要将班级分成三个部分就可以了。成绩排在班上前1/3的学生往往会进入研究机构,在令人敬仰的学术岗位中工作。因此,如果你是他们中的一员,就不必担心自己的未来。成绩排在中间1/3的学生发展得较为全面,他们身体健康,有运动天赋,又善于交际,所以这些人也会拥有很好的发展前景。因此,如果你是这样的人,也不必担心。成绩排在后1/3的学生,他们往往会从这里滚出去,然后赚到很多钱。所以,先生们,作为哈佛商学院的学生,如果你们能通过所有考核,就不必为思考未来而失眠。相信我。"

但这些话语并不能治疗学生们的失眠问题。而且,每天都有大约25位学生到商学院的医务室看病,其中,超过80%的人1年要去3次以上。当"战士领域"之外的科学技术以极快的速度发展时,该领域中的科学发展却停滞不前。戴维院长则把学生生病的原因归咎于他们自身,而不是沉重的学习负担。1949年,他在谈到学生健康问题时说:"任何一种类型的疾病,在某种意义上都可以视为无法适应环境的后果。"在20世纪50年代中期,这种伪医学的胡言乱语经常见之于哈佛商学院的年度报告之中。

偏离轨道的课程设置

1944年,戴维院长重申了哈佛商学院通过案例分析法向学生传授的一整套技能:"'诊断'一种特定的情形,以确定问题的重点;考虑几种替代的行动方案;衡量各种因素的优势与劣势;瞄准每一个重要问题;根据当前可用的最佳信息决定一种行动方案;推荐执行方案时,要考虑说服时机以确保行动;建立控制机制,以保障执行效果。"

第二年,他们还在上述基础上增添了一些可有可无的内容。在围绕课程修订而发表的声明中,哈佛商学院称自己"至少开始提出社会与经济哲学"以及"在管理中用于个人引导的一组统一的伦理概念"。然而,当学生描述他们在某些课程中真正学到的东西时,事实与声明所表达的内容相去甚远。

其中"管理实践"这门课被哈佛商学院学生戏称为"广告实践"(Ad Prac),而梅尔文·科普兰教授将它描述为"涉及商业组织中的经理人在确保团队合作与行动时的种种问题"的课程。这听起来非常合理,但学生们认为这门课是"初学者马基雅维利"①，即"领导力、小花招、政治、谈判、强硬手段和迂回战术"的大杂烩。在后来创建大型企业的小哈里·菲吉（Harry Figgie Jr.）这样描述"管理实践"："在学生不知情的情况下掐断他们的发展道路。"简而言之，哈佛商学院教其学生运用一种描述性而不是规范性的观点来看待职场，只看到事物当下的样子，而甚少思考它们应当变成的样子。

担任施乐公司董事会主席的彼得·麦科洛在分析"管理实践"的价值时承认："我第一次注意到与人打交道时需要时刻保持敏感。"如果请一位刚步入社会的商学院毕业生说出工作中最令人吃惊的是哪个方面，他们可能不无震惊地说："原来副总裁下面还有人，我在哈佛商学院上学的时候，从来没有关注过比他们职位还低的人。"

"学生们不得不承认，'管理实践'确实非常重要。"劳伦斯·谢姆斯说，"它是赢得办公室政治的宝典、野心家的手腕、快速晋升的秘诀。我无意贬低在打造成功事业的过程中需要做出的努力，但我们在谈论的是一座高等学府，这种努力应该是它强调的重点吗？"

对于"公共关系与责任"这门课程，结果证明，那些公共关系是非常独特的。尽管唐纳德·戴维强调该门课旨在教育学生"在员工、股东、供应商以及受企业直接影响的人的切身利益之间保持适当平衡"，但学生们却从中学到了其他东西。一位毕业生回忆道，"公共关系与责任"通常都在解决这样一些问题：是否可以通过当上联合慈善总会的领导者，或者成为当地扶轮社②社长的方式来获得更多生意机会。

哈佛商学院的课程范围变得越来越广，用来描述其使命的方式也在不断演变，但它的商业运营核心并没有改变。对此，哈佛商学院市场营销学教授马尔科姆·麦克奈尔（Malcolm McNair）只用了四个字来概括："意志坚强"（tough-minded）。对于人类而言，这是一个重要的性格优势，但是对于一所学院而言，唯有数据才是真正的道德指南和决策基础。

---

①Niccolò Machiavelli，尼可罗·马基雅维利，意大利政治思想家和历史学家。主张国家至上，将国家权力作为法的基础，最著名的名言是"为了达到一个最高尚的目的，可以使用最卑鄙的手段"。——译者注

②Rotary，是依循国际扶轮的规章所成立的地区性社会团体，以增进职业交流及提供社会服务为宗旨；每个扶轮社的成员都需要从事不同工作，并且在固定的时间及地点每周召开一次例行聚会。——译者注

供不应求的 MBA

20 世纪 40 年代末，MBA 对企业而言，是热门的卖方市场，哈佛商学院因而能吸引越来越多的申请者。每年都有接近 2 500 名申请者，争抢 600 个入学名额。在这 600 个名额中，它要为军人留出 10% 的名额——1945 年，哈佛商学院不再要求归国老兵拥有学士学位——另外 7% 的名额留给外国学生。对普通申请者而言，哈佛商学院只为他们留下约 500 个名额，入学概率只有 1/5。此外，哈佛商学院还规定申请者交纳 15 美元报名费，该制度可以筛选掉一些不认真的申请者。不过，不断上涨的报名费和 800 美元的高昂学费，并没有阻止真正想进入哈佛商学院的人。

不管学院的教育质量和学生水平如何，出现在校园的招聘人员越来越多。戴维院长曾担忧地表示，哈佛商学院的学生往往对大型企业更感兴趣，而对正在发展中的小型企业没什么兴趣。对于这种现象，大型企业自然并不介意。1949 年，5 113 名雇主对仅有的 646 名 MBA 毕业生进行面试，因而每位毕业生都有近 10 次面试机会。1949 ~ 1950 年，200 家企业拿出 900 个招聘岗位，虎视眈眈地盯着商学院的 500 名毕业生。当时，那些毕业生的收入中位数为 3 600 美元。

一年 3 600 美元并不是一个高得离谱的薪资水平，但仍比哈佛商学院毕业生的价值稍稍高了一些。不过，这只是将他们中的大部分人放到一个职业发展轨道上，让他们能够养家糊口的报酬。49 届毕业生厄尼·亨德森（Ernie Henderson）说："如果你能接受这一前提条件，那么，在接下来的经历中，你都能或多或少地找到一些意义。由于我们拿着高薪，所以必须承担更大的责任来证明领取高薪的合理性。由于我们担负了更大责任，那些老板一定会更加关注我们。那么，第一次晋升的最佳捷径，就是确保让老板知道你到底是个怎样的人。当然，第二次晋升的最佳捷径基于第一次晋升……因此，你能否成为一匹'快马'，取决于你的老板。接下来，在顷刻之间，你便会参与到竞争中去。"于 1942 年毕业的菲利普·考德威尔就是一匹"快马"：他最终成为福特汽车首位非家族接班人，并带领它完成了美国商业史上最成功的伟大复兴。

管理历史学家 J.-C. 斯彭德说："通过使 MBA 生产商（商学院）与 MBA 消费者（企业招聘人员）之间的关系合法化，让那些运营良好的企业也对其尊敬有加，这些企业可以将他们招聘高管、培养年轻人的任务外包给商学院。直到今天，尽管大多数MBA课程与真正的管理实践仍存在脱节现象，但这种人才供需关系仍然存在。"如果各企业打算放弃这种关系，转而招聘本科生和文科生，那么，大约有50%的商学院会消失。

不过，MBA毕业生的真实想法是什么？尽管在那个时代，有许多MBA都拥有传奇的职业生涯，但事实证明，他们对美国产生的影响并非都是积极的。部分原因在于，哈佛商学院固执地坚持，它的毕业生注定要经营些什么，而不应当去钻研任何特定领域。戴维院长在1948年写道："一个人越是全身心地投入到某一领域之中，就越不可能发展全面的视角，也不可能提高思考能力，而这两者是他们从总体上思考社会与经济秩序时的必备能力。"哈佛商学院会把培养学生专业知识的任务留给别人，转而为蒂尔院长口中"非常可靠的人"——那些在学业上表现中等，不太依靠大脑，更多地凭借交际能力取得成功的人——披上华丽的外衣。

从短期来看，哈佛商学院在斯彭德所说的人才供需关系中处于非常有利的位置，毕竟，大企业喜欢"非常可靠的人"。但从长远来看，除了少数几个引人注目的个例，那一时期的哈佛商学院毕业生并没有展开真正的冒险，也没几个人敢于创业。鉴于社会几乎认为大企业注定要统治美国，因此，在这种情况改变之前，并不是所有人都觉得有必要创业。然而，创业动力消失，会直接损害经济命脉。

哈佛商学院决定支持培养通才的结果是灾难性的。在华莱士·多纳姆的领导下，哈佛商学院提出了一系列厚颜无耻的声明，如"管理是一种可学习的技能""本院的毕业生可以解决一切问题"等。这些声明从未得到检验，拥有这种技能和能力的哈佛商学院毕业生也并不多。二战后，美国各大企业在陆续招聘MBA，这也是对上述声明进行检验。不久之后，哈佛商学院的毕业生已经在晋升阶梯上爬得很高了。请注意，他们并不能一下子就爬到最高处，因此，如果要让他们展示出领导气质和影响力，得花几十年时间。有些人的确成绩突出，但大部分人的作为可以用1980年《哈佛商业评论》封面故事的中心句来形容：集体掌控着国民经济衰退的方式。

在那篇封面故事刊登几年后，一位49届毕业生说："当我们大多数人到商学院上学时，不知道自己想管理什么，只知道自己想去管理。

我们被告知管理是一项技能,这听上去很好。我们在这一前提下努力工作,也曾取得辉煌的成绩。可问题是,我们在最后发现那个前提竟然是错的。"

第三部分

学院商业化：一张强而大的人脉网

哈佛商学院在前行半个世纪后，逐渐形成了自己独特的"商业生态系统"，校友是维持系统运作的关键能量。他们通过相互连接，编织成巨大的网络，丰厚利润和巨额债务、无上的荣誉和莫大的耻辱都在其中穿行。与此同时，哈佛商学院开始在教育上裹足不前。

第21章
牢笼：公司人与企业之茧

冷战初期，反对金融界和商界就是反对美国，甚至连口头上说一说也不行。1947年，众议院非美活动调查委员会[①]就好莱坞的颠覆活动[②]举行听证会，着重调查电影中"富豪、银行家、大企业家和实业家的负面形象"。重压之下，一家电影制片厂甚至承诺："我们再也不会拍摄将银行家塑造成恶棍的电影了。"在此之前，他们为何热衷于讽刺金融界和商界？这就要提到彼得·德鲁克之类的管理学家了，他曾说过："历史上，从来没有比当今伟大的美国职业经理人更高效、更正直、更能干和更尽责的统治者。"

在某种程度上，普通公众依然不确定经理人整天在做些什么。可能是因为经理人太过忙碌，他们忙于买房、买冰箱、买电视，以至于没有时间思考自己该做些什么。1939~1944年，受经济政策以及与冷战相关的军费支出等因素的综合影响，美国经济增长了将近1倍，从1.16万亿

[①] 于1938年创立，以监察美国纳粹地下活动。然而，它因调查与共产主义活动有关的嫌疑个人、公共雇员和组织，调查不忠与颠覆行为而著名。1969年，众议院将委员会更名为"众议院内部安全委员会"。当众议院在1975年废除该委员会时，委员会的职能由众议院司法委员会接任。——译者注

[②] 是指通过策划政治动乱，破坏社会稳定，必要时使用武力等手段，旨在推翻某一合法政府的行为。——译者注

美元增至 2.24 万亿美元。在接下来的 5 年里，美国经济并没有像人们担心的那样从悬崖边坠落，而是一直保持平稳发展，直到 1950 年创下新高，达到 2.27 万亿美元。

大型企业在美国经济的发展过程中似乎变得无所不能：1947～1968 年，200 家大型工商企业拥有的资产在美国企业总资产中的比率，从 47.2% 增至 60.9%，占据了整个国家近 2/3 的企业资产。这使得美国对未来充满信心。德鲁克在其 1954 年的著作《管理的实践》(The Practice of Management) 中写道："约瑟夫·斯大林在制订五年计划？随他去吧，我建议企业制订十五年或二十年计划。"

经理主义[①]催生了巨人症。到 20 世纪 60 年代末，通用电气拥有 360 个独立部门，每个部门都有各自的损益表。要想在如此庞大的经济实体中确保经营与管理顺利进行，需要许多新的工作岗位。当然，这些岗位主要由商学院毕业生来担任，尤其是毕业于哈佛商学院的人。然而，事实证明，通用电气在内部管理方面存在严重的局限性。虽然经理人全都戴着绿色的遮光眼罩，但他们无法盯紧生产现场，待他们意识到问题时，敌人（即索尼公司）已经走到了他们面前。在 20 世纪五六十年代，企业发展越快，管理岗位就越多，反之亦然……在美国，管理者与工人的比率，在 1920 年时只有 15.6%，1950 年时达到 23.6%，到 1970 年时，这一比率已达到 30.3%。

好莱坞：最称职的企业代言人

在冷战最严峻的时期，好莱坞需要小心翼翼地防止电影中出现抨击商界的内容，否则，便会招来约瑟夫·麦卡锡（Joseph McCarthy）[②]和埃德加·胡佛（Edgar Hoover）[③]的调查。为求生存，有些影片甚至非常片面地向大众展示企业的价值。在比利·怀尔德（Billy Wilder）1954 年导

[①] 把企业看成是一个由管理者、一般员工、股东、供应商、征税人、债权人组成的联合体。在这个联合体中，各成员的目标是冲突的，企业要生存下去，这些冲突就必须得到协调。企业的高层管理者居于联合体中最重要的位置，他们拥有企业经营活动的决策权，如对企业生产、投资方向、人事安排等的决策权，还拥有企业的各种内部信息。——译者注

[②] 曾任政府活动委员会主席，指挥调查委员会调查美国民主党成员。他的政敌、对他有意见的新闻人物，不少人被撤职、逮捕甚至被处死。——译者注

[③] 美国联邦调查局第一任局长。许多人批评他利用联邦调查局骚扰政治异见者和政治活动分子，收集整理政治领袖的秘密档案，还使用非法手段收集证据。——译者注

演的电影《龙凤配》(*Sabrina*)中,传奇影星亨弗莱·鲍嘉(Humphrey Bogart)饰演的莱纳斯·拉勒比(Linus Larrabee)经营着一个无序发展、类似于通用电气的大型企业。在其中一个片段中,莱纳斯的弟弟戴维问他并购公司的动机是什么,难道只为了钱吗?莱纳斯回答说:"这跟钱有什么关系?如果开公司的目的只是为了钱,那几乎不值得我去上班。钱只是副产物而已。"戴维对这个回答并不满意,便接着问:"那么,你最迫切的目的是什么?"

莱纳斯回答:"发现一种对世界上所有人都有用的新产品。如此一来,就可以在尚未开发的领域内发展一个新兴行业。接着,工厂便发展起来,机器也架起来,港口也开始建设起来,你我就都有工作了。以前连一分钱都没见过的人突然之间有了一美元,光着脚丫的孩子有鞋子穿,人们有钱治牙齿了。不过,我最迫切的目的是为民众建设图书馆、医院、棒球场、电影院。这样的目的,错在哪里了?"

政客以及公众的无知,同样也是威胁。"自大萧条以来,政客们成功地利用了一种不尽如人意的商业水平,作为撬动联邦政府注资和企业控制立法的杠杆",麦肯锡联合创始人马文·鲍尔在1949年写道,"除非公众态度有所改变,否则,如果那些原本就令公众感到不满的企业出现了较大幅度的持续下滑,可能会导致一些新的立法出现,企业将会受到更多限制和更严密的控制。"接下来,可怕的事情出现了:"不幸的是,'可能'变成了'现实'。历史表明,严格的立法可以促进自我强化,当这种严格的控制强制实施时,工商企业的所有者也就失去了个人自由。"很明显,这个人是饱含激情地写下这些话的。但是,历史真的表明了上述情景吗?

美国人眼中的自由,当然不只是哈佛商学院之类的机构所定义的自由——不被政府干预的商业自由——它还意味着言论自由。好莱坞、小说家、社会学者等纷纷开始运用这种自由去质疑:一个看起来马上就要被大企业消耗殆尽的社会,还是否值得人们生活在其中。

20世纪50年代,出现了两本有影响力的商学书籍,分别是戴维·理斯曼(David Riesman)于1950年出版的《孤独的人群》(*The Lonely Crowd*)和威廉·怀特于1956年出版的《公司人》。这两位作者发现,威胁并非来自国外,而是来自离家近得多的地方——办公室职员在服从命令时所承担的压力。当人文主义的压力依然充溢在商学院课程中时,美国人的商业思维已经呈现出军事化色彩——经理人是"企业军队"最忠实的左膀右臂。IBM 的一位经理人曾自豪地对怀特说:"企业培训可以让我们的职员随时互换岗位。"

理斯曼观察到,一种新的文化类型正在占据主导地位,他将之称为"受他人支配"——越来越多的美国人意识到,他们并不是参照自己内心的指南来行事,而是参照身边的人来行事。对他们而言,在一个基于消费的经济体中,这种参照他人为导向的行为方式,归结为他们在哪里工作、通过何种方式赚钱以及在哪里消费。着重关注其他人在想什么和做什么,导致员工队伍变得非常顺从,但也威胁到个人对自身能力的了解。这种情况同样也发生在哈佛商学院中。49 届毕业生罗杰·索纳本德说,虽然哈佛商学院确实给了他信心,但在这所商学院中,没有任何事情迫使他去关注自身,去探索自己属于哪种类型的人,也没有任何事情能提升他的创造力。

理斯曼为阐明他的观点,将 20 世纪 40 年代前后受欢迎的艺术形式进行比对。20 世纪 40 年代以前,即大仲马在《基督山伯爵》(*The Count of Monte Cristo*)中描述的时代。在这部 1 000 页的鸿篇巨制中,大仲马邀请读者进入英雄主人公的内心世界,并同他进行一场对世界的探索之旅。而 20 世纪 40 年代以后,最受欢迎的艺术形式则是漫画书和广播剧。这两种艺术形式最擅长讲述的,是一些主人公毫不费力就取得胜利的童话。这些童话的重点不再是获得成功的过程,而只是成功本身。同样,那一时代最受欢迎的电视节目是智力竞赛节目,观众变成了消费他人成功的人。

傀儡生活

如果企业愿意适应一支更具可塑性的员工队伍,那么,企业会在发展过程中面临更大的威胁。因为,管理层对操纵公众意见感兴趣,对其他任何事情都兴味索然。在这一点上,理斯曼还指出了美国商界已经发展到靠吞噬自己来养活自己的地步:"商人渴望赢得他人对自己的好感,这种渴望导致了一种讽刺的现象——若哪位教授写了一本攻击商界的书,即使没人去看,他也能为自己的学生在公关部门、贸易协会和研究机构创造一些工作岗位。"

不过,最重要的是,理斯曼提出了一个在今天依然需要思考的问题:

第三部分　学院商业化
一张强而大的人脉网

为何有相当一部分美国人会接受埃尔顿·梅奥的谬论？为何他们会认为，任何针对这种谬论的敌意，不仅会威胁到生产力，还会威胁到国家安全？哈佛商学院及其同类院校推行这种谬论，有一个明显的原因：他们支持将经理人作为道德领袖的理念，并认为，没有工作的人会迷失自我。对以上观点持反对意见的美国人在哪儿？20世纪60年代，好莱坞做好了准备，向美国人举起它的镜子，让他们看一看自己已经变成了什么样子。

在比利·怀尔德1960年执导的电影《公寓春光》（*The Apartment*）中，有一位叫拉勒比的职员，他迷人的魅力被卡夫卡①式噩梦，即"被统治的生活"所毁灭。另一位叫巴克斯特的小职员在片中有一段独白："我在一家大企业中最普通的政策部门上班，19楼，W分区，桌子代码是861……我已经被统治了3年零10个月，每周实发工资为94.7美元。我们部门的上班时间是上午8:50到下午5:20。各楼层的人实行错峰上班，以便16部电梯可以接送31 259名员工，不至于造成严重的拥堵。"

与《公寓春光》这部电影内容大致相同的是斯隆·威尔逊（Sloan Wilson）的畅销小说《穿灰色法兰绒套装的男人》（*The Man in the Gray Flannel Suit*），只不过小说中的主人公不再是小职员，而是一位面临激烈竞争的经理人。在小说面市后的第二年，它被改编成电影。1962年，即使是在麦肯锡等大企业中工作的哈佛商学院毕业生，也会再三考虑他们的职业生涯。同年，咨询师们出版了《咨询师色谱》（*The Consultants' Coloring Book*）一书，书中推荐的颜色不是黑色就是灰色，这就像在温和地自嘲他们在职场中的服从性。

《巨人：企业如何改变美国》（*Colossus: How the Corporation Changed America*）一书的作者杰克·贝蒂（Jack Beatty）这样写道："公司人把自己的个性深藏在心，不表露出来，以在企业之茧中换取保险的位置。"对哈佛商学院而言，这有两层重要含义。第一层含义显而易见：他们长期坚持的"培训出精于官僚式管理的人"的策略已经取得成功。第二层含义是：在企业之中，受他人支配者更易获得胜利，这使得哈佛商学院在招生时远离独立思考者，向所谓的团队合作者倾斜。他们认为，那些做事勤奋、善于讨好上司的人，最易学会怎样遵守秩序和执行决策。"毫无

---

① 被誉为现代主义小说之父，其笔下描写的都是生活在下层的小人物，他们在这充满矛盾、扭曲变形的世界里惶恐不安、孤独迷惘、遭受压迫而不敢反抗，也无力反抗，向往明天又看不到出路。——译者注

疑问，企业对商学院毕业生的需求，实际上来源于经济对'预期社会'①的年轻人的巨大需求。"管理史学家 J.-C. 斯彭德说，"然而，几乎从未有人去量化真正的成本与效益，即使这种量化可以做到。这是因为，那是一项资本主义民主需要的服务。"

　　斯彭德的观点在管理思维历史上具有里程碑式的意义。在第二次世界大战结束后的数年里，美国中情局以及资本主义的宣传力量削弱了商学院的势力，迫使学术界乃至整个国家接受一种保守的思维理念（包括政治上和知识上的），因此对于学术界而言，有两种可能的未来摆在面前：要么摆脱知识保守主义，这一点，好莱坞已经证明它能做到；要么对十分重要的事情让步，包括对资本主义民主及其核心经济机构——企业——展开讨论。他们选择了后者。当经理人在表达他们希望招聘到有正确判断力的人时，实际上是指那些能够服从命令的人。许多人老老实实穿上"公司人"的西装，将老板的话视为办事指南。

---

①是个体为成功地扮演所期望的社会角色而获得社会价值观、社会行为规范和知识、技能的过程。——译者注

第 22 章
缺失领导力的权力网络

20世纪50年代，美国人对谁在发号施令有着挥之不去的疑问。当社会学家赖特·米尔斯（Wright Mills）于1956年出版《权力精英》（*The Power Elite*）一书时，那些疑问便烟消云散了。该书对20世纪中叶出现在美国的各类复杂的权力关系，进行了鞭辟入里的沉思，书中对具有代表性的权力精英进行剖析，包括企业、军队、政治领域的精英，还有知名人士以及社会名流。《权力精英》的出版可谓既及时又不合时宜，因为它催生了各种各样的权力清单，比如《名利场》（*Vanity Fair*）杂志的最具影响力人物评选，以及《福布斯》（*Forbes*）杂志的最具权势人物排行榜。

在当时，有人将这本书客观地描述为"新闻报道、社会学以及道德义愤的杂糅"。不过，这并不妨碍它成为一部好作品。书中有许多作者对社会经济的深刻洞见和揭示真相的统计数据。米尔斯死死地盯着"所有权社会"（ownership society）的谣言。致使这一谣言出现的是，当时有650万美国人拥有股票。米尔斯指出，该数据完全是一种误导，因为所有企业42%的红利，最终只会落进0.1%的股民手中。

虽然米尔斯明确表示他笔下的权力精英并非通过阴谋手段攫取权力，而是通过继承或者比其他人更擅长利用制度力量而获取权力，但是，他确实为精英之间建立强大的关系网络指明了路径。米尔斯写道："一个国

家如此致力于保护私有财产，并积累了如此庞大的私有财富，这难道不是一个奇怪现象吗……而且，我们正处于这样一种氛围之中——半个世纪以来，我们总能感受到空气中充满敌对气息，同时还经常被告知，那些能运用经济手段的人，也掌握了世界上最强大的治理和管理能力。倘若这些人并没有联合起来，而仅仅是随波逐流，各自为战，独自应对挑战，这难道不奇怪吗？"

对此，米尔斯解释道，他们联合的方式之一是在企业之间构建"互相兼任董事的复杂网络"。同一个人可以出现在多家企业的董事会上，各企业之间可以相互任命董事会成员。那时如此，今天也不例外。合计起来，在美国最大的25家企业中，共有556个董事会职位，有48人承担了其中105个职位。我们并不清楚这其中是否有什么惊天阴谋，毕竟，拥有强大人脉网络的人，总能交到新朋友。不过，米尔斯忽略了这样一种可能性：他笔下的权力精英看起来跟华莱士·多纳姆对学生的要求一样，似乎是一群为所有人谋福祉的人。

1984年，沃顿商学院教授迈克尔·尤西姆（Michael Useem）把"内部圈子"（inner circle）定义为在两家或多家企业的董事会中任职的人，并认为这是一件好事。因为这些人能够从更宽广的视角去考虑事情，而不是仅从老板的视角。

即使是那些言辞最尖锐的社会批评家也承认，20世纪中叶是企业权力相对平衡的年代——企业夺取经济权力的动机减弱了。资方接受（可能是勉强接受）劳方的要求，甚至帮助美国政府解决社会问题。从这个角度来看，我们很容易认为"内部圈子"是受到同行压力的刺激形成的，而不是出于企业想要接管美国的阴谋形成的。

抛开米尔斯那些有待考究的理论，他在一些观点上是正确的。

第一，美国的企业巨头在永无止境的、沾沾自喜的狂欢期间，往往对这样一个事实轻描淡写（或者完全忽略）：美国大量私营企业之所以能发展起来，是由于民众赠予的"礼物"。比如，铁路公司免费得到的铁路用地、政府用税收为汽车行业修筑的道路、矿主的采矿权以及电话公司的垄断权。

第二，到20世纪中叶，经理人作为一支新生主力军，成功且富有戏剧性地挤进了权力精英行列。"他们是非常强势，相当有能力的新人，"米尔斯写道，"但他们的权力基础是什么？这些人不是企业资产所有者，却能主持企业事务……难道那些 CEO 没有坚持自上而下的管理革命吗？"然后，米尔斯把哈佛商学院选为企业最喜欢的学校，因为它可以"为未来的经理人安排课程"。换言之，经理人在获得权力之后需要巩固权力。1957 年，即《权力精英》出版一年后发生的事情，使这本书成为对现实的完美映照。那一年，宝洁任命了一位 CEO：1933 届哈佛商学院毕业生霍华德·莫根斯（Howard Morgens）。

当销售员执掌宝洁后

数十年来，宝洁一直是哈佛商学院毕业生最热情的招聘者。在这家企业中，甚至有两位 CEO 都曾在哈佛商学院攻读 MBA，即莫根斯和 A.G. 雷富礼（A.G. Lafley）。雷富礼曾两度担任此职，第一次任期为 2000～2009 年，第二次任期为 2013～2015 年。20 世纪 60 年代，宝洁甚至说服哈佛商学院预先为其筛选职位候选者简历，一位经验丰富的招聘人员称，这样做可以为宝洁简化招聘流程，从而提高 50% 的效率。哈佛商学院也发表了许多关于宝洁的案例研究，多到让人们有理由怀疑，它是否在宝洁位于辛辛那提的总部设有办事处。

如今，众多 MBA 一毕业便加入大型联合企业担任品牌经理或财务分析师。莫根斯当初选择从底层岗位做起。最初，他是宝洁的销售员，负责向新墨西哥州的印第安人销售象牙肥皂，每个月拿着 150 美元的薪水。很快他便脱颖而出，于 1934 年被召回辛辛那提总部，转入广告部门。他在宝洁参与成立了一个内部电视制作公司，由该公司制作的肥皂剧《指路明灯》（Guiding Light）大获成功。几年后，莫根斯逐渐在宝洁登上了职业生涯的顶峰：1948 年被任命为广告部副总裁，1950 年被任命为董事，1957 年成为 CEO。

莫根斯 1957 年执掌宝洁，1974 年从 CEO 职位上卸任。在这期间，莫根斯有太多的荣耀时刻，如要详细描述，就得另写一本书了。在他的领导下，宝洁推出了数量惊人且成功的内部产品，如佳洁士牙膏、品客薯片、帮宝适尿布，同时也通过并购其他企业推出了一些热销产品，如恰敏卫生纸、佛吉斯咖啡和高乐氏漂白水。莫根斯上任时，宝洁公司的销售收入为 120 亿美元，在他卸任时，销售收入达到 490 亿美元。他成功的关键在于推广产品的能力：宝洁公司是美国历史上最大的消费品营销企业,曾经,它用于广告宣传的费用无人能及。

当然,权力精英并不是一天就能练成的。

你还需要进入其他企业的董事会。多年来,莫根斯在通用汽车、摩根保证信托银行(Morgan Guaranty Trust)、欧文斯科宁公司(Owens-Corning)以及标准石油公司的董事会任职。在宝洁董事会中,一度有过6名哈佛商学院毕业生同时任职的情况。

你还需要与政界人士建立个人关系——莫根斯被任命为宝洁CEO时,他的导师尼尔·麦克尔罗伊(Neil McElroy)走马上任,出任艾森豪威尔政府的国防部长。20世纪五六十年代,每当49届毕业生举行非正式聚会时,总把聚会地点选在西弗吉尼亚州的格林布赖尔,一个面积达6 000英亩①的度假村。它不但是艾森豪威尔总统经常光顾的地方,也是冷战期间美国国会的秘密基地。度假村老板杰克·拉纳汉(Jack Lanahan)让49届毕业生们住总统套房,那些套房极尽奢华,分为上下两层,有七间卧室和一间餐厅。

你不仅需要关心自己的企业,还得关心整个商界的发展。1972年,莫根斯帮助组建了一个亲商的公共政策团体——商业圆桌会议。

你还需要知道如何坐而论道。与罗斯福新政的拉锯给经理人留下了深刻印象,他们深知协调政治与商业的必要性。因此,唐纳德·戴维在结束哈佛商学院院长任期后便涉足政坛。1957年,他被推选为美国经济发展委员会主席。这是一个聚焦于协调商业政策与公共政策的游说组织,因其大力推广企业发展社会福利的愿景而获得《财富》杂志的推崇。此外,它还与美国的一些权力机构有着盘根错节的关系。成为宝洁CEO后不久,莫根斯对《纽约时报》记者说,美国需要更多像他这样的人。在许多行业中,包括政府、教育、医疗等,我们都需要更多经理人,尤其是经验丰富的经理人。

此外,你必须积极参与社区事务。莫根斯是美国红十字会理事、美国自然历史博物馆受托人委员会委员、辛辛那提红人棒球队的董事。不过,他对社区的关怀仅此而已。20世纪60年代末,公众担心肥皂中的磷酸盐会导致水污染,对此,宝洁同意减少水污染事件的发生。1970年,莫根斯说:"我们现在的工作是确保公司尽可能以完全合理的方式尽快消除污染。"但他们并未做到。直到50年后,宝洁终于完成了莫根斯早在

---

① 1英亩约为4046.86平方米。——译者注

半个世纪前的承诺，并将此结果吹嘘为"双赢"。一些批评家指出，宝洁在 2014 年发布可持续发展报告，在很大程度上是受磷酸盐不断上涨的成本刺激，而不是受公众对环境的关切的驱动。

最后，你还必须赢利，如此才能为自己积累财富。1967 年，莫根斯的年薪为 32.5 万美元，这使他几乎成为宝洁中薪水最高的高管。

莫根斯并不是走在队伍前列的唯一一位哈佛商学院毕业生，类似这样的人还有很多。如 1947 届毕业生罗伊·阿什（Roy Ash）在 1953 年与"蓝血十杰"之一的查尔斯·桑顿（Charles Thornton）买下利顿工业公司，并花了十年时间将其打造成企业集团。1961 年，阿什成为利顿的总裁。

贬值的 MBA

如果你询问任何一位 MBA 学生这样两个问题：当你终于说服人们相信你的学位含金量时，会发生什么？这样是否会让你更容易找到工作？他们多半会回答"不会"。因为，盲目的模仿者出现了。1955～1956 年，美国共有 138 家教育机构提供 MBA 学位，1960～1961 年增至 207 家，到 1975～1976 年时已达 428 家。到 20 世纪末时，相似的教育机构已经超过 900 家。

热度不减的商学教育市场，反映了这样一个事实：20 世纪五六十年代，美国商业好比一台马力十足的汽车，正在全速前进。厌倦了战争的民众开始追捧消费主义，1950～1955 年，美国人的个人负债水平翻了一番，从 587 亿美元增至 1 106 亿美元。自第二次世界大战爆发至 1973 年，美国人均国民生产总值每年增长 3%，几乎是 1890 年至第二次世界大战爆发前的 3 倍。与此同时，美国人口也呈现爆炸式增长，在 1945～1973 年增长了 50%。而且，随着华盛顿特区政府的各项政策慢慢深入美国民众的日常生活，和平时代的联邦预算也在飙升。大型企业不断发展壮大，在前进道路上跨越一个又一个障碍。1950 年，当美国出台《塞勒-凯弗尔法案》以禁止企业兼并同一行业中的竞争者时，经理人转而通过兼并跨行企业来追求发展。1929 年，在美国 100 家大型企业中，综合企业只占 15%。到 1960 年，这一比率攀升至 60%。

当时，美国的经理人将自己投身于企业中。这样一来，他们便能陶醉在公众的赞美声中。认为"大多数经理人可以信任"的美国人的比率，从二战前后的 66% 上升至 1964 年的 77%，达到顶峰。1955 年，《财富》杂志在 25 周年纪念特刊上印制了一个非常醒目的大标题——《经理人的时代》(The Age of the Managers)。1963 年，该杂志甚至打破传统，首次在封面上刊登了一位健在者的照片——通用汽车总裁艾尔弗雷德·斯隆。

《策略之王》的作者、哈佛商学院出版社前编辑部主任沃尔特·基切尔说道："更加开明的管理态度使得二战后的美国社会更民主化，同时，对经济商品姗姗来迟的需求愈发强烈，为企业带来长达 20 年的光明前景。战后，罢工和其他变相罢工的次数急剧下降……而流行于 1953 年的关怀管理，可能是由低于 3% 的失业率所刺激的。"2005 年，当两位哈佛商学院教授（其中包括尼廷·诺瑞亚）在撰写一部关于 20 世纪最伟大商界领袖的书时，提到 1954～1955 年遇到的管理挑战，但他们几乎没有可写的内容。两位作者写道："尽管人们通常认为 20 世纪 50 年代是美国商业繁荣的十年，但在某些方面，随着公众监督水平的提高，企业要想取得成功变得更为艰难。"在某些方面？事实上，并不存在所谓的"某些方面"。

未来会怎样？乔治·华盛顿大学教授苏珊·阿伦森（Susan Aaronson）曾提出过一个简单直白的问题：在 20 世纪 40 年代至 60 年代，商学教育为美国经理人提高决策能力做了多少贡献？1962 年，来自哈佛商学院的历史学家艾尔弗雷德·钱德勒在其著作《战略与结构》(Strategy and Structure) 中指出，经理人的职责是合理运用企业资源，同时规划出企业短期发展和长期发展的路径，前者是操作性决策，后者是创造性决策。阿伦森说，如果 MBA 课程真的无所不包，那么，接受过 MBA 教育的经理人应当能够灵活应对短期和长期的市场波动，并且既能做出操作性决策，又能做出创造性决策。但她得出的结论是：他们起初是成功的，但后来就不那么成功了。

"战后，市场和技术领域急剧变化，那些接受过 MBA 教育的经理人，必须要承担更重的管理任务，"阿伦森写道，"然而，仍有许多经理人乐观地认为，美国经济的主导地位绝不会被动摇。"可是，他们错了。

"近亲繁殖"的教授和闭塞的校友圈

虽然阿伦森注意到哈佛商学院的课程在许多方面都有所创新，包括在战后聚焦于企业与政府之间的互动，但她发现，哈佛商学院的案例分析法导致了一些问题，其中最严峻的问题是：教授之间开始"近亲繁殖"。就连斯坦利·蒂尔院长本人也承认这一事实。哈佛商学院往往从班级里最优秀的学生中择优挑选，将他们训练为案例研究员，通过其博士研究项目来培养他们，再让他们回去教授MBA学生。阿伦森指出，在早年教学实践中，哈佛商学院依赖商界人士为学生授课，到20世纪中叶，大部分教授都是商学院自己培养出来的，这些人拥有的商业经验少之又少。而那些从外部聘请的教授，也被迫融入哈佛商学院，将案例分析法作为教学方法。

由于案例分析法是哈佛商学院用来教授商学知识的唯一工具，对此，阿伦森补充道："哈佛商学院的学生们在课堂中讨论的各种观点都有一定局限性，因为他们学习和研究的案例都是企业内已经发生的事情。这可能使学院中的许多教授和学生对世界经济发生的剧烈变革一无所知。"由于案例研究受到商学院教员团体的集中控制，又由教授们的同僚（即企业）所资助，因此，研究过程是封闭的，它着重强调解决眼下的商业问题，而不是长远问题。

哈佛商学院出类拔萃的校友团体也有其局限性。其校友团体通过资助案例研究的企业以及由校友组成的哈佛商学院协会（HBS Association）构建而成。阿伦森说："对教授而言，他们难以运用案例去预测企业未曾遇到的问题。哈佛商学院并没有设计出一种课程或一项研究，使得高管们能够做好准备去预测世界市场出现的重大变迁，或技术领域中发生的重要变革。商学院能给学生注入信心，却很少为他们带去信息和经验，让他们学会如何做出创造性决策。"换言之，哈佛商学院的MBA中，类似宝洁CEO霍华德·莫根斯那样的人物少之又少。

"近亲繁殖"并不限于教授，还涉及学生。哈佛商学院的入学难度人尽皆知，若你打算招收一支体育队伍，你会寻找具有运动天赋的人。但是，当你想要招收未来的领导者时，该寻找什么样的人？哈佛商学院关注申请者的许多方面，除了学习成绩，它还关注申请者的"特性"以及他们是否拥有"笃定的意志"等，但商学院的目的只是在招收与自己相似的学生而已。或者，正如社会学家赖特·米尔斯指出的那样："根据商学院规定，那些学生必须要拥有正确的判断力，因为这是获得成功的必要条件。商界是一个适者生存的世界。'适'在这里并不意味着能力——因为高管们也许并不具备能力——而是意味着服从于成功人士的命令……哈佛商

学院的课程设计,本就是为了让学生们相信,企业等级制度需要永远保持下去。"

早在 1945 年,唐纳德·戴维就指出:"我们的校友团体日渐成熟,越来越多的校友在商界、政界和教育界走上了责任重大的岗位。"1947 年,哈佛商学院为 1.3 万名健在校友设置了校友办公室主任一职。从那时起,商学院开始构建起世界上前所未有的最可靠的校友关系计划。

20 世纪 50 年代,哈佛商学院对其校友的捐资行为实行制度化,为每个班级设置班级代理人。而一提到捐资,便很容易在商学院毕业生中间培养竞争精神,这同哈佛商学院的宣布方式有很大关系。例如,1954~1955 年,哈佛商学院高调宣布:"在信托公司副总裁罗杰·埃尔顿(Roger Elton)的带领下,第 25 届 AMP 培训班的捐资者比率达到 99.4%,高于其他所有班级。"合计起来,在 1954~1955 年,这些校友向母校捐赠了近 25 万美元,这一数额是 5 年前的 4 倍。1949 年,1924 届哈佛商学院毕业生、利华兄弟公司的董事会主席杰维斯·巴布(Jervis Babb)接任哈佛商学院基金会主席。同年,利华兄弟公司招聘的哈佛商学院毕业生人数,几乎同整个华尔街招聘的一样多。如此一来,利华兄弟公司便和哈佛商学院建起了令人艳羡的利益关系。

延时释放的教育价值

然而,成功滋生了傲慢。在 20 世纪 50 年代,不论以哪种标准衡量哈佛商学院,它都是成功的。在苏珊·阿伦森看来,商学院向它的毕业生灌输了一种傲慢的理念:如果你知道如何管理,那么,你可以在任何时间管理任何事情、任何人。战后,由于高管人才短缺,使 MBA 可以在企业的晋升阶梯上加速上升,然而,几乎没有人意识到自己遇见了幸运的时机,这让他们自视甚高。大多数人可能认为,领导力是一种应急能力,它会在关键时刻出现,让人迅速判断是否接受挑战。哈佛商学院的问题在于,它告诉自己的毕业生,他们已经是领导者。这种傲慢的观念最早可追溯到 1942 年,当时,哈佛商学院教授霍华德·刘易斯(Howard Lewis)甚至宣称,哈佛商学院的校友是"一股向善的力量"。

2012 年,哈佛大学肯尼迪政府学院教授芭芭拉·凯勒曼(Barbara Kellerman)在《领导力的终结》(*The End of Leadership*)中写道:"20

世纪五六十年代，领导者都在想着指挥与控制。他们首先决定要做什么以及怎样做，然后再宣布他们的决定，没有任何义务向下属提供任何解释。领导者期望下属服从命令，这使得下属的参与程度或者说主观能动性处在最低水平。领导力学者约瑟夫·罗斯特（Joseph Rost）称这种领导方式为'工业范式'。它是以管理为导向，以目标为主导的；它是权威的和刻板的，以短期成本-效益为驱动，具有层次性和技术；它是理性、务实、物质主义以及男性的。"这就是哈佛商学院 MBA 践行的领导模式。

让我们再次回到 J.-C. 斯彭德提出的"商学院同企业的关系"以及赖特·米尔斯提出的"商学院一直受雇于商业"的观点。尽管没有证据可以证明管理学教育与企业竞争力之间存在直接联系，但在 20 世纪 50 年代，美国企业决定将培训未来领袖的任务外包给商学院，哈佛商学院是最佳选择。这一过程恰是企业在嘲弄，或者说揭露自己的真实面目——对企业中人的因素假装感兴趣。当你自己都懒于培训那些被指定为未来领袖的人时，你还能声称自己关心下属吗？相比起美国，德国和日本的商学院少得多，他们对员工的培训大多在企业内部开展。这两种不同的培训方法所产生的差异，很快就显而易见。

具有讽刺意味的是：长期以来，哈佛商学院将其教育成果比作延时释放药效的药物。它声称，自己的学生要在毕业 15 年以后，方能收获所受教育的全部好处。20 世纪 50 年代末，美国企业对哈佛商学院的声明信以为真，20 世纪 70 年代末，哈佛商学院的毕业生陆陆续续渗入到各大企业的管理层中。1975 年，每 8 名哈佛商学院校友中，就有 1 人是其所在企业的总裁或主席，总人数达到 5 187 人。1977 年，在被《财富》杂志评选为 500 强的企业中，有超过 20% 的高管是哈佛商学院毕业生。似乎"某位毕业生在同你工作了 15 年后，他才能发挥自己的能力"的理念是不可接受的，但现实本就如此——让我们暂且相信哈佛商学院吧。

以上那些统计数据证明了哈佛商学院的价值，不过，当哈佛大学校长对商学院教学方法提出一些温和的建设性批评时，那些数据就成了哈佛商学院的借口。它忽视了自己过度关注内部的错误，认为自己证明了其学生的价值，但大众所认可的价值则完全是另外一回事。哈佛商学院一度让大众相信，它最终会把"双手"放在"方向盘"上，带领美国经济走上正确的发展轨道。不幸的是，它的教育成果，即"延时释放"的价值，却驾驭着美国经济撞向南墙。

第23章

麦肯锡：哈佛商学院毕业生的"成长温室"

马文·鲍尔堪称美国商界传奇。作为麦肯锡联合创始人，他一路引领着麦肯锡成为全球咨询业巨头。作为第一位从哈佛法学院毕业后又到哈佛商学院深造的学生，虽然其他校友可能向哈佛商学院捐赠了更多资金，但鲍尔对其母校的影响仍是那些校友无法比拟的。

首先，直至今日，麦肯锡招聘的哈佛商学院毕业生始终超过其他任何企业。尽管哈佛商学院拒绝透露确切的招聘人数，但在2010年，一位校友搜索了哈佛商学院的数据库，发现截至那一年，有500多位哈佛商学院毕业生进入麦肯锡，排在麦肯锡之后的高盛、谷歌和微软等企业招聘人数不足300人。鲍尔还持续在幕后支持着哈佛商学院。他至少左右过一位院长的推选工作，还帮助哈佛商学院回应社会各界对其教学方法的猛烈抨击。他索取过什么回报吗？官方的说法是：没有。非官方的说法是：他利用这一影响力和麦肯锡（以及他自己）的资金，控制着哈佛商学院在毕业生就业领域向麦肯锡倾斜。

咨询行业与商学院——尤其是哈佛商学院——有着密不可分的关系，由于二者的匹配度非常之高，因此这种亲密关系从它们各自诞生之日起就已确立。一个在哈佛商学院运用案例分析法学习的学生，也相当于研究了案例中的企业。虽然教授们教导学生在思考和认识那些企业时保持

第三部分　学院商业化
一张强而大的人脉网

一定距离，但即便如此，学生们仍能获取大量案例企业的相关信息。这一点与管理咨询行业如出一辙。不过，相比MBA学生而言，咨询师往往会亲自参观他们提供咨询的企业，但其大部分工作仍是为企业提供远程咨询服务。换句话说，哈佛商学院的学生自毕业第一天起，就已经做好了成为麦肯锡咨询师的准备。

具有讽刺意味的是：帮助麦肯锡之类的咨询公司崛起的不是别人，正是始终站在哈佛商学院对立面的富兰克林·罗斯福总统。从19世纪末直到20世纪30年代，美国政府会定期出台监管措施，以抑制大型企业的权力。1890年出台的《谢尔曼反托拉斯法》、1914年出台的《联邦贸易委员会法》和《克莱顿反托拉斯法》以及1933年出台的《格拉斯－斯蒂格尔法案》，都旨在防止各大企业相互勾结，操纵市场。但是，根据管理史学家克里斯托弗·麦克纳（Christopher McKenna）的观点，这些法律措施也产生了令人始料未及的反效应，它们加速了寡头企业间非正式，却又合法的信息分享。而在寡头企业间起到中介作用的正是咨询师。因此，在强大的美国政府监管推动下的企业联合，为麦肯锡的崛起铺就了一条金光大道，因而吸引了众多哈佛商学院毕业生。起码在这个例子中，我们能够得出一条结论：监管是创新之母。

马文·鲍尔可能是唯一一位拿着哈佛商学院的学位去律师事务所找工作的法学院毕业生。出生在辛辛那提的他，梦想着有朝一日到克里夫兰最负盛名的众达律师事务所（Jones Day）工作，但他糟糕的法学成绩实在难以帮他实现梦想，于是他报考了哈佛商学院。显然，他在哈佛商学院学习得更认真。他的成绩排在班级的前5%，并获得了贝克学者奖。当他拿着这份新成绩单以及自己的MBA学位敲开众达律师事务所的大门时，迎接他的是艳羡与赞许。

由于进入众达律师事务所时正值美国大萧条时期，鲍尔不得不将大部分精力花在帮一些重组失败的企业处理烂摊子上。他很快发现，律师并不是他渴望的工作。尽管他享受这份工作极富创造性的一面，但也讨厌法律更为单调乏味的一面。与此同时，哈佛商学院的一位教授把他引荐给了刚刚创办麦肯锡咨询公司的詹姆斯·麦肯锡，二人一拍即合，鲍尔遂于1933年底离开众达，加入麦肯锡麾下。刚进入麦肯锡不久，鲍尔就展现出了他的诚意：他告诉麦肯锡，自己已经是哈佛商学院纽约俱乐部（Harvard Business School Club of New York）的财务主管，并且正在以麦肯锡咨询顾问的身份为其发展新业务制订计划。

1937年，詹姆斯·麦肯锡罹患肺炎去世，他创办的公司被一分为二，鲍尔负责管理位于纽约的分公司。鲍尔看待品牌价值的视角和詹姆斯·麦肯锡以及哈佛商学院一样：高级产品，高端价格。鲍尔决定跟随前辈华莱士·多纳姆的脚步，把自己掌管的组织打造成一家"超专业"机构，同时配齐所有软硬件设施。

马文·鲍尔的选择

20世纪三四十年代，咨询公司一般倾向于招聘经验丰富的高管，从而为另一些经验丰富的高管提供咨询服务。

鲍尔对聘用哈佛商学院毕业生不感兴趣，尽管他自己也曾是其中一员，但这并不意味着他不会充分榨取哈佛商学院的价值。1935年，在《瓦格纳法案》（Wagner Act）强制要求资方与工会进行谈判后不久，鲍尔在哈佛商学院参加了一场会议，他在会上指出，在管理咨询行业，大多数管理者完全陷入了困惑之中。鲍尔总结道："解决方案绝不能停留在增加工资和改进工作条件上，因为这些方法……仅仅是一些临时的补救措施，并不是永久的解决办法。"1939年10月，鲍尔聘请营销专家保罗·切林顿（Paul Cherington）进入麦肯锡。后者于1908～1919年在哈佛商学院任教，并在1935年首次提出"产品生命周期"①的概念。

到了20世纪50年代，当麦肯锡终于开始从哈佛商学院招聘合作伙伴时，一切都变了。麦肯锡摒弃了招聘经验丰富的高管人员的惯例，因此招致诸多非议。作为最早一批进入麦肯锡的哈佛商学院毕业生，于1972～1985年担任麦肯锡驻伦敦办事处负责人的罗杰·莫里森（Roger Morrison）在多年以后回忆道："当鲍尔亲自面试我时，他不停地告诉我，毫无经验的人不可能成为出色的咨询师。然而，当我对他说，高盛CEO约翰·怀特黑德和格斯·利维（Gus Levy）也面试过我时，鲍尔突然就决定聘用我了，还改口说缺乏经验根本不是问题。"

实际上，麦肯锡自那时起已经决定自己培养人才，并打算从哈佛商

---

① product life cycle，指产品从进入市场开始，直到最终退出市场为止所经历的市场生命循环过程。产品只有经过研究开发、试销，然后进入市场，它的市场生命周期才算开始。产品退出市场，则标志着生命周期的结束。——译者注

学院引进"种子"。1950～1959年的麦肯锡,拥有MBA学位的咨询师的比率从20%攀升至80%,平均年龄下降了约10岁。麦肯锡无意中找到了培训员工的完美模式:先以微薄的薪酬招聘毫无经验的年轻MBA,再让客户为这些年轻人的未来支付学费。再没有比"聪明"更好的形容词来描述这一做法了。

为什么麦肯锡会特别选择哈佛商学院?原因有二:第一,它是鲍尔的母校;第二,哈佛商学院案例分析法教学正合麦肯锡的胃口,因为出自这种教学体系的学生已经接受了专业的咨询训练,且思维活跃。保罗·马克在《帝国缔造者》一书中写道:"其他来自精英商学院的MBA毕业生和哈佛商学院的MBA毕业生一样聪明,但他们的表述能力通常不如后者那样明确有力。哈佛商学院的教学方法和评分机制让学生们变得油腔滑调。毕竟,在经过漫长的案例探讨后,谁都会变得能说会道。而麦肯锡咨询师的核心才华就是用言语说服他人。另外,哈佛商学院MBA与其竞争对手相比还有另一项优势:拜案例分析法所赐,他们在校园里便学会了如何一头扎进令人困惑且陌生的情境。"

若学生们不了解自己在探讨什么,该怎么办?别慌,案例分析法能解决这个问题。马克写道:"贝克学者往往是能够解释任何问题的聪明绝顶的通才,他们原本倾向于对自己不熟悉的话题保持沉默,但后来这种倾向逐渐瓦解了。实际上,麦肯锡向那些擅长'即兴表演'的学生出了大价钱。"

麦肯锡的举措开启了一个良性循环,为自己和学院都带来了实质性的好处。麦肯锡使哈佛商学院MBA毕业生正规化,并为他们带来声望。到20世纪50年代,进入麦肯锡工作被视为富裕的象征。同时,哈佛商学院将自己变成了为麦肯锡输送咨询师的沃土,它的学生早在进入麦肯锡之前,就已经充分了解该企业的价值观和原则。

20世纪五六十年代,当麦肯锡的咨询师忙于向正在重建的欧洲传播美国管理的福音时,有人建议他们要手捧一本来自哈佛商学院的管理史学家艾尔弗雷德·钱德勒所著的《战略与结构》(哈佛商学院毕业生对这本书十分熟悉,我将在第28章对其进行阐述)。来自哈佛商学院的商业史学家托马斯·麦克劳认为,这部著作是"一本寓言集,深刻剖析了经理人如何使自己深陷进退两难的局面"。钱德勒在书中清晰地阐述了美国许多著名企业如何利用事业部制组织结构(以下简称M型结构),将潜力最大限度地发挥出来。麦肯锡的咨询师向其客户承诺，他们也可以帮对方完成同样的事情。

虽然哈佛商学院一直宣称自己与从业人员保持密切联系，并能真正影响他们的管理行为，但事实并非如此。不过，麦肯锡能做到。当它的咨询师改弦更张，手捧钱德勒的著作来到欧洲时，也正是 M 型结构受到欢迎的时刻。或未必尽然：社会学家马洛·吉兰（Mauro Guillen）指出，麦肯锡在 1977 年才决定在西班牙开设办事处。这意味着，在 20 世纪 80 年代以前，几乎不会有哪家西班牙企业采用那种分散式的组织形式。钱德勒的影响力能够传播到哪里，只能取决于麦肯锡愿意到哪里。

马文·鲍尔则对表面现象痴迷不已。因此，即使公司的初级咨询师不知道自己在探讨什么，依然得尽职尽责地扮演好他们的角色。1969 年，英国作家乔治·麦克唐纳·弗雷泽（George MacDonald Fraser）以鲍尔为原型，创作出了以恶棍哈利·普拉格特·弗拉什曼（Harry Plaget Flashman）为主角的系列丛书。他还使用鲍尔式语言（在招聘新员工时）来描写弗拉什曼："他有一双湛蓝色的、警觉的眼睛。当他望向外面的世界时，眼神平静，这种平静是贵族的标志，甚至连他最远古的祖先也是一位贵族。那种泰然自若的目光表明他毫不动摇地确信自己是对的，仿佛那些新贵会毫不犹豫地分给他一半财产，甚至整个世界都会为了满足和取悦他而安排好一切。"

MBA 争夺战

鲍尔不仅招聘了大量哈佛商学院毕业生，他还是一位幕后贡献者：至少为哈佛商学院引进了一位教席教授。1980 年，他在和哈佛商学院院长约翰·麦克阿瑟交谈时，问及麦克阿瑟是否考虑过将商学院的研究聚焦于哪个领域。麦克阿瑟的回答是：日本工业。

"约翰，"鲍尔问道，"如果我能引进一家日本企业为商学院捐赠一个教席教授来研究日本工业，你会怎么看？"

"那太好了，鲍尔。价格呢？"

鲍尔的回答一点也不出人意料："区区一两百万美元。"

根据《帝国缔造者》作者保罗·马克的叙述，在此之前的 3 年里，麦肯锡拯救了日本的第三大银行——住友银行（Sumitomo），使之免遭破产厄运。鲍尔告诉麦克阿瑟,该银行名誉董事长堀田正三(Shozo Hotta)欠他一个人情,于是他想以哈佛商学院的名义,让对方偿还这份人情。鲍尔说:"约翰,如果他们向你捐赠一个教席教授,我觉得能以一种微妙的方式,帮助你在院长岗位上创造一个良好的开端。"麦克阿瑟对此表示赞同,并询问鲍尔自己需要做些什么。鲍尔只是答道:"我会处理好一切的。"

1980年12月,鲍尔偶然发现这其中还有一些问题。原来,堀田正三告诉鲍尔,他认为自己配不上那样的荣誉。不过,他可以和他的朋友,日本首富松下幸之助(Konosuke Matsushita)谈一谈,看看后者是否有意愿接受那份荣誉。这次谈话发生在1981年1月,松下幸之助答应了。在1981年12月,麦克阿瑟到日本拜访了松下幸之助,请他签出支票,领导学教席教授就这样诞生了。

此前,鲍尔还帮助哈佛商学院维护案例分析法,对抗哈佛大学校长德里克·博克(Derek Bok)的攻击(我将在第38章描述当时的情节)。如果没有鲍尔,许多重要的事情就不会发生在哈佛商学院。"麦克阿瑟院长是属于马文·鲍尔的,不属于德里克·博克。"马克写道,"随着时间的推移,这一事实变得越来越明显。"

那么,在鲍尔给予哈佛商学院如此之多的帮助后,他得到的回报是什么?他想要大量哈佛商学院毕业生。1967年,在麦肯锡的358位咨询师中,超过1/3的人拥有哈佛商学院MBA学位。到1978年,在麦肯锡的咨询师接近700人时,哈佛商学院毕业生仍占其所有咨询师的1/4。有人估计,麦肯锡在多年来招聘了1 000余位贝克学者。针对这一现象,作家马丁·基恩(Martin Kihn)专门创造了一个新词:Mcharvard(姑且译作"麦肯哈佛")。鲍尔将麦肯锡与哈佛商学院的关系制度化,并希望能够预先聘请大部分贝克学者,对此哈佛商学院当然乐意效劳。

20世纪80年代初期,鲍尔参与哈佛商学院事务并非出于偶然。尽管在20世纪60年代和70年代初期,麦肯锡几乎把贝克学者全都招致麾下,但到70年代末,它在战略管理领域中遇见了一些竞争对手,其中最引人瞩目的是波士顿咨询公司和贝恩咨询公司,两者为哈佛商学院毕业生开出了更高的薪酬。

当时,麦肯锡给新员工开出的年薪是5.5万美元。但是,贝恩和波士顿这两家咨询公司将薪酬提升了一个档次,开出6.5万美元的年薪,并因此吸引了大批哈佛商学院毕业生，总人数比麦肯锡多了近20%。鲍尔对此项竞标没有兴趣，他认为在麦肯锡工作的价值远远不止起始薪酬一项，还包括其他诸多方面。但是，他也不希望哈佛商学院干预并迫使他的竞争对手降低他们开出的薪酬，可麦克阿瑟仍尽其所能帮助鲍尔。马克写道："麦克阿瑟对商学院的教授们说'麦肯锡……对哈佛商学院很好……我们理应知恩图报'。可学院中的教授们并不蠢，他们知道麦克阿瑟的意图是什么。"1982～1983年，麦肯锡招聘到的贝克学者人数持续下降。

在招聘方面，波士顿咨询是麦肯锡最大的威胁者。波士顿咨询创始人布鲁斯·亨德森（Bruce Henderson）提出的"经验曲线"[①]以及"增长矩阵"[②]理论在咨询界风行一时，更是引来大量哈佛商学院毕业生。这在一定程度上反映出，新颖观点对易受影响的年轻 MBA 学生具有强大的吸引力。虽然麦肯锡避谈其竞争对手，但对方却不这么做。波士顿咨询的招聘人员把麦肯锡的咨询师描绘成"一些整洁而守旧的人"。1979年，波士顿咨询的招聘人员对一位后来加盟麦肯锡的求职者说："麦肯锡是个漂亮的老牌子，不过，它的前景并不怎么样，它只是过去比较辉煌罢了。"麦肯锡一位内部人士告诉《商业周刊》记者："波士顿咨询把我们想要招聘的新员工拉出去，然后在他们面前诋毁我们，而我们无心和它竞争。"

1978年，麦肯锡为波士顿咨询的侵犯深感担忧，以至于将哈佛商学院毕业生的招聘工作交由麦肯锡董事卡特·贝尔斯管理，贝尔斯同意至少将自己一半的时间专门用于招聘事务。贝尔斯采取了一些措施来挽回麦肯锡在哈佛商学院学生心目中的形象。

首先，他让一些部门主任亲自参与面试。这一策略在20世纪七八十年代被一些非常卓越的企业采用，如高盛集团和瑞生国际律师事务所（Latham & Watkins），这也是麦肯锡在20世纪五六十年代一直采用的策略，在那时，马文·鲍尔亲自负责大量招聘工作。

其次，贝尔斯还经常走进校园，同教授交流，这间接影响了 MBA 学生对未来职业生涯的规划。

[①] experience curve，当个体或组织在一项任务中习得更多经验，他们的效率会更高。——译者注

[②] growth-share matrix，该理论认为投资收益的增长和生产利润的增长相似，依赖于产品在特定市场的增长率。当产品占据一定的市场份额时，可以用增长矩阵对所占份额进行描述。有以下几种矩阵模型：在高速增长市场上占据高份额的产品被称为明星(star)；在低速增长市场上占据高份额的产品被称为摇钱树(cash cow)；在高速增长市场上占据低份额的产品被称为难管教的孩子(problem child)；在低速增长市场上占据低份额的产品被称为蹩脚货(dog)。——译者注

最后，贝尔斯还重新启动了在麦肯锡已有 20 年历史的暑期实习生计划，对未毕业的学生重新给予高度关注。

1980 年，贝恩咨询在招聘中开始为求职者提供爆炸式奖金。如果毕业生在 24 小时之内做出接受某个职位的决定，贝恩咨询将给他/她一笔丰厚的奖金。24 小时以后，每过一天，奖金数额急剧减少。这一制度彻底激怒了鲍尔。"这种高压策略是一种非常有效的工具，此前，各企业在哈佛商学院进行招聘时从未使用过"，马克写道，"在推出的第一年中，有 18 位贝克学者立即接受了贝恩咨询的工作邀请。"

根据马克的叙述，到 1984 年，鲍尔对那些竞争者的忍耐已经达到极限。他告诉麦克阿瑟，他决定推出爆炸式奖学金计划。麦肯锡首先向哈佛商学院捐赠 200 万美元，成立鲍尔奖学金。鲍尔承诺，如果在几年时间内，麦肯锡招聘的贝克学者能够达到理想配额，他会再额外增加 50 万美元。如果没有达到配额，他不会追加任何捐款。当然，具体细节并没有公开宣布，双方将这项计划描述为"每年为 4 位初级教授（均为外聘）支付薪水的方式"。

贝克学者是一群发奋图强的人。多年来，哈佛商学院发现，在第一学期后能在班上名列前茅的学生，很可能在两年之中一直都是尖子生。所以，鲍尔希望麦肯锡能对出现在第一学年第一学期的贝克学者进行初步了解。然后，他可以向有实习意愿的学生发出工作邀请，如此一来，当这些学生毕业时，他们留在麦肯锡的可能性会更大。

但是，要怎样做到既给麦肯锡招聘特权，又不会激怒其他企业？解决方法是：1985 年，大约有 100 位优秀学生在招聘季开始的第一天便收到了来自麦肯锡的招聘邀请，而其他企业发出的招聘邀请则在几天后才纷至沓来。那年暑假，前往麦肯锡工作的哈佛商学院顶尖学子的人数明显比 1984 年多。正所谓风水轮流转，即使肉眼并不能察觉这些变化。

顾磊杰：堕落的商界传奇

当然，到了 20 世纪 80 年代中叶，麦肯锡的竞争对手不只是与它争夺贝克学者的咨询公司。彼时，华尔街开始经历为期 20 年的牛市，MBA 也开始展示他们在搜寻高收入工作上的"领导力"，将目光转向投行和贸易公司。在哈佛商学院 1986 届的毕业生中，有 29.4% 的人选择在华尔街

工作，进入咨询界的毕业生只占 17.5%。

许多商界精英都遵循着先在哈佛商学院攻读 MBA，后到麦肯锡就业的发展路径。一些最著名的 CEO 就是踏着这样的征途登上职业生涯顶峰的。比如，麦肯锡的四位总经理：马文·鲍尔、罗恩·丹尼尔（Ron Daniel）、阿尔·麦克唐纳（Al McDonald）和顾磊杰（Rajat Gupta）。

但这种发展路径真的能保证成功吗？根据一位多年来与麦肯锡招聘人员及哈佛商学院毕业生交往甚密的咨询师的说法：" '你需要读两年研究生，才能像大多数企业高管那样不需要动脑子做事' 的理念并不适用于麦肯锡。类似哈佛商学院的院校，只是作为进入一个封闭俱乐部的门槛。在麦肯锡，如果你没有哈佛商学院 MBA 学位，便会受到歧视。他们发了疯似的守护着学位证书，因为除了证书他们一无所有。"或者，正如麦克纳所说："对那些尚未明确职业发展方向，又不想表现出自己没有目标的学生而言，咨询业是一条能保证他们通向荣耀的道路。"有人把麦肯锡、波士顿咨询和贝恩咨询统称为 MBB（这三家公司的英文名称分别为 McKinsey、BCG 和 Bain），原因在于，如果能在这三家企业中的任何一家工作，就好比拿到了类似于 MBA 的学位证书一样，走到任何地方都能闪闪发光。

出于各种意图与目的，哈佛商学院和其他精英商学院一样，开始受制于咨询行业的需求。到 20 世纪末，咨询行业蓬勃发展，急需拓宽招聘渠道，否则它无法保持自身的发展。然而，能够证明 MBA 学位可以造就优秀咨询师的证据向来屈指可数，甚至在麦肯锡也是如此。所以，咨询公司并不排斥医生、律师甚至哲学家的加入。事实表明，这些外行人的表现并不逊色于商学院毕业生。《纽约时报》曾发文称，到 2000 年，麦肯锡中非 MBA 的晋升速度比 MBA 更快。

1973 年，顾磊杰曾说过一番话，几乎是对哈佛商学院的亵渎："坦白讲，商学知识并不难学……我们可以挑选并教育一些没有接受过商学教育的聪明人。"虽然咨询公司开始招聘越来越多的非 MBA 毕业生，但这并不影响 MBA 毕业生对咨询行业的向往。不论他们的替代选择是什么，在哈佛商学院的 MBA 学生之中，推迟做出最终的职业选择，同时利用案例分析法磨炼自己的技能，仍然有着强大的吸引力。2015 年，24% 的哈佛商学院毕业生选择进入咨询公司。今天，麦肯锡仍向每一届哈佛商学院最优秀的毕业生（比率为 15%～20%）发出工作邀请，接受者的比率在 80% 左右。

第三部分 学院商业化
一张强而大的人脉网

虽然麦肯锡已日渐式微，今朝受到私募股权基金的压制，明日又受到新兴科技公司的打击，但它依然屹立不倒。不过，麦肯锡在其发展过程中仍遭受过不可避免的重创，罪魁祸首正是顾磊杰，他在离开麦肯锡之后犯下的罪行令人震惊，几乎毁灭了公司。顾磊杰出生在印度，后来加入美国国籍，于1973年以贝克学者的荣誉从哈佛商学院毕业。进入麦肯锡后，他在那儿度过了整个职业生涯，并连任三届经理。顾磊杰引领着麦肯锡顺利通过20世纪90年代的牛市以及互联网泡沫的考验。2003年，在他即将离开麦肯锡之前，顾磊杰在任期内使公司的营业收入增长了近4倍。离开公司后，他全身心地投入到慈善事业之中，担任全球抗击艾滋病、结核和疟疾基金会（Global Fund to Fight AIDS, Tuberculosis, and Malaria）的主席，还在比尔与美琳达·盖茨基金会（Bill & Melinda Gates Foundation）理事会中任职。他还是洛克菲勒基金会的基金受托人，也是高盛、宝洁以及美国航空公司的董事会成员。

然而，顾磊杰显然不满足于与亿万富翁混在一起，而是想成为他们中的一员。为达到这一目的，他将自己的命运当成赌注，押在如今已被判罪的内幕交易商拉贾·拉贾拉特南（Raj Rajaratnam）身上。

顾磊杰多次利用自己身为高盛和宝洁董事的职务之便，向拉贾拉特南泄露内幕消息。2007年3月，顾磊杰在高盛审计委员会会议结束后，立即向拉贾拉特南透露了高盛第一季度营收情况。拉贾拉特南随即通过其名下的盖伦集团（Galleon）买入9 100万美元的高盛股票，并完成了200万美元的交易。2008年6月，顾磊杰在公布高盛第二季度营收情况之前事先将信息透露给拉贾拉特南。2008年9月，他又暗中通知拉贾拉特南，高盛董事会正在考虑，打算接受来自巴菲特名下的伯克希尔·哈撒韦公司（Berkshire Hathaway）一笔50亿美元的投资。几分钟后，盖伦集团便买入了价值3 300万美元的高盛股票。2008年10月，在结束高盛董事会的视频会议后，顾磊杰又一次马上告知拉贾拉特南，高盛第四季度将出现每股2美元的亏损。类似事件，不胜枚举。

2011年，顾磊杰被捕，被指控内幕交易。然而，在大量证据面前，他仍坚称自己清白无辜，并试图用法律漏洞避免惩罚：他称自己似乎没有从那些内幕交易中获利。但这不能为他的罪行辩护，只会让他看起来更愚蠢。2012年6月，顾磊杰被判有一项阴谋罪和三项证券欺诈罪，判处两年监禁，并支付500万美元处罚金。

顾磊杰身上有麦肯锡的影子。但他出于什么目的？为了使事情更高效？为裁员提供掩护？1999年，作家尼古拉斯·莱曼（Nicholas Lemann）在《纽约人》（New Yorker）杂志上发表了一篇言辞犀利的文章，坚称美国将最聪明的学生引入咨询界，实际上是将"顶尖的学术人才投入一个使大企业运营得到简化的项目之中"。在分析那些从精英商学院毕业的人为何会受到咨询界的吸引时，莱曼认为咨询界"为那些上层精英提供了聚集地，在那其中，既有对竞争的热爱，又包含从众心理和对风险的厌恶"。

1999年，斯图亚特·科莱纳（Stuart Crainer）和戴斯·狄洛夫（Des Dearlove）合著了一本名为《金钱之旅：探秘商学院》（Gravy Training: Inside the Business of Business Schools）的书，他们在书中引述了一位咨询师的话："哈佛商学院与麦肯锡为了一个共同的研究与经营项目而联合起来……这将是一个强大的品牌组合。"

第 24 章
来自科学的挑战

早期,主要有三个因素制约了哈佛商学院在科学上的进步。

第一,商学院教授们在尝试探索埃德温·盖伊的商业科学时失败了,并不是因为探索得不够深入,而是他们在探索过程中依然认可泰勒制以及埃尔顿·梅奥和切斯特·巴纳德的伪科学。如果你崇尚的开拓者是这样一群虚假的科学家,那么,你绝不会在真正的科学探索道路上走远。

第二,商学院过于推崇案例分析法中的逻辑。就管理决策这一方面而言,学院认为案例分析法可以概括出其中的全部规律。但是,绝大多数企业的重要决策都是在特定背景之下做出的,因而那些决策都是独特的。得出这一结论后,到 20 世纪中叶时,教授们便放弃了将管理决策重新构建成科学理论的尝试,尽管他们从未对外宣传过这一打算。

第三,二战前,商学院教授的数学能力处于初级水平。然而,在任何一所商学院中,MBA 的主要课程之一便是应用数学。如果把商学院教授放到一堂高等微积分课上,他们的脸上一定会呈现出迷茫的表情。他们并不是将商学奖学金提升到实际科学领域的正确人选。20 世纪 50 年代末期,福特基金会和卡内基基金会在发布其研究报告后,教授们终于意识到数学的重要性,并开始提升自己的数学能力,但依然没有达到合格水平。因为,他们没能看到数学在金融建模中的局限性,尤其是涉及风险时。

二战改变了上述情况，整个国家最聪明的人都开始关注战争带来的变化，如科学家和数学家专注于军事物流学、运筹学等领域。因此，管理与科学之间的界线开始模糊，甚至这两个领域可以相互渗透。

劲敌出现：卡内基技术学院

当然，不只是商业屈服于科学，其他一切都屈服于科学。20世纪50年代，喷气式飞机被引进民用领域、第一条横跨大西洋的电话电缆开始铺设、计算机首次跨出实验室进入商界。不过，这并非得益于盖伊的商业科学，而是管理科学，即一种"有意打破现有学科体系，并通过其核心的技术能力寻求将自身合法化的新构造"。这种管理科学并非来自哈佛商学院的保守势力，而是来自一股全新的势力——卡内基技术学院[1]工业管理研究生院（Graduate School of Industrial Administration，以下简称GSIA）。该学院创办于1949年，由梅隆家族捐赠600万美元建成，以塑造同时受过管理学和工程学训练的高管为目的。其先决条件是：学生在定量分析领域受过高级训练，并且具有工程学背景。相比于哈佛商学院，GSIA更注重专业技术中的价值。如果说前者是在以人为本的基础上教学生通过案例分析法解决问题，那么，后者则是以核心技术能力为基础，教学生通过定量分析法来进行理性决策。

GSIA的首任院长李·巴赫（Lee Bach）打破商学院传统，在教师队伍中储备了许多真正聪明而勤奋的人，包括数学、计算机学、行为科学、运筹学等领域的专家。几乎在片刻之间，这所商学院成了一匹不容忽视的"黑马"。巴赫将管理学与数学紧密联系在一起，几乎切断了它与商学的联系，以此包装并销售管理教育。巴赫认为，学生所需要的只是合适的方法训练。管理史学家J.-C.斯彭德甚至称它为"美国最为激动人心的制度成就"。1953年，福特基金会组建了一个顾问团，并邀请巴赫以及时任哈佛商学院院长的唐纳德·戴维加入其中，共同操控来自各企业的巨额捐赠。

GSIA的突然崛起，吓坏了哈佛商学院的保守派。1956年，时任哈佛商学院院长的斯坦利·蒂尔说道："未来5年，我们必须确定将来的高

---

[1] 1967年卡内基技术学院与梅隆工业研究学院合并成卡内基梅隆大学。——译者注

管在许多新兴领域中应掌握哪些技能……例如，我们必须明确定量方法中所需要的数学与统计学知识在课程中的比例。"

实际上，他们做到了这些。1955 年，几位哈佛商学院教授开始与约翰·毕晓普（John Bishop）一道研究高等数学，后者曾经是塔夫斯大学的教授。1956 年，蒂尔让他加入罗伯特·施莱弗（Robert Schlaifer）教授的研究团队，共同发展决策理论。公平地讲，在 1947 年成为哈佛商学院教授的罗伯特·施莱弗，是个真正聪明而勤奋的人。他先是自学了统计学，后又"唤醒"了一所在统计学思维上"休眠"已久的学校，因而对决策分析进行了革命性改造。

没有数字无法解决的问题

施莱弗研究团队中，有一位名叫霍华德·雷法（Howard Raiffa）的成员，他是哥伦比亚大学的一位统计学教授，因在统计学决策的分支领域——博弈论的研究而声名鹊起。此外，雷法还是一位运筹学家。有一次，他的一些同事认为，若在统计模型上增加雷法那"模糊不清的概率"，有损统计学坚持的严格标准，这令他感到十分挫败。正在那时，施莱弗带着案例分析法主动找上门来。雷法后来回忆道："案例分析法……令我很震惊。大多数案例处在一种类似博弈的环境之中，它们是真正的决策问题，每一个都包含着相互竞争的目标和不确定性。它们是名副其实的宝藏，正迫切需要理论界的关注。"

1957 年，雷法接受了哈佛大学统计学系和哈佛商学院发出的工作邀请。他和施莱弗一同工作，使用贝叶斯概率[①]找到了一种量化主观知识的方法，这种方法使得雷法发现了所谓的决策理论。所有那些凝神思考企业在面临各种选择和不确定性时无意中发现了决策树的人，都应当感谢这两人。简单地讲，他们的工作，不仅为商业问题找到了一种数学分析方法，且在分析过程中，还不必以牺牲专家意见为代价。

1959 年，施莱弗出版了《商业决策的概率和统计》（*Probability and Statistic for Business Decisions*），并于 1961 年和雷法合著了《应用统计决策理论》（*Applied Statistical Decision Theory*）一书，这本书在接下来

[①] 由英国数学家贝叶斯提出，是一种将概率定义为某人对一个命题信任的程度的概念。——译者注

的20年里确定了贝叶斯统计学的发展方向,但书中都是令人生厌的知识,尤其是对哈佛商学院那些"公平公正"的师生而言。哈佛商学院在尽可能努力地跟上 GSIA 的步伐时,认为自己需要为过于抵触统计决策理论而道歉。哈佛商学院曾称《应用统计决策理论》为"一种全新的出版物",对此,蒂尔院长解释道:"尽管由研究部门发表的大多数报告……有他们的目标读者,譬如有远见的企业高管,但这种全新的出版物主要为专家而写……"即便如此,哈佛商学院依然认为自己是一所消息灵通,富有远见卓识的院校。

4年后,施莱弗、雷法和约翰·普拉特(John Pratt)将《应用统计决策理论》改写为一本更适合在课堂使用的教材,同时将原书名改为《统计决策理论导论》(Introduction to Statistical Decision Theory)。到那时,他们不再认为自己是应用统计学家,而是自诩为管理经济学家,案例分析法让他们更确信这一身份。由于商业决策问题涉及一些不确定性因素,需要经理们在不可能进行统计抽样的情况下对生产、营销或财务做出判断,对此,经理们总结道,纯粹的统计决策过于狭隘。

遗憾的是,正如雷法所解释的那样,每个人(包括他自己)都被卷入到"决策的力量与优雅"之中,因而忽略了非量化因素,以至于人们都不知道如何辨别与分析首要问题。在哈佛商学院,他们使用案例分析法作为解决方法,但决策理论的基本概念——商业在某种程度上是一台数学机器,经理人只需要知道拉哪根杆子、按哪个按钮——强化了这样一种观念:管理本身是一种技能,与企业经营是分离的。若想实现成功管理,人们只需要掌握一整套普适的决策机制即可。

哈佛商学院教授雷克什·库拉纳(Rakesh Khurana)在《从更高的目标到雇用之手》(From Higher Aims to Hired Hands)中写道,这种新的管理导向"并没有被情绪体验所笼罩,而是受到硬事实和冷逻辑的驱使"。《金钱之旅:探秘商学院》的作者斯图亚特·科莱纳和戴斯·狄洛夫怀疑,学者们是否认为20世纪是这样一个时期:在此期间,机械的解决方案被错误地用来解决人类的问题。如果这是事实,那么,20世纪50年代便是这种误用达到高峰的时期。

但是,一切都在随着时间的推移而变化。比如在理论方面,行为科学领域中,埃尔顿·梅奥对工人心理的担忧已经让位给系统动力学。评论家威廉·德莱塞维茨指出,甚至社会本身也被视为系统。在这其中"根据

第三部分 学院商业化
一张强而大的人脉网

一次测试结果对所有人进行排序,并将他们训练成社会'机器'零部件的理念,给人一种可怕的感觉"。

商学院也开始改变。经理人虽然是企业这台"机器"的操作者,但他们也是由这种"机器"制造出来的。美国已经开始大规模地制造经理人:被授予MBA学位的学生人数增长了10倍,从1958年的5 205人增至1981年的5.5万人。那么,美国在提高MBA学生的质量上付出了什么?对这个问题,从一件事情中便可见一斑:企业比以往需要更多经理人。20世纪70年代之前,经理人的数量基本能满足企业需求,但随着企业需求激增,供需平衡的局面很快就被打破。因此,商学院继续"制造"更多MBA学生,这促使《哈珀杂志》编辑刘易斯·拉普曼(Lewis Lapham)在1988年出版的《美国的金钱与阶级》(Money and Class in America)一书中写道:"教育已经成为一种商品,与百事可乐和鳄鱼皮鞋无异。"

让我们再将话题回归到施莱弗和雷法身上。除了在统计学领域的成就外,雷法的职业生涯还有许多重要成就:他是肯尼迪政府学院的四位创建者之一;他组建起东西方联合智囊团(East-West Think Tank),着眼于缓和冷战中美苏的紧张关系;他还为哈佛法学院设立了一门关于谈判的课程。此外,他还是肯尼迪和约翰逊的国家安全顾问麦克乔治·邦迪(McGeorge Bundy)的科学顾问。

施莱弗则离"战士领域"更近一些,他以贝叶斯方法为基础,为哈佛商学院中的一年级学生设计了"管理经济学报告和控制"一课。1970年,由于哈佛商学院要求学生以17.5美元的价格购买该课程的教材《在不确定性下的决策分析》(Analysis of Decisions Under Uncertainty),学生们感到义愤填膺,在贝克图书馆的台阶上发起焚书运动。"这是一本内容非常模糊的书。"一位学生这样说道。对此,施莱弗在接受哈佛校报《哈佛深红报》(Harvard Crimson)的采访时说道:"我猜他们烧书是因为觉得这本书太难了。不管怎么样,我根本不想去理睬!"

第 25 章
权宜婚姻:福特基金会与商学院

唐纳德·戴维担任哈佛商学院院长达 13 年之久,在这个岗位上,只有两个人的任期比他更长:华莱士·多纳姆(1919～1942 年)和约翰·麦克阿瑟(1980～1995 年)。戴维的影响力在他辞职之后,依然萦绕在哈佛商学院中。一些人认为,他对商学院的影响力并没有随着他的离开而消失,反而有所提升。20 世纪 50 年代末 60 年代初,在塑造哈佛商学院的未来和决定教育方向这两个方面,戴维发挥着至关重要的作用。或者可以说,他和亨利·福特二世(Henry Ford II)共同发挥着至关重要的作用。

只需翻阅赖特·米尔斯的《权力精英》一书,便可以透彻地了解戴维与福特汽车的关系。1948 年,戴维进入福特基金会的理事会。1950 年,他成为福特汽车公司的董事会成员,也是该公司历史上第一位没有持股的外部高管。福特二世和戴维私交甚好,在戴维卸任哈佛商学院院长一职后,福特二世便让他出任福特基金会执行委员会主席,并在 1955 年请他担任该基金会纽约办事处的基金托管人。

据说,福特曾请戴维担任基金会主席,但被戴维拒绝了。他解释道,福特基金会的理事会认为,既在福特汽车董事会任职,又出任福特基金会主席是不明智的做法。他不想辞去在董事会的职务,因此在后来同意担任福特基金会副主席及执行委员会主席。这种做法是否更明智，我们不得而知。戴维还说服福特二世邀请通用电气前董事会主席查利·威尔逊（Charlie Wilson）加入福特基金会的理事会，而戴维本人也是通用电气的一名董事。

戴维是福特二世最信任的慈善顾问，在安顿好基金会的事务后，戴维开始在基金会中发挥核心作用。另外，福特基金会每年对外捐赠的资金约为5亿美元，是世界上最大的慈善基金会，戴维得帮助基金会思考该如何花这笔巨款。而那些巨额的慈善投资，是哈佛商学院一直渴望的。

互惠互利，各取所需

尽管戴维已经成为福特基金会理事会中的一员，他仍然在为哈佛商学院的利益着想。然而，这两者之间存在着明显的利益冲突。那么，如何在两者中寻求平衡？结果表明，戴维不必费心去维持平衡。1949年，他的同事林斯利·菲斯克·金伯尔（Lindsley Fiske Kimball）在寄给小约翰·洛克菲勒的一份报告中写道：''我发现，福特基金会有一项为哈佛商学院提供500万美元捐款的秘密义务……当戴维进入基金会后，他便向所有成员宣告，他既是基金托管人，又是申请人，他不知道如何同时扮演这两个角色。后来，戴维被告知他申请的资金已经通过审核，因此，他应该知道如何扮演那两个角色了。''

雷克什·库拉纳指出，福特基金会在两个方面显示出改造美国商学院的渴望。第一个方面是希望MBA课程的重点转移到定量分析和行为科学上，这是一种类似于GSIA的教育理念。但这一侧重点与哈佛商学院的教育理念背道而驰。如果福特基金会在没有获得哈佛商学院的支持下，试图实施课程改革，那么，它会面临着被哈佛商学院打压的风险，因为这所商学院已经拥有了将变革方向朝着其特殊目的引导的能力。正如米·奥吉尔（Mie Augier）和詹姆斯·马奇（James March）在《变革的根本、仪式和修辞》（*The Roots, Rituals, and Rhetorics of Change*）一书中指出的那样：''唐纳德·戴维和托马斯·卡罗尔以及哈佛商学院的其他领导者期望，任何对管理学教育的支持，就是对哈佛商学院本身的支持。''

由此引出第二个方面：福特基金会希望增加拥有博士学位的教授。当基金会投入330万美元以改进商学和经济学博士的教育时，哈佛商学院获得了其中的大部分资金，总额达 200 万美元。这笔交易的一部分是：在博士课程中，哈佛商学院必须将主要的教学方式从案例分析法上移开，转变为基于定量分析的教学方式。要知道，案例分析法在当时基本上成了初级教授的"训练场"。

有意思的是，根据 1951 年加入福特基金会的行为科学家伯纳德·贝雷尔森（Bernard Berelson）的所见所闻，唐纳德·戴维起初还反对最新的社会科学理论，他认为，这可能让哈佛商学院失去获得基金会资金的机会。不过，他并不是担心哈佛商学院可能会被 GSIA 之类的院校超越，而是担心被哈佛大学的社会关系学系超越。贝雷尔森说："大概有一年半的时间（1955～1957 年），戴维在推动博士生项目时并不顺利，他会说，'瞧，我们可以轻松地在这里做成交易。如果交易达成，我们就是朋友。如果你不和我交易，我将跟你势不两立。'而我们正试图说服外界与哈佛商学院中具备资格的研究，比如老式的亨德尔森研究以及霍桑研究进行交易……但它们对戴维来说远远不够。因为，并不是商学院中的一切都有资格达成交易。"

当福特基金会和卡内基基金会都发布了关于美国商学教育状况的批判性报告时，哈佛商学院的内部争辩开始进入公众视线。两个基金会都在呼吁，商学院应参照 GSIA 的教育理念，以更加严格的标准和科学的方法对课程进行全面修订，尤其是在运筹学领域。此前，哈佛商学院一直没能通过案例发现盖伊所谓的商业中的科学。因为，要想从管理中发现科学，需要从理论而不是实践中得出，这也是 GSIA 的研究方法。所以，基金会呼吁对教授培训与研究方向进行全面改革，将教授基于案例的研究，朝基于学科的研究转变。

钱聚人聚，钱散人散

虽然上述转变看起来像是哈佛商学院模式即将结束的信号，但在商学院自己的报告中，我们却看不到这一信号。它基本上忽略了外界所呼吁的对商学教育的改革，依然坚持案例分析法。事实上，哈佛商学院并没有在以研究为导向的商学院中充当先锋，而且以案例为导向的研究破坏了学院的创造性。不过，它仍被视为一流学院。对基金会而言，这便是哈佛商学院值得接受其慷慨捐资的主要原因。当然，唐纳德·戴维也是

第三部分 学院商业化
一张强而大的人脉网

重要的影响因素。1953～1964年，在福特基金会旨在改革商学教育的捐赠资金中，哈佛商学院获得的资金比任何一所商学院都多，总计达520万美元。

实际上，这些资金原本是用于帮助哈佛商学院培训国际教师（我将在第26章介绍该话题），但其中大部分资金却用于扩展哈佛商学院始于1922年的博士生项目。也是在那一年，哈佛理事会首次批准哈佛商学院颁发商学博士（Doctor of Commercial Science，以下简称DCS）学位。不过，在二战爆发前的数年里，由于其他更迫切的财务需要，扩展这一项目只能成为一个愿望。

一旦戴维察觉到福特基金会的计划，该计划便成了哈佛商学院的行动指南。尽管在1950年，哈佛商学院中总共只有49人获得了博士学位，但在1951年，戴维通过引述学院"明确的责任"——帮助其他商学院设计一种"通向商学教育的专业方法"，成功说服学院中的教职工们。1953年，他们纷纷投票赞成由福特基金会资助的博士生项目，与此同时，商学博士学位被更名为工商管理博士（Doctor in Business Administration，以下简称DBA）学位。

根据埃尔顿·梅奥的门徒弗里茨·罗特利斯伯格的描述，直到20世纪50年代末"博士生项目一直是一种中场表演……它最重要的功能……是为我们自己的MBA学生培养更多教师"。他其实是在承认，哈佛商学院的博士除了被本校认可，对外界几乎没有价值："早期的毕业生通常只接受单一的研究方法和教学方法的培训。如果他们想把教学当成职业，就必须待在哈佛商学院，或者到教学方法与之类似的其他机构中去。"

但是，金钱使这一切发生了改变。突然之间，哈佛商学院声称会对博士生项目进行重新设计，将原本只符合商学院的价值观，转变成一种符合商学教育的普适价值观。短短几年之内，哈佛商学院便宣称，在学院的100名博士毕业生中，有60人在学术界工作。1958年，福特基金会向哈佛商学院捐资110万美元，以进一步发展博士生项目，哈佛商学院照单全收。1967年，它创造了两项纪录——在46名DBA毕业生之中，包含3名女性。整个20世纪60年代，有224人成为DBA毕业生，其中有117人分别在70家机构中担任教授或培训师。

只要福特基金会的资金能源源不断地涌入哈佛商学院，它便会维持自己"明确的责任"。但当这条资金链断裂时，所谓的责任也就消失了。

哈佛风云录
THE GOLDEN PASSPORT

1970 年，仅仅在哈佛商学院重新设计博士生项目 3 年后，商学院对该项目进行了"严格的评审"，得出"减少资金投入和招生数量，以提高学生质量"的结论。1974 年，只有 47 名研究生获得进入博士生项目的机会，与 1969 年的 90 名相比几乎减半。1979 年，哈佛商学院进一步压缩博士生人数，只招收了 7% 的申请者，共计 12 人。40 年后，博士生项目的招生人数只有 20 世纪 60 年代末期的一小部分。

至于戴维，他为哈佛商学院带去了一份告别礼物。1979 年戴维去世后，迈尔斯·梅斯教授对《哈佛深红报》的记者说："他非常出色地将哈佛商学院的价值观移植到福特二世和洛克菲勒等商界领袖身上。"

固执己见，拒不改变

福特基金会在其报告中批评美国各商学院在教育上缺乏严谨性，过于职业化，不注重分析性或概念性。哈佛商学院成了最主要的批评对象，它被认为使用了不明智的教学方法，报告抨击它"除了案例分析法，几乎没有对学生提供其他研究方法的培训，也没有核心理论体系。对所有学生而言，博士课程与研究生课程别无二致，依然在强调解决管理问题"。在进行了严肃批评后，该报告又对商学院进行了表扬："如今，哈佛大学已开始将'管理是一种艺术'的观念从博士生项目中移除。哈佛商学院越发认识到系统知识以及研究方法的重要性。人们认为博士生项目比研究生项目的起点更高……事实确实如此，自 1957 年以来，哈佛商学院进一步采取措施，将内容分析以及研究方法纳入博士生项目。"

不过，哈佛商学院并没有像其他商学院那样，与 GSIA 竞争，哈佛商学院"明显比哈佛大学更加注重复杂的研究培训"。无论哈佛商学院做出什么改变，它依然坚持在研究中采用案例分析法，并认为该方法优于其他所有方法。而对于社会科学，它仍然持一种勉强容忍的态度。后来，它因克制而获得了回报。20 世纪 70 年代，社会掉转了枪口：博士生项目需要产生更多实用的和可操作性的内容，即增强课程与现实的相关性。

因此，在接下来的 30 年里，当人们再来评价福特基金会的报告时，哈佛商学院躲过了一些批评。2005 年，沃伦·本尼斯和詹姆斯·奥图尔（James O'Toole）在《哈佛商业评论》中发表了一篇题为《商学院怎样迷失了方向》（*How Business Schools Lost Their Way*）的文章，其中有这样一段内容：在基金会的鼓励下，许多精英商学院采用了一种不合时宜，并最终弄巧成拙的教学模式。

在各商学院察觉到自己过于注重科学严谨性而忽略了现实相关性时，商学院聘请了一些缺乏实践经验的教授，他们侧重于抽象地分析不具备实践基础的商业案例，并在学术期刊中寻求认同感。然而，除了他们自己之外，其他人对他们得出的理论根本没有兴趣。更糟糕的是，商学院教授的整体教学水平因此受到限制，并陷入恶性循环，终身教授制也因此受到影响。对此，J.-C. 斯彭德和雷克什·库拉纳的观点是："虽然基金会在报告中强调学术性，但并不打算说服各商学院让经理人做好处理问题的准备。这正是问题所在。"

于是，一些事情随之发生。20世纪50年代初，崇尚科学的美国及慈善家把商学与物理学等同起来，并认为两者在开展教学与研究时是相似的，这让商学院陷入困境。卡内基技术学院院长李·巴赫找到了摆脱这种困境的方法，在短短5年里扭转了竞争局面，似乎做好了开启商学教育新时代的准备。

当戴维回顾哈佛商学院的过往时，他正确地意识到，哈佛商学院所产生的消极影响也许不会消失。由于他无法重塑学院形象，所以只能施展一些计谋，设法进入福特基金会的理事会，以便重新分配基金会资金，为学院重启徒劳无益的博士生项目。

因戴维同意福特基金会向哈佛商学院的竞争对手卡内基学院提供资金支持，作为补偿，他承诺将福特基金会的更多资金引入哈佛商学院，并将其中的大部分资金用于扩展博士生项目。但是，当福特基金会与商学院的资金链中断时，他的承诺也随之消失。于是，哈佛商学院像往常一样又回归到商学教育。J.-C. 斯彭德说，到最后哈佛商学院又开始坚称，管理是一种艺术形式。与此同时，其他商学院已经意识到，难以捉摸的管理是一种科学。

福特基金会的报告描述了这样一个事实：尽管哈佛商学院中有许多人在基金会中任职，但他们与基金会的关系好比一对处于权宜婚姻中的夫妻，彼此没有感情，但为求生存，这样的联姻总比公开的敌意更好。在福特基金会的保护下，不但哈佛商学院的博士生项目合法化了，而且还避免了与竞争对手产生直接冲突。

说到研究，哈佛商学院仍在坚守案例分析法，虽然争议不断，但戴维还是达到了他的目的：在大变革的年代，哈佛商学院在没有进行真正变革的前提下，仍然稳坐 MBA 教育的头把交椅。这真是一项了不起的功绩。

这并不是新鲜事。哈佛商学院总是洋洋自得地沉浸在它特有的风格之中，当它看起来在变革时，往往是在某个好时机的掩护下假装自己在变革。它似乎并不在乎外界对它的评价，即使那些评价确实很重要。

例如，在招聘教授方面，哈佛商学院从一开始就将招聘本校博士生作为策略，而这几乎是所有精英商学院所反对的。在提升教授水平方面，直到最近，哈佛商学院才开始重视唯一一种研究类型，它是一种基于临床的、定性的、现场的研究，与哈佛商学院撰写案例的兴趣相吻合。其结果是，哈佛商学院有意识地巩固而不是瓦解其学术基因库，这让它再一次成为商学院中的异类。伦敦商学院教授朱利安·伯金肖（Julian Birkinshaw）说："对于如何提升教授水平，哈佛商学院对自己提出的标准津津乐道。"

然而，上述做法却让哈佛商学院成为世界上思想最狭隘、最排外的商学院，而它也为此付出了代价。对大多数精英商学院的教授而言，如果在其中一所学院没能成功任职，并不一定意味着在其他学院也会失败。这在哈佛商学院却是另一回事。由于它采用古怪的教学方法，许多没能在哈佛商学院成为教授的人，不得不转而在更低一级的学院谋职，比如巴布森学院。因此，对初级教授而言，在哈佛商学院工作是一个高风险的选择。

在 2004 年即将到来之时，哈佛商学院的博士生项目得到了一个发展机会。1965 届哈佛商学院毕业生汉斯贾格·维斯（Hansjörg Wyss）向母校捐赠了一笔 2 500 万美元的资金，以支持该项目。为了答谢维斯，哈佛商学院像往常一样，将一幢建筑物以他的名字命名。在接受这笔捐款时，时任商学院院长的金·克拉克（Kim Clark）说道："如今，商学院面临的最严峻的挑战之一是缺乏优秀教授。"这正是唐纳德·戴维早在半个世纪以前就承诺要解决的问题。然而，哈佛商学院就像从未做出承诺一样，再一次向其自身表明，只要别人愿意支付费用，它就能做好自己分内的事情。

第26章
进军亚欧大陆

20世纪50年代末，GSIA在商学教育领域中的变革，将美国各商学院的弊端衬托得更为明显，但这些问题并未走出国门，因为这些商学院的美国血统为其提供了坚强的后盾，使得它们在世界范围内依然处于领先地位。如果说世界各地的人们对美国工业的生产能力心生崇拜，那么，他们对美国人的管理能力则心存敬畏。

20世纪二三十年代，哈佛商学院过分专注于自身问题，以至于忽略了美国之外的商学教育状况。彼时，乔治·多里奥特将目光投向海外，参与了欧洲第一所商业管理高级培训中心——巴黎商业进修中心的建设。1930年，来自欧洲和亚洲的13所商学院院长访问哈佛商学院，以评估和借鉴其教学模式，但这种交流未成气候。

后来，还有一位哈佛商学院教授像多里奥特那样帮助欧洲建设商学院。1942年，国际关系学教授安东·德·哈斯（Anton de Haas）前往哥伦比亚首都波哥大，并在那儿为一所商业管理学院的创办出谋划策。不过，战争中断了学院的建设。1942年底，哈佛商学院在伦敦、巴黎和上海的3个海外校友会全部暂停运营。

20世纪40年代末，哈佛商学院的教授们再度将目光投向海外，在加拿大西安大略大学筹建的那一年，他们为该校的商学院设计了一门为期

5周的管理培训课程。1948年，该校商学院全盘接受了哈佛商学院的案例分析法。弗吉尼亚大学达顿商学院是另一所运用案例分析法的商学院，毫无悬念的是，其院长是1974届哈佛商学院毕业生罗伯特·布鲁纳（Robert Bruner）。2015年，它几乎成为美国最重要的案例发布机构。

俘获欧洲，辐射中东

在许多方面，加拿大已经完全接受了美国的管理理念，所以，美国将注意力集中在那些还未被其影响的国家。1947年6月5日，美国政府颁布"马歇尔计划"①，并宣称：该项政策并不针对任何国家或者主义，而是反对饥饿、贫穷、绝望和混乱。其目的应当是复兴世界经济，以形成一种有利于自由的机构在其中生存的政治与经济环境。

哈佛商学院通过《美国技术援助与生产力方案》（*The United States Technical Assistance and Productivity Program*，以下简称USTAP）响应"马歇尔计划"，邀请欧洲的经理人、工人、教师、工程师前往美国，培训其管理能力。哈佛商学院做好了分内的事情，在学院内以美国工业生产能力为主题，为欧洲经理人开设为期两周的培训。至1951年12月31日"马歇尔计划"终止之时，已有超过6 000人接受了培训。美国将数十亿美元花在重建欧洲上，而用在USTAP上的资金却非常少，只有3 000万美元。对此，一位历史学家评论道，这是"'马歇尔计划'让钞票发挥最大效用的创新之举"。到1958年底，当USTAP停止运行时，它已经在"向西欧传播美国的商业理念、实践以及教育"上花费了1.54亿美元。

USTAP在最初几年侧重于教育欧洲的工会组织成员，但到1950年，该方案负责人威廉·乔伊斯（William Joyce）将侧重点转向教育经理人。乔伊斯和他的同事希望美国管理者可以向欧洲管理者传授经验。不过，美国管理者的竞争本能使他们不愿意为人师表。无奈之下，美国的管理学教授成为管理经验的传授者，欧洲人也欣然接受。根据历史学家杰奎琳·麦格莱德（Jacqueline McGlade）的观点："许多欧洲人认为，大学教育和商业管理的共生性是美国工业成功的关键因素。"

不足为奇的是，美国中情局也是USTAP的参与者之一。在哈佛

---

① 指的是第二次世界大战结束后美国对被战争破坏的西欧各国进行经济援助、协助重建的计划。——译者注

大学与美国中情局建立起紧密关系后,新闻记者杰夫·麦康奈尔(Jeff McConnell)评价,"哈佛商学院的一些管理者和教职工组建并帮助管理了美国中情局的前线组织",以此证明自己在"将美国宣传攻势渗透到东欧"中所做的努力。

更加重要的是,他们还出于资本主义自身的原因来组建和管理资本主义的前线组织。仅仅在15年时间里,哈佛商学院便帮助6所国际商学院投入运营,分别是土耳其工商管理学院、瑞士国际管理发展学院、西班牙IESE商学院、印度管理学院艾哈迈德巴德分校、中美洲企业研究管理学院以及亚洲管理学院。1958年,20位教授分别在11个国家参与设立和实施教育项目,所有项目都由哈佛商学院国际部主任哈里·汉森(Harry Hansen)管控。

不仅是美国的商学院在欧洲举起新的旗帜,连同美国的企业也是如此:1950～1970年,美国企业在欧洲的投资从17亿美元增至2 450亿美元。到20世纪60年代末,欧洲已经陷入担心被美国经济入侵的恐慌之中。

法国记者让-雅克·塞尔旺-施赖贝尔(Jean-Jacques Servan-Schreiber)在1967年出版的《美国的挑战》(*The American Challenge*)一书中坚称,这是一次以全球为战场的规模与范围之争。美国企业跨过大西洋,通过控制欧洲企业的运营,粉碎欧洲的竞争力。在此过程中,美国企业的成功秘诀在于其分散的组织结构。

这场"战争"的核心人物,是1937年从哈佛商学院毕业的约翰·贝利·福克斯(John Bayley Fox)。福克斯是哈佛商学院的工业关系学教授,他在毕业后立即进入商学院管理层,担任副院长一职,并于1955年出任新成立的海外关系办公室主任。在接下来的8年中,这个办公室接待了来自85个国家的3 000名参观者,为商学院联络那些有意将资金投入到美国宣传机器中的任何组织或个人。也就是说,在当时,那些组织和个人需要通过商学院这一中间人,将资金交给美国中情局。

1953年,在汉森和福克斯同为福特基金会的顾问时,每每在开始讨论基金会的资金分配时,这两人便和负责商学院事务的托马斯·卡罗尔,以及另一位哈佛商学院副院长坐在一起协商。卡罗尔在福特基金会任职期间,于1955～1956年出任哈佛商学院协会主席,该协会负责管理和维系2.1万名校友的海外关系。哈佛商学院校友网络就是由这一协会建立的。

在接下来的十年里,福特基金会的资金源源不断地涌向哈佛商学院,用于支持其国际业务。1954年,基金会出资在哈佛商学院与土耳其工商管理学院之间牵线搭桥;1960年,基金会支持商学院在其校际案例交流中心新增国际部门,将商学院中被翻译成外语的案例以及从世界各地的教育机构中接收而来的案例全都囊括进来;1962年,基金会提供了一笔46.6万美元的资金,用于创建印度管理学院艾哈迈德巴德分校;1966年,基金会为位于马尼拉的亚洲管理学院提供120万美元资助;1971年,基金会支持哈佛商学院在欧洲的讲习班,帮助商学院向欧洲的教授们推广案例分析法。此外,基金会还资助了欧洲工商管理学院,这一定使其托管人乔治·多里奥特十分高兴。

1958年,哈佛商学院在各商学院之间建起了雄心勃勃的正式合作机制——国际教师项目。福特基金会与美国国际开发署一道,为其提供了至关重要的支持。1967年,福特基金会支付了120万美元,以支持哈佛商学院培训海外教师。1973年,哈佛商学院将其运营地转到欧洲,邀请多所商学院组成联盟,但在1979年,它突然退出联盟。

哈佛商学院的退出似乎受到了三个因素的影响:第一,福特基金会切断了对欧洲的资助;第二,欧洲工商管理学院开始与哈佛商学院竞争,开设与之类似的项目;第三,到1979年,美国遭遇经济危机,驻欧洲的企业员工纷纷被召回国内。尽管这些因素看上去是一些无懈可击的理由,却仍然无法掩盖这一事实:在外部资助"断炊"时,哈佛商学院强烈的教育信念也随之消失。

在冷战即将结束时,美国社会出现了"美国商业理论转型"的呼声。1990年,哈佛商学院和另外4所商学院一道资助了中东欧教师项目,目标是在两年之内将120名中东欧学者带到美国,进入高管教育项目中接受培训。1972年,有62名中东欧教授前往哈佛商学院,参加了为期7周的管理课程培训。

在美国,哈佛商学院始终是商学教育领域的主导力量。至20世纪五六十年代,得益于福特基金会的支持,哈佛商学院冲出国门,主导了国际商学教育的发展。1965年,伦敦商学院和曼彻斯特商学院都按照哈佛商学院的模式组建;1973年,哈佛商学院参与建设了耶路撒冷管理学院;1972~1975年,哈佛商学院教授罗伯特·利弗纳什(Robert Livernash)出任伊朗管理研究中心主任。

无法征服的德国和日本

哈佛商学院的影响力并未扩展到德国和日本。1993 年，管理史学家罗伯特·洛克（Robert Locke）指出："有人……徒劳地在西德找机会建设美国式商学院……但在德国，既没有哪家企业，也没有哪家教育机构会按照与美国相同的方式进行商学研究，也不会因此产生教育需求。"洛克写道："德国人往往把企业视为一个拥有生命的有机整体，而美国人则将企业视为一部造钱机器，它存在的理由，依附于股东回报率及其所有者的心情。"根据洛克的观点，美国在第二次世界大战中一直抱有必胜信念，这使得来自国内以及世界各地的经理人，都错误地把美国人的逻辑优势与美国的运营优势混为一谈。虽然人们都想效仿赢家，但并不是每个人都清楚该效仿什么。

虽然一些国家已经声明不接受美国的商学教育模式，但大多数国家仍对这种教育模式持肯定态度。截至 2014 年，全世界共有 15 731 家提供商学学位的教育机构。其中，有 3 902 家机构集中在印度。排名靠前的依次是美国（1 624 家）、菲律宾（1 259 家）、中国大陆（1 082 家）和墨西哥（1 000 家）。这 5 个国家所拥有的提供商学学位的教育机构，占全世界总数的一半以上。

就日本而言，它运用终身雇佣制来培养经理人，这与美国式 MBA 的职业规划背道而驰。至 1988 年，日本才创办了第一所美国式商学院——国际管理研究生院。从那时起，日本便成了美国在商学教育界的老师。洛克写道："在 20 世纪 80 年代，国际管理学领域的状况类似于二战后的西欧，只是管理技能的传输不是由'马歇尔计划'之类的大规模政府计划资助，传输范围也更小一些。日本商人并不渴望学习美国管理主义，反倒是欧美商人对日本行之有效的运营管理知识求知若渴，特别是在流程制造业和全面质量管理领域。"

最近几年，哈佛商学院对外扩张的主要方式便是在世界各地建立哈佛商学院研究中心，如 2006 年在孟买成立印度研究中心、2010 年在中国成立哈佛大学上海中心，以及 2013 年在土耳其成立伊斯坦布尔研究中心。1997 年，哈佛商学院在硅谷成立全球研究中心，这无意中承认了这样一个事实：在世纪之交，加利福尼亚这片创业的沃土仍被哈佛商学院视为异国他乡。

第27章
校园里的性别和种族歧视

1929年,哈佛商学院聘用了第一位女教授亨丽埃塔·拉森(Henrietta Larson),这标志着哈佛商学院对女性的态度已发生转变。拉森拥有哥伦比亚大学硕士学位和博士学位,曾是南伊利诺伊大学历史系教授。然而,在她进入哈佛商学院后,不仅被学院降低职位等级,让她担任研究助理,去协助学院完善商业史,连薪资也被大幅度削减。不过,拉森接受了这些苛刻的条件。

在拉森来到哈佛商学院之前,商学院可为女性提供的岗位仅限于行政秘书和图书馆馆员。弗兰卡·伊顿·赫德(Francha Eaton Heard)是商学院的第一位女秘书,她曾在旧殖民地信托公司为多纳姆工作,后随多纳姆一同来到哈佛商学院。据说,她有多得数不清的特殊职责,比如监督商学院的日常运营并规划其社会功能、布置校舍等。在哈佛商学院出现的第二位女秘书是玛丽·伊丽莎白·奥斯古德(Mary Elizabeth Osgood),她的职责稍稍具体一些——曾经参与并设计了有效而全面的归档系统。然而在哈佛商学院中,秘书终究只是秘书。

拉森在商业史领域造诣颇高。她于1936年撰写了《杰伊·库克:私人银行家》(*Jay Cooke: Private Banker*)一书,并在1939年与来自哈佛大学的诺曼·格拉斯一道,为哈佛商学院撰写了第一部以美国商业史为主题的案例书。即便如此,她仍然得不到商学院的重视。直到 1936 年,哈佛商学院才晋升她为助理教授,此时,距离她放弃教授身份来到哈佛商学院已经过去 7 年。1942 年,她终于成为一名副教授,但这却成为她的职业"天花板"。直到拉森退休那年,即 1961 年,哈佛商学院才将拉森晋升为正教授。然而,此次晋升只是商学院对她的一种安慰,让拉森能够忽略商学院对她职业生涯的侮辱。在 20 世纪 60 年代,这是哈佛商学院在性别歧视方面最为淋漓尽致的表现。

尽管拉森是第一位踏进哈佛商学院教授俱乐部大门的女性,却仍然被商学院及男性教授所忽视。在 1958 年编写的关于哈佛商学院历史的书中,梅尔文·科普兰只在附录中提到拉森。而在 1987 年出版的描写商学院发展历程的《微妙的实验》一书中,作者杰弗里·克鲁克香克则压根儿没有提到她。1945 年,哈佛商学院聘用的第二位女性教授是伊丽莎白·阿博特·伯纳姆(Elizabeth Abbott Burnham),她和拉森是 20 世纪 60 年代初仅有的两位成为哈佛商学院教授的女性。在当时,任何一位女性从获得商学院认可,到成为教授,都需要经过一段漫长而艰辛的路程。

如今,哈佛商学院的教授队伍中包含许多备受瞩目的女性,包括最年轻的终身教授安妮塔·埃尔伯斯(Anita Elberse),兼任文化社区院高级副院长和管理学教授的罗宾·埃利(Robin Ely),原奥巴马内阁成员、曾任小企业管理局局长(Small Business Administration)的卡伦·米尔斯(Karen Mills),哈佛商学院负责战略与创新事务的高级副院长扬米·穆恩(Youngme Moon),专门从事领导力研究的埃米·埃德蒙森(Amy Edmondson),服务模型领域的专家弗朗西斯·弗莱(Frances Frei),着重研究能源与环境的丽贝卡·亨德森(Rebecca Henderson),史泰博公司联合创始人迈拉·哈特(myra hart)以及哈佛商学院教授队伍中 3 位元老级教授——南希·科恩(Nancy Kochn)、琳达·希尔(Linda IIill)和罗莎贝斯·莫斯·坎特(Rosabeth Moss Kanter)。

白人男性的傲慢与偏见

虽然聘用亨丽埃塔·拉森使哈佛商学院对女性教授的态度发生了转变,但在很长一段时间内,商学院对女学生的态度没有任何改变。

直到 1937 年,哈佛商学院的教授才有意愿教女学生。那一年,拉德克利夫学院①说服并聘用了哈佛商学院教授弗里茨·罗特利斯伯格和艾尔弗雷德·诺思·怀特黑德。然而，直到25年后，哈佛商学院才开始招收全日制女学生，而纽约大学和哥伦比亚大学分别在1900年和1916年就对女性敞开了大门。回想哈佛商学院曾声称自己会专注于使世界变得更美好，使得这一现实变得极具讽刺性。

1952年，拉德克利夫学院院长和理事会投票决定中止其"管理培训项目"，理由是缺乏资金。随后，哈佛商学院提出资助该项目，不仅拯救它于危亡之际，还要扩大招生规模。作为交换，拉德克利夫学院将该项目中课程设计与安排的决定权交由哈佛商学院，并承担该项目年度赤字的一半。

于是，"管理培训项目"被更名为"哈佛-拉德克利夫商业管理项目"。此时，一位值得怀疑的倡导者出现了：在1955～1962年担任哈佛商学院院长的斯坦利·蒂尔。虽然他认为女性不配接受和男性同一水平的商学教育，但他仍主张女性继续参与MBA二年级课程，这最终促使哈佛商学院做出招收全日制女学生的决定。

1955年，蒂尔在哈佛-拉德克利夫项目中针对职场女性引入了一门新课程。对此，蒂尔说道："这个项目对那些于家庭和社区都有价值的女性而言，有着长远的意义。"换言之，即使是受过良好教育的职场女性，也非常适合回归家庭。

蒂尔以典型的哈佛商学院风格，将早期招生人数较少的原因归咎于外部因素。他说："许多教授和潜在申请者对不允许学生（不论其是否有资质）追求高级学位的项目有偏见。"对此他提出的解决方案是：从哈佛-拉德克利夫项目的毕业生中为商学院MBA项目招收二年级学生。虽然他在错误的方向上扩大招生规模，但这总算是个进步的标志。

即使哈佛商学院不得不用可笑的理由去解释自己为何没能跟上时代的步伐，它也不屑于成为别人的追随者。所以，即便其他商学院在20世纪初便开始招收女性，它也不为所动。

直到1958年，蒂尔仍在招收女性的问题上犹豫不决。尽管他认为女性没有资格获得与男性同等的教育机会，但女性对高级学位的需求变得

---

① 创建于1879年，曾是位于美国马萨诸塞州剑桥的一所女子文理学院，为美国七姐妹学院之一。拉德克利夫学院于1963年开始授予其毕业生哈佛-拉德克利夫联合文凭，1999年被全面整合到哈佛大学。——译者注

越来越强烈,以至于不容忽视:"哈佛商学院招收女性……的需求不大。然而,本科毕业生对MBA学位的需求越来越大,商学院需要给予这些毕业生获得高级学位的机会。压力……来自于教育界、政府以及越来越多的商业企业。"

此外,压力还来自其他地方:"在过去的几个月里,已经有4位MBA毕业生选择在其他院校攻读硕士学位。"当哈佛商学院感受到来自其他院校的威胁时,只能暂时放下性别歧视。

因此,在1959年,哈佛商学院招收了3名哈佛-拉德克利夫项目的毕业生。1962年,新任院长乔治·贝克对商学院女学生的优异成绩印象深刻,便组建了一个专门委员会,用于探讨是否要继续哈佛-拉德克利夫项目。1963年,商学院决定关闭该项目,并于同年招收了8名女性作为全日制学生。

尽管如此,性别歧视仍然存在于哈佛商学院中。

1964年,贝克在谈到商学院缺少女性和黑人男性时称:"针对以上两个类别的人群,似乎有着这样一个事实——社会需要哈佛商学院去教育他们。"换句话说,不扩招女学生并不是哈佛商学院的错,而是因为那些女性没有意识到学位会为她们带去更多就业机会。然而,这与其他商学院的女性入学历史显然是矛盾的,特别是斯坦福大学,它在1930年迎来了首位女性毕业生。此外,有一个事实可以体现哈佛商学院在当时对女性的态度:院长夫人向所有哈佛商学院毕业生的妻子授予PHT学位(Put Hubby Through),以表彰她们支持丈夫完成学业。

1968年,当种族不平等问题在美国持续发酵,哈佛商学院不能再避谈这一话题时,贝克做出了一则荒谬的声明。他称哈佛商学院参与解决美国种族问题的努力是低调、广泛而深入的。然而,商学院在处理少数族群的问题上不仅十分冷漠,而且做得很差。

但贝克将原因归咎于社会而不是商学院本身。他声称,哈佛商学院一直在努力增加黑人学生的人数,但在此过程中,一直有一股神秘的力量在压制商学院扩招黑人学生的能力。随后,商学院最终屈服于社会压力,于1970年招收了25名黑人学生。对这种突然转变,贝克给出的最好解释是:"黑人群体越发强烈地意识到,商界存在着属于他们的机会。"可是,当黑人群体值得拥有那些机会时,你为何还要把责任推卸到招生政策上?

歧视仍未消失

在即将步入 20 世纪 70 年代之际，事情终于开始朝着好的方向发展。1969 年，哈佛商学院允许女学生住进校园宿舍，同年，商学院首次向女学生颁发贝克学者奖。在 1969～1970 学年，商学院累计招收了 50 名女性。即便如此，女学生在校园内并未真正受到欢迎。一位 1971 届校友说："刚开始时，某些白人男性感到哈佛商学院降低了招生标准，使得不合格的黑人和女性都被招了进来。而且，由于他们占据了招生名额，白人男性更怨恨黑人。"甚至连教授们也对这两个群体进行区别对待。一位 1973 届校友说："一些教授在上课期间会看着女性和黑人学生说'这对你来说是不是太难了？'"

至 1995 年，哈佛商学院中的女学生数量只占到班级人数的 28%。1998 年，6 名兄弟会成员因对女学生做出不当行为而受到纪律处分，这件事情立刻成为各大媒体争相批判的丑闻。对此，许多女学生感到非常欣慰：总算有人开始批判哈佛商学院的兄弟会文化了。"哈佛商学院的毕业生都在极力维护母校形象，"一位 1992 届校友告诉《波士顿环球报》（*Boston Globe*）的记者，"它好比一个出了问题的新英格兰家庭，但身处其中的家庭成员得咬紧牙关，把所有问题都埋在心底。"

从 20 世纪 60 年代至今，许多毕业于哈佛商学院的女性都对自己的母校非常失望，她们认为，它本该是一所培养完整的人和塑造完整人生的学校，但它几乎没有重视女性所面临的平衡家庭与工作的挑战。

2005 年，MBA 项目中有 35% 的学生是女性，但问题仍然存在：能参加案例研究的女性少之又少；男女学生之间的成绩存在明显差异；性别歧视现象依然如故。院长尼廷·诺瑞亚将解决这些问题纳入到管理目标之中。但在 2013 年 9 月，《纽约时报》刊登了一篇措辞尖锐的文章，直指哈佛商学院用分级制度解决成绩差异问题是非常愚蠢的决定。（关于这方面的内容，我将在第 61 章中再做详细讨论。）

第28章

逻辑困境

艾尔弗雷德·钱德勒并不是研究工商企业的领头人,此前,彼得·德鲁克撰写的《公司的概念》一书,就已成为现代企业的组织蓝图。钱德勒也不是哈佛商学院第一位商业史教授。1927年,哈佛商学院聘请了曾在哈佛大学授课的诺曼·格拉斯,他因此成为美国历史上第一位商业史教授。

直到1970年,钱德勒才来到哈佛商学院,比格拉斯晚了近半个世纪,但钱德勒做到了格拉斯一直没能没做到的事情——使商业史研究变得非常迷人。

让我们从头开始讲述。

格拉斯来到哈佛商学院后不久,便推出哈佛商业史研究项目,开始潜心研究企业的历史,其中有两个企业的历史由他亲自撰写,分别为波士顿第一国民银行(First National Bank of Boston)和哈佛合作社(Harvard Co-operative Society)。

1928年,哈佛商学院创办杂志《商业与经济史》,格拉斯任总编,埃德温·盖伊任编辑,但在1932年,由于缺乏资金,再加上没能明确杂志的终极使命,《商业与经济史》被迫停刊。

在钱德勒到来之前,哈佛商学院就已成立了企业史研究中心,贝克图书馆管理员亚瑟·科尔（Arthur Cole）、经济学家约瑟夫·熊彼特①和埃德温·盖伊是主创者。1948～1958年，是企业史研究中心最具生命力的十年，它阐述了西方资本主义的主要原则——对单个企业和单笔财富的破坏，是为所有人营造美好生活的代价。哈佛商学院坚定不移地支持这样一个观点：由"资本家引擎"带来的共同繁荣，远远胜过它破坏后留下的残骸。

20世纪40年代末，钱德勒还在坎布里奇，师从具有传奇色彩的社会学家塔尔科特·帕森斯（Talcott Parsons）。帕森斯提出的"结构功能主义"②对爱米尔·迪尔凯姆、维尔弗雷多·帕累托和马克斯·韦伯（Max Weber）等一众社会学家产生了深刻影响。在帕森斯的课上，钱德勒第一次接触了阿道夫·A. 伯利、加德纳·米恩斯、切斯特·巴纳德和埃尔顿·梅奥的作品。1949年，钱德勒受邀加入企业史研究中心。一年后熊彼特去世。虽然钱德勒的理论以熊彼特的理论为基础，但两人对第二次工业革命中的变革动因各执一词。在熊彼特看来，大胆的企业家是英雄，而钱德勒认为，真正的英雄当属他创建的组织结构图及经理人。

然而，最终让钱德勒迈上成功之路的因素，是他早已离世的曾祖父。在他来到坎布里奇后不久，他的姑姑露西·普尔（Lucy Poor）便去世了，为他在布鲁克林附近留下一套公寓。他在公寓的地下室里找到了一篇论文，作者正是他的曾祖父亨利·瓦卢姆·普尔（Henry Varnum Poor）。普尔于1849～1861年担任杂志《美国铁路》（American Railroad Journal）的编辑，后又成为商业信息提供商——标准＆普尔公司（Standard & Poor's）的联合创始人。

尽管大多数看过《美国铁路》的人会认为这是一份质量低劣的行业杂志，但钱德勒却认为它承载了历史的重量。他发现，这份杂志是现代建筑业的种子，是华尔街鼻祖，是管理层次和控制系统的发明者，是现代劳动关系的发端。它描述了在当时还未出现的寡头垄断并给出了应对方案，即政府加强对大型企业的管制。更重要的是，他发现曾祖父普尔非常"倾向于从经验中总结出实用的理论"。

---

①Joseph Schumpeter 经济学家，是术语"创造性破坏"的提出者。他认为，企业家是创新主体，其能力在于创造性地破坏市场均衡。——译者注

②该理论认为，社会是具有一定结构或组织化手段的系统，社会的各组成部分以有序的方式相互关联，并对社会整体发挥着必要的功能。整体是以平衡的状态存在着，任何部分的变化都会趋于新的平衡。——译者注

组织结构改革与通用汽车破产

钱德勒曾经和麻省理工学院的埃尔廷·莫里森（Elting Morison）合作编辑西奥多·罗斯福总统的信件，这份工作让他意识到，许多具有影响力的决策，必定是基于不充分的信息做出的，这使得决策结果也充满不确定性。在麻省理工学院，钱德勒开始了毕生的事业——对美国大型企业组织结构的变革进行研究。这段经历促成了两位艾尔弗雷德的合作：通用汽车传奇总裁艾尔弗雷德·斯隆请求艾尔弗雷德·钱德勒担任研究助手，与《财富》杂志作家约翰·麦克唐纳一道，协助他撰写自传《我在通用汽车的岁月》（*My Years with General Motors*）。这让钱德勒进一步了解到通用汽车的组织结构，还有它如何保证企业规模及产品多样性同步发展，这促使他写下第一部作品：《战略与结构》。

关于《战略与结构》的中心论点，哈佛商学院的商业史学家托马斯·麦克劳评论道："和其他组织一样，企业受到惰性的约束，它们只有在受到竞争压力的逼迫，到了不得已而为之的时刻，才改变发展方向，这被钱德勒称为企业战略。可是，真正成功的战略，应该是使组织结构发生决定性变化才对。"如果你想了解钱德勒的观点，只需问一个类似于"鸡和鸡蛋"的问题：是先有战略后有结构，还是先有结构后有战略？钱德勒后来透露，作品最初的标题是《结构与战略》，但词语的先后顺序只是一个枝节问题。他将这本书视为"在不断变化的外部环境中，对现代化工业企业的结构与战略之间的复杂关系的研究"。

20世纪中叶，钱德勒在他分析各大企业（包括杜邦、通用汽车、西尔斯百货和标准石油）的过程中观察到，M型结构在绝大多数美国大型企业中占主导位置。在M型结构中，高级产品经理或分公司高级经理有一定自主权，能够管理企业中生产、销售和采购等部门的活动。企业最高管理层主要通过财务和控制功能监控分公司绩效，并以绩效为依据为企业制定发展规划、进行资源分配。

1970年，钱德勒接受了哈佛商学院授予的商业史斯特劳斯教席教授职位，并继续设计商业史课程，将主题从"历史环境中的商业"改为"管理资本主义的到来：美国"。在过去半个世纪里，这门课程逐渐成为最受学生喜爱的选修课。到20世纪80年代中期，有44%的学生选修了该门课程，而且，学生对它的好评使它在80多门选修课中名列前茅。根据麦

克劳的描述，负责这门课程的教授不会在课堂里讲述那些伟人的理论，而是采用钱德勒式语言授课："我们的真正主题是义无反顾的改革，随着外部环境的变化，企业应根据其组织结构、所在行业、技术可行性以及管理特权等方面全面推行改革。"

钱德勒整合了他的研究成果，将它们写进自己的第二部作品——于1977年出版的《看得见的手：美国企业的管理革命》(The Visible Hand：The Managerial Revolution in American Business)，并因此获得普利策奖。这部作品基本上是《战略与结构》的前传，钱德勒在其中阐述了一个观点：政府那只"看得见的手"是如何替代亚当·斯密提出的市场那只"看不见的手"，成为现代工业经济中主要的资源分配机制。这本书并没有将管理阶层的崛起描述为夺权（尽管他承认，经理人与所有人之间确实存在紧张关系），而是将其描述成一种必然趋势，是对铁路兴起、电报普及等变革在"经济上的合理响应"。

钱德勒认为，大型官僚企业标志着企业形式演变的结束，但这一观点被证明是错误的。1990年，随着他的第三部著作《规模与范围：工业资本主义的原动力》问世，人们便认为他的观点已经过时。当时，通用汽车陷入混乱之中。其CEO罗杰·史密斯（Roger Smith）在麦肯锡联合创始人马文·鲍尔的指引下，通过重组通用汽车的组织结构去抵抗来自日本汽车制造厂的威胁。一些人认为，这种完全按照钱德勒的方法进行的变革，正是问题的根源所在。

在钱德勒看来，通用汽车在组织结构改革上势在必行，可重组却带来了灾难。麦肯锡将通用汽车的员工转来转去，无意中破坏了企业的知识资产，也破坏了员工间的社交网络。不仅在生产力和生产效率方面没有带来任何进步，还产生了巨大的成本。《猛然觉醒：通用汽车的崛起、衰落及挣扎》(Rude Awakening: The Rise, Fall, and Struggle for Recovery of General Motors) 一书的作者马雅恩·凯勒（Maryann Keller）曾说，在当时，无论是麦肯锡还是通用，都没有真正意识到日本的竞争力。正是那些改革，为2009年通用汽车的破产埋下种子。

脱离社会的商业史研究

钱德勒能否把他用于撰写《规模与范围》所花的时间更好地运用起来，

去更加仔细和全面地分析处在全盛时期的企业及其组织形式，并预测其发展规律？也许可以。可作为一名企业史学家，钱德勒从未宣称自己能够预见企业的未来。正因如此，他的学术遗产比那些出自哈佛商学院的教授、学者所留下的学术遗产更有价值。钱德勒凭借一己之力，使商业史研究步入正轨。而《战略与结构》的出版，是对美国商业史研究的革新。大型企业迅速席卷美国，其力量之强，以至于绝大部分调查研究仍集中在最基本的问题上：这股力量到底为何物？它是善意的还是恶意的？

在钱德勒看来，以上问题偏离了重心，他侧重于其他的问题：大型企业为何会拥有如此强大的力量？它们又是如何影响美国的？钱德勒不只触及了问题的表面，也挖掘得更深。他搜索了大量数据，并将它们整理到表格之中，再把这些表格放到自己的书里。钱德勒的学生之一、马里兰大学商业史教授戴维·西西里亚（David Sicilia）回忆，钱德勒授课时既慷慨又专注。"他不是课堂上最有活力的老师，"西西里亚说道，"但作为一个拥有社会地位的人物，他似乎并不关心身边的权力争斗，还能神奇地从商学院臭名昭著的政治旋涡脱身而出，实属难得。"然而，在哈佛商学院的政治舞台上，钱德勒可能不是一个令人喜欢的角色，他对管理技能的怀疑态度，一度让人们质疑哈佛商学院存在的理由。

一些批评家认为，关于企业影响力的问题，即大型企业如何兼并和继续发展的问题，是钱德勒存在欠缺的研究领域之一。

钱德勒认为，组织结构是大型的、垂直整合的企业获得成功的关键，但大型企业十分冷静地否定了这一观点。对许多大型企业而言，想获得成功要简单得多：它们比任何小型企业都能更加有效地获取权力，包括政治、经济和文化领域的权力。不过，与钱德勒同时代的人，即他的追随者——商业史教授路易斯·高拉姆博什（Louis Galambos）指出："钱德勒的著作没有关注现代企业所处的政治环境。他认为，企业转型不会受到社会变革或政府机构的影响。不得不说，他对权力问题的阐述太过温和。"

钱德勒的支持者认为，他的著作既是一个当代文化项目，也是正在创造中的历史。通过庆祝成功管理的非意识形态方面——哪个头脑清醒的人会倡导低效率？——将管理描述成价值无涉①的社会科学，阐明了大

---

①指科学研究等工作不使用价值判断，只采用逻辑判断，即客观地说明"事实是什么""事物是如何变化的"。——译者注

型企业及其权力的意义和价值。此外，他在书中低调处理了通用汽车反垄断的热门话题，将原因归结为高管们对反垄断行为的恐惧。这代表钱德勒的作品不仅关乎商业史，还关乎公共关系。在这一点上，他与哈佛商学院的同事们并没有太大区别。

人们对钱德勒价值观的指责从未间断。社会批评家托马斯·弗兰克写道："对一些人而言，管理资本主义……是美国文明的顶峰。在其备受欢迎的商业史作品《看得见的手：美国企业的管理革命》中……钱德勒在对生产企业进行了充分了解的情况下，追踪了科学管理在19～20世纪的崛起历程，并将具有启蒙意义的成就指向杜邦公司和美国橡胶公司异常复杂的流程图。"虽然弗兰克在开玩笑，但钱德勒以及哈佛商学院中的绝大多数人都相信，管理是繁荣的基础。

这一切表明，钱德勒的观点——美国大型企业通过建立M型结构而避免冗长的组织架构和效率低下的命运——是20世纪中叶美国管理主义赖以为自身辩护的观点之一，其影响力不可忽视。

当钱德勒将商业史塑造成一个声誉良好的领域时，他可能在无意中对哈佛商学院研究其他领域的同事们产生了消极影响。钱德勒的作品都很畅销，可是他在其中阐述的观点却过于简明、直接，以至于让人们认为可以通过结论反推观点。虽然钱德勒在他的作品中坚持了事情发生的顺序——"那些历史数据不是用来例证或验证观点的，相反，我的观点是从历史数据中演绎而来的"——但是这一领域的后继研究者对此并不赞同。

哈佛商学院出版社在出版管理书籍上有得天独厚的优势，但那些书籍中往往缺少回归分析[①]的结果，却不乏各种故事。比如，一些商业史专家通过观察案例，例如铁路发展历程，并努力从中挑选出真实的故事。讲述故事确实会为那些书籍带去附加好处，但其中包含的历史细节总是缺乏可信度。又或者，他们提出一个观点，然后从他们不甚了解的企业历史中择优挑选一些例子，去佐证观点，并认为得出的结论将造福企业。这正是那些声称揭示管理秘诀的书籍存在的主要缺陷之一，也是让真正的商业史学家感到气愤的现象。

商业史向来都不是受到MBA或哈佛商学院教授欢迎的主题，后来，

---

① 是确定两种或两种以上变量间相互依赖的定量关系的统计分析方法。它基于观测数据建立变量间适当的依赖关系，以分析数据内在规律，并可用于预报、控制等问题。——译者注

为讨好基金会，该门课程开始侧重分析性，使得它的受欢迎程度进一步降低。随后，哈佛商学院逆流而上，帮助商业史研究在学院内形成规模，并将其制度化，而钱德勒为它带去的高关注度，又巩固了这种制度化。这是一件好事，因为商业史教会读者所有历史类学科都在传达的观念——从别人所犯的错误中学习，需要付出的代价会更少。

商业史学家曾经也会提出一些不拘泥于学术领域的"大问题"。钱德勒提出了"铁路如何影响了美国经济"，而今天的商业史教授们却提出了类似"拥有哈佛商学院的教育背景，对其毕业生的高科技公司首次公开募股的价格有何影响"的狭隘问题。这不足为奇。令马里兰大学商业史教授戴维·西西里亚惋惜的是："教授和学生都转而接受这样一种态度——他们真正需要的是经济计量分析，而那些商学课程确实没有留下太多时间可供他们对大问题进行思考，这种思考被认为是一种奢侈品。"哈佛商学院中只有少数人在继续思考大问题，大多数人依然在他们的专业泥潭中越陷越深，直至被彻底淹没。

钱德勒的影响还扩展到哈佛商学院的其他研究团队，特别是经营战略团队。该团队的组建基础是钱德勒的组织精神以及他关于战略的观点——M型结构是管理层应对企业在多元化发展和权力下放问题时的方式。M型结构的优点在于，它使高管们可以从企业的常规业务中脱离出来，从而使他们在时间、信息、心理上拥有对企业发展进行规划和评估的决心。简言之，M型结构让高管们有时间制定战略。尽管如此，正如沃尔特·基切尔指出的那样，钱德勒所谓的战略，侧重于向后看而不是向前看，因此他只是为从业者提供了可供效仿的企业案例，却没有为他们提供有效指导。

第29章
十年回顾：1950～1959年

20世纪50年代初，哈佛商学院进入动荡时期——原本战后激增的入学申请人数突然急剧下降，首要原因似乎是朝鲜战争，次要原因是商学院新推出的15美元报名费，此举旨在让大部分意志不定的申请者打消入学念头。

在那些申请者中，具有工程学背景的人越来越多，这体现了美国向新型科学倾斜的趋势。1940年，只有不到10%的申请者接受过技术培训，到1955年，这一比率升至25%。此外，和过去相比，从哈佛商学院评估申请者成熟度的主要标志——婚姻状况上看，那些申请者确实更加成熟。20世纪50年代，哈佛商学院中已婚学生的比率达到40%。此后，商学院不再追踪观察这项数据。不过，在60年之后，这一比率一定低得多。然而，成熟度是否随着已婚学生比率的下降而降低，仍是个有待解答的问题。

稳定发展

人们对于进入商学院深造的兴趣日渐浓厚，这为众多成功的教育机构提供了发展空间。这种成功为商学院带来选择权，以哈佛商学院为例，它尝试开展标准化智力测试，希望能更有效地从申请者中择优挑选，同时，它仍在质疑一个事实：学术成绩或智力水平并不能预示一个人未来的商业成就。

尽管在20世纪50年代中期，哈佛商学院中就出现了围绕管理学教育的激烈争论，以至于威胁到学院的卓越性，但哈佛商学院仍对那些争论置之不理。与此同时，社会对其毕业生的需求持续增加，而他们也陆续在美国各企业的管理层中勇攀高峰，这反而巩固了哈佛商学院的社会地位。另外，商学院输出其办学理念的努力，也得到了福特基金会和美国中情局的认可，并因此获得巨额资金支持。斯坦利·蒂尔在1955年接替唐纳德·戴维担任哈佛商学院院长时，无异于接管了一家正处在巅峰时期的企业。

招聘哈佛商学院毕业生的企业数量稳步增长。1953年，191家企业在哈佛商学院进行校招，共计招聘了130名MBA毕业生；1956年，242家企业通过校招聘用了229名毕业生；1957～1958年，尽管美国经济不景气，但并未影响哈佛商学院毕业生的就业率。当时，250家企业聘用了210名毕业生，他们的平均年薪起薪达到6 000美元。随起薪上涨的还有哈佛商学院的学费。1958年，MBA每年的学费从1 200美元涨至1 500美元。

最近几年，全美各商学院的院长们在哀叹一项"暴政"——那些被简化了的数据分析表降低了学院等级，影响了他们的招生数量。有人回应道，一切原因都归于学院自身。早在20世纪70年代，哈佛商学院便对外公布这种数据分析表，却并未撼动它在商学院中的领先地位。

20世纪50年代，大部分毕业生发现他们更适合进入制造业，到50年代末，变化无常的经济状况以及毕业生不断改变职业选择的特性开始显露出来。尽管如此，在1955年，仍有63%的MBA进入制造业，只有10%的MBA进入金融业，但5年以后，前者比率缩减至50%，后者比率上升至20%。

哈佛商学院毕业生在企业管理层中取得的成功，可以由这一事实来例证：1958年，哈佛商学院的巡视委员会增补了7名委员，其中有4人毕业于哈佛商学院。其中包括巡视委员会主席、西太平洋铁路（Western Pacific Railroad）总裁弗雷德里克·惠特曼（Frederick Whitman），麦肯锡联合创始人马文·鲍尔，福特汽车副总裁罗伯特·麦克纳马拉，亚特兰大第一国民银行（First National Bank of Atlanta）董事会主席詹姆斯·罗

宾逊。这些人让巡视委员会的成员名单更像是一份商界名人录。此外，在1952年，哈佛商学院就业办公室通过研究发现，哈佛商学院校友已遍布在7 514家商企中。

高傲的责任

20世纪50年代末，人们产生了一种错觉：哈佛商学院需要面临的问题太少，以至于教授们不得不亲自创造问题。1959年，院长蒂尔在一份报告中指出，在对那些维持哈佛商学院研究项目健康发展的基本要素进行了一番深思熟虑后，他们提出了4个关键目标。首要目标是，学院应更加重视教育质量而非学生数量。可是，真正在实践中处理问题的人，并没有时间用目标清单去提醒自己应当如何做好工作。

在那一时期，商学院确实发展得顺风顺水。

贝克图书馆的收购预算在经历了20年的削减之后，终于在曲折中恢复到从前的水平。1955~1960年，其收购预算增长了41%，从2.2万美元增至3.1万美元，藏书规模从31万卷增至36.4万卷。

与此同时，学生构成日益多样化。1946~1960年，来自69个国家的708名海外学生在MBA项目中深造，另有478人参加了哈佛商学院的高管培训项目。但是，商学院从海外搜集案例素材的进程有所放缓，在商学院的2万多个案例中，仅有360个案例来自海外，只有250个由本校编写的案例被翻译成外国文字。如此一来，哈佛商学院的美国式风格变得越发明显——美国人不论到哪儿，都只说英语。

这并不代表哈佛商学院不再扮演救世主的角色。院长蒂尔和前任院长唐纳德·戴维一样，发现哈佛商学院在帮助贫穷国家改变现状方面肩负着特别的责任。蒂尔甚至认为，哈佛商学院对外输出管理技能，可能比输出科学或工业技术更加重要。

在二战后美国经济繁荣时期，哈佛商学院的教授们似乎得出了一个结论，他们认为，商学院声称培养承担社会责任的商界人士，并没有完全抓住哈佛商学院的教学特点。1956年，蒂尔说道："哈佛商学院为学生提供了一个无与伦比的机会，得以让他们思考一系列终极价值观，这样的价值观将赋予他们的人生以更深刻的意义，并指明他们的发展方向。"半个多世纪过去了，哈佛商学院仍将自己视为学生的人生导师。

第30章

盛名之下无谬言

影响力本就难以测量,尤其是当它正处于巅峰时刻。回顾过去,在20世纪60年代,哈佛商学院在对MBA教育领域的统治及影响达到巅峰后,便难以再续辉煌。最直接的原因在于,哈佛商学院是其自身成功的受害者。

在商学院成立50周年之际,它已经向世界成功地兜售了商学教育理念,并在海外参与创建了不少精英商学院,这使它不得不面临来自国内外的竞争对手。可原因不止于此,在MBA项目推出50年后,哈佛商学院及其他商学院已经实现野心,将它们知道的所有管理知识编纂成教材,以至于再也无话可说。不过,仍有值得注意的例外——它们大多数来自于哈佛商学院教授的思考——可以被视为影响力的变体。

在《战略与结构》一书中,艾尔弗雷德·钱德勒将战略制定定义为:确定一家企业长期的经营目标与目的,并为实现那些目标、达到那些目的而制定正确的行动方案和资源分配方案。其他学者也曾使用过"战略"一词,如切斯特·巴纳德在《经理人的职能》一书中,就频繁使用"战略要素"这一短语。不过,直到20世纪60年代中叶,都不曾有人编写关于如何制定战略的指导手册,但在20世纪60年代末,该类书籍却如雨后春笋一般涌现出来,其中一本就来自哈佛商学院。

艺术家的企业战略制定方案

如果你是那一时代的经理人,正肩负着清晰阐述和具体实施战略的任务,那么你可能会陷入两个阵营。第一个阵营是将管理视为科学,第二个阵营是将管理视为艺术。

如果你在第一个阵营,可能是受到1965年出版的《公司战略》(Corporate Strategy)一书的影响。该书的副标题为"一种关于企业发展和扩张策略的分析方法",但作者伊戈尔·安索夫(Igor Ansoff)并未解释"发展"和"扩张"之间的区别。安索夫起初在兰德公司(RAND Corporation)工作,后来在卡内基梅隆大学任教,而他构建出的理论体系,与这所大学侧重定量分析的倾向不谋而合。对此,沃尔特·基切尔在《战略之王》一书中写道:"钱德勒对战略制定的定义既宽泛又笼统,而安索夫引入的战略管理体系……像在精心修饰一个错误。"更糟糕的是,安索夫宣称自己能够预测可预测性,并认为大部分企业的预测结果,将与最终结果相差不超过20%。

如果你在第二个阵营,意味着你可能受到哈佛商学院的影响,因此,你会关注哈佛商学院的顶石课程——经营战略。该课程响应钱德勒的号召,将战略决策定义为一种"关系企业长期发展的决策"。此外,你也许会关注哈佛商学院教授肯尼斯·安德鲁斯。尽管今天的MBA可能不太熟悉他,但他在20世纪中叶的影响力不容小觑,有位历史学家称他为"20世纪五六十年代哈佛大学最重要的人物"。安德鲁斯的成功得益于他站在了一些重要人物的肩膀上,比如乔治·多里奥特。多里奥特曾说:"商业不是一门科学……它是一门艺术,或是一种带有科学性的技艺。在商界的伟大人物,都是杰出的艺术家或者卓越的工匠。"

安德鲁斯善于发现艺术的伟大之处——在第二次世界大战爆发前,他在伊利诺伊大学攻读英语专业的博士学位,被公认为美国小说家马克·吐温的权威研究者。随后,战争中断了他的学业。二战期间,他起初在美国陆军航空队服役,后进入哈佛商学院,并在那儿遇见了埃德蒙·勒尼德。勒尼德希望他留在哈佛商学院任教,并将那些收藏在哈佛大学怀德纳图书馆的马克·吐温的作品作为诱饵。进入哈佛商学院后,安德鲁斯接手了一项任务:对高管教育项目的有效性进行研究。在完成这项研究后,他受邀加入一个小型教授团队,主要成员是勒尼德和罗兰·克里斯坦森，该团队的任务是重新评估经营战略一课。两年后，该团队将企业战略的概念视为组织原则。

在哈佛商学院 1969 版教材《经营战略》（*Business Policy*）中，对战略的介绍只占区区 14 页纸，而对案例的剖析却占去了 1 000 多页。对安德鲁斯和他同时代的人而言，战略是领导者选择的产物，也是企业在商业环境以及社会环境之中遇到的各种问题的产物，其中包括价值观和组织结构等。换言之，战略只能从具体问题具体分析中得来，不能予以量化（不论你引入多少变量），也不能从普遍理论中衍生而来。劳伦斯·弗里德曼（Lawrence Freedman）在《战略：一部历史》（*Strategy: A History*）一书中写道："因此，管理者必须是通才，他们必须掌控千变万化的局面。"弗里德曼认为，安德鲁斯最接近决策框架的理论是他在 1963 年提出 SWOT，即在组织所处的环境中，从机遇（opportunities）和威胁（threats）的角度来分析其优势（strengths）与劣势（weakness）。

这种对战略的阐述，成为哈佛商学院课程的核心内容。它将战略分成两个部分：制定与执行。同时，它还通过四个子成分来引导学生：辨别市场机遇、企业能力与资源、个人价值观与抱负、对社会的义务。J.-C. 斯彭德说："在此过程中，哈佛商学院坚持一种信念，即经理人整合企业内外部信息并加以分析，在此基础上对企业进行综合管理和战略制定。这种信念的愿景是，分析只是支持管理过程，绝不会决定管理过程。"

回想 J.-C. 斯彭德的观点——管理是一种将自我投射到不确定性局面之中的艺术形式。如果你让战略分析变得极端，并试图消除其中的主观判断（使自我消失），那么，你就是一位反管理的人。J.-C. 斯彭德说，从这一角度来考虑，《经营战略》通过借用经济学家约翰·康芒斯（John Commons）的观点所阐述的战略方针——战略家应该在考虑他们能够做、可以做、想做、应该做的事情后再做出决策——就好比是"在反管理的大洋中存在的一座理性小岛"。

这种战略制定形式，自然招来了一些批评者，加拿大麦吉尔大学管理学教授亨利·明茨伯格（Henry Mintzberg）是批评者之一。他指出了一个缺陷，那种战略制定形式在相对稳定的环境中确实有用，但它束缚了思维，也降低了通过反馈来学习的可能性。在哈佛商学院的教授们看来，这是一种再自然不过的方法，制定战略的责任应由 CEO 一人承担，且制定战略有着严格的先后顺序，即先决定后执行。可是，这种理念忽略了一个事实:战略往往应用于紧急情况下,并且,它们是根据实际情况不断变化的。

另一个缺陷是,哈佛商学院的案例分析法是否适用于教授经营战略。在哈佛商学院1982版《经营战略》教材中,教材编写者们声称:"通过纪律严格的课堂训练去教授战略的概念……并通过案例分析法对学生进行训练,这种训练可以将学生的注意力集中在……对数据的选择与排序上……教他们提出适合某一特定局面的重要问题。"对此,明茨伯格嘲笑道:"尽管学生看过某家企业的简要介绍,但他们从来未接触过它的产品及客户,也从未参观过它的工厂。在这种情况下,学生如何了解该企业的数据和它所面临的局面?又如何提出重要问题?"

除了上述缺陷,安德鲁斯的制定战略方法还有一个优势——将战略建立在道德之上,并因此获得额外价值。《经营战略》中,在评估可能实施的战略时,编写者们会提出一些道德问题,比如"战略是否与经理人的个人价值观和抱负一致?""战略是否与社会对企业所做贡献的期望水平相吻合?"

到20世纪60年代中期,从表面上看,道德教育依然是哈佛商学院战略课程中的一部分,但这些课程并没有提高学生的道德水平,因而招来批评家们的猛烈批判(我会在第47章对此展开讨论)。不过,更值得注意的是,彻底将道德从决策过程中剥离出来的人,正是卡内基技术学院那些将管理视为决策的数据分析专家,还有芝加哥大学秉持代理理论[①]的新自由主义者。

2005年,安德鲁斯去世,哈佛商学院的校刊《哈布斯》(*Harbus*)发布纪念文章,称他为"企业战略之父"。

安德鲁斯时代的结束,标志着哈佛商学院的一项努力——着力形成条理清晰且建立在道德之上的企业理论——将毫无成果。基于精英主义思想,华莱士·多纳姆曾经从直觉上判定,企业在道德方面存在问题。安德鲁斯也持相同看法,其战略眼光基于他对企业的了解:企业不仅是在宏观经济模型中追求效率的机构,还是一个对政治和经济产生影响的特殊实体。自那以后,几乎没有哪位学者意识到这一点。有一种观点认为,

---

① 该理论主要涉及企业资源的提供者与资源的使用者之间的契约关系。按照代理理论,经济资源的所有者是委托人,负责使用以及控制这些资源的经理人员是代理人,该理论的中心任务是研究在利益冲突和信息不对称的环境下,委托人如何设计最优契约激励代理人。——译者注

解决西方资本主义危机的方法，就是鼓励经理人采用一种更加"专业的"道德规范，但这是一种本末倒置的观点。其实，最为迫切的需要并不是要求经理人在道德方面做出承诺，而是应该要求他们更好地理解企业所处社会的政治本质。

流行病：营销短视症

当组织真正处在巅峰时，即使是无关紧要的工作或人，也可能被贴上"有影响力"的标签。此外，出于虚荣心，即使某件事情非常可笑或完全错误，当事人也会称之为具有影响力的事件。这让我想起特德·莱维特（Ted Levitt）和他那篇有影响力的文章《营销短视症》（*Marketing Myopia*）①。1959年，莱维特在哈佛商学院任教一年后写下这篇文章，并将它发表在《哈佛商业评论》上。他在文章中提出了一个非常直接的问题：你究竟在做什么业务？他的根本观点是，企业在定义自己的业务时，应当以客户为导向，而非以产品为导向。莱维特最喜欢的一句格言是：客户不想要1/4英寸的钻头，他们只想要1/4英寸的钻孔。这无疑是个有意思的概念，但其蕴含的意义并不比它的修辞手法更有深度。

在几周之内，超过1 000家企业订阅了3.5万份刊有《营销短视症》的《哈佛商业评论》。半个世纪后，它依然是哈佛商学院历史上最受欢迎的文章之一。原因在于，莱维特在其中提出了一个被广泛认同的观点——企业应当自审。正如亨利·明茨伯格在《战略规划的兴亡》（*The Rise and Fall of Strategic Planning*）一书中阐述的那样："在这种观点下，各企业在各自领域中大显身手，忙于用各种花哨的方式重新定义自己。"例如，滚珠轴承制造厂突然意识到，它的业务不是制造滚珠轴承而是"减少摩擦"。据报道，麦克劳希尔出版社甚至耗费了1.72亿美元去做出"我们是谁"的战略决策。

但是，以这样的方式进行自审，只是为高管或咨询师提供装扮企业的机会罢了，其目的是什么？莱维特认为，铁路公司之所以被竞争对手抢走客户，是因为其高管层认为自己的业务是铁路运输，而非运输业务。

---

① 营销短视症是指管理者对企业生产的产品和技术盲目乐观与自信；将产业等同于某一种具体的产品，对产业发展所面临的替代品和潜在竞争者的威胁浑然不觉；忽视顾客的需求及其变化，一味执迷于对现有产品的改进，忽视产品的创新和企业的变革。——译者注

这听起来很精明,却可笑地脱离了主题。的确,其他运输业务的提供者,如汽车制造商、卡车制造商,甚至飞机制造商等都是铁路公司的竞争对手。但是,认为铁路公司的管理者应该彻底转变观念,以便能突然之间向航空业务发展的观点,简直荒谬。

莱维特的观点过于简单,甚至有些空洞,但一些 CEO 依然感到困惑。1986 年,哈佛商学院 1954 届毕业生、MCI 通讯公司 CEO 威廉·麦高恩(William McGowan)认为,他可以通过引述莱维特的观念创造出一篇思想深刻的文章,为世界留下深刻的印象。他在文章中写道,MCI 通讯公司的业务不只是提供通信服务,其经营范围还包括风险资本、游说、融资以及诉讼业务。在麦高恩看来,MCI 通讯公司可以将任何业务囊括到经营范围中。不过,这已经不是莱维特的观点了。

莱维特曾明确指出,为 20 世纪中叶的美国经济做出巨大贡献的大规模生产时代正失去动力。在大规模生产中,规模是关键,因为它是削减单位成本的密钥。但是,一旦生产形成规模,改革难度也随之增加。那些围绕着卖方需求而设计产品的企业,需要改进的是产品,而不是改变买家喜好。在日趋激烈的市场竞争中,成本只是方程式的一边,另一边是说服买家选择你的产品,这正是非短视营销。莱维特将这种营销方式描述成"将产品与创造、交货、消费等一系列因素关联起来,以此满足客户需要"。

不过,早在 1914 年,梅尔文·科普兰就曾提出类似观点。自 20 世纪 20 年代以来,营销组合策略及其四个要素——产品策略、定价、沟通(营销)、分销——一直是哈佛商学院营销课程的主题之一。当然,科普兰在商学院任教时,特德·莱维特的学生并不在那里。许多人发现,莱维特的教学方式拥有巨大的教育价值。曾师从莱维特的迈克尔·贝罗尔兹海默(Michael Berolzheimer)告诉《纽约时报》记者:"他的教学方式可以激励你思考,这对我能成功经营企业影响很大。"但是,思考得太多,会将人们的注意力从他们应当做的事情上转移。一位批评家把这种现象称为"营销视物显大症",它会让人们用超越经验和非理性的方式,将市场细分扩展到无以复加的地步。因此,在明茨伯格看来,创造出营销短视症概念的莱维特,本身就目光短浅。

1983 年,莱维特在《哈佛商业评论》上发表了一篇文章,因在文章中推广了"全球化"一词而受到广泛赞扬。在一篇题为《市场全球化》(The

Globalization of Markets)的文章中,莱维特断言,那些具有国际影响力的精英企业,已经把目光从为"单一市场定制单一产品"转向为"国际市场实现产品标准化"。这个论点大胆而富有争议,在社会上立即引发轩然大波,但它是不正确的。20年后,当哈佛商学院教授理查德·特德洛和拉维·阿普杜拉(Rawi Abdelal)再来研究那篇文章时,两人通过回顾性研究判断道:"莱维特的文章并没有说明全球市场的真相,倒是可以从中了解经理人应当如何思考全球化市场。"莱维特的观点也许是错的,但它确实具有前瞻性。或许,你总能发现一些作者会同时提出相互矛盾的论点。

第31章

双面MBA：罗伯特·麦克纳马拉

在许多美国人心中，罗伯特·麦克纳马拉是越南战争的始作俑者。在那场毫无意义的战争中，美国士兵死亡人数超过5.8万人。作为美国前国防部长，他留给后世的遗产无疑是悲惨的。麦克纳马拉曾就读于哈佛商学院，这一经历似乎和这场战争毫无关系，但事实并非如此。麦克纳马拉处理越南战争的方式，来源于哈佛商学院对他的教育。不仅如此，哈佛商学院式的思维方式贯穿于他的整个职业生涯，将他塑造为一个极端的例子——不仅有好的一面，也有坏的一面，还有丑陋的一面。

麦克纳马拉出生于1916年，童年时期在奥克兰的中产阶级聚居区度过，后以优异的成绩考入加州大学伯克利分校。1937年，他在毕业后打算申请罗德奖学金，前往牛津大学深造。当他发现自己没有获奖资格时，转而决定前往哈佛商学院继续学习，而这所商学院确实很适合他。麦克纳马拉不仅完全认同罗斯·沃克教授在"预算控制全析"一课中传达的理念，还对案例讨论抱有极大热情。他的同班同学、经营家族企业李维·斯特劳斯公司的沃尔特·哈斯这样回忆道，麦克纳马拉主导着整场讨论，在他们只能看到"小山丘"时，他已经站在"高峰"上俯瞰全局了。

1939年，麦克纳马拉从哈佛商学院毕业，进入普华永道会计师事务所。1940年，他在多纳姆的劝说下返回哈佛商学院，成为会计学助理教授,和埃德蒙·勒尼德教授以及陆军航空部队统计学校的人共事。新闻记者约翰·伯恩（John Byrne）称陆军航空部队统计学校为战争背后的英雄——一群西装革履的人苦思冥想着如何用数学赢得战争,他们的任务是优化信息传播,使得前线与后方司令部可以及时进行交流。当时,麦克纳马拉和哈佛商学院教授迈尔斯·梅斯同在统计控制团队,该团队隶属于查尔斯·桑顿,主要任务是将管理控制用于军事,即通过收集和统计数据,从中梳理出意义,并规划行动方案。

第二次世界大战期间,哈佛商学院成功转型为一所会计与统计学校,罗伯特·麦克纳马拉正是这一转型期的关键人物。数千名军官接受了"哈佛分析法"的培训,让他们能对陆军航空兵团中混乱无序的会计系统进行（强制）梳理,以此对数十万架飞机以及同等数量的空军飞行员进行合理化管理。1943 年,麦克纳马拉和梅斯被任命为英格兰陆军航空兵统计控制队的军官,两人的主要工作之一是在飞机维修站内建立库存系统。后来,麦克纳马拉通过优化调度系统,使美国空军 B-29 超级堡垒轰炸机的飞行时间延长了 30%,因而受到表彰。无可争议的是,麦克纳马拉和他在哈佛商学院的同事们确实为美国赢得第二次世界大战立下了汗马功劳。

查尔斯·桑顿的统计控制团队在当时是哈佛商学院历史上最精英的一支团队。首先,桑顿从报考候补军官学校（位于迈阿密）的学生中挑选最优秀的 10% 来组建团队,而且,这些人还必须精通统计学。伯恩写道:"如此一来,团队中的每一位成员都经过了同样严格的筛选,受过同样的培训,拥有同样的行事风格。"在战争结束之后,他们仍有充足的理由聚到一起,这也正是桑顿的计划。他树立的新目标在重要性方面只稍稍逊色于赢得世界大战：拯救美国最伟大的机构。而他们要做的,就是寻找那个愿意被他们拯救的机构。

福特汽车的传奇总裁

统计控制团队将自己的服务项目整理成册,并撰写了一条读来铿锵有力的宣传标语：没有决策能胜过它赖以形成的基础事实。之后,他们便开始向企业自荐。在桑顿看来,他的团队经验丰富,可以为世界上任何一家企业策划运营项目。他带领团队扩大兜售范围,找到了几个有希望的潜在客户,汽车制造公司是重中之重。因为,在 20 世纪中叶,汽车制造业是美国最具代表性、规模最大的行业。

福特汽车似乎是最可能的候选对象。亨利·福特二世已于1945年9月21日接过管理大权。一般情况下，新任老板往往比前任老板更乐于接受新理念，哪怕前任老板就是他们的父亲。在福特二世上任后不到一个月，桑顿便向底特律发去一份电报，建议福特二世应用他们在战争期间构建的"系统"。那时，通用汽车一直对行业领头羊的位置虎视眈眈，总想以最引人注目的方式与福特汽车竞争。或许是迫于竞争对手带来的压力，时年28岁的福特二世接受了桑顿的建议，并请他列出统计控制团队的成员名单以及他们期望的薪资水平。唯一的问题是，罗伯特·麦克纳马拉和迈尔斯·梅斯都倾向于回到哈佛商学院，两人都发自内心地认为自己非常适合教书育人，当时，哈佛商学院为他们提供的年薪约5 000美元。

梅斯返回了哈佛商学院，而麦克纳马拉则被桑顿说服，答应进入福特汽车。他之所以不拒绝桑顿，是因为1945年8月他和妻子同时染上小儿麻痹症，尽管他自己的症状较轻，但妻子的症状却有些严重。因此，在考虑自己的职业生涯时，巨额的医疗费用始终萦绕在他心头。与此同时，桑顿开出的薪资让麦克纳马拉无法拒绝：年薪1.2万美元。于是，在1946年初，麦克纳马拉加入了在后来被世人称为"蓝血十杰"的团队。他们来到底特律，受权作为福特汽车最高管理层的控制团队，直接听命于福特二世本人。桑顿被任命为规划主管，麦克纳马拉担任他的助理。

摆在蓝血十杰面前的是一个亟待全面改革的企业。当时，越来越多的美国大型企业都急于应用M型组织，并且迫切地在管理结构中建立源于哈佛商学院的管理控制系统。不过，福特汽车却刻意避开这一潮流，其创始人亨利·福特非常讨厌组织管理图，以至于在福特汽车中明令禁止采用该管理方式。虽然其他企业已经将会计部门转变成用于战略规划的重要部门，但福特汽车的会计部门仍然只为企业税收服务，从不过问企业的财务预算或控制，而福特汽车也从未审计过自己的账簿。

麦克纳马拉在一封寄给埃德蒙·勒尼德的信中写道："在许多方面，福特汽车让我想起自己早年在空军服役的日子，那时，军官们不根据信息决策，部队里也不存在组织模式。每个人就像一只脑袋被切掉的小鸡，四处乱撞。福特汽车必须推倒重建……他们的沟通渠道不畅、缺乏控制、组织不力、规划滞后，人事问题的严重程度令人难以置信。"这种管理混乱带来的结果显而易见：1927～1939年，通用汽车的利润超过10亿美元，长年问题不断的克莱斯勒汽车公司也赚到超过7亿美元的利润，而福特汽车仅能维持盈亏平衡。

在这凋敝、混乱的局势下，蓝血十杰开始对福特汽车进行大刀阔斧的改革，并为它展开了新的历史篇章。在此之前，福特汽车的设计、采购和制造部门都有各自的工时表，从未有人想过将它们整合在一起，但蓝血十杰做到了。他们运用从哈佛商学院学到的方法，对企业各部门的工时表进行整合和协调。此外，他们首次对福特汽车进行现金流预测、资本预算、勾画组织结构图。新闻记者约翰·伯恩在他的《蓝血十杰》(The Whiz Kids) 一书中，用扣人心弦的话语逐一阐述了他们在十年中的成就，本书在此不再赘述。不过，蓝血十杰的几个显著特点，值得我在这里进一步描述：

企业规模越大、越是成功，其边际值①不断恶化的可能性也更大。随着强大的小集团形成，信息流动开始遇到障碍，同时，员工在决策时开始把自己的个人需求摆在组织利益之前，当然，这是人之常情。在这种局面下，治疗这些顽疾的"医生"往往会对"病人"开出一剂"纠正性控制"的药方——这正是蓝血十杰带到底特律的东西，而且，他们还将自己油光锃亮的皮鞋与双排扣西服也一并带来。他们的到来，让福特汽车成为战后第一家引进新款汽车的企业，使它得以在20世纪50年代吹嘘自己"在所有美国企业中拥有最出色的财务控制"。至1955年，福特汽车的税前利润竟接近10亿美元。

尽管蓝血十杰中都是学识渊博之人，但麦克纳马拉仍是其中的佼佼者。福特称赞他头脑中装满了事实与数据，无人能与之匹敌。尽管团队中的其他人都得到了晋升，但麦克纳马拉的晋升速度最快：1949年，他被任命为公司的实际控制人；1956年出任福特汽车分公司总经理；1960年成为福特汽车总裁。最后这一步晋升，得益于他坚持反对福特公司推出埃塞尔车型，事实证明，那款汽车成为美国商业史上最昂贵的失败。

几十年来，哈佛商学院的MBA一直在美国标志性企业中开疆拓土。麦克纳马拉在福特汽车取得的成功，不仅证明了其个人价值，似乎还证明了哈佛商学院存在的意义。麦克纳马拉在哈佛商学院的同事罗伯特·安

---

① 表示自变量每变化一个单位，引起因变量变化多少，即因变量的变化率。这是一种用投入增量与产出增量的比值衡量经济效益的标准。——译者注

东尼回忆起与他的一次交谈:"麦克纳马拉描绘了他在福特汽车构建的控制系统,我向他表示了祝贺。他回答,'谢谢你,但你知道,这个系统完全是根据我们两人在罗斯·沃克教授那里学来的知识而构建的。'"

"麦克纳马拉是新一代高管中的一员,"伯恩写道,"相比于企业的发展蓝图,他更喜欢查阅资产负债表;相比于工程细节,他更希望知道产品的单位成本;相比于产品质量,他对市场预测更感兴趣。"此外,他曾提出事实与数据胜过直觉;证书胜过经验;年轻人胜过老年人。1959年9月,麦克纳马拉被任命为福特汽车总裁时,《商业周刊》评价道:"福特将方向盘交给了年轻人。"在这个世界上,总有一类人似乎能将关于他们的一切,比如职业选择和个人信条升华为哲理,而麦克纳马拉就是其中一员——在理性管理的黄金时代,秉持技术统治论的经理人原型。

麦克纳马拉并不是第一位赞许哈佛商学院教学方法的毕业生,但他是第一位例证这种教学法的人。他刚到福特汽车时,虽然对汽车一无所知,但对自身能力极为自信。他使数据"浮出水面",并对其展开分析,运用分析成果对公司经营进行控制,然后做出决策。这些都没有错。正如伯恩指出的那样:"太多的美国企业对管理系统感到窒息,没想到在几十年后,它们依然没有建立起这样的系统,却迫切需要它。"

如果你将管理系统与企业事务混淆,那么,你会为自己带来麻烦。这会使你建立的管理系统,只服务于企业事务的直接利益相关者,比如银行家和股东,而忽略了另一些关注非定量因素的人,比如你的客户、员工或社区居民。MBA 们喜欢将自己视为高智商群体,但那种几乎只依靠定量分析、忽视非定量因素的决策,与其说是精明,不如说是糊涂。

不过,麦克纳马拉在福特汽车做出的一些决策,不只基于数据,还基于其他信息。他顶住了来自福特公司及其所在行业的压力,坚持引进安全带;他哀叹福特汽车完全缺乏社会责任感,尤其是谈到劳动力关系的时候;他先于自己的大多数同事,力主推出紧凑型轿车,并正确地预测到,汽车零部件将会在各个不同的国家制造。

但蓝血十杰对企业进行控制的主要方式是控制成本,因为,戒律严明的财务管理对企业的生存发展至关重要。他们通过招聘更多 MBA 来加强对成本的控制,并建立了被伯恩描述为"用于安置独立的专业人士的系统",在此系统中,他们的唯一职责是管理他人的工作。亨利·福特二世显然对财务管理的态度有所保留。1946 年,他邀请通用汽车前任副总裁欧内斯特·布里奇（Ernest Breech）加入福特汽车的管理层，致使桑顿离开了公司。

到20世纪60年代末，已有1 200多名MBA进入福特汽车，大部分人都在财务部门工作，对企业进行管控，这使他们更容易获得晋升机会。在蓝血十杰到来之前，财务管理这条路径，并不是晋升到企业最高管理岗位的捷径。但蓝血十杰改变了这种状况，不仅在福特汽车，也在其他所有地方。

最后，蓝血十杰达到了亨利·福特二世的目标，即重新控制已经失控的运营。但当福特汽车成功转身，引领着其他美国企业错误地运用他人的解决方案解决自身问题时，也致使美国经济朝着金融化的方向发展。对美国各企业而言，财务部门从原来的助推发展与创新的部门，转变成了执行与创新的部门。不管怎样，管理阶层变得十分迷恋控制方法，以至于将管理视为一种脱节于被管理对象的技能。哈佛商学院教授亚伯拉罕·扎莱兹尼克在后来评论道："如果蓝血十杰还有一些别的成就，那便是赋予管理的奥秘以生命。"然而过度控制某件事情，会扼杀它的生命力。

事实证明，奥秘的生命是短暂的。在麦克纳马拉的领导下，福特汽车与美国其他处于制造业的企业一样，过于强调以牺牲质量为代价的成本控制。日本的汽车企业则开始重点关注"总拥有成本"，在其中，质量与数量必须同步发展，但福特汽车以及美国其他的汽车制造企业却为了支持盈利能力而任由质量下滑。这种成本控制确实奏效了一段时间，在那期间，企业管理层被经济学家约翰·肯尼斯·加尔布雷斯称为"技术专家阶层"，这些人拥有巨大的权力，他们的理念盖过了所有理论。"这些人……是新型教士，"加尔布雷斯这样写道，"他们的宗教信仰是商业成功，功德是发展和利润，圣经是计算机，圣餐台是会议室……而这些秉持朴素信念的耶稣会士，正是哈佛商学院的毕业生。"

麦克纳马拉也许忘了，分析仅仅是管理的第一个组成部分，接下来还需要同员工进行沟通。他认为，一旦他分析了某个问题并得出了合理的结论，便可以做出决策。麦克纳马拉的一位下属说道："他是我认识的最聪明的人之一，但他也是我一生中遇到的最差劲的管理者之一。"

在他担任总裁不到两个月，便接到一通电话，对方询问他是否有兴趣加入约翰·肯尼迪（John Kennedy）总统的内阁，担任财政部长，但麦克纳马拉以自己没有资格为由拒绝了对方。不过，当对方提出让他对美国国防部进行合理化改造,以便进一步拓展他在统计控制方面的工作成果时,他欣然答应。

许多人在刚刚接任高管职务时,并不会马上离开,但麦克纳马拉并不是这类人。他对汽车制造业并没有多少留恋,而是醉心于信息。他将福特汽车带入信息时代,这代表着他已经达成了自己的目标,是时候离开了。MBA 往往都会这样做。

数据独裁者

如果你想全面了解麦克纳马拉对福特汽车的影响,最好分两个阶段去考察。当麦克纳马拉作为蓝血十杰的成员来到这家公司时,带来了它极度需要的东西——以数据为驱动,对其广泛分布的业务进行控制。但麦克纳马拉手下的财务人员却控制过头,扼杀了员工的主动性,并且以成本控制的名义牺牲了产品质量。最为重要的是,他们对硬分析的执着,使他们高估了这种分析带来的结果。

在这一点上,他们的确就是哈佛商学院致力于培养的启发式管理精英,而他们的启发能力也在 20 世纪中叶美国的泡沫经济中得到磨砺。在当时,理性决策和定量决策在社会经济中的地位,类似于达尔文的适应性在自然科学中的地位。可是,在美国以外的国家,这些决策方法却面临严峻的挑战。

如果你想全面了解麦克纳马拉在国防部长任期内的所作所为,也需要将其任期分成两个阶段。他将理性决策引入到迫切需要它的另一个组织之中;他集中了一直以来依赖外部资助的预算资金,并解决了狭隘主义在预算分配中产生的问题;他聘请兰德公司首席经济学家查尔斯·希契(Charles Hitch)担任审计主任,后者参与了"规划计划预算制度(PPBS)"①的制定,卡内基梅隆大学教授伊戈尔·安索夫称赞它为"战略规划系统的高级版本"。

在美国国防部,麦克纳马拉的系统分析办公室在分析职能上相当于福特汽车的财务部门,两者之间既有同样的优点(严格的控制),也有同样的缺陷(过于严格的控制)。正如他在福特汽车时一样,麦克纳马拉在

---

①是以计划为中心,利用成本-收益分析方法,把目标规划、计划制订与预算编制融为一体,成为一种旨在增进政府预算执行效果的预算管理模式。——译者注

五角大楼也组建了一个规划部门，员工中也有许多 MBA。1960 年，美国国防部长有 7 位副助理，到 1965 年，助理人数便增加到 27 人，他们被《时代》杂志称为"肌肉背后的大脑"。他甚至发现自己与威廉·威斯特摩兰（William Westmoreland）志同道合，后者于 1964～1968 年担任越战美军司令，还曾于 1954 年参加哈佛商学院的 AMP 培训，因此也拥有 MBA 的思考方式。斯坦利·卡诺（Stanley Karnow）在《越南：一段历史》（*Vietnam: A History*）中写道："威斯特摩兰是一位身着军队制服的企业高管，一个遵守命令的勤奋而自律的公司人……他基本上把战争视为一种管理训练。"

但越南并不是进行管理训练的地方。那里正在进行一场意识形态的战争，美国正面对着神秘莫测的敌人。在这种背景之下，作为美国国防部长的麦克纳马拉失败了。失败原因并不在于缺乏分析，相反，在激战正酣时，美军对这场战争进行了极为详细的分析研究。1962 年 5 月，麦克纳马拉前往越南考察战况，在 48 小时后，他便总结道："各种定量测量的结果……都表明我们将要赢得这场战争。"后任美军参谋长联席会议主席及美国国务卿的科林·鲍威尔（Colin Powell）在当时是驻越美军中尉，他认为，麦克纳马拉的系统分析测量在越战期间开始流行起来，主导了美国人对越南战争的思考。麦克纳马拉认为，测量分析具有深刻的意义，它能让人们了解真实情况。对此，鲍威尔挖苦道："然而，我们亲眼所见的一切，并没有表明我们正在赢得战争。"

虽然美国在越南战争中遭遇的灾难性打击并不是本书主题，但是，本书的主角之一，麦克纳马拉是这场灾难的主要负责人。美军的惨败，不但意味着美军在战争期间所采用的战略被实践否定，还意味着这些战略的思维基础也被全盘否定。"管理是一种完全可转移的技能"就是被否定的思维方式之一。

麦克纳马拉坚持认为，在所有机构中，不管有没有投资回报或者利润，都可以运用理性分析。如此一来，他便跨越了追求营利的企业与坚持"非营利"的五角大楼之间的鸿沟。然而，那些正在战场上浴血奋战的士兵，让他早期取得的成功隐匿在失败的阴影下。麦克纳马拉的系统并没有考虑那些无法量化的因素，比如战斗中（任何一方）的道德或勇气。约翰·伯恩曾讽刺道："麦克纳马拉将测量尺带到了战争中。"更为讽刺的是，美军在战争中的伤亡人数，成为可供他测量的为数不多的数据之一。

麦克纳马拉并不是坚信统计数据可以预测人类行为的第一人。早在1860年，英国经济学家纳索·威廉·西尼尔（Nassau William Senior）就宣布："在统计学家的工作中，最引人注目的成果表明，人们会遵守可以解决实际问题的法律。"一个世纪过去了，仍没有人去辩驳这一空言。

当你接受的研究生教育在引领你关注问题的表面现象时，那么，你会很难承认自己的错误。"即时解决方案变成了长期解决方案，"伯恩写道，"在这种模式中，即使人们身处的世界已经改变，他们也仍然顽固不化。他们会一再运用相同的方法解决不同的问题，因此无法适应新情况，也不会意识到自己的错误。"后来，麦克纳马拉声称，他延迟公布越南战争的实情，是因为对总统忠诚。这种解释难以让人信服。事实上，他没有早一些公开探讨越南战争，是因为他无法承认自己的系统已经失败。

1968年，当他离开五角大楼时，他的系统已经因其坚持注重测量到的结果而非实际局势而饱受诟病。1995年，麦克纳马拉在自己的回忆录中承认自己的失败时，《纽约时报》的一篇文章指出："现在，罗伯特·麦克纳马拉才来宣布，他有时间来了解现实了，而这些现实，百万美国人早已在越南战争爆发时就已经充分了解了。"正如亚伯拉罕·扎莱兹尼克评论的那样："从他的背景、经验以及智力来看，麦克纳马拉没有做好准备去肩负内阁职务要求承担的责任。毋庸置疑，他是一个聪明绝顶、才华横溢的人，只是被迫进入了一个不适合他的角色。"

麦克纳马拉在其政治生涯中了解到的一件事情是，托马斯·沃尔夫（Thomas Wolfe）①说得对：你不能再回家。1967年，当他的国防部长任期即将结束时，曾试着与亨利·福特二世联系，希望后者考虑让他担任福特基金会主席。福特不屑地回应道："我可以让他出任福特基金会主席，但到那时，福特基金会将不复存在，它将变成麦克纳马拉基金会。"1968年，当林登·约翰逊（Lyndon Johnson）总统向麦克纳马拉发出逐客令时，马上宣布美国面临组织危机，并向麦肯锡发出邀请。为了减轻对麦克纳马拉的打击，约翰逊安排他担任世界银行总裁，这对于一个曾经掌控着美国历史上最大的战争机器的人而言，真是一个讽刺的岗位。

于1968年秋进入哈佛商学院的彼得·科恩在《哈佛商学院的福音》一书中回忆道："有位会计学教授自豪地告诉学生，他的一位同事对会计

---

① 20世纪美国文学史上最重要的小说家之一，他创作于大萧条时期的作品描述了美国文化的变化和多样性，《你不能再回家》是其作品之一。——译者注

学中的资金流理念进行改进，并运用它管理战争中的人员往来。测量方法非常简单，只需要在纸上画出两栏。第一栏是'人们的来处'，以此表明他们来自哪里。第二栏是'人们的去处'，列举他们将被送往哪里……据推测，当'去处'多于'来处'时，国防部必须请求更多美国人去填补差额。"这是一个极其特殊的事例。一方面，你会感到自己受到重视，认为他人希望同你一起经历那些意义重大的事情；另一方面，当那么多人的生命仅仅被添加到两个简单的栏框中时，又会让人产生困惑不已的感觉。

著名社会学家罗伯特·贝拉（Robert Bellah）曾指出理性选择理论的缺陷。该理论假设，人们的社会生活可以解释为单个社会成员理性选择的结果，这一假设可以在经济学家肯尼斯·阿罗1951年出版的《社会选择与个人价值》（Social Choice and Individual Values）一书中找到立足点。目前，它依然是芝加哥大学中占主导地位的经济理论。理性选择理论在兰德公司发源，初衷是为了满足政策制定者在冷战期间模拟苏联的数学化决策方式的需要。之后，它得到了福特基金会的资金支持，而罗伯特·麦克纳马拉正是它热情的践行者。让他始料未及的是，这个理论最终会成为他失败的根源。

贝拉坚持认为，理性决策理论的优越背景不足以掩盖它的致命缺陷，因为绝非所有决策都能被模仿。贝拉写道："对于一个声称自己无所不能的理论，任何一种例外情况都会对它产生致命威胁。当它无法解释那些涉及变量或人类行为的决策时，则会产生致命后果。"换言之，当你把所有的赌注都押在用理论证明对错时，可能会无法应对例外情况。在越战中，麦克纳马拉的错误在于，他根本没考虑到越共会不按常理出牌。

在哈佛商学院检验其教育成果的场所中，最引人瞩目的当数福特汽车和越南。在福特汽车，哈佛商学院的思维模式首先可行，而后产生了事与愿违的后果；在越南战场，这种思维方式毫无悬念地以一种引人注目的方式失败了。值得注意的是，使福特汽车陷入危机的，并不是因为该企业的经营理念，而是因为管理层在计划和调整方面的失败；在越南的惨败，则是因为理念错误，而不是美国军官在执行上出现问题。麦克纳马拉的政治生涯，与哈佛商学院以及其他任何地方所广泛认同的观点形成鲜明对比：MBA应当不只是经营企业，他们应当"经营"整个人类文明。聪明人可以经营企业，但社会更需要真正有智慧的人，而后者是哈佛商学院不管如何努力，都无法包装和兜售的"产品"。

第32章
商学教育一体模式下，教育还能否纯粹？

哈佛商学院从不避讳它对案例分析法的推崇。如今，商学院的官网上有这样一句话："我们相信案例分析法是让学生在成为领导者之前，做好应对挑战准备的最佳方式。"挑战之一是，学习如何在信息不完整的前提下就业务问题做出决策。例如，案例分析法要求你设想自己是20世纪20年代一所商学院的院长，正在思考是否该把筹码全部押在一种新颖的教学方法上，这可能会让你付出数额未知的巨款。对此，你会如何处理？

失衡的学术环境

华莱士·多纳姆的选择是，赌一把。就他对成本的估算结果而言，多纳姆的决策是以不完整的信息为基础做出的。他和他的同事都认为，在案例搜集上进行投资，可能是一种只持续2～3年的短期努力，一旦搜集到足够的案例，便可以停止投资。但哈佛商学院在后来遇到的实际情况证明，收集案例实际需要永不停歇的努力。

显然，案例分析法在初期对学生、教授、哈佛商学院乃至商界都有一定价值。哈佛商学院意识到，要求教授搜集和编写案例，将进一步强化他们在研究商界从业者及其相关领域的信心和雄心。哈佛商学院打赌，通过案例分析法教学，对避免讲座式、呆板的课堂氛围大有帮助。事实证明，它这一次是赌对了。虽然多纳姆已经料到，哈佛商学院也许能通过向其他院校出售案例或案例簿的方法来支付案例搜集的成本，但他没有预测到这一副业的收入水平：2014年，哈佛商学院出售了1 200万个案例，总价值达3 000万美元。他们在世界各地拥有4 000位客户，并且在案例市场中占据80%的市场份额。以至于其他精英商学院发现，跟哈佛商学院直接竞争毫无意义。正因如此，有40多所院校转而与哈佛商学院合作，共同编写和发布案例。

在多纳姆任期结束时，案例研究已具有两个明确的目的：一是形成新的洞见；二是培养初级教授。起初，收集与编写案例是初级教授可选可不选的工作，到最后，它变成了一项必不可少的重要工作。哈佛商学院开始追踪观察致力于案例研究的教职工的数量，并于1956年制定一个明确目标：在商学院内，每年要有1/3的教职工从事案例研发。由于他们对自己的努力印象深刻，甚至开始记录已搜集的案例总数。例如，在20世纪50年代，商学院共搜集、编写了2万多个案例。显而易见的是，每过一年，都会有许多案例因脱离现实而失去价值。1966年，哈佛商学院的研究支出首次达到100万美元，其中大部分都用于搜集案例，不过，商学院也通过销售案例得到了20万美元收入。

我曾在前面提到，哈佛商学院与福特基金会关系密切。不过，两者在涉及案例问题时的关系，值得进一步阐述。1957年，哈佛商学院不知该如何说服福特基金会向其捐助12万美元，为案例素材建立一个专门的信息搜集所。因为，恳求社会捐助资金以支持你开展研究是一回事，恳求社会捐助资金来帮助你出售那一研究，则完全是另一回事。表面上看，出售案例是一项国家计划（在1957年发布的校际案例参考书目中，有32所院校参与投稿），但它依然由哈佛商学院主导。1959年，哈佛商学院出售的案例素材超过300万页，时任哈佛商学院院长的斯坦利·蒂尔宣布："我这里有一条令人满意的消息。在这些案例中，有相当一部分直接受到我们的教授和校友的影响。"到那时，校方管理层已经习惯于用更加高尚的词语来描述案例中的商业性质。1939年，多纳姆说道："我们不仅要将这所学院打造成知识的储备库，还要采用各种适宜的方法去传播知识。"显然，还包括出售知识。

在那时，如果你想在哈佛商学院任教，就必须通过案例分析法的考验。你必须证明自己可以熟练运用案例分析法授课，或者，证明自己能胜任案例编写的工作。哈佛商学院一些最受尊崇的教授被誉为案例分析大师，排名第一的当属罗兰·克里斯坦森。克里斯坦森于1946年进入哈佛商学院教书，后成为经营战略团队中的骨干成员，与他的同事埃德蒙·勒尼德和肯尼斯·安德鲁斯一同致力于经营战略的研究与教学。1968年，时任哈佛商学院院长的乔治·贝克，还将提高哈佛商学院教学水平的责任交到克里斯坦森手上。

不过，对其他院校而言，它们对案例分析法的看法有点复杂。在这个世界上，除了加拿大西安大略大学毅伟商学院和美国弗吉尼亚大学达顿商学院，再没有其他商学院像哈佛商学院那样强调案例编写和案例教学，它们更重视传统的学术教学。正因如此，那些离开哈佛商学院的教授在寻找新工作时发现，他们并非十分抢手。或者，至少不像哈佛法学院的教授那样受欢迎。虽然哈佛商学院几乎从创建之初就享有极高的声誉，不过，《MBA杂志》（*MBA Magazine*）在1974年首次公布的商学院排名名单中，哈佛商学院却排在斯坦福商学院之后。原因在于，排名机构在考察各院校时，会收集教职工的意见作为评分依据，而对其他院校教学方法的认可度，是影响评判的主要因素。不幸的是，其他院校的教职工们对基于案例的教学方法及研究不屑一顾。

盟友：案例、教授和企业

早期，那些在哈佛商学院授课的商界人士在讲解案例时，会以第一人称进行回忆。但是，今天的MBA学生很少有机会与案例中的主角进行面对面交流，即使有，通常也只是请那些商界人士到班上做客，而不是担任实际案例的演示者。

产生这种变化的原因是，哈佛商学院认为，除非由案例分析法培养出来的教授能引导案例讨论，不然该教学方法便不会达到最好的教育效果。如此一来，便引出了针对案例研究本身的一个观点：如何建设一间"回音室"。大致意思是，如何使案例在教授、学生以及案例主角之间产生共鸣。那些由教授编写、以第三人称复述的案例，不仅训练教授从特定视角（如个人英雄主义）来编写案例，而且还训练他们以更宏大的世界观去研究案例。不过，一个多世纪以来，那种更宏大的世界观，其实是在坎布里奇的一个象牙塔中培养的。

前哈佛商学院教授、内部知情人戴维·尤因在他的著作《在哈佛商学院内部》中提到："哈佛商学院有一条金科玉律，即智慧不能被口口相传。因此它坚持让学生思考，却没有告诉他们该思考什么。"这是一则具有代表性的座右铭，它完美地表现出哈佛商学院对其案例教学法的迷恋，但其中的问题是，哈佛商学院认为自己正在告诉学生们要思考的内容，不论学生们是否意识到这点。

案例本身也存在问题：一方面，案例往往是对企业以及CEO的美化，是伟人理论的商学院版本；另一方面，哈佛商学院很少对学生提及企业的失败者，而是让他们自己去观察。导致这些问题的原因有两个。

第一，各企业有权否决任何他们不喜欢的案例。即便如此，商学院的教授们在研究成功案例时，也存在扭曲事实的情况。那些案例会暗示学生，高管们无所不知，并暗指那些所谓的万全之策，只有聪明的高管才能想到。

第二，也是更深层的原因是，亚安纳·孔塔尔多（Ianna Contardo）和罗宾·温斯利（Robin Wensley）在他们撰写的论文《哈佛商学院的故事（*The Harvard Business School Story*）中坚称，哈佛商学院痴迷于寻找案例与商界人士之间的相关关系，因而产生了一种"囚禁"知识的效应。他们推定那些知识产生于商学院与企业互惠互利的交往中，这导致商学院对"什么是商业""商业应当关于什么"的问题产生了一些同质性、标准化的解释。如此一来，哈佛商学院便可以不用去解答那些真正重要的问题了，比如质疑支撑管理主义思想的潜在假设，或寻找那些有可能颠覆资本主义制度的因素。

管理史学家J.-C.斯彭德曾指出，哈佛商学院的课程其实是学生与灌输式教育之间的中介，其目的是掩盖管理中的政治因素。哈佛商学院通过宣扬"管理是理性、客观、科学"的理念，试图将管理去政治化。然而，事实表明，即使是对底层员工的管理也是高度政治化的。J.-C.斯彭德不禁质问道："将劳动力转变成利润，怎么可能是非政治的？究竟有谁能声称，民主的'资本主义机器'在政治上是中立的和公平的？"

J.-C.斯彭德并不是反资本主义人士，他曾经是企业高管，也担任过商学院院长，他只是对这类教育面临的挑战有着切身体会。J.-C.斯彭德认为，西方资本主义伴随着一系列复杂的政治权衡。由法国经济学家托马斯·皮凯蒂撰写的《21世纪资本论》(Capital in the Twenty-First Century)之所以能像火箭般一飞冲天，在短短一个月内就卖出8万册，原因就在于该书对当代资本主义的合理性提出质疑，深入探讨了历史遗留问题（如经济不平等现象），同时还提出了一个成熟的观点：资本主义制度可能在社会或政治上无法持续发展。哈佛商学院的师生从未写出过这样一部具有深刻意义的著作，他们在关注不平等现象时，只是从企业的角度去观察，并断言它是一个可以由商业本身解决的问题。

不论外界看法如何，都不能撼动案例分析法在哈佛商学院的地位。这种无意义的坚持让学院始终没有意识到，使用其他教学方法去教授其中的某些课程，或许会得到更好的效果。商学院也不承认"案例鼓励模仿，这并不是一种有吸引力的决策标准"。伦敦大学的克里斯托弗·格雷（Christopher Grey）指出："该教学方法所能得到的最好结果是，学生学会效仿其他企业的做法，但这并不是成功的秘诀，反而会打压他们的创造力，使企业陷入同质化发展；最坏的结果是，它只是为学生在将来会如何失败提供了实际教训。因为，唯一能让教授们感到自信的结论是，当前许多极其成功的企业都将在5年之内走向失败。"

案例分析法还存在一个问题：由哈佛商学院教授开展的案例研究，其本质不过是商业新闻罢了。它是否值得哈佛花费大量时间、精力和金钱？对这一质疑，哈佛商学院总是据理力争，认为案例研究的成果同其他科学研究一样，需要经过时间的积累才能显现。果真如此吗？就在安然公司欺诈案被曝光前的几个月，哈佛商学院还在案例中详细介绍这家公司的"最佳实务"。请问，哈佛商学院从时间中得到了什么？

此外，哈佛商学院还声称，案例研究的成果一直以来都得到了科学方法的测试。这无疑是荒谬的。通过案例分析法开展研究，本身就没有任何科学性可言。出于学术自尊的原因，唯一相信这一声明的人，便是哈佛商学院的教职工了。作家劳伦斯·谢姆斯讽刺道："他们告诉自己正在运用历史悠久的演绎推理方法，构建一幢全新的'知识大厦'。"

J.-C. 斯彭德曾问道，在金融服务领域中，是资本资产定价模型、投资组合管理以及期权理论的发明重要，还是脱离现实的2万个案例重要？哈佛商学院的回应是，案例是否脱离现实与教学质量无关，因为它的研究与教学目的是发展新知识、预测变化，因此才将商业研究超越当前实践。

实际上，世界上任何一所商学院都在运用案例授课，而那些案例通常来自哈佛商学院。这解释了哈佛商学院依赖案例的真正原因：金钱。出售案例已在哈佛商学院发展成一个巨大的产业，以至于它禁不住金钱诱惑，继续编写案例。这使得其他商学院只有一个选择：将这些案例运用到合适的班级中，并在它们认为适合的时候用来开展研究。

以多伦多大学罗特曼管理学院为例。在1998～2013年担任该校院长的罗杰·马丁同时也在哈佛商学院巡视委员会任职，他理解案例分析法的价值。但是，直到他的院长任期结束，罗特曼管理学院中只有35%的课程用到了案例分析法，该学院的教授们也从未花费时间进行与案例相关的研究。这表明，其他商学院和哈佛商学院建立了一种奇怪的互惠互利、爱恨交织的关系。那些商学院中的大部分教授都认为，如果哈佛商学院明天就消失，没有人会注意到它的研究消失了，只会注意到案例不见了。

哈佛商学院还坚持认为，基于案例的研究，使得自己和其他商学院区分开来。它大言不惭地声称，由案例培养出来的教授，秉持了一种"尊重事实，并对事实始终保持好奇心"的态度。然而，那些所谓的事实只不过是根据赞助企业的意愿而讲述的故事。那篇完成于2001年，描述捷蓝航空公司（JetBlue Airways）快速崛起的案例，就属于这种情况。哈佛商学院重点关注了该公司如何"采用以价值为中心的方法来管理员工"，进而获得竞争优势，但它刻意忽略了该公司真正的手段——降低票价。鉴于捷蓝航空的班机都是全新的，因此维修费用较低，所以它可以压低票价。此外，该公司还进行航空燃油价格对冲，即在低价时多采购，高价时少采购，从而拉低航空燃油的平均价格。而且，该公司的员工并没有加入工会组织。

同时，哈佛商学院还吹嘘其研究的独立性。可学院中的教授不仅要对提供赞助的企业毕恭毕敬，甚至还要卑躬屈膝。反观其他院校的教授，他们可以自由地用怀疑的眼光来看待研究对象。例如，耶鲁大学法学院的教授就不必对纽约凯威（Cravath）律师行和斯温·摩尔（Swaine & Moore）律师事务所的律师们拍马屁。当你只是一个奉承者，便不容易得到信任，因此，你必须时刻提防他人对你的怀疑。以莎士比亚为例，他表面上对专制的都铎王朝恭恭敬敬，然而，当他在私下里创作一些关于王国的故事时，便会用虚幻的世界作为幌子，去掩盖自己辛辣的政治批评。

第33章
十年回顾：1960～1969年

1961年，斯坦利·蒂尔抓准时机，在美国政府和公众越发担忧商界精英时，他得出了一个引人瞩目的结论：这种担忧是错误的。

尽管在20世纪60年代的美国，大多数人对反垄断问题、企业逃税行为以及商业贿赂感到不安，但蒂尔却非常乐观。"作为商界一员，观察什么是正确的，是一种再自然不过的倾向，"他写道，"现在，企业的道德标准一定与公众的道德标准一样，且在过去几十年中，企业的道德水准已经得到了极大的改善。"

可是，人们怎么会倾向于观察正确的事情，而忽略真正的问题？蒂尔似乎想说，那些批评商界的人，最好先去照照镜子。或者是，如果你觉得我们现在很坏，那你应当看一看我们过去的样子！

当时，肯尼迪总统的胞弟罗伯特·肯尼迪（Robert Kennedy）刚刚成为美国司法部长，他对外声明，打算针对价格垄断展开执法行动。而蒂尔受到这一声明的驱使，发表了以下言论：即使是对企业最友好的民主党政权，企业也会由于害怕它而畏缩不前。这是肯尼迪本人指出的典型的意识形态的反射。而非意识形态的反射是——肯尼迪总统上台后，为美国企业大幅度减税。此外，在价格管制方面，尤其是对医药行业的定价规定，肯尼迪政府确实有所作为。

科学与传统的对弈

不过,蒂尔很可能在假装乐观和勇敢。因为,在那个特定时刻,哈佛商学院陷入了一场围绕课程改革的激烈争论。哈佛商学院中的大部分教授都非常紧张,他们担心,案例分析法在课程中的比重会下降。在此过程中,蒂尔出人意料地选择退休。几个月后,约翰·克鲁克香克(John Cruikshank)写道:"在这场尖酸刻薄、充满恶意的争辩中,他的身体垮掉了。"

在总结这场争论的主要问题时,蒂尔的继任者乔治·贝克直言不讳地说:"我们……个别课程和学科之间存在明显的竞争问题。如果我们决定在 MBA 一年级期间花时间钻研某一特定领域,就必须从某些课程中抽出同样多的时间。"换言之,这是一场地盘争夺战,在这场战斗中,一些资深教授表现强势,甚至能迫使哈佛大学解除商学院院长的职务。

问题的核心其实平淡无奇。如果哈佛商学院在二战前一直将科学作为一种探索手段,那么,到了 20 世纪五六十年代,它便将科学视为一种制定政策的手段。史蒂文·萨斯(Steven Sass)在《大学商学教育中的管理思想》(The Managerial Ideology in Collegiate Business Education)一文中写道:"如今,科学对优雅的决策技能提出挑战,而这种决策技能由哈佛商学院培育,是管理抉择的关键。只要制定决策的科学是有效的,那么,基本的管理技能就不再是一种对事实的判断和掌握,而是一种运用理论的技能。"

萨斯指出,随着新兴的系统理论家们推行一种新的管理科学,那些接受了哈佛商学院自由教育的企业高管们的社会地位,突然之间受到工程师以及社会学家的威胁,因为,他们比高管更擅长在新型的、技术型的决策机器中工作。

到那时,哈佛商学院已经成立了 50 多年。它为市场学和商学教育奠定基础,在企业人际关系领域发挥着重要作用,还将案例分析法推到了商学教学的前沿阵地。1965 年,贝克院长阐述了哈佛商学院向一些新领域拓展的计划,包括研发管理、数学决策以及企业责任。

虽然哈佛商学院努力充实其教授的知识背景,也着力丰富课程内容,但它从未实现过上述拓展目标。实际上,保守者的胜利以及哈佛商学院对学生"性格"的迷恋,让它为此付出了牺牲技术能力的代价,也使它在高管教育中的主导地位受到侵蚀。

但哈佛商学院管理层及教职工在那时并未意识到这点。他们关注的是：工资。想要提高工资，就需要再度提高学费。1962年，商学院将学费从1 500美元涨至1 750美元。它可以轻松为学费上涨找到理由。虽然哈佛商学院两年的总费用从1941年的3 100美元涨至1961年的6 400美元，但扣除物价因素后，与哈佛商学院毕业生的起始薪酬相比较，费用反而大幅降低了。1941年，对学生而言，他们要用20个月的起始薪酬才能支付哈佛商学院两年的总费用，而1961年，他们只需要工作10个月便能付清所有费用。换句话讲，哈佛商学院的学位给毕业生带去的回报多于他们花费的成本。

商业力量的渗透

20世纪60年代，哈佛商学院管理层关注的另一件事情是：校友运作体系。每年，哈佛商学院40%以上的校友向母校捐赠的金额高达数十万美元。在这个世界上，没有任何商学院能比哈佛商学院更加精心运作校友筹资业务，这要归功于它在数十年中不断改进运营方式的努力。20世纪60年代初，哈佛商学院在全美拥有62家地区级俱乐部。1962年，贝克院长甚至请出了商学院的幕后人士——麦肯锡联合创始人马文·鲍尔，请他带领麦肯锡的咨询师们着力研究校友办公室、哈佛商学院协会以及院长办公室之间的关系。1963年，商学院还引入"遗赠计划"，以鼓励校友在遗嘱中将哈佛商学院视为继承者。每个班级还设有"遗赠主席"职位，不过，人们很难将它视为一个有吸引力的职位，但鉴于哈佛商学院的学生们都是一群想当主席的人，因此，这个职位并不缺乏申请者。

20世纪60年代末，哈佛商学院中的男性终于发现，校园内开始出现一些女性的身影，不过数量依然很少：1967年，哈佛商学院MBA项目只招收了12名女性。一说到真正的变革，学院的保守主义者自然落后于整个社会。那他们后来又为何要进行变革？到1974年底，美国最大的200家制造企业控制了整个国家的制造业资产，并且占据着制造业超过3/5的销售额和工作岗位。

令人遗憾的是，正如约翰·肯尼斯·加尔布雷斯指出的那样，美国企业不会服从社会，却习惯于让社会屈从于他们的目标。威尔逊·布莱恩·凯

（Wilson Bryan Key）甚至在1973年出版的《潜意识诱惑》（*Subliminal Seduction*）一书中称，企业通过在广告中放入色情、阴暗的图片，以影响消费者的行为。这就好比哈佛商学院宣扬的"控制"思潮，已经入侵了整个国家的思维。

在大多数美国人的记忆中，20世纪60年代是社会剧烈动荡的时期，但那些企业高管们对此并没有强烈的感受。1962~1970年，在贝克担任院长期间，哈佛商学院教席教授的人数从13位增至35位。这一数据表明，哈佛商学院就像一个充满活力的生态系统——越来越多的人想要获得MBA学位，越来越多的企业想要招聘MBA，越来越多的MBA在企业中步步高升。同时，仿佛是为了让这一生态系统完成循环，也有越来越多的企业向哈佛商学院慷慨捐赠。到20世纪60年代末，哈佛商学院的年度预算接近2 000万美元，在册教职工达到600人。那时，它已不仅仅是一所商学院了，它已经成为一家企业。

1970年2月，哈佛商学院纽约俱乐部成立50周年庆典在纽约的美洲大酒店举行。这个活动也是为了庆祝乔治·贝克从院长职位上光荣退休。在那场奢华的派对上，他被授予了俱乐部的最高荣誉——商业政治家奖（罗伯特·麦克纳马拉也曾是该奖项的获得者）。

贝克还设法挤进了一些美国企业的董事会，他先后在美孚石油公司、洛克希德航空公司（Lockheed Aircraft）、波士顿第一国民银行、美国研究与发展公司、珠宝公司、印第安黑德公司（Indian Head）以及UPS的董事会任职。二战结束后，美国企业的成绩给人留下了深刻印象，与此同时，哈佛商学院以及其他精英商学院也毫不逊色：当各企业大获成功时，商学院将自己与它们紧密联系在一起，正所谓一荣俱荣。至少从表面上看，这似乎很有道理。和过去相比，更多的MBA在经营着美国最为重要的，也是最成功的企业。除此之外，你还需要知道什么？

在这里，我想提出一个问题：如果MBA从未在企业管理层占据一席之地，那么，企业和各商学院现有的关系是否会随之改变？当然，这是一种反事实推理，我们无从知道答案。不过，人们可以根据这个问题的思路进行调查，看能否找到证据表明MBA值得这一切。1971年，哈佛商学院的一位教授就进行了一次这样的调查，可调查结果并不理想。

第四部分

荣耀背后：金钱说服力在作祟

自信、追求完美的MBA从哈佛商学院毕业后，涌入华尔街。难以抵抗的金钱诱惑和缺失的道德教育，让他们变成了盲目的野心家，搅起一场又一场"腥风血雨"。然而，当他们面对风暴过后的狼藉时，这群出自象牙塔的精英却袖手旁观。或许，他们的自信不过是自负，他们所谓的追求完美，不过是为一已私利。

第34章

管理教育：看上去很美

1971年1月，当新鲜出炉的《哈佛商业评论》被分送到美国企业精英们的信箱时，它们就好比你在自己的圣诞长袜中只找到煤球一样令人讨厌。而这块恼人的"煤球"，来自当时已在哈佛商学院执教30年的斯特林·利文斯顿（Sterling Livingston）教授。他在那期杂志上发布了一篇文章——《受过良好教育经理人的错误想法》（*The Myth of the Well-Educated Manager*），在文中毫不含糊地表示，当前，管理教育并没有培养出更加高效的经理人。这一言论，使利文斯顿成为哈佛商学院的众矢之的。

同年，利文斯顿离开哈佛商学院，人们自然将这两件事关联起来。要么是利文斯顿受到文章的影响，难以在哈佛商学院继续授课；要么是他一直等到自己做好了离开的准备，才撰写了那篇文章。他在文章中开门见山地指出："经理人在工作岗位上是否表现出色，并不能用他的学历、考试成绩或者他参加的管理培训来预测。"

商学院会阻碍商学教育？

利文斯顿将矛头指向哈佛商学院最为珍视的一些理念："在那些管理培训中，经理人并没有学到能让他们拥有成功的职业生涯的知识。"而这

些人注定会在随后的职业生涯中表现不佳。换句话讲，商学院不仅没能教好他们，还妨碍了他们未来的发展。

随后，有人提出了"我们到底在这里做什么"的疑问。利文斯顿的回应是："学术突出与商界成功之间缺乏关联，这可能令那些重视学业成就的人感到吃惊。然而，无论在研究生院还是本科学院，分数都不是评估学生管理能力的指标。"

利文斯顿还指出了一种持续20年，到20世纪60年代末已经变得非常危险的趋势：员工流动率持续上升。为对这一趋势进行研究，他将一些美国大型企业作为样本，仔细研究他们的人事记录。他发现，来自精英商学院的MBA在最初工作的5年中，流动率超过50%。对这类统计数据最慷慨的解释是：MBA对职责岗位没有耐心，如果他们没能得到相应的职务，便会迅速跳槽。

我更倾向于另一种解释：他们之所以跳槽，是因为无法承担责任，达不到企业高层对他们的期望。"他们不断跳槽并不是因为'隔岸风景好，邻家芳草绿'"，利文斯顿写道，"而是因为，在他们看来，身边的草总是晦暗的棕色。"

能够解释频繁跳槽的其他原因是，人们受到更高薪水的鼓动。利文斯顿参考了关于哈佛商学院的一些调查，那些调查显示，工作稳定的人，其收入往往比经常跳槽的人高。通常，跳槽是人们事业发展停滞的信号。

哈佛商学院总是强调，案例分析法向学生灌输的理念，会让他们在许多方面都拥有无与伦比的能力，比如以行动为导向的执行力，或是能够在重压之下，根据不完整的信息进行决策。

不过，在灌输理念的过程中，案例分析法还让学生形成了这样一种观点：管理只是决策。然而，管理的意义远不止于此，实际上，它还包括确保决策能够取得期望的结果。

利文斯顿继而在文章中指出，管理教育过度培养了学生的分析技能，却未能充分提升他们的实践能力，从而压制了学生发展管理水平的潜力。此外，这种教育将解决问题的环节笼统地转换成一个完全理性的过程，导致学生在就业后发现，他们无法运用学到的知识应对企业在运营中产生的各类非理性问题，而企业的道德水准也与教科书上所描述的相去甚远，这种现实会令他们感到非常挫败。

精英的缺陷

利文斯顿认为，1968～1969年，美国企业利润的下滑原因在于经理人能力不足，因而导致企业问题日益严重。他特别提到美国利顿工业公司令人吃惊的差劲绩效，而哈佛商学院的老朋友查尔斯·桑顿恰巧是该公司的CEO。与此同时，利文斯顿还响应管理学家彼得·德鲁克的评价，认为过度强调效率会导致企业失去寻找机遇的能力。德鲁克曾说："关键的问题不是怎样把事情做对，而是怎样寻找对的事情来做。"

利文斯顿还在文章中描述了当时正在浮现的另一个趋势：越来越多的哈佛商学院毕业生都在避免从事具有服务性质或非管理类的工作。虽然在1957～1959年，只有3%的哈佛商学院毕业生成为咨询师，但十年之后，这一比率增至10%。利文斯顿写道，他们选择从事顾问工作，而不是从事监管或管理工作的渴望说明了一切："他们对自己的期望很高，但为别人的生产效率而担负责任的意愿并不强烈。"

大部分商学院都擅长教学生进行应答性行为（respondent behavior），即运用由他人收集的事实，解决那些已经发生，并被解决的问题。但更为重要的发现、寻找以及充分利用机遇的能力，则完全是另一回事，这一过程被称为操作性行为（operant behavior），且只能通过实践去学习。在提出这一观点时，利文斯顿加入了一些阵营，他们一起向社会大声疾呼，管理教育事实上是在浪费时间，加强管理能力的唯一有效途径是获取经验。

利文斯顿的文章在管理教育界激起轩然大波，但并没有促使业界人士对他们的事业进行改革。20年后，一些研究者总结了MBA一直被人诟病的缺点：

- ◆ 不能在团队中与他人密切合作。
- ◆ 缺乏沟通能力。
- ◆ 以分析为导向而非以行动为导向。
- ◆ 对自己的职业生涯抱有过高期望。

第 35 章
《哈佛商业评论》的创刊、巅峰和丑闻

在长达一个多世纪的时间里,哈佛商学院极其成功地创造、培育和擦拭着它的闪亮名片,如愿以偿地在众多教育机构中脱颖而出。让哈佛商学院走向卓越的最佳助力者,当数《哈佛商业评论》。

《哈佛商业评论》创刊于1922年,起初,它是一份季刊,原计划由哈佛商学院内部的教职工和学生担任编辑。但这一计划很快被摒弃,当时,哈佛商学院学生那可怕的写作技能是原因之一。至于写稿的责任,大部分落在商学院教授身上。在发行方面,哈佛商学院的支持者,出版商阿奇·肖负责发行该杂志,并承诺悉数交出所有净利润。

尼尔·博登(Neil Borden)教授被任命为《哈佛商业评论》总编,他是该杂志的第一任管理者,在他之后,有许多哈佛商学院的教授担任过这一职务。在他们之中,有的人通过发表优秀的文章使自己脱颖而出,另一些人则要么缺乏管理能力,要么缺少编辑能力。

寥寥无几的订户

创刊之初,《哈佛商业评论》的业务少得可怜:第一期杂志的付费发行量为4 420份。一年后,第四期杂志卖出了5 200份。在创刊的头十年里,华莱士·多纳姆是最勤快的投稿人,他把这本杂志想象成一根皮鞭,用来鞭挞美国那些行为不良的高管,并教育他们如何进行开明管理。

哈佛商学院曾骄傲地宣称:"《哈佛商业评论》的目的不是扩大读者群,而是向美国的企业高管、银行家、商学专家传播商界最新政策。"实际上,这是哈佛商学院对杂志营销的误解。结果他们得偿所愿:1942年,在《哈佛商业评论》创刊20周年之际,它仅有2 000位订户。更要命的是,自1923年以来,它一直没能盈利。

这并不奇怪。华莱士·多纳姆坚信这项事业是崇高且具有正义性的。在他看来,《哈佛商业评论》之所以没能拥有众多读者,唯一的原因是人们没有听到他的声音。因此,他一而再,再而三地强调杂志严肃的目的,尽管这是为教育机构构筑文化基础的一种迷人方法,但很难称得上是吸引人们订阅杂志的最佳方法。即使你的发行合伙人是哈佛商学院的老朋友,并且承诺返还所有净利润,但你能合理预测到杂志会创造多少利润吗?20年来,《哈佛商业评论》勉强保持盈亏平衡,这已经是最好的结果。

唐纳德·戴维的野心当然不止于此。1945年7月,在他对杂志的管理问题与发行工作经过细致研究后,将《哈佛商业评论》的发行工作从发行商手中接过来。1943~1946年,《哈佛商业评论》的订户数量增长了7倍,达到1.4万人。戴维试图将这种激增作为"编辑修改"的成果大加推广,但取得这一成果更有可能是由于他下决心放下商学院那高傲的自尊心,即不再被动地等待关注,而是主动推销杂志。

随后便发生了两件事情。第一,杂志的发行份数连年增长。1948年,付费发行量达到2万份;1952年为2.5万份;1953年为3.5万份;1955年为5万份;1967年达到9.5万份。第二,哈佛商学院发现了杂志营销的一条准则:当数据并未如你所愿时,你有两种选择,要么声明读者并没有听到你讲述的故事,要么转而关注其他数据。

例如,在1948年,《哈佛商业评论》的读者数量开始下滑,且只有20%的读者是总裁或董事会主席。到1952年,它不再将目标读者群细分到总裁或董事会主席,而是用"最高管理层"作为替代。这样一来,有89%的订户都具有这一资格。另外,同样是在1948年,当《哈佛商业评论》发现只有10%的订户是哈佛校友时,它给出的回应是:"据推测,通过企业订阅本杂志的读者数量占绝大多数。"

有市场就有竞争。1930年2月,亨利·卢斯(Henry Luce)开创商业杂志的先河，创办《财富》杂志。它之所以能远超《哈佛商业评论》，得益于卢斯一系列成功的举措。比如邀请知名投稿人，如经济学家约翰·肯尼斯·加尔布雷斯，作家詹姆斯·阿吉（James Agee）、阿奇博尔德·麦克利什（Archibald MacLeish）等，甚至杂志插图都来自诸如玛格丽特·伯克-怀特（Margaret Bourke-White）之类的摄影大师。20世纪50年代，当《哈佛商业评论》的付费发行量还不到6万份时，《财富》杂志的订户已经达到30万。

一直以来，哈佛商学院教授总是自夸他们的文章质量高，因此，他们说服自己，这一差距是由于《哈佛商业评论》比其他杂志更有吸引力："普通订户在阅读《哈佛商业评论》时，比读其他一般的商业杂志或新闻杂志要花更多时间。而且，他们也觉得《哈佛商业评论》对他们做出商业决策有更大帮助。"

其实，他们不必急于为自己辩解。在不久之后，一件将严肃杂志与普通杂志区分开的事情发生了：《哈佛商业评论》终于开始发表一些涉及重大主题的文章。另外，在一些优秀编辑的帮助下，杂志总算掌握了主动权。《哈佛商业评论》的突破口出现在1960年：当特德·莱维特由于在该杂志上发表《营销短视症》而名利双收时，《哈佛商业评论》的身价也随之上升。1967年，请求重印《营销短视症》的读者数量竟然达到100万人。除了一些引人关注的失败外——如1957年拉尔夫·刘易斯（Ralph Lewis）发表的《绝不要过高估计电脑的力量》（Never Overestimate the Power of the Computer）——该杂志在20世纪70年代之前一直不温不火，也正是在这一时期之后，它才开始发表一些有影响力的文章。

巅峰时刻

如果你在出版行业，你需要做出的选择是：究竟是以塑造和保持杂志的良好声誉为目标，还是以追求利润为目标，而同时以这两者为目标的杂志极其罕见。在20世纪80年代之前，《哈佛商业评论》的编辑们坚定不移地追求第一个目标，但最近几年，他们开始忠于第二个目标。同时，该杂志的编辑质量明显下降已成为一个不争的事实。从哈佛商学院传出的最后一种真正有影响力的理念，是迈克尔·波特教授于20世纪80年代初提出的。这一情况，也发生在《哈佛商业评论》身上。

第四部分 荣耀背后
金钱说服力在作祟

事实上，从《哈佛商业评论》的内容来看，它的全盛期出现在20世纪七八十年代。当时，它的负责人是肯尼斯·安德鲁斯，他先在1972～1979年担任编委会主席，后于1979～1985年担任杂志的总编。安德鲁斯认为，《哈佛商业评论》的作用是为那些没能进入哈佛商学院的人传达学院使命。但是，由于每年仅出版六期，其传播范围和内容即时性便无从保证。所以，安德鲁斯决定将其变成一本重要的、有"保质期"的杂志，而他也确实做到了：在他的带领下，读者要求重印而给杂志社带来的利润，已经超过了杂志销售本身的利润。如今，这种情况已不复存在。

为抬高杂志声望，安德鲁斯首先终结了《哈佛商业评论》允许各企业总裁将杂志作为公关工具的趋势。1970年，杂志前任总编爱德华·博斯克（Edward Bursk）对《商业周刊》杂志的记者骄傲地宣称了一系列令他非常满意的文章：亨利·福特二世亲自提笔为该杂志修改了一篇文章，该文章主要阐述了将股票期权用作高管激励措施的价值；东部油气燃料联合公司高管伊莱·高斯顿（Eli Goldston）撰写了一篇表彰自己为犹太人聚居区进行住宅翻修项目的文章；曼哈顿银行董事长乔治·钱皮恩（George Champion）也在该杂志上发表过文章，主要内容是描述该银行在遭遇社会危机时所扮演的角色等。

安德鲁斯希望《哈佛商业评论》成为业内人士发表重要研究成果的载体，以及企业乃至行业的话题中心。安德鲁斯对一次性的故事没兴趣，他想要组建一个"挖掘团队"，去寻找深刻的社会主题——例如，日本制造业面临的挑战——然后对其进行深度剖析，追踪报道。在安德鲁斯的领导下，《哈佛商业评论》正变得严肃而又严谨，这跟他本人的性格有点相似。

虽然《哈佛商业评论》中仍有很大一部分内容以哈佛商学院为主，但仍不乏外部人士所写的文章。在安德鲁斯看来，杂志的编辑也必须是专家。当他接管杂志时，编辑们都具有新闻专业的背景，但安德鲁斯想招揽更多能够写作的学者。为此，他聘请了哈佛大学美国文明史博士艾伦·肯特罗（Alan Kantrow）等知名学者来撰写关于制造、生产与技术方面的文章。此外，安德鲁斯还在哈佛商学院一位资历尚浅的年轻研究员、哈佛大学博士戴维斯·戴尔（Davis Dyer）身上冒险，让他撰写人际关系和战略方面的文章。

在安德鲁斯时代，《哈佛商业评论》刊登的重要文章有许多。比如，迈克尔·波特写于1979年的《竞争力怎样形成战略》（How Competitive Forces Shape Strategy）一文，不但预示了一种新的思考方式的问世，而且还预示着哈佛商学院将诞生一位史上知名度最高的教授。而威廉·亚伯那齐（William Abernathy）和罗伯特·海斯（Robert Hayes）在1980年共同撰写的《经济衰退中的管理》（Managing Our Way to Economic Decline）一文，则标志着一个时代的结束。这篇文章是《哈佛商业评论》历史上最重要的文章之一，他们在文中宣布了一个众所周知却无人愿意承认的观点。（关于波特的文章，我将在第46章详细介绍；关于亚伯那齐和海斯的文章，我将在第39章详细介绍。）

那么，安德鲁斯最优秀的作品是什么？或许是他为《伦理实践：企业管理中的道德》（Ethics in Practice: Managing the Moral Corporation）一书所写的前言。这篇前言于1989年刊载在《哈佛商业评论》中，安德鲁斯在其中犀利地指出企业管理在道德方面遇到的挑战，指责某些贪婪的人根本不理睬他用整个职业生涯拥护的价值观。他虽然没有在文章中指名道姓，但从字里行间可以看出，安德鲁斯的批评对象是捍卫股东资本主义的哈佛商学院金融学教授迈克尔·詹森。安德鲁斯在文章中写道："吸引大量学生的是经济学，而经济学中的人类行为理论将所有动机都与个人利益关联起来。由于获取个人利益的方式大多极为自私，因此，传统经济学理论①在本质上是不道德的。"可是当安德鲁斯指出这些缺陷时，为时已晚。到那时，整个哈佛商学院已经被贪婪的欲望占领。

这让1985年发生的一件事情变得令人百思不得其解：哈佛商学院院长约翰·麦克阿瑟决定，换掉《哈佛商业评论》总编。1980～1985年，该杂志的年平均净利润为200万美元。付费发行量创下最高纪录，多达24万份，同时还发行了11个外语版本。此外，在安德鲁斯担任《哈佛商业评论》总编之前，广告并未受到重视。在他的领导之下，杂志中的广告页面在1975～1985年增加了90%，总页数达433页。严格地讲，《哈佛商业评论》并不需要换掉总编。

麦克阿瑟的决定可能基于这样一个原因：哈佛商学院的教授及管理

---

① 是指以"经济人"为前提来研究人类社会各种经济活动与各种经济关系及其发展逻辑、规律的科学。其中"经济人"有两个内涵：一是指人们都倾向于追求个人利益；二是指每个人都是自私的，也是理性的，都精于算计，对自己的行为有明确的认识。——译者注

者都非常傲慢、自大。结果，哪怕是杂志稍稍有一点自主权——在安德鲁斯的管理下，哈佛商学院教授执笔的文章必须拿出来与外人执笔的文章进行对比——就会令哈佛商学院极为恼火。"当时，学院的管理层非常担心《哈佛商业评论》，"戴维·尤因写道，"不是因为它不够成功，而是因为它过于成功……这本杂志变得太有影响力了。"

或者，更有可能的原因是，肯尼斯·安德鲁斯本人也变得太有影响力了。许多人猜测，如果不是因为安德鲁斯过于丰富的感情生活，他可能会取代劳伦斯·福雷克（Lawrence Fouraker）成为哈佛商学院第六任院长。他在《哈佛商业评论》获得的成功，显然还威胁到院长约翰·麦克阿瑟，于是，麦克阿瑟决定用特德·莱维特教授取代他。这样一来，人们便明白杂志易主的意义：此前，该杂志业务部门的负责人是《哈佛商业评论》总编的直接下属，自那以后，就成了哈佛商学院院长的直接下属。

莱维特还赶走了安德鲁斯管理班子中的其他人。在莱维特的逼迫下，戴维斯·戴尔转到由迈克尔·波特创建的摩立特集团（Monitor），后来返回他在早前就已创办的温斯洛普集团（Winthrop Group）。艾伦·肯特罗转到了麦肯锡，在那儿担任《麦肯锡季刊》（*McKinsey Quarterly*）的总编。在他掌舵期间，该杂志从《哈佛商业评论》那儿挖走了许多高级知识分子，两本杂志就此展开竞争。后来，肯特罗成为摩立特集团的首席知识官。他在为更加主流的受众解释那些靠不住的商业理念时发挥了重要的作用，在这点上，肯特罗是一位不可多得的人才，但他却得不到莱维特的认可。

为了掩盖这场"流血政变"的本质——政治争斗，尤因在解释时绕了很大的弯子，他说："这是管理层为了打压《哈佛商业评论》而精心考虑的决定。他们认为，它正威胁着哈佛商学院作为一所教育机构的地位……通过压制《哈佛商业评论》，哈佛商学院的管理层向全世界宣布，它的首要任务是课程、教学、发展案例分析法。"同时也表明，发行高质量杂志并不是学院的首要任务。于是，几乎在一夜之间，《哈佛商业评论》的付费发行量、更新率、重印订单数和广告页数，全都遭遇了坠崖式下降。

频繁易主

1985 年，特德·莱维特在接管《哈佛商业评论》时，决心改造杂志。他在后来解释道，他的计划是让杂志可读性更强，使之不肤浅、不令人生畏、不盲目追求潮流、更富有创造力和生命力，还要与读者进行平等沟通。所以，他为杂志增加了漫画。

公平而言，安德鲁斯为杂志塑造的严肃形象难免让读者感到有些乏味，而莱维特确实为它注入了一些活力。不幸的是，作为《哈佛商业评论》历史上发表文章最多的作者，莱维特却暴露了他在理解新闻道德方面的缺陷。例如，他会在未征得原作者的同意下就擅自修改文章。此前，安德鲁斯欢迎编辑们提意见，而莱维特却在杂志社实行自上而下的管理，决策由他一个人组成的委员会说了算。

在莱维特的领导下，《哈佛商业评论》在内容方面的亮点包括管理思想家加里·哈默（Gary Hamel）和 C. K. 普拉哈拉德（C. K. Prahalad）发表的一系列文章，以及里吉斯·麦克纳（Regis McKenna）和本森·夏皮罗（Benson Shapiro）等营销专家提出的新式营销理念，还有一些对非传统经理人和领导者的采访文稿，如波士顿凯尔特人队"红衣主教"雷德·奥尔巴赫（Red Auerbach）。曾为《哈佛商业评论》编辑的艾伦·韦伯（Alan Webber）回忆道："莱维特拥有庞大的人际圈子和广泛的兴趣，对探索新思想无所畏惧。"

不幸的是，一系列数据表明，读者和广告商寻求的可能不是无所畏惧。根据《哈佛商业评论》前编辑戴维·尤因的观察，在莱维特的管理下，《哈佛商业评论》的付费发行量从接近 25 万份降至 20 余万份；订阅更新率降至 55%；重印的销售量跌至 120 万份；广告额大幅度下滑。那些年复一年坚持订阅的读者，得到的回报是涨了近一倍的订阅年费——从 1985 年的 28 美元涨至 1988 年的 55 美元。当订阅人数量急剧下降之后，订阅年费又降至 27 美元，这更加显露了《哈佛商业评论》感知到的"价值"。出人意料的是，在 1989 年年底，麦克阿瑟院长将他精心挑选的总编莱维特换成了哈佛商学院的另一位教授——罗莎贝斯·莫斯·坎特。

坎特为杂志带来了一场灾难。她上任后，艾伦·韦伯和比尔·泰勒（Bill Taylor）这两位才华横溢的编辑便决定离开，转投《快公司》（*Fast Company*），后者是美国历史上最成功的商业杂志之一。在坎特管理期间，《哈佛商业评论》"最有影响力的"文章当数迈克尔·哈默（Michael Hammer）在 1990 年发表的《再造：并非自动化改造，而是推倒重来》（*Re-engineering Work: Don't Automate, Obliterate*）。尽管文中的一些概念颇有道理——"对商业流程重新进行根本性的思考和设计，以便在至关

第四部分 荣耀背后
金钱说服力在作祟

重要的绩效指标上实现大幅度提升"——但它还预示着"重新回到弗雷德里克·泰勒的机械理念中去"。更糟糕的是：在《哈佛商业评论》的帮助下，"再造"这一术语的意义被扭曲为"肤浅知识的正当化"，这为美国各企业在20世纪90年代进行的规模缩减提供了理论支持。坎特就像是在设法将《哈佛商业评论》彻底毁灭一样，这一定是出版界有史以来最没有挑战性的任务之一。

1992年，麦克阿瑟聘请乔治·哈里斯（George Harris）接替坎特的职务。哈里斯是《今日心理学》（*Psychology Today*）的编辑，也是管理学大师彼得·德鲁克的长期合作者。哈里斯在《哈佛商业评论》的任期仅为4个月，最突出的贡献便是在1992年撤掉了一篇标题为《IBM为何失败》（*Why IBM Failed*）的批评性报道。其作者马克·斯塔尔曼（Mark Stahlman）是位金融分析师，他称自己的文章之所以被"扼杀"，是因为《哈佛商业评论》怕得罪计算机制造业的巨头。斯塔尔曼对《纽约时报》的记者说，《哈佛商业评论》的一位编辑告诉他，在哈佛商学院教授、学院出版业务主席威廉·萨尔曼（William Sahlman）干预之后，那篇报道就被取缔了。不过，哈佛商学院否认这一指控，但在这篇报道被取下后，它的责任编辑也随即辞职。

除了管理层人员频繁变动外，《哈佛商业评论》的业务也陷入混乱。1993年，哈佛商学院将所有的出版业务整合起来，统一由哈佛商学院出版社管理，并聘请露丝·麦克马林（Ruth McMullin）担任社长和CEO。据报道，露丝的年薪接近50万美元。对于解聘哈里斯的决定，露丝解释道："哈里斯和我们分享了关于'《哈佛商业评论》是什么'以及'可以为读者做什么'的愿景……但他的才华与经验，与我们的需求不匹配……这让我感到很难过。"她这番话可能也是对自己境况的描述：仅仅两年后，露丝被撤职。对于一个声称精于领导与管埋的机构，在两年中都未能将自己的能力传授给年轻的狂妄之徒，未免也太名不副实了。

如果用一个词来描述20世纪90年代初至21世纪的《哈佛商业评论》，那便是：空洞（fluffier）。部分原因在于，它从时代公司那里招聘了太多编辑。虽然后者也是一家出版公司，但它过于重视产品可达性①，这也是时代公司的独特标志。在安德鲁斯的管理下，《哈佛商业评论》的编辑人

---

① 一个产品，如果对于任何人（无论能力）而言，都非常容易掌握、理解并可以用之来完成他们的目标，那么该产品就具有可达性。——译者注

员要具有编辑严肃内容的能力；而在后来历任总编的管理下，编辑们的任务则是学会漂亮地复制。

当然，《哈佛商业评论》并未完全丧失严肃性，但由于管理层对编辑人员放松了要求，杂志失去了精准定位。在安德鲁斯之后，第一位任期足够长，能给这份刊物留下个人印记的人，是于 1994～1999 年担任杂志总编的娜恩·斯通（Nan Stone）。

1997 年，《财富》杂志前编辑沃尔特·基切尔被任命为《哈佛商业评论》的发行人，他明确的工作目标是与斯通合作，努力增加十年前被哈佛商学院肆意打压的发行量。在担任发行人之前，基切尔已经以顾问身份与哈佛商学院出版社合作，推出时事通讯刊物《哈佛管理前沿》（Harvard Management Update），时任哈佛商学院出版社 CEO 的琳达·多伊尔（Linda Doyle）说服他担负监管《哈佛商业评论》这项额外的职责。"沃尔特·基切尔理解这里的文化，对此深有体会，"《哈佛商业评论》前员工艾伦·韦伯说，"他接受任命，意味着《哈佛商业评论》将进入较为平稳的发展期。"

不过，斯通和基切尔之间是一种水火不相容的关系，斯通甚至不允许基切尔参加编务会。1999 年，基切尔一手策划了斯通的离职，并将《哈佛商业评论》的监管工作交给一个编辑团队，成员包括苏茜·维特劳弗（Suzy Wetlaufer）、尼克·卡尔（Nick Carr）和萨拉·克利夫（Sarah Cliffe）等。由于斯通没能搜罗到合格的继任总编，2000 年 10 月，当维特劳弗向杂志毛遂自荐时，她如愿以偿得到了总编职位。

总编的桃色丑闻

苏茜·维特劳弗确实有着完美的简历。她在 1988 年以贝克学者的荣誉从哈佛商学院毕业，先后在《迈阿密先驱报》（Miami Herald）和美联社担任记者一职，又曾经是贝恩咨询公司的咨询师。一时间，《哈佛商业评论》似乎总算找到了一位合适的掌门人。当时，杂志增加了发行频次，每年发行 10 期。为了让内容跟上发行速度，维特劳弗需要更多的新闻故事和出色的员工。终于，在 2000 年，由哈佛商学院教授克莱顿·克里斯坦森和迈克尔·奥弗多尔夫（Michael Overdorf）合写的《应对破坏性变革的挑战》（Meeting the Challenge of Disruptive Change）一文横空出世，将"颠覆性创新"理念推入公众视野，在全国引发了热烈的探讨，《哈佛商业评论》因而得到了更广泛的关注。

虽然维特劳弗在工作上已步入正轨，但是，当她的私生活被公之于众时，她付出的一切努力都前功尽弃。1996年，她刚刚接任《哈佛商业评论》总编一职时，是一位有着4个孩子的已婚母亲。2000年，她和丈夫离婚。在此之后，她似乎像哈佛商学院的某些师生们一样，深陷在道德迷雾中。在维特劳弗看来，道德一定与爱情有关——与一位22岁实习生保持暧昧关系，或与采访对象来一场浪漫约会。2001年12月底，她的约会对象被曝光，对方正是通用电气CEO杰克·韦尔奇（Jack Welch）。维特劳弗曾为《哈佛商业评论》杂志而采访他，两人就此陷入爱河。

当时，韦尔奇已与妻子简·韦尔奇（Jane Welch）共同度过了13年婚姻生活。2001年12月26日，当简·韦尔奇发现他们两人的私情后，即刻打电话给维特劳弗，痛骂她一通。直到那时，维特劳弗才向她的上司坦白了这段关系，并警告对方如果对她和韦尔奇的关系加以干预，可能会让预计登在2月刊的韦尔奇的采访胎死腹中。

这种欺上瞒下的行为，只会让事情发展到令人难堪的地步。维特劳弗坚称，这段私情是在她完成了对韦尔奇的全部采访之后才发生的，这实在是一个令人生疑的解释。实际上，她在2001年10月对韦尔奇进行初次采访后，两人就开始以商量采访事宜为由偷偷幽会。有意思的是，她似乎觉得所有人都相信她的解释，哈佛商学院出版社的管理者们似乎对她深信不疑。他们都认为，一切很快就会过去。

然而，维特劳弗的下属们并不买账。维特劳弗听从了韦尔奇的律师的建议，与哈佛商学院出版社协商，同意将自己的职位降为自由编辑，并且稍稍减少自己的薪水（当时已达27.7万美元）。当《哈佛商业评论》的员工获悉这一交易时，高级主编哈里斯·科林伍德（Harris Collingwood）和奥尔登·哈亚希（Alden Hayashi）当场提出辞职。科林伍德说："这种对现实的妥协，是哈佛商学院出版社高层领导的典型做法。"还有一位编辑称这样的安排是"编辑不负责任的杰作，也是对其他员工的侮辱"。

当记者詹姆斯·班德勒（James Bandler）准备将韦尔奇与维特劳弗的丑闻放在《华尔街日报》上刊登时，韦尔奇向该报的执行编辑保罗·斯泰格（Paul Steiger）致电，企图让他取消刊登那篇稿件，但被斯泰格拒绝了。反观《哈佛商业评论》，该杂志有一条规定：在正式刊发稿件之前，采访对象可以查阅和编辑自己的采访稿件。也许，《哈佛商业评论》并不是第

一份对采访对象低声下气、讨好巴结的杂志,但这条规定一经曝光,更是火上浇油。对此,媒体评论员霍华德·库尔茨(Howard Kurtz)不无讽刺地说:"他们不是已经和采访对象睡在一起了吗?"

那段时间对韦尔奇而言也是挑战,他的名誉因此受损。雪上加霜的是,有人揭发这位以压缩成本著称的传奇总裁,在退休后依然享受着每年 250 万美元的福利,这些钱被用于种植奇花异草、享用葡萄酒。后来,在社会各界的批评声中,他不得不放弃这种豪华的福利。此外,韦尔奇在担任 CEO 时的工作记录也遭到仔细审查,他一度宣称自己能够"管理"公司财政收入的能力,被指责为接近犯罪边缘的财务操纵。他的继任者、1982 届哈佛商学院毕业生杰弗里·伊梅尔特(Jeffrey Immelt)掌管通用电气后,迫不及待地澄清道:"我们管理的是公司,而不是营收。"

在维特劳弗事件之前,《哈佛商业评论》的估值已达 1 亿美元,是哈佛商学院的支柱业务。虽然丑闻为杂志带来了不小的打击,但消极影响并未持续太久。2002 年 7 月,万季美(David Wan)出任哈佛商学院出版社社长和 CEO。当月,老员工佩内洛普·缪斯·亚伯那齐(Penelope Muse Abernathy)收到了她的解聘通知单。同年 10 月,万季美聘请托马斯·斯图尔特(Thomas Stewart)来接替维特劳弗的职务。斯图尔特和沃尔特·基切尔一样,也曾是《财富》杂志的编辑。同时,基切尔的职务也发生了变化,从哈佛商学院出版社的高级副总裁和编辑部主任降为自由编辑。

2009 年 1 月,《时代》杂志前副主编阿迪·伊格内修斯(Adi Ignatius)接任《哈佛商业评论》总编一职。这似乎是杂志改革的时机,因为在当时,由于《哈佛商业评论》没能客观地报道金融危机,导致它再度被舆论围攻。那时,它为数不多能拿出手的作品,是 2008 年 10 月由雷克什·库拉纳和尼廷·诺瑞亚共同撰写的一则新闻故事——《管理亟待成为职业》(*It's Time to Make Management a True Profession*)。尽管一个世纪以来,我们一直为此事苦恼,却始终对它无能为力。伊格内修斯后来说道:"世界渴望新的方法,'一切照旧'并不是可靠的解决办法。"

伊格内修斯想到的新方法之一是:借鉴社交新闻网站上的文章特色。可是,这让《哈佛商业评论》数字版文章的标题落入了千篇一律的模式。比如,"企业家错在何处""经济学家在衡量生产力时错在何处""大型企业在制定创新标准时错在何处""优秀的团队为何出错"等等。

2014 年，戴维·尤因对 20 世纪 80 年代《哈佛商业评论》的无序发展提出的合理辩解——哈佛商学院并没有把杂志视为传播商学院理念的传声筒——早已被人忘记。同年，哈佛商学院通过《哈佛商业评论》卖出了 1 200 万个案例、200 万本书籍以及 330 万份重印杂志，杂志的付费发行量比过去四年增长了近 1/4，达 29.3 万份。哈佛商学院两大支柱业务，即出版与高管教育都在持续盈利，填补了案例研究消耗的成本以及 MBA 项目的亏损。实际上，出版业务是哈佛商学院最大的业务，它在 2015 年为学院带来了 2.03 亿美元的收入。同年，高管教育项目的收入为 1.68 亿美元，MBA 项目的收入为 1.2 亿美元。

但是，《哈佛商业评论》是否真的以它承诺的方式影响着业界人士？并没有。但这几乎无关紧要，因为同时购买了哈佛商业出版社的杂志和书籍的人会发现，那些文章就像在生产线上大规模制作出来的产品。即使《哈佛商业评论》与哈佛商学院的其他产品一样，与现实管理脱节，但只要他们能够证明杂志的品牌力量，便心满意足。他们正在兜售的，实际上也是他们在高管教育中兜售的：纵然你无视事实与证据，也能得到管理领域的金色通行证。毕竟，如果你是在回音室里兜售东西，外边的人是否听到你在说什么，真的并不重要。

第36章
"炮制"领导者

从亚伯拉罕·扎莱兹尼克的教育背景看,他是一名典型的哈佛商学院教授。1947年,他在学院中获得MBA学位后,又攻读商学博士学位,继而留校从事了40余年的教育工作。然而,从另一角度看,他并不够典型。扎莱兹尼克对如何从产品中榨取利润不太感兴趣,却对领导力背后的社会心理学兴趣浓厚。此外,他在哈佛商学院任教时,还花了10多年时间在波士顿精神分析学会暨研究所(Boston Psychoanalytic Society & Institute)从事学术研究,另外又花了20年时间从事临床心理学诊断工作。

扎莱兹尼克早年的研究思路与埃尔顿·梅奥的思想一致,他通过分析工人对工作的满意度,在工人的潜意识中寻找答案。1958年,他和罗兰·克里斯坦森、乔治·霍曼斯(George Homans)以及弗里茨·罗特利斯伯格等人合著了《动机、生产力和员工满意度:一项预测调查》(The Motivation, Productivity, and Satisfaction of Workers: A Prediction Study)一书。他们在书中解释道,那些和他们合作的工人,或多或少都将对工作的不满带到了研究之中。扎莱兹尼克阐明了自己的论点:"在工人的行为中,不仅潜藏着一种自我保护的需要,还有一种对工厂、社区和社会中的权威人物进行控制的需求。"

以上，只是扎莱兹尼克对旧领域的研究。标志他开辟了全新研究领域的事件，是他在1977年为《哈佛商业评论》所写的一篇文章：《经理人和领导者是否不同？》(Managers and Leaders: Are They Different?)。这个问题提得十分及时，因为到20世纪70年代末，美国的经理人高度关注自身利益，以牺牲抱负、愿景和热情为代价，过度强调能力与控制，以至于在发展领导力中陷入死胡同。简单地讲，美国经理人管理能力有余，但领导力不足。尽管到那时，要想避免那种转变的效应已然太迟——美国从来未意识到，经济发展的因果报应即将到来——但不管怎样，扎莱兹尼克的文章引发了一场商学院对首要任务的革命。各商学院突然发现，他们正在出售的"产品"，已不再是社会需要的了。他的问题也提得十分中肯，但几乎没有人预见它将催生一场意义重大且毁誉参半的变革。

这篇文章的中心思想可以用一句话来概括：经理人和领导者是截然不同的两类人。两者的区别在于，经理人是有能力的，他们注重过程，保障企业正常运行；领导者是富于想象力的，他们注重结果，决定着企业发展方向。作家马修·斯图尔特的观点是，经理人正确地做事，领导者做正确的事。而华莱士·多纳姆则希望哈佛商学院毕业生同时做到这两点。但突然之间，他们必须要从中做出选择了。

尽管没有人怀疑精英领导者的价值，但对于商学院是否在这类人的成长过程中做出过贡献，一直是人们心中的疑问。哈佛大学肯尼迪政府学院教授芭芭拉·凯勒曼在《艰难时刻：领导在美国》(Hard Times: Leadership in America)一书中指出："在领导力发展的40年来，它没能以任何重大的、有意义的、可测量的方式来改善人类生存状况。"

被歪曲的领导力

究竟什么是领导力？能否像教授会计学知识一样，将领导力这一能力传授给学生？或者，它是否会受到环境影响？换言之，如果没有投资组合，我们还能否成为领导者？威廉·德雷谢维奇在《优秀的绵羊》一书中指出，虽然美国的每一所院校都声称自己能培育领导者，但它们似乎并不了解领导者意味着什么。"有两种可能的因素导致了这一现象的出现，"他说，"第一个因素是，'领导'一词根本没有意义，或者不论是哪种定义，在任何特定时间都有益。第二个因素是，'领导'只意味着负责。"

哈佛风云录
THE GOLDEN PASSPORT

"直至今日，我们依然没能正确定义领导力。"麻省理工斯隆商学院管理学教授约翰·万·曼伦说道，"我们能帮助人们更加清醒地意识到商界所处的道德困境，培养他们处理困境时的沟通技巧，增加他们的信心。但有一种观点认为，领导力是可以被传授的，获得这种能力的人，便可以在任何时间领导任何人。这种观点是空洞的。"尽管如此，这并没有阻止哈佛商学院声称自己能传授领导力。毕竟，它的使命是"培养能够改变这个世界的领导者"。万·曼伦意识到，过于注重教授领导力，难免令人失望，但它如今变得如此流行，以至于教育资源跟不上大众需求。

美国企业为何屡屡不敌日本企业？

自哈佛商学院创建以来，它一直致力于提升教学水平。20世纪70年代末，当出自管理学班级的学生因不善于经济管理而备受批评时，哈佛商学院发现自己在淡化"通过控制来管理"的传统观点，过于强调"通过激励来管理"的理念。1979年，"哈佛商学院合伙人"在一份报告中提到："人们对权威式管理的接受度有所下降，领导力成为经理人最重要的能力。他们必须具备独立性、客观性，能勇敢面对高层权威和舆论压力，且必须表现出清晰明确的管理目标……"这份报告为经理人敲响了警钟。

不过，领导力真的是治愈美国的良方吗？20世纪70年代末期，日本经济的崛起，让美国陷入恐惧中。日本企业通过运用重视合作的管理模式，击败了美国企业。而另一边，哈佛商学院仍非常重视个人英雄主义，这让它从一开始就在无法奏效的管理模式上高倍下注。"你怎么能用注重个人能力的领导模式去跟基于合作的管理模式竞争？"伦敦大学管理学院组织研究系主任克里斯多弗·格雷这样发问，"这简直是无稽之谈。"

很难有证据证明，商学院在培育领导力方面发挥了领军作用。彼得·德鲁克曾这样评价："将商学院的职责视为培育领导者，本身就是错误的。医学院也是如此，它们并不是以培育领导者为己任，而是以教出不至于杀死太多病人的医生为己任……你不可能教育领导者，不过，领导者却需要了解方方面面的情况。因此，学院拥有了教育他们的机会。但是，学院的职责只是培训能够勉强完成工作的庸才罢了。这就是我们正在做的事情，至于最终结果如何，就不得而知了。"

欧洲工商管理学院教授詹比耶洛·彼崔格里利（Gianpiero Petriglieri）

和珍妮弗·彼崔格里利（Jennifer Petriglieri）在联名发表的论文《商学院能否使领导力人性化？》（*Can Business Schools Humanize Leadership*？）中坚称，大多数院校的领导力教学，都使它失去了人性化的一面。各商学院要么将领导力曲解为聚焦于目标的活动，进而将它细分成一系列技能；要么将领导力升华为一种美德，一种既不受激励驱使，也不会被情绪左右，还不受外界影响的果断与镇定。哈佛商学院同时受这两种观念的影响，但它最近提出的聚焦于"真诚领导"的荒谬想法，则更倾向于后者。

詹比耶洛和珍妮弗认为，不论学院倾向于哪一方，都会割裂领导者与其身份、社区、背景的关联。"领导者可以被教育"以及"领导力可以一劳永逸地获得，且适用于不同环境"的理念，让领导力更易成为可以出售的商品。其结果是：我们在接受领导时，可能会遇到含糊不清、变幻莫测的命令，这会让我们焦虑不安，而"领导者可以被教育"的声明，可以缓解那种焦虑不安的感觉。当你告诉那些新生，他们已经是美国未来的领导者时，你很可能在欺骗他们。

不论是在哈佛商学院还是在其他地方，我们在领导力研究中出现的显著偏差是将领导力和正式的权力与层级监管混为一谈。某个人能当老板，并不一定就能当领导者，这是一个被普遍认可的事实。尽管如此，大多数商学院——尤其是哈佛商学院——犯下的错误是，他们含蓄地假设，想要成为领导者的人，必须拥有一些正式的权力。换言之，拥有老板的身份，是成为领导者的一个必要但不充分的条件。

在一些教授看来，当前流行的领导者形象是这样的：能够晋升到拥有实权的管理岗位；能够游刃有余地适应各种环境；能够发挥影响力，以实现财务或其他可测量的目标，且在此过程中，还能在管理层级的阶梯中更上一层。当然，你可以在哈佛商学院的案例研究中找到这种英雄式领导者。哈佛商学院教授米希尔·安特比在对案例进行分析时发现，62%的案例把企业发展描述成由某人凭借一己之力推动的结果，而不是由团队合作的结果。"美国企业用同样的方式，将经理人定位为改革的推动力，"安特比写道，"案例中有许多注释都将主角描述为英雄人物……'他们是自身命运塑造者'的观念，以及对精英个人主义的支持都体现了美国管理文化。"但是，如果人人都只为自己，还有什么人能成为领导者？

哈佛商学院在吸引自命不凡的未来领导者时，还引出了一个问题：将成为领导者作为终极目标的人，不一定是合适的候选者。德莱塞维茨

回忆起在哈佛大学面试中发生的一件趣事。当时，面试官问申请者："哈佛是培育领导者的，那么，你想成为哪个领域的领导者？"申请者回答："我不知道……某个领域吧。"这不是目标，这只是一种漫无目的的、茫然无助的野心。"他们只不过是想爬到最高位置，"德莱塞维茨说，"比如，成为大型律师事务所的合伙人，在一家医院当上部门主任，或成为参议员、首席执行官、大学校长。简言之，他们的目的就是要掌权。他们要做的，就是在任何一个领域的管理层级中攀爬。"

只可意会，不可言传的能力

企业只要求经理人成为领导者并不是最好的决定。马克·米兹路奇（Mark Mizruchi）在他出版于2013年的《美国企业精英的陨落》（*The Fracturing of the American Corporate Elite*）一书中记载了这样一种变化：在长达10年的时间里，美国企业精英已经将他们在20世纪中叶扮演的角色转向了社会和文化的领导者。詹比耶洛·彼崔格里利和珍妮弗·彼崔格里利两位教授也指出，社会心理学家保罗·皮夫（Paul Piff）及其同事在一项于2012年开展的研究中发现，同普通人相比，上层阶级成员违反法律、欺骗他人或在工作中支持不道德行为的可能性更大。两位教授写道："这些人把对权力的积极态度转移到了贪婪上。"

詹比耶洛和珍妮弗指出，商学院教育中存在两大问题：第一个问题是，课程内容过于抽象，使得学生并未做好准备成为真正的领导者；第二个问题是，商学院过于侧重学生的职业发展以及为企业创造财务绩效的能力。对此，两位教授总结道："那些商学院要么是因为疏忽，要么是有意为之。"当前，各商学院在领导力教育中遇见了各种问题，他们并没有积极寻求解决之道，反而不断带给我们一些毫无用处、异常荒谬的声明。比如，哈佛商学院院长尼廷·诺瑞亚就说过："从绩效方面来看，优秀的领导者与差劲的领导者之间大约有40%的差距。"

诺瑞亚并不是唯一一个认为领导力可以被数据化的人。正如芭芭拉·凯勒曼指出的那样，如今，认为领导力可以被"编码、归纳、包装"的理念正被四处传播。哈佛大学公共领导中心还列举了"企业领导者必备的七种能力"，包括个人能力、人际关系能力、组织能力、系统综合能力、激励能力、背景分析能力以及理论能力。如果你认为七种能力对你而言太多了，可以参考哈佛商学院教授琳达·希尔以及肯特·莱恩巴克（Kent Lineback）提出的"伟大领导者必做的三件事"，即管理自己、管理个人人际关系网络、管理个人团队。如果你还想了解得更具体一些，也可以参考杰弗里·甘兹（Jeffrey Gandz）及其同事认为的"优秀领导者必做的五件事"，即分析环境、清晰阐述制胜战略、出色地执行、评估结果、构建未来。对这些总结性语言，凯勒曼进行了犀利地发问："领导者的工作，真会如此简单、干净利索，且永远都正气凛然吗？"

哈佛商学院一直在试图成为领导力的传授者。那么，它本身拥有领导力吗？具有讽刺意味的是，只有在筹集资金时，哈佛商学院才会成为哈佛大学内部一股不可忽视的力量，除此之外，它并没有其他值得关注的贡献。导致这种情况的原因有很多，如哈佛商学院的教授们不屑于反思，专注于自我封闭式的研究，因而忽视了对新知识的追求等。凡此种种，让哈佛商学院如同一座孤岛，矗立在哈佛大学中。

哈佛商学院的课程几乎都在引导学生成为社会思潮的追随者，而没能将他们培育成引领者；学院大量"炮制"平庸之才，后者运用严格的管理控制，将美国经济拖入泥潭；它庆祝企业进行大规模并购，直到企业自食恶果，不得不停下为止。在那之后，哈佛商学院稍事调整，开始将毕业生成群结队地送往华尔街，去拆解他们的前辈着力建设的企业。在企业的社会责任这一主题上，哈佛商学院只有在它方便的时候予以支持，比如经济繁荣的20世纪五六十年代。后来，随着学院融入专注股东回报最大化的思潮中，它便将企业的社会责任忘在脑后。而最近，它又转而支持了，仅仅是因为学生要求这样做。在学院这些反复无常的决策之中，哪里还有领导力可言？

弗吉尼亚大学教授马克·艾德蒙森（Mark Edmundson）说："如今，领导者通常指'以精力充沛和乐观向上的方式来分享他们秉持的所有价值观'的人。他们往往是一些小大人，不会去挑战那些真正的成年人所在的地盘……在许多人看来，这类领导者只不过是拥有雄心壮志的追随者而已。"

不过，他们是一群非常了解自己的追随者。由于人们认为领导力涉及个性，于是，许多大师将研究领域聚焦于心理成长。詹姆斯·胡普斯说道："梅奥的治疗方式，如今正被运用到越来越多的经理人身上。领导者是变革的催生者，他们不仅准备控制政治结构，而且还打算改造它。正如他们仅凭'道德剧'重新塑造自己的个性那样，那些'道德剧'也让他们认为自己有资格领导他人，共同向着自己的革命愿景前进。"

能自我认知，就会真诚领导？

让我们再次将目光转到《哈佛商业评论》上。该杂志确实花费了大量的篇幅向读者承诺，他们也可以成为伟大的领导者。其中最有代表性的文章，当属 2015 年 11 月刊的封面故事——《是什么造就了伟大的领导者？》（What Makes a Great Leader ?）。这就不得不提到对这一主题阐述得最为深刻的人，"真诚领导"的提出者——比尔·乔治（Bill George）教授。

乔治是哈佛商学院 1966 届毕业生中的贝克学者，后又成为享誉商界的传奇人物。1989 年，他曾是美敦力公司的 CEO，也是高盛、埃克森美孚石油公司和梅奥诊所的董事会成员。后来，乔治在哈佛大学教授领导力课程，写了四本畅销书，包括《真北》（True North）和《真诚领导力》（Authentic Leadership）。乔治拥有现代管理者的技巧，被哈佛商学院视为在管理和领导力领域的道德权威。

2007 年，乔治与人合写的文章《发现你的真诚领导力》（Discovering Your Authentic Leadership）在《哈佛商业评论》上发表。据说，他们为这篇文章采访了 125 位领导者，分析了 3 000 页采访转录文件，才从中萃取出真诚领导力的秘诀。可文章给人的印象却是：一半是真诚的调查，一半是对领导者的大吹大擂。文中有这样几句话："这些研究发现极其鼓舞人心。你不必天生具有特殊的气质或领导者的特点；你不必等着上司赏识你，走上前来拍拍你的肩膀；你也不必一路攀爬到组织中的最高领导层。相反，你可以通过发现自己的潜力，去完成更有意义的事情。"

文章在接下来阐述的事情，不太像通向真诚领导的路线图，更像在描述他人琐碎的人生片段。例如一度进取心十足的 MBA 意识到，除了拼命奋斗、寻求晋升，生活中还有更多值得关注的东西。文章通篇都在阐述一个常识，即不要让工作占据全部生活。同时，它还展示了一些心理吃语，并不断用事例证明人们能通过这些吃语发现生命的意义。

相比于哈佛商学院中那些为管理权力披上道德权威的外衣，帮助掩盖权力独断性的思想家，乔治的观念可以称得上新颖。在他来看，在遇到一些伤脑筋的问题时——比如裁员——真诚领导者可不是通过玩 Excel 轮盘赌进行决策，而是通过关注自己的内心去寻找答案。

文章中还有这样一段话："真诚领导者会收获一些特定的回报。没有哪种个人成就可以与团体成就所带来的愉悦相媲美。当你带领团队跨过终点线时，曾经经历过的所有痛苦，会被一种发自内心的满足感所取代。你曾用这种满足感来赐予他人以力量，并借此将这个世界建设得更加美好。这便是真诚领导的挑战与成就。"

换言之，当老板并不只是伴随着成为领导者的内在满足感，它也是某个人运用自己的才华，将力量赐予所有下属的好机会。前提是，那些下属必须按照老板的吩咐把事情做好。和许多前人一样，比尔·乔治拒绝承认这种力量是夺来的，而是被赐予的。

他并不是唯一一个坚持该观点的人。詹姆斯·胡普斯在《假先知》一书中写道："如今，许多讲授领导力的教授都在强调经理人应该宽宏大量，几乎不再强调对权威和权力的运用。现代经理人获得的警告，几乎是通过被灌输这样一个诱人的想法而获得的：要想抓住员工的心，最好的办法就是放手。"

虽然胡普斯并不与现代经理人作对，但他认为，现在正是管理者们坦诚面对这样一个事实的绝佳时机：他们的权力并不是通过个人反思而获得的，对某些 MBA 学生而言，这种反思跟"金钱无法换来幸福"之类的常识概念一样毫无意义。胡普斯写道："在当代对借助文化来管理和借助道德权威来领导的思考之中，出现了道德傲慢。"一位斯坦福大学教授补充道："在一些至关重要的时刻，真诚并不是领导者首先要考虑的事情。领导者实际上必须做的事情，很可能是真诚的对立面。领导者不必对自己真诚，他们应该对当时的局面真诚，并且真诚地面对身边人的需求。"

乔治没有灰心，他在《哈佛商业评论》2015 年 1 月刊上发表文章，断言真诚已成为领导者的黄金标准。于他而言确实如此，这不足为奇。出乎意料的是，他开始对心理学着迷，继续和那些卓越的领导者交往，同时还额外地从他们手中拿走一笔笔数目可观的咨询费。

第 37 章
创业热潮下的冷思考

来自社会各界的批评声从没在哈佛商学院中消停过。其中最为重要的一些批判,已经写进本书的各章节中。不过,还有两种批判与事实不符。第一种是,哈佛商学院在硅谷创业大潮中只扮演了一个小角色;第二种是,哈佛商学院在培育企业家方面表现得并不出色。

自科技型企业问世以来,哈佛商学院毕业生便扮演着资助其发展的先锋角色,其中一批毕业生在硅谷的建设过程中发挥了相当重要的作用。同时,富有创业精神的哈佛商学院毕业生既是美国风险投资行业的缔造者和参与者,也是许多成功的非科技型企业的创始人。

消失的冒险精神

围绕"创业精神"以及"小企业管理"的学习与教学在哈佛商学院持续了近 75 年。对学院而言,这是它频繁被外界质疑的诱因,但很少有人意识到这一点。1997 年,哈佛商学院专门围绕创业精神出版了一部书——《创业者:哈佛弄潮儿的故事》(*Shaping the Waves: A History of Entrepreneurship at Harvard Business School*)。作者杰弗里·克鲁克香克 (Jeffrey Cruikshank) 在撰写过程中发现,他可以研究的素材实在是丰富,因而几乎花了他整整十年才完成写作。

1947 年,哈佛商学院开设了一门以创业为主题的课程——小企业管理。该课程是二年级选修课,由迈尔斯·梅斯(Myles Mace)讲授。在课堂上,梅斯主要讲解"根据企业家面临的管理问题"编写而成的案例,并表示这门课程主要是针对那些打算成为企业家的学生而设。这是"企业家"一词首次出现在哈佛商学院的课程描述中。

克鲁克香克在书中写道:"大型企业控制了我们需要的资源,这些资源能帮助哈佛商学院在发展初期依靠捐款生存下去。"时任院长的唐纳德·戴维极其支持大型企业,尽管他在 1944 年的一次演讲中公开怀疑哈佛商学院校友选择的职业路径过于同质化。"坦率地讲,"他说,"我担心多年以后,哈佛商学院里有太多的人会在大企业里寻找为自己'遮风挡雨'的可靠位置……我担心,我们学校的环境会扼杀学生们的冒险精神,让他们不敢承担风险。"

戴维的担忧应验了。1949 届毕业生内德·杜威表示,他的同学完全缺乏创业动力。他说:"在遇到困难时,我们大多数人要么没有孤军奋战的勇气,要么无法提出值得实践的想法。而且,哈佛商学院提供的教育,确实没有为我们与初创公司打交道做好准备。我们喜欢把自己想象成冒险家,但我们更倾向于拥有一份稳定的工作。哈佛商学院喜欢把自己想象成激发学生创意和行动力、催生改革的学府。事实上,它只是一所精修学校①。"

梅斯是哈佛商学院 1938 届 MBA,当时,刚刚从太平洋战争中归来的梅斯设法向院长戴维兜售了一大批退役美国老兵的愿景——尽管没有做好准备,但他们都想为自己的前程冒险一搏。随着报名人数直线上升,学院需要在 1947 年秋季开设 42 门二年级选修课,这比 1946 年多出十几门。"小企业管理"就是这 42 门中的一门,它吸引了 188 名学生。

为了开展案例研究,梅斯主动与小企业主接触,接受了许多小企业的董事会职务。第二年,他发表了一篇名为《小企业董事会》(*The Board of Directors of Small Corporations*)的文章,但随后就对小企业失去了兴趣。他可以被原谅,因为那是 20 世纪 50 年代。此时,人们深信未来属于大企业。不管怎样,他所教的课程也失去了活力。

哈佛商学院在评价自己的过去时,一旦提及它过往对待创业的诚意时,

---

① 指专门培养女性社交礼仪的贵族学校。——译者注

就总会不自觉地歪曲事实。例如乔治·多里奥特开设的制造业课程,被定义为"用高管视角观察制造企业的运营问题"。有一回,克鲁克香克的一位学生对他说:"那门课程总是在阐述个人成就。"克鲁克香克认为,这是该课程支持"企业家本能"的证据,它怂恿人们把CEO视为企业的化身。

作为哈佛商学院1965届MBA和1969届DBA(工商管理博士),霍华德·史蒂文森(Howard Stevenson)教授试图把创业精神定义为一种管理风格,而不是一种开创新业务的行为或人的性格特征。他说,创业精神就是在"超越可控资源的情况下追求机会"。这导致在很长一段时间里,只要有人询问学院的教授:"哈佛商学院怎么有理由声称自己能培养学生的创业能力?"教授们几乎都答非所问,并逐字逐句地用史蒂文森的定义作答。

可笑的是,在这一定义的保护下,哈佛商学院得以在没有做出任何明确行动时,就对外宣称自己一直都在培养学生们的创业精神。学院认为每一个班级的课程都与创业有关,但这只不过是一种臆想罢了。

1972年,哈佛商学院开始专注于对小型企业问题的教学和研究。它在高管教育项目中引入了"小型企业管理课程"(Small Company Management Program,以下简称SCMP)。克鲁克香克在他的书中提到,1974~1975年,哈佛商学院的教授聚焦于小型企业的特殊性税务、家族涉入以及团队和个人管理问题,为SCMP编写了50个案例。

即便有过这般努力,到20世纪80年代中期,SCMP还是向金钱和影响力屈服,将招生对象限定为CEO。同时这些CEO还要达到以下条件:

1. 有10年以上的工作经验;
2. 拥有企业的全部或大部分股权;
3. 企业销售额至少达到300万美元。

1985年,该课程被重新命名为"企业主及总裁管理课程"(Owner/President Management,以下简称OPM),其教学重点清晰表明了哈佛商学院的观点:人人都有可能成为企业家,但并不是每个人都适合。

尽管如此,涉及小型企业管理的MBA课程仍十分稀少。原因不在于学生对此缺乏兴趣——1958年,25%的二年级学生每人支付15美元,开设了一门"学生小企业就业项目"(Student Small Business Placement

Program，以下简称SSBPP），这是一门由学生主导、旨在让小企业和学生互相加深了解的课程。1966年，SSBPP花费5 000美元在《华尔街日报》上刊登了一则广告，以激发MBA学生"最终控制和拥有中小型企业"的渴望。

虽然"不必承受创业痛苦，却能赢得企业控制权和所有权"不是被普遍接受的创业精神，但不管怎样，至少学生们开始朝着正确的方向迈进，并取得了一定成效：有270家企业对SSBPP发出的广告做出了回应。2013年，几位风投家决定了解MBA到底参与创立了多少家独角兽公司。在他们统计的39家公司中：有13家公司的创始人是MBA，其中有4人从哈佛商学院毕业；有32家公司的高管是MBA，其中17人来自哈佛商学院。即使MBA不是独角兽公司的创始人，他们也能通过快速进入管理层，从而掌控公司。

20世纪70年代末，哈佛商学院在培养学生创业精神方面遇到了师资不足的问题，而且，教授们对创业这一主题不感兴趣。1979～1983年，哈佛商学院关于创业的课程仅有两门。当时，史蒂文森教授的另一个研究主题是房地产，但这一主题也不像金融和营销等学科那样受欢迎。这使得他失落万分，以至于做了一件让人大跌眼镜的事情：1978年，他放弃哈佛商学院的终身教授职位，转而在附近一家纸业公司当全职董事。

创业能被教授吗？

史蒂文森"出走"的时间并不长。1980年，约翰·麦克阿瑟（John McArthur）从劳伦斯·福雷克（Lawrence Fouraker）手里接过院长职务。和之前的历任院长不同，麦克阿瑟无比推崇创业精神。当他发现没有一位教授自愿研发这一领域的新课程时，便决定将史蒂文森劝回来。麦克阿瑟先请求哈佛商学院最成功的两位毕业生阿瑟·罗克和法耶兹·沙罗菲（Fayez Sarofim）捐赠了一个创业研究方面的教席教授职位。随后，麦克阿瑟告知史蒂文森，学院正有岗位虚位以待。于是，史蒂文森回来了。

1983年秋，史蒂文森推出了他对创业精神的新定义，并为二年级学生开设了一门名为"创业管理"的选修课。两位成功的哈佛商学院校友欧文·格劳斯贝克和约翰·范·斯莱克（John Van Slyke）同意资助这门课程，使之在第一年就吸引了500多名学生。

这次，哈佛商学院遇上了好时机。一方面，大型企业开始失去垄断权；另一方面，硅谷用事实证明，把资本押在初创型企业身上，可以获得十分诱人的回报。在政界，美国已经准备对社团主义①进行改革。在商界，那些具有远见卓识、激情四射、不知疲倦地游走在各社交场所的企业家成为英雄。

同时，更多的教授开始觉醒。当时，哈佛商学院教授威廉·萨尔曼（William Sahlman）的几位金融学教授朋友提醒他，教学生创业会威胁他的职业生涯，甚至是个人生活。但萨尔曼没有顾及这些，他和史蒂文森一道，于1985年推出了选修课"创业金融"。到1990年时，在哈佛商学院中，有1 500名学生选修了与创业相关的课程。5年后，哈佛商学院首次为学生举办商业计划大赛，之后便成为学院每年都必不可少的活动。1996年，"创业管理"被正式纳入到哈佛商学院的课程体系之中。

1997年，哈佛商学院在硅谷的前哨——位于门洛帕克市沙丘路的"加利福尼亚研究中心"正式落成。2000年，一门名为"创业经理人"（Entrepreneurial Manager）的课程被增加到一年级的必修课中，取代了支柱课程"综合管理"。此时，哈佛商学院的创业课程有18门。2003年，阿瑟·罗克捐出2 500万美元，成立了哈佛商学院阿瑟·罗克创业中心。紧接着，哈佛商学院宣布将成立创新实验室（最终于2011年落成）。2015年年中，该创业中心公布了由16位常驻企业家组成的名单，其中14人是哈佛商学院的毕业生。名单上的人表示，只要有需要，他们将随时出现在商学院的课堂上。

当哈佛商学院像推崇"领导力"一样推崇"创业"时，有人指责它（以及其他所有的商学院）教授的都是一些虚无缥缈的知识。当"创业"和"领导力"被"创业型领导"（entrepreneurial leadership）这门课结合起来时，来自社会上的批评变得更加尖锐。那些没有创业经历和管理经验的教授们也成了批评的对象。一位学生在描述他对"创业型领导"一课的感受时说："这就好比在听处女谈论性行为。"

一些成功的技术创业者和风投家以嘲笑商学院和MBA学生的创业抱负为乐。乔治·吉尔德（George Gilder）在其1984年出版的《创业精神》

---

① 一种政治体制，也被称为经济法西斯主义。在这样的体制里，立法的权力交给了由产业、农业和职业团体所派遣的代表。许多未经过选举的组织实体掌控了决策的过程。——译者注

(*The Spirit of Enterprise*)一书中写道:"哈佛商学院……往往是现有价值观的操纵者,而不是创业价值观的创造者。身处其中的一流教授理解创业本质的能力低得可怜,他们更专注于将个人利益最大化。"一项开展于1984年的研究显示,近一半哈佛商学院校友认为自己是企业家。但是在那些"企业家"中,自主创业的人不到一半,且许多人只是创办了个人咨询工作室。《金钱之旅:探秘商学院》一书中有这样一句话:"他们(商学院MBA毕业生)大多选择创办所谓的管理咨询公司,而这些公司给经济带来的价值颇具争议。"

2014年,YC公司总裁萨姆·奥尔特曼(Sam Altman)在Cyberposium大会①上表示:MBA为了让自己的简历更好看而创办公司,可他们在商学院学习的是如何经营公司,而不是创办公司。同年,在一场由哈佛商学院俱乐部组织的会议上,创投人查玛斯·帕里哈皮迪亚(Chamath Palihapitiya)宣称:"我可以拿一大笔钱来打赌,这个行业(指风投行业)中的绝大多数人,并不会看好你们创办的公司。"

若真要打赌,帕里哈皮迪亚恐怕会输。有证据表明,哈佛商学院已经是一个不折不扣的创业圣地。新闻记者约翰·伯恩(John Byrne)在回应帕里哈皮迪亚的一篇专栏文章中指出:过去5年里,在100家由MBA成立的初创公司中,有34家公司的创始人来自哈佛商学院,累计获得投资近6亿美元。据统计,2008~2013年哈佛商学院毕业班级筹集到的风投资金累计达180亿美元。伯恩写道:"事实上,在众多哈佛商学院校友分会的组织下,各地的天使投资人对学院应届毕业生以及往届校友的初创公司进行大量投资。至此,还有谁会需要帕里哈皮迪亚赌输的钱?"

有一种观点认为,有创造力和使命感的企业家,没时间到商学院学习。但这并不意味着商学院的毕业生没有时间创业。大部分的MBA都是积极进取的人,他们一心想承担一种使命。一旦找到了使命,他们便会将自己的精力、才华与在商学院里的人际关系网结合起来,这足以编织一幅蔚为壮观的创业景象。

由哈佛商学院毕业生成功创办的公司名单很长,不过,失败的公司名单也许会更长。这就是哈佛商学院的"叙事"逻辑——他们总是专注于介绍成功者的故事,甚少提及失败者。这让哈佛商学院将自己塑造为一处着

---

① Cyberposium大会是全世界最大的MBA技术与媒体行业大会,由哈佛商学院举办,会议吸引了来自科技、媒体、风投等行业的人士参与。——译者注

力培训卓越人才和创业者的训练场,但这只是某种幸存者偏差①的结果。

2014年,一位名叫艾尔佛雷德(Alfred)的哈佛商学院学生提出的"在线男管家"理念,使他成为哈佛商学院创业大赛的获胜者。在类似的竞赛中,你也许能看到斯坦福大学或麻省理工学院的学生展示出以技术驱动为创意,而不是艾尔佛雷德这种高度概念化的营销手段:为那些忙得没有时间铺床的人提供服务的虚拟男管家。

只要你每月支付128美元的费用,艾尔佛雷德麾下的管家会每周为你打扫公寓、上门递送生活用品。这是一个愚蠢的主意。当艾尔佛雷德将这些服务的益处描述到第四条时,声称它们可以为客户带来"平和的心情"。到2015年年中,投资者为他的创意投资了1 250万美元资金。人们只能祈祷,这些投资者还有另一些可以盈利的投资。

事实上,创业的狂热程度已经超出了哈佛商学院的掌控。每个(抱着拙劣创意的)参赛者似乎都可以被原谅。当时,阿瑟·罗克创业中心的主任梅雷迪斯·麦克弗森(Meredith McPherson)甚至登上舞台,为歌手坎耶·维斯特(Kanye West)伴舞。威廉·萨尔曼教授还被主持人介绍为"罗克中心的摇滚明星"。至于哈佛商学院院长尼廷·诺瑞亚,则被主持人称为商学院的"首席创新官"。

这种以消费者为中心的创意,可以更多地吸引观众的眼球,这无可厚非。身家丰厚的观众很容易认为艾尔佛雷德的创意价值比 Saathi 计划的价值更高——Saathi 计划希望为生活在印度农村的2亿妇女提供由香蕉树纤维制成的廉价卫生巾,可它只能赢得社会企业奖。

得天独厚的创业资本:校友圈

只有时间才能证明艾尔佛雷德的公司能否比其他公司存活得更长、更健康,此外,还有众多由哈佛商学院毕业生创办的公司仍像艾尔佛雷德的公司一样,正在依靠投资人的钱存活着。哈佛商学院确实促成了很多学生成功创业,向他们传授知识和经验是一个原因,但更重要的原因是,学院为他们提供了一个财力雄厚、影响力巨大的校友关系网。坊间有很多关于哈佛商学院的讹传,但这一条并不属于讹传:校友关系网中没有

---

① survivorship bias,指的是只能看到经过某种筛选而产生的结果,而没有意识到筛选的过程,因此忽略了被筛选掉的关键信息。——译者注

平等。办公用品连锁品牌史泰博公司（Staples）为我们观察校友关系网的运行提供了绝佳的窗口。史泰博的创始人是1973届哈佛商学院毕业生托马斯·斯坦伯格（Thomas Stemberg），从表面上看，即使他没有上过哈佛商学院，也有能力创办公司。但事实上，这种可能性几乎为零。

那么，斯坦伯格在创办这样一家员工近10万人的公司时，他都得到了哪些人的帮助？

最初，1951届毕业生唐纳德·珀金斯（Donald Perkins）为斯坦伯格提供了第一份工作，让他在自己珠宝公司名下的一家子公司工作。等到斯坦伯格萌生创办史泰博公司的想法时，哈佛商学院教授沃伦·麦克法兰（Warren McFarlan）、威廉·萨尔曼、沃尔特·萨尔蒙（Walt Salmon）、本·夏皮罗等人纷纷向他建言献策，曾任院长的约翰·麦克阿瑟和金·克拉克同样给出了宝贵的意见。哈佛商学院营销学教授罗兰·莫里亚蒂（Rowland Moriarty）在史泰博刚成立时就加入了该公司的董事会，1979届毕业生梅格·惠特曼则稍晚加入。在贝恩资本工作的1975届毕业生米特·罗姆尼（Mitt Romney）为斯坦伯格提供了最初的创业资金，两人因此成为好友。后来，当罗姆尼担任马萨诸塞州州长时，斯坦伯格说服他创建了一个民众负担得起的医疗保险计划，罗姆尼对此称赞不已。

为罗姆尼提供资金支持的人还有风投家琳达·林萨拉塔（Linda Linsalata）、迈克尔·克罗宁（Michael Cronin）、弗雷德·莱恩（Fred Lane）、斯科特·米德尔（Scott Meadow）以及鲍勃·希金斯（Bob Higgins）等。当然，这些人都毕业于哈佛商学院。

米拉·哈特（Myra Hart，1981届）、托德·克拉斯诺（Todd Krasnow，1983届）、罗恩·萨金特（Ron Sargent，1979届）是公司管理团队的早期成员，萨金特最后成为董事会主席和CEO。1992届毕业生珍妮·刘易斯（Jeanne Lewis）是史泰博的第一任负责人。2012年，已成为哈佛商学院教授的米拉·哈特与人共同编写了一个关于托德·克拉斯诺的案例研究，后者在2006~2007年担任哈佛商学院的常驻企业家。多年来，哈佛商学院的教授们编写了十几个关于史泰博的案例。

"我不能确定我们是否总能如此条理清晰地将哈佛商学院对毕业生的帮助进行归类，"2001年，斯坦伯格这样说道，"但我可以确定的是，那些帮助通常都是非正式的。以我为例，沃尔特·萨尔蒙和本·夏皮罗等人在我打算创办史泰博时，向我提出了宝贵的建议。他们的存在，对公司

的成立和发展都发挥了极大的作用。"

"在每晚临睡前,回想一下在学校中学到的知识也很让人受益。尽管这种益处不可能一下子就显现出来。我记得自己在和一位 CEO 探讨他遇到的定价问题时,我回想起自己在商学院时研究过的一个案例,那一案例正好能解决这个问题。最后,我甚至发现,史泰博遇到的问题恰好和那位 CEO 的公司遇到的问题一样,都可以从案例中找到解决方法。因此我认为,在哈佛商学院受到的教育,会在多年以后为你带来回报。"

那么,还有什么事是哈佛商学院做不到的?有,那便是阻止竞争。当有人问斯坦伯格,成为最大的办公用品供应商和仓储行业(如今,这个行业出现了几十家模仿史泰博的公司)之父有何感觉时,斯坦伯格答道:"我当年要是戴上'避孕套'就好了。"

第38章
哈佛商学院与哈佛大学的博弈

德里克·博克（Derek Bok）是哈佛大学第25任校长，任期长达20年（1971～1991年）。哈佛大学上上下下对他十分尊敬，以至于在2006年，当校长劳伦斯·萨默斯（Lawrence Summers）迫于压力辞职时，哈佛大学董事会请求博克回来担任临时校长。博克同意了董事会的请求，直到2007年现任校长德鲁·吉尔平·福斯特（Drew Gilpin Faust）上任时，他才卸任。

1930年，博克出生在宾夕法尼亚州布林莫尔一户富裕之家。1951年，他获得了斯坦福大学文学学士学位，3年后又从哈佛法学院毕业。他在哈佛的同班同学还有迈克尔·杜卡基斯（Michael Dukakis）[①]和安东宁·斯卡利亚（Antonin Scalia）[②]。博克1958年开始在哈佛大学教授法学，并于1968～1971年担任哈佛法学院第7任院长。那段时间，正值越战之末，是民权、反战和学生运动此起彼伏的动荡时期。

博克在刚担任哈佛大学校长时，并没有时间管理哈佛商学院的事务，

[①] 美国民主党成员，是马萨诸塞州在任时间最长的州长之一，曾是1988年美国总统大选民主党总统候选人。——译者注

[②] 美国最高法院任职时间最长的大法官，是美国保守派的重要代表和领导者，于2016年2月逝世。——译者注

因为，他必须集中精力去应对更严峻的挑战。当时，哈佛商学院的学生不太愿意加入让整个校园——包括整个国家——产生动摇的反战抗议队伍，这使他能够过段时间再来仔细观察查尔斯河两岸到底在发生什么。到20世纪70年代末，当他把注意力转回商学院时，他显然不喜欢所见到的一切。随即，博克不留情面地公开批评了（他眼中）哈佛商学院的缺点。

当时，哈佛商学院没有认真对待社会上的批评，甚至对博克的批评充耳不闻。因为，商学院中有许多人认为，那些批评具有攻击性。这似乎能够说明，当一位"外人"（这位"外人"恰好就是哈佛大学的校长）试图干涉哈佛商学院的内部事务时，会发生什么。早在1908年，正因为哈佛大学校长的慷慨支持，哈佛商学院才得以诞生，而75年之后，哈佛商学院却不再需要哈佛大学或其校长的支持了。由此可以得出，哈佛大学校长的批评，一定不代表公众的意见。

当学术型上司遇见功利型下属

博克与时任哈佛商学院院长的劳伦斯·福雷克（Lawrence Fouraker）一直没能建立良好的个人关系。博克被任命为哈佛大学校长时，年仅41岁，是哈佛历史上最年轻的校长，而出生于1923年的福雷克比博克年长7岁，不巧的是，福雷克对跟年轻人交朋友不太感兴趣，但他并不担心这会为自己带来麻烦。对哈佛商学院而言，哈佛大学校长唯一的权力就是任命下属学院的院长。不过，福雷克是由哈佛大学前任校长内森·普西（Nathan Pusey）任命为院长的。在福雷克看来，博克要免去他的院长职务，既不可能，又不合理。

但福雷克想错了。博克是一位纯粹的知识分子，曾围绕许多主题出过书，包括核武器、种族问题对高校招生的影响以及政治中的快乐之道。同时，博克发现，福雷克和自己完全相反，他对如何同各企业董事会保持亲密关系更感兴趣，并且在学院管理上采用其好友——花旗银行总裁沃尔特·里斯顿（Walter Wriston）的管理方法：心怀向全球进军的雄心，坐着头等舱在世界各地飞来飞去。

哈佛商学院的院长们在任职期间还喜欢在其他企业中担任职务，借此将其特权岗位货币化。这种做法，即使撇开道德不谈，也足以让过着清教徒般生活的学者们感到怀疑——他们如何能在管理商学院的同时，还有时间管理其他企业。在福雷克担任哈佛商学院院长期间，曾创下同时担任8家上市企业董事的纪录。

福雷克不仅是筹集资金的能手，还是一个反对知识分子、拥护企业的势利之人。他以低廉的价格向外界出售哈佛的好名声，只要富商们肯付给学院大把的钱，就能参加哈佛商学院的培训（有的培训时长仅为一个星期），以此换取一个学位。校长并不能干预这种做法，因为哈佛大学所有的独立学院都采用"论功行赏型"的运行模式，学院对自己筹集而来的资金有绝对的支配权。这使得所有这一切更加具有讽刺意味，哈佛大学校长与其下属各院院长之间的博弈，到头来只不过是现代组织内斗的经典案例而已。

博克在1978年的年度报告中对哈佛商学院的事务进行了极其详尽的分析。尽管其中大部分都是赞美之词，但他也提出了一些问题。博克一针见血地指出哈佛商学院在伦理学教学方面的挑战、对企业的社会责任避而不谈、没有关注政府和非营利组织的管理等。也就是说，政府与企业之间从来没能解决好权力分配问题。这触动了所有人的神经。

博克还将矛头直指案例分析法。他并非在要求商学院放弃这种标志性的教学方法，而是希望商学院使教学工具和方法多样化。博克最担心的是，如果商学院完全不了解相关情况就开始"探讨"一些事情，那么，这无异于是在一个毫无依据的基础上建造所谓的知识库。他写道："尽管案例可以教学生如何应用理论与技巧，但它并没能为学生提供某种表达概念的理想方法，也没能向学生传授分析方法。"

纵然福雷克忽略了博克的这篇年度报告，但他一定无法忽略《华尔街日报》于1979年1月19日发表的文章《对一些哈佛人而言，说谎是理所当然的事》(*To Some at Harvard, Telling Lies Becomes a Matter of Course*)。作者在这篇文章中直指哈佛商学院一门名为"竞争决策"的课程，指责霍华德·莱福教授在课上传授所谓的"战略性误传"是一种黑暗艺术。莱福教授坚称他不是在教学生说谎，而是让他们做好被欺骗的准备。任何一位商界人士都知道，在谈判中吓唬对方的行为（战略性误传），从商业诞生之日起就已存在。这一事实并没有平息人们看完《华尔街日报》后产生的怒火，大家无法接受"他们居然在教哈佛商学院的学生说谎"！对此，哈佛商学院的人回应道："那是一篇恶意诽谤的新闻。"

在《华尔街日报》发表文章之前，即 1978 年 3 月，博克的妻子即哈佛大学教授希瑟拉·博克（Sissela Bok）出版了一本名为《说谎：公共和私人生活中的道德选择》（Lying: Moral Choice in Public and Private Life）的书。她在书中提出一个观点：那些看似无关紧要的善意谎言，到最后都会叠加成致命的社会问题。当社会对哈佛商学院的批评声一浪高过一浪时，博克把福雷克叫到办公室，询问他该做何回应。他发现福雷克的回答很没有水准，于是便要求他辞职。同时，他似乎还做好了聘请新院长的准备。

迫于压力，福雷克也只能宣布自己即将退休的决定。于是，在 1979 年 4 月 29 日，哈佛大学年度报告发布后的第二天，博克在接受《纽约时报》的采访时说："这份报告的发布是哈佛商学院遴选新院长走出的第一步。"

但福雷克不甘心就此失败，他告诉《财富》杂志的记者沃尔特·基切尔，他觉得博克也许从来没有体验过哈佛商学院的案例分析法。不过，博克立即反驳道："我偶尔也去课堂听课。"同年 6 月，福雷克又对《华盛顿邮报》的记者说："博克校长在报告的字里行间对商人的评价并不高。这让我和许多教授感到很困惑。如果说商界人士并不是商科学生的榜样，那么，我们还是否要在商学院教授商业知识？"这种困惑对福雷克已经不重要了，因为他将在年底前卸任。博克很快发现他将面对的是一个比福雷克更强大的对手：1930 届 MBA 毕业生、麦肯锡联合创始人马文·鲍尔（Marvin Bower）。

一切批评，都是诽谤

案例分析法能锻炼学生们的反应能力和辩论能力，即使他们完全不知道自己在说什么。这也是咨询师的做法。因此，当博克质疑案例分析法的优点时，并非只在哈佛大学内引发争论，还威胁到了商界中最精明老练的幕后操控者。

鲍尔的传记作者提供了上述事件的另一个版本：在博克的年度报告登报前，福雷克未曾看过那份报告。博克认为这是错误的说法，他曾将报告的草稿交给福雷克及其副手约翰·麦克阿瑟（John McArthur）看过，他们没有提出任何意见。在年度报告见报的当天，恰逢哈佛商学院合伙

第四部分　荣耀背后
金钱说服力在作祟

人召开会议（合伙人是400多家企业的掌门人，他们与哈佛商学院建立了长期的财务关系）。不管福雷克是否承认，那些合伙人都认为那篇年度报告颇具攻击性。其中一位合伙人说："拉里（指福雷克），你受到了你老板的攻击，这真是糟透了。"

1979年5月21日，鲍尔再次召集合伙人开会。他们决定成立一个小组，以回应博克的报告。小组的主要成员是麦肯锡的咨询师，他们整理了一个支持案例分析法的企业家名单。这些企业家认为，案例分析法能够为哈佛商学院毕业生承担大任做好准备。该小组的负责人是鲍尔和阿尔伯特·戈登（Albert Gordon）。戈登是哈佛商学院1925届毕业生，于1957～1986年担任基德尔·皮博迪投资银行董事会主席。

鲍尔还关注谁将接任福雷克的职位。最终，他将目光落在前足球运动员、曾任福雷克副手的约翰·麦克阿瑟身上。麦克阿瑟是福雷克的反面：他注重团队合作，有雄心抱负。但近十年来，他的雄心壮志没能实现。然而在内心深处，麦克阿瑟代表着哈佛商学院的教授以及合伙人想要保持的现状。当鲍尔向博克说出了他对接任者的想法时，更多地强调了表面上的观点——他认为麦克阿瑟代表着与过去决裂，只要想到他的个性，就知道他不会沿着福雷克的老路走下去。

1979年11月，博克任命麦克阿瑟为新一任哈佛商学院院长。一个月后，由鲍尔率领的工作组发表了一份报告，名为《战略的成功》（*The Success of a Strategy*）。这份报告的中心思想是：不要打扰成功的人。

该报告中有这样一段话："哈佛商学院一直对外部评价极为敏感，通常都能做出及时、有效和充分的教育措施。尽管从结果看来，有的措施可能并不完善，但一些措施确实具有远见卓识，能在其他商学院中发挥领导作用。同时，在涉及为国家做好知识基础建设方面——例如，在组织行为、跨国企业以及能源政策等领域中，有几条措施已经产生了非常积极的影响。"

工作组在报告中承认博克对商学院的批评有一定的道理，同时，他们声称问题已经得到解决，而且很多问题甚至在被博克指出之前就已解决。在提及案例分析法时，工作组为其辩护："经过对案例分析法的仔细研究，我们确认这种独具特色、以学生为中心的教学方法，在为社会培养管理人员方面优于单纯讲授的方法。案例分析法特别适合培养学生的决策能力，但它的作用不仅于此。尽管一些其他的方法，比如学习小组、

对理论进行讲解和注释、辅助材料以及电脑游戏等，不失为案例分析法的补充，但我们呼吁哈佛商学院继续保持案例分析法在各种教学方法中的主导地位。我们还建议将这一方法推广到哈佛商学院之外，促使社会各界加深对它的理解。一旦人们真正了解案例分析法，我们相信，它作为一种学习工具的价值将得到广泛认可。"

工作组通过《战略的成功》，引发了一场围绕哈佛商学院优点的争论。这正是哈佛商学院的"优良传统"，即调查由哈佛商学院教职工收集的数据，再用那些数据证明他们对自己在哈佛商学院的贡献有多么满意，然后得出所谓的研究发现，仿佛只有他们才拥有最终发言权。

然而，报告忽略了那些它认为的不重要的问题。例如，关于博克指出的商学院对公共部门管理的忽视，报告就并未对此做出回应。在管理史学家J.-C.斯彭德看来，缺少对公共部门的关注，是美国各商学院的固有缺陷——欧洲各商学院则与之相反，他们将教学重点放在引领（和改进）混合经济体的发展上。如此一来，我们最终得到的，并不是如第二任院长多纳姆及其他人当初设想的那样——哈佛商学院将与哈佛肯尼迪政府学院结合起来，它们变成了两个独立的个体，J.-C.斯彭德争辩道："这两个个体水火不容，更别提开展对话了。"

麦克阿瑟在多年后回忆道，是博克的年度报告帮助他晋升为哈佛商学院院长。他对鲍尔的自传作者说："（博克的）报告是正确的，它迫使我们这一代人认真去解决问题。而工作组发布的那份报告，并没有正视学院面临的问题。"这是一位胜利者对失败者表现出的慷慨。哈佛的校长接管了哈佛商学院，商学院也做出了回击。教授们运用全部的力量，保护了他们珍爱的案例分析法，而幕后的那些人，也成功让他们所期望的人成为院长。

鲍尔对新任院长的任命也感到满意。他后来说道："在接下来的15年里，麦克阿瑟解决了博克在报告中提到的许多问题——创建了真正的博士项目，将哈佛商学院与外界联系起来，和哈佛大学其他众多学院共同创建了联合计划……而且继续围绕案例分析展开教学。我相信，哈佛商学院会变得越来越好。"

同哈佛商学院的前任院长们一样，麦克阿瑟也乐于进入企业担任董事职务，如此看来，德里克·博克也许用"手术刀"割掉了哈佛商学院身上的"脓疮"，但脓疮下面的感染依然很严重。

第 39 章

谁将美国经济拖入泥潭?

1967年,经济学家约翰·肯尼斯·加尔布雷斯(John Kenneth Galbraith)出版了《新工业国家》(*The New Industrial State*)一书。他在书中宣布:企业的权力不再掌握在股东和董事会手中,而是由技术过硬、经验丰富的人组成的协会所掌控,这些人的知识、经验与才华,恰好是现代工业所需要的。

简言之,企业的权力从领导者手中开始向下延伸,进入劳动力大军之中。换句话讲,所谓的协会就是才华出众的管理层,肯尼斯称其为"技术阶层"。

"技术阶层"之中有大量来自哈佛商学院的 MBA。1976 年,猎头公司海德思哲(Heidrick & Struggles)就学历方面,分析了美国工业企业前 500 强和金融企业前 300 强的 CEO。结果发现,他们之中 20% 的人拥有 MBA 学位,这些人中又有 50% 毕业于哈佛商学院。也就是说,身处全美实力最强企业的 CEO 中有 10% 来自哈佛商学院。由哈佛商学院主导的一项调查显示,截至 1977 年,有超过 1 万名毕业生获得了董事会主席、总裁、所有者、合伙人或总经理的头衔。1979 年,学院在进一步挖掘相关数据时发现,那些在《财富》世界 500 强企业中排名前三的高管,有 20% 毕业于哈佛商学院。

哈佛风云录
THE GOLDEN PASSPORT

失去声誉的经理人

自20世纪70年代起,美国的高管(尤其是拥有MBA学位的高管)把自己视为现代管理典范。彼时,美国已经享受了长达30年的贸易顺差,而且强劲的利润增长只是被一些周期性、短暂的经济衰退所中断;低成本、标准化的大规模生产体系,将人们的生活水平提升到新高度。同时,得益于哈佛商学院、沃顿商学院、斯坦福商学院、工业管理研究生院(GSIA)等精英商学院,美国在战略规划、市场营销、组织行为、金融等领域的管理水平,领先于任何一个国家。以至于只要有人问起"采用美国的管理方法是否为正确的选择"时,你都可以自信地答道:"除此之外,你还有别的选择吗?"

然而,随后所有的事情都变得糟糕起来,一向极为自信的美国开始变得谨小慎微。在中东石油禁运的当口(1973年),美国深陷越战泥潭,随后的恶性通货膨胀、高利率导致了经济衰退。同时,随着金本位制的崩溃,美元也开始贬值。美国政府及各企业在资本以及研究与发展方面陷入疲软,唯一呈现上涨态势的是股息。20世纪70年代末,股息与营运现金流的比例比60年代末高出11%,80年代比60年代高出30%。虽然企业只有在运营良好时股息才会上涨,但比起欧洲和亚洲工业的崛起,上涨的股息便失去了意义。

1969年,在世界最大的50家工业企业中,有40家来自美国,到1974年,只有不到30家来自美国。人们将美国遭受经济危机的原因归结到管理方式上——这也是合理的控告。

在经济繁荣时期,美国企业的管理阶层得以理直气壮地接受各种赞誉。在遭受到这样的打击时,他们企图将原因归咎于美国公共部门的失误。在管理阶层看来,导致经济衰退的原因是工会组织,他们只想着自己的生活成本,扼杀了美国工业的竞争优势;是国会议员,他们试图对自由市场进行严格管制;是行政管理机构,他们没有意识到,自由贸易协议限制了美国农业的发展。

不过,在说到产品质量问题时,管理阶层就无法再去指责别人,只能责怪自己。某种程度上,在美国狂欢自得的时期,产品质量已经被各企业放置在任务清单的末尾,以至于快被人遗忘。或者,还有其他一些委婉的说辞。1986年,哈佛商学院49届毕业生莱恩·考斯特(Len

Caust)认为美国企业是忽视而非遗忘了产品质量:"大部分 MBA 把消费者视为指标,一个要避开的因素。他们只在口头上同意满足客户,因为那是他们理应公开谈论的。"

有一个人对上述现象有所领悟,此人就是爱德华兹·戴明(Edwards Deming)。戴明有多重身份,他是工程师、统计学家、管理咨询师。他曾参与设计了美国人口调查局和劳工统计局使用的抽样法。后来,他又以统计学为基础,开发了一个追踪产品质量的系统,该系统有助于企业降低成本,提高产量和市场占有率。但是,戴明在美国找不到愿意使用这一系统的企业。美国的管理者们会对他说:"走开,戴明,我们在赚钱呢。"但许多日本企业的管理者愿意尝试,并对他的想法大加赞扬,认为该系统为日本战后经济复苏打下了基础。

1980 年,芝加哥大学经营战略教授爱德华·莱普(Edward Wrapp)在接受采访时说:"我们制造了一个怪物……商学院生产了大批管理者(经理人),他们……具有管理非主流企业的才华……悲剧的是,这些才华掩盖了他们在管理能力上的缺陷……有才华的管理者们在必须做出运营决策时往往会寻求庇护,且通常会遭遇悲惨的失败。可以确定的是,商学院打开了日本和联邦德国入侵美国经济的大门。"

经理人:是企业的支柱,还是蛀虫?

1981 年 1 月,《纽约时报杂志》(*New York Times Magazine*)发表了一篇名为《有待整修的美国商业管理》(*Overhauling America's Business Management*)的封面故事。文章剖析了美国经理人声誉急转直下的原因,比如与劳工关系恶劣、过度注重短期利润、缺乏创业热情等。他们为了寻求安全稳定的职业,疯狂涌入大型企业:1969 年,只有 44.5% 的哈佛商学院毕业生在大型企业中找工作,至 1975 年,这一比率增加到 68%。这也是经理人缺乏创业热情的证据。同时,许多企业的最高管理岗位被财务类高管占据,可他们几乎对自己所在企业的基本经营情况一无所知,这也是美国经理人声誉下滑的原因之一。

除上述原因之外,文章还指出:"经理人在评估企业的投资回报时,过于依赖(某些)在高通货膨胀时期被极度扭曲的财务标准(比如贴现现金流),或者使用那些不可理喻的公式。它们的有效性都很值得怀疑。"

"一个普遍的观点是，当前的 MBA 教学可能只聚焦于局部问题，"文章继续阐述，"也就是说，甚至像哈佛或斯坦福之类的顶尖商学院，也只是在传授那些已经过时的商业实践，不仅无助于引导学生对企业进行必需的改革，也无法让他们学会如何管理现代化企业。"

时任哈佛商学院院长的约翰·麦克阿瑟更喜欢将原因归结为"变化"。"要记住，20 世纪 70 年代，美国经济出现了剧烈变化，"他对记者说，"美国管理阶层和商学院如今处在变迁之中，不管是企业还是商学院，都在努力应对那些转变。在这个转型时期，我们确实存在一些严重的问题，但这个国家还有无数的资源可用。"

对美国经理人为短期收益而牺牲长期竞争优势的做法，有一个批评声音最为引人注目，这并不是因为它的观点新颖，而是因为它刊登在《哈佛商业评论》上。批评来自威廉·亚伯那齐（William Abernathy）和罗伯特·海斯（Robert Hayes）共同撰写的《管理教条：经济衰退之罪魁》（*Managing Our Way to Economic Decline*）。两位作者同为哈佛商学院教授，而且有相似的从业经验——海斯曾在 IBM 工作，亚伯那齐曾在杜邦公司和通用动力公司工作。两人批评的对象是他们的同事——哈佛商学院金融系教授，这些人的身份使得那些运筹学系教授顿感失色。这和企业界的情况一样，财务的地位远高于生产和运营。

这篇文章列出了美国经理人为竞争失败所找的借口，包括政府管制、通货膨胀、货币政策、税收法律、劳工成本和石油价格等。两位作者写道："德国的高管……不会相信这些借口。德国的石油 95% 依靠进口（美国为 50%），德国政府支出在 GDP 中所占比率约为 37%（美国为 30%）。而且，德国大多数重大决策的出台，必须听取工人的意见。然而，自 1970 年以来，德国企业的生产率增速不断加快，现已是美国的 4 倍……那些困扰美国企业的问题与压力，也会在每个现代化工业国家中出现。那么，为何美国企业的竞争力在不断下降？"

对这一问题，亚伯那齐和海斯给出的答案是：相对于实际经验，美国企业更偏爱分析与实际脱节的东西；相对于投资技术，他们更偏爱压缩成本。在诸如机械、化学、航空等技术密集型产业，美国企业用于研发的支出在持续下降，到 20 世纪 70 年代中期已经降至 60 年代初期的一半左右。两位作者坚持认为，美国经理人"放弃了他们的战略责任"。他们哀叹，许多高管过于依赖市场调查的结果，将其作为新产品研发的重要参考因素,此举局限了企业创造力,导致新产品毫无创新性可言。

资本主义的追随者热衷于引用经济学家约瑟夫·熊彼特(Joseph Schumpeter)提出的创造性破坏理论。但是,熊彼特担心,若将现代化企业交给领薪水的经理人来经营,他们将不再有创新和创造新财富的动力(即进行创造性破坏),而是一心想着最大限度降低丢掉工作的风险。

当这些经理人只顾着个人利益时,便会只盯着企业的资金,而不去关注生产管理。在通用汽车,艾尔弗雷德·斯隆建立了财务报告系统,用来管理会计数据而不是生产质量数据。斯隆说过一句名言:通用汽车处在赚钱的行业,而不是汽车行业。

亚伯那齐和海斯写道:"当管理层充斥着具有财务和法律知识的人时,最高管理层应当会花更多时间和精力解决诸如现金管理之类的问题,同时也更加关注企业并购流程。"事实上,这是企业中正在发生的事情。单是在1978年,美国就有80起企业并购案,其中每一家企业的资产都超过1亿美元,至1979年,并购案数量将近100起。这意味着,大约200亿美元的资产在各个大型企业之间发生转移——占美国企业界研发支出总额的2/3。1978年,《商业周刊》刊登了一篇关于现金管理的封面故事,除了描述各企业愈发关注现金管理的复杂技术,文章还指出:"美国最大的400家企业累计拥有的现金额度超过600亿美元,几乎是20世纪70年代初的3倍……更糟糕的是,在为股东创造经济利益方面,绝大部分的企业兼并绝对是一种浪费。收购专家并不一定是优秀的经理人,他们也不可能通过兼并两家企业来提高自己的股票价值。对股东而言,在公开市场上购买被收购企业的股票,反而能够提高自己所持股票的价值。"

经济衰退下的乱象

在经济繁荣时期,人们的"爱国主义必胜"信念不那么强烈了,这并没有错。事实上,美国的经理人拒绝学习其他国家(特别是日本等非欧洲国家)的经济发展模式,才是他们最终失败的原因。

曾于20世纪60年代就读哈佛商学院的一位校友说:"我在那里读书时,从没听到有人讨论我们的资本主义体系有哪些优点和缺点。偶尔有些人在讨论这一问题时,会说人性的贪婪战胜了一切。尽管如此,我们从未对此进行深入思考。学院中也有一些关于道德的探讨,但大家都认为,由于他们站在道德制高点上，那些违反道德的事情都算不上大事，他们只管去赚钱就好。除此之外，也从未有人探讨财富分配极为不均的现象。我总是听到一些陈词滥调——我来自哈佛商学院，我们是保守派、反劳工派、反政府派。可现实的变化太快了，尽管我曾按照传统路线进入金融界，但我不确定那是不是真正的我了。"

更糟糕的是，战后美国经济蓬勃发展的景象，给美国经理人一种"精神奢侈的感觉，这让他们认为自己既是这个社会的恩人，又是老板"。但他们什么也没做，只是眼看着许多美国企业的产品质量被德国与日本企业远远甩在身后。2005年，我们可以从哈佛商学院教授安东尼·梅奥（Anthony Mayo）和尼廷·诺瑞亚（Nitin Nohria）合著的《身处他们的时代：20世纪最伟大的商界领袖》（*In Their Time: The Greatest Business Leaders of the Twentieth Century*）一书中清晰地看到，当年一派欣欣向荣的景象是如此虚假。他们在书中写道："对产品质量的忽视，美国的制造企业要负主要责任。只是在20世纪五六十年代，企业利润持续增长，美国经济繁荣发展，导致经理人难以从中看出隐患。"

也许，哈佛商学院的教授们也很难看出，但其他所有人呢？那时，美国制造业开始专攻计划报废①，生产塑料制品、人工合成材料以及其他各种各样的垃圾。他们一定知道，这是轻质量、重利润的做法。

当然，哈佛商学院的教授一定很难看清这种变迁，否则这无异于承认哈佛商学院在兜售一种过时的产品。回想学院刚成立时，它为了推出能"销售"的"产品"（经理人），而将大型企业选为客户是明智的。在一战后的数年里，大型企业都在国家经济中占主导地位。遗憾的是，哈佛商学院向那些客户销售的，并不是思想自由的毕业生。不过，这不妨碍他们融入官僚机构，或帮助企业尽可能平稳运行。问题是，虽然他们能够看懂财务报表，但几乎没有人去实践报表上的业务。

此外，哈佛商学院的学生还以为，实际的业务做得怎么样并不重要。1986年，49届毕业生康拉德·琼斯回忆道："你瞧，我们大多数人刚到商学院上学时，只知道自己想去管理，并不知道自己想管理什么。因为对我们来说，管理本身是一项技能……这是我们进行工作的前提。可我们却在最后发现，那个前提是错的。"

事实是，管理好成本——并且仅仅是成本，也许本身就是一项技能。

---

① 一种工业策略，指有意为产品设计有限的使用寿命，令产品在一定时间后报废。——译者注

这也是哈佛商学院向学生传授的理念。问题是,管理一家企业的现金流,与管理企业的业务并不是一回事。即便如此,那些不明所以的商学院学生却能在企业的管理层中步步高升。由于哈佛商学院的上空弥漫着道德正义,他们便确信自己不但在做正确的事情,而且还是品行端正的人。

20 世纪 60 年代中期,詹姆斯·斯坦普斯(James Stamps)曾在哈佛商学院参加了为新英格兰商人举办的为期两天的讲座,主题是"高管在管理中的控制问题"。1988 年,他在写给《洛杉矶时报》(*Los Angeles Times*)的一封信中回忆道:"第一天晚上,我躺在床上想,哈佛商学院的 MBA 到底是在一个怎样诡异的世界中长大的。那些教授竟然毫不隐讳地说,他们认为工厂车间是企业内最不重要的部门,管理部门才是决定企业盈利或亏损的重要之地。还有一位教授吹嘘道,他在一周时间内用计算器帮助企业赚到的钱(节约的成本),比车间主任开动所有的新机器、运用全部的生产理念赚到的还多。在那时,哈佛商学院的 MBA 是社会上的红人,学校的课程也成为其他商学院的教学模版。如果连精英商学院都能说出那些废话,那么,美国企业彻底偏离正轨且变得毫无竞争力,也就不是令人感到奇怪的现象了。"

哈佛商学院以及类似的商学院成功地说服企业管理层——尤其是 MBA 学生,让他们相信自己就是优中选优、万里挑一的人才,却无意中让美国走上了经济衰败的道路,被同为资本主义国家的德国和日本赶超。企业管理层把他们自己视为美国真正的领导者,在各领域充分发挥着领导作用。可他们过于关注个人利益,因而将美国经济带入了死胡同。

第40章
十年回顾：1970～1979年

对华尔街而言，20世纪70年代是动荡的年代，对美国企业的管理层和哈佛商学院而言也是如此。在这个十年的开头，经理人做什么都对；到结束时，他们却因经济的衰退受到指责，其中有许多指责声恰好来自查尔斯河对岸。哈佛商学院的影响力在刚刚达到顶峰时，整个企业界突然受到质疑。

20世纪70年代初，福雷克刚刚接手已发展壮大的哈佛商学院。1962～1970年，哈佛商学院的招生人数增加了44%，总数达2 463人。随着学生人数增多，学院必然要相应地增加教职工人数。在福雷克任院长时，商学院的教职工人数从105人增加到192人，增幅高达83%。在乔治·贝克担任院长时，为支付一些新增教职工的工资，他不断增加学院中教席教授的数量——从13位增加到35位——那时，每位教席教授的捐赠金额为100万美元。尽管如此，到1970年时，那些捐赠收入仍然不及所有教职工和博士生工资的40%。

自华莱士·多纳姆担任院长以来，不止一任院长意识到学院面临严峻的财务困境。福雷克一边努力控制教职工规模，一边全力阻止教授道德水平下滑，同时开始以前所未有的速度逐步提高MBA的学费，5年之内学费就上涨了80%：从1969年的2 000美元一路上涨，1972年为2 800

美元，1973 年为 3 400 美元，1974 年为 3 600 美元。与此同时，申请者人数在 1972 年出现短暂下滑，昂贵的学费是原因之一。然而，申请者人数开始持续增加。1974 年，哈佛商学院收到 3 725 份入学申请表，最终只招收了其中的 25%（943 人）。

学费的上涨还促成了这样一个局面：到 20 世纪 70 年代末，哈佛商学院毕业生开始一窝蜂地涌向华尔街，迫不及待地进入高收入的金融业和咨询业。因为，哈佛商学院的学费使他们陷入债务泥潭。尽管学院已开始为学生提供贷款，但直到 20 世纪 70 年代，学生才开始真正用到这一资源。1969～1974 年，学院每年的借贷额度都在成倍增长。

"学费回报率"决定了到哈佛商学院（或其他任何一所商学院）深造的"价值"。若想要计算具体价值，你可以参照一个非常狭隘的公式：应届毕业生的起薪中位数除以学费。照此算来，1929 年，哈佛商学院的学费是 500 美元，毕业生的起薪中位数为 1 820 美元，学费回报率为 364%。在之后的几十年里，学费回报率稳定上升，到 1969 年时达到高峰（为 700%）。1974 年，该回报率回落至 489%——并不是因为薪水下滑，而是由于学费上涨太快。

但是，毕业生争先恐后进入金融业的现象只持续了几年。20 世纪 70 年代中期，许多哈佛商学院毕业生都想挤进那些早已拥挤不堪的大型企业。似乎只有那样，才更有可能在那个经济动荡以及政治混乱的时代生存下去。在那时，林登·约翰逊总统由于越南战争被迫放弃连任竞选，搬离白宫；尼克松"水门事件"令美国在世界面前蒙羞；杰拉尔德·福特（Gerald Ford）总统和吉米·卡特（Jimmy Carter）总统令人失望，以至于卡特没能赢得连任竞选，而福特甚至一次都没有当选过[1]。难怪所有人都在忙着寻找庇护之所。

也是在那时，哈佛商学院 MBA 项目中的女性人数终于不再只是一个统计脚注了。1969～1974 年，学院中的女性人数增长了近 4 倍，从 27 人增加到 104 人。值得注意的是，在那段时间，入学的少数族裔人数从 74 人减至 51 人。院长福雷克对此做出了解释："与 20 世纪 60 年代末相比，现在，其他商学院成功招走了不少少数族裔学生。"看来，这似乎不是哈

---

[1] 在水门事件曝光后，时任美国副总统的斯皮罗·阿格纽辞职，福特被任命为副总统。1974 年 8 月尼克松总统辞职后，福特继任美国总统。他是美国历史上第一位未经选举就接任副总统以及总统的人。所以，作者在这里讽刺地说他一次都没有当选过。——译者注

佛商学院的错。但这解释中包含了一层荒谬的含义：哈佛商学院未能保持学生群体多元化，是因为它一直处在招收少数族裔学生的第一线。

1975年，福雷克彻底把责任推给了别人。"MBA项目中招收的大多数学生，在本科生时期成绩很好。他们在入学时，就已经被招聘到一些有前景的工作岗位上了，"他写道，"我们难以说服一位少数族裔经理人的老板，让他也和我们一样认为，鼓励经理人离开岗位并报考哈佛商学院符合他企业的利益。"如果人们真正理解了他话里的含义，也许会将他视为种族主义者。无论如何，这是少数族裔经理人上司的错，而不是哈佛商学院的错。

值得称赞的是，到这个10年临近尾声之际，福雷克成功扭转了哈佛商学院的财政状况：学院的总资本（捐赠资金、建设资金和运营资本）从1969年的5 600万美元增加到1977年的1亿美元。他之所以能做到这一点，部分原因在于对教职工规模严加控制——1972年，哈佛商学院的教职工人数为180人，到1978年，这一人数变为175人。而他的做法也影响了人员晋升：1950~1972年，从副教授提升为正教授的概率为32%，但在1972~1978年，这一概率仅为14%。

学费上涨的影响

当时，哈佛商学院确立了三大主要研究传统。第一个是案例分析法的核心——"管理实践的对比描述工作"，它由埃德温·盖伊、梅尔文·科普兰、马尔科姆·麦克奈尔、埃德蒙·勒尼德、罗兰·克里斯坦森、肯尼斯·安德鲁斯等教授开创确立。第二个是"人际关系"，它是联结行为科学与第一个研究传统的桥梁与纽带，代表人物有埃尔顿·梅奥、劳伦斯·亨德森（Lawrence Henderson）、弗里茨·罗特利斯伯格、乔治·伦巴第、保罗·劳伦斯（Paul Lawrence）、杰伊·洛尔施（Jay Lorsch）等教授。第三个是罗伯特·施莱弗和霍华德·莱福的"决策理论"。另有一些研究团体专注于边缘学科，通常会以一位资深教授为核心，如商业史（艾尔弗雷德·钱德勒教授）、零售（沃特·萨尔曼教授）以及交通运输（约翰·迈耶教授）。

在同一时间，哈佛商学院的教育问题越来越明显。教授在"企业关系"课程中的优势——包括工作满意度、劳资关系、集体谈判等——已经微不足道，甚至不复存在。"人力资源"课程中也存在着很大的漏洞。而选择在这两个方向就业的学生只有不到 200 名，原因在于"企业关系"是针对那些能够或者甚至想要和小人物对话的人，而"人力资源"一直是女性高管的领地。要知道，哈佛商学院的女生本来就少之又少。

经不起考验的"优秀"

哈佛商学院声称自己擅长制定企业规划，特别是通过经营战略课程来进行规划，同时还以其他课程加以补充。1979 年，哈佛商学院有 7 门综合管理课程，着重阐述领导者在规划企业未来时面临的问题。那时，在哈佛商学院近 200 个研究项目，其中大约有 1/4 的项目涵盖了战略主题。因此，哈佛商学院实际上在声称培养能预见未来的领导者。问题是，到 20 世纪 70 年代中期，公众对哈佛商学院这一愿景的支持率持续下降。在 1966 年的哈里斯民意调查中，55% 的美国民众表示对大型企业的领导者"极其有信心"。到了 1975 年，只有 15% 的美国人还保持着那种信心。商业记者沃尔特·基切尔写道："经济萧条，石油危机以及伴随而来的经济低迷，完全终结了管理制胜的理念。"

更令人惊讶的是，即使管理制胜的理念不再有权威性，可美国的各大企业仍然继续聘用来自哈佛商学院的毕业生。那时，一位与某所学院经常联系的美国航空公司经理告诉《商业周刊》杂志，哈佛商学院毕业生总是那些最优秀毕业生中的一员。他补充说："尽管其他商学院的 MBA 也不赖，但哈佛的 MBA 可能更值得信赖。"

塔尔科特·帕森斯（Talcott Parsons）和杰拉尔德·普拉特（Gerald Platt）在他们 1973 年出版的《美国大学》（*The American University*）一书中评价道，与其他学科相比，商业管理并没有关注到广泛存在的社会问题，而且对改变社会的规范秩序也没有特别的兴趣。1979 年哈佛商学院协会在年度报告——《战略的成功》中就表现出上面这种态度，报告指出："在约翰逊和尼克松主政期间，美国政府似乎开始逐步对私营企业进行管制，先后制定了相关法律并成立了平等就业机会委员会、职业安全和健康管理机构、环境保护机构和消费产品安全委员会。而每建立一个这样的机构，大量的条例和法规就会随之而来。"

随着美国企业面临的压力不断增大，且这种压力开始转嫁到经理人身上时，问题就出现了。起初，这些问题并不十分明显。身为精神分析学家的哈佛商学院教授亚伯拉罕·扎莱兹尼克（Abraham Zaleznik）用心理学术语来描述它们："只要了解一下心理学词汇中的改变，便可以推断出许多商学院学生的情况。20世纪40年代，还没有人谈论过'身份认同危机'。当时的关键词是适应，那时的人们并不以自我为中心，他们不会担心自己的身份，而是担心如何在这个世界中存活，以及怎样为人处世。"然而，到了20世纪70年代，自我陶醉的人开始出现。"这的确是一个新问题，"扎莱兹尼克说，"这一代人并不喜欢适应社会，他们更热衷于欣赏自己的模样。比如MBA毕业生，他们是一群妄想发迹的人，总让自己显得志在必得、奋发图强。实际上，这些人是算计者、操纵者，他们在追求目标的过程中，原有的归属感或共同目标已经消失了。"

接下来变革开始了。1978年，近1/4的哈佛商学院毕业生成为咨询师。戴维·卡勒汉在《家族精神》一书中写道："成就某种有价值的事业是一个过时的理念。"20世纪70年代中期，在哈佛商学院读书的彼得·科恩描述了他身边的那些人："有的同学表现出一种虚张声势的自信，那是一种从未接受过严峻挑战的人才会有的自信；有的同学追求极度的完美，除了他们那自以为是的傲慢外，丝毫不能容忍失败和缺点。"

在数十年时间里，美国的经理人被整个社会视为未经选举的君主，这让经理人误认为自己是世界统治者。但是，到20世纪70年代的经济萧条期，他们惊觉自己的良好声誉已经不复存在。原来，战后美国企业的成功，与经理人的经营管理能力并无太大关系，与之密切相关的是美国独特的国际地位——世界上唯一的超级大国。要知道，美国的工业产能在二战中并没有被破坏，这让很多企业在战后能轻松获得高利润。

当其他国家在忙着战后重建工作时，美国的企业几乎没有遇到竞争，从而能享受着丰厚利润。但他们不情愿受到政府的管制，因为那些管制措施旨在抑制垄断的出现。因此，一些巨头企业开始进行跨行业并购。

随即便出现了"混合联合企业的CEO既可以轻松地经营一家飞机制造厂，也能毫不费力地管理一个娱乐帝国"这种论调。劳伦斯·福雷克就把经理人描述为美国经济体系中"至高无上的君主"。但是，那些"至高无上的君主"在将他们的竞争优势消耗殆尽后，就变得无足轻重了，他们被来自日本、德国和越南等国家的CEO所取代。福雷克在他递交给哈佛大学校长的第一份年度报告中对学院教育质量夸大其词，声称："我们的服务是一种默认保证。哈佛商学院保证为商界培养具有能力的经理人，无论是从技术标准还是社会标准来衡量。"

十年以后，那些经理人已经向世人显示了自己是什么样的人："哈佛商学院的毕业生徒有其表，他们好比从主日学校——高中——大学——研究生院——企业这样一种装配线上源源不断生产出来的劣质品。他们错误地将效率作为终极目标，而没有把效率当成实现目标的手段。"哈佛商学院这台经理人制造机，一直在生产着不合格的产品，而这个国家正在要求召回那些产品。哈佛商学院并没有实行退款，相反，它又推出了全新的产品：闪闪发亮的华尔街MBA。

第41章
社会责任也有破坏功能?

1970年,经济学家米尔顿·弗里德曼(Milton Friedman)在《纽约时报》上发表了一篇名为《企业的社会责任是增加盈利》(*The Social Responsibility of Business Is to Increase Its Profits*)的文章。他的观点引发了人们对"股东资本主义"的讨论。20世纪中叶,有一种观点认为,最优秀的CEO具有良好的社会道德。但弗里德曼在他的这篇文章中嘲笑了这种观点,他声称,那类CEO对资本主义制度极具破坏性。

社会责任和利润,企业能否兼得?

"企业家认为,当他们声称企业不仅担心利润还要承担社会责任时,是在捍卫企业的自由,"弗里德曼写道,"企业要有社会道德,而且要认真对待提供就业、消除歧视、保护环境以及其他社会义务——这可能是当代改革者们的流行说法。"

随后,弗里德曼阐述了高管是股东"代理人"的观点:"在自由企业制度和私有财产制度中,企业高管由企业主聘请,并对企业主负直接责任。他们的责任是根据其雇主的愿望经营企业,而雇主的愿望,通常是在遵循社会基本规则的同时尽可能多地赚取利润。这已被写入法律之中,同时也植根于伦理习俗……关键在于，既然企业高管是股东代理人，那么他们实际上要对股东负责，以此实现个人利益。"

随后，弗里德曼又阐述了将高管视为"委托人"的观点："作为拥有自主权的人，他们可能担负了许多其他责任，比如对家庭、对良心、对慈善事业、对教堂、对自己的俱乐部、对自己生活的城市以及国家……如果我们愿意，可以把这些责任称为社会责任。在承担这些责任时，他们是委托人，不是代理人。因为，他们花的是自己的钱，耗费的是自己的时间和精力，而不是企业主的。如果他们根据合同去达成企业主的目的，即社会责任，那它们是个人的社会责任，而不是企业的社会责任。"

弗里德曼并不羞于传播一些危言耸听的言论。在经济学领域，如果你想赢得学术界的关注，就必须这样做。在这一方面，保罗·克鲁格曼（Paul Krugman）是代表性人物。他接过弗里德曼手中的旗帜，继续摇旗呐喊："企业家们关于社会责任的言论……可能在短期内为他们博得了一些称赞，但这将强化一种本已十分流行的观点——追求利润是邪恶的、不正常的，必须要有外部力量对此加以管制。一旦这种观点得到广泛认可，管控市场的外部力量不再是自命不凡的高管们反复提及的社会道德，而是政府部门的'铁拳'。"即使他的话语偏激，且"追求利润是邪恶"的这一观点从来就没有流行过，但是，受到质疑的股东们和神经接近崩溃的高管们却十分关注弗里德曼和克鲁格曼提出的观点。因为，在20世纪70年代，美国各大型企业的CEO正受到围攻，从员工到环保主义者再到普通公众都在欺压他们。同时，来自日本的物美价廉的产品让他们陷入重重困境之中。在这种压力之下，他们不得不关注耸人听闻的言论。

弗里德曼建议，CEO们不用履行对股东的义务——不管是法律上的，还是以其他方式规定的义务。这个提议听起来有点疯狂。他认为，企业高管的狂妄自大或自私自利并不是导致美国经济走向崩溃边缘的原因，而是因为高管们试图为太多的人做太多的事。他们这种优良品行，阻碍了他们把工作做得更好。因此，是时候抛弃那些为国家利益来经营企业的天真理念了，也就是说，要抛弃为资本主义的利益做事的理念。

《纽约时报》社论主笔爱德华多·波特（Eduardo Porter）这样写道："弗里德曼的言论，恰好在恶意收购和杠杆收购盛行的时代冒出来。那时，企业掠夺者（即蓄意收购企业的人）把自己吹嘘成救世主，宣称他们将把股东从不擅管理的高管手中解放出来。因为那些高管根本没有把注意

力放在股价上……有种观点认为,高管的主要责任是尽可能提高企业股票的价格。尽管这种观点在法律上存有疑问,但它已成为企业高管甚至是商学院学生的目标。"

要想盈利,就要控诉善意

根据弗里德曼的思维方式,那些努力以公认的道德方式来行事的高管(既关注企业利润,又关注社会责任),是不正常的。乔尔·巴肯(Joel Bakan)在撰写于 2005 年出版的《公司:对利润与权力的病态追求》(*The Corporation: The Pathological Pursuit of Profit and Power*)一书时,曾对弗里德曼进行采访。在接受采访时,这位经济学家反复提到他在 40 年前就已提出的观点,只是稍稍变换了说法。随着企业的社会责任再度被人们提起,弗里德曼承认,强调社会责任是有益之举。但只有当这种强调并不真诚时,当高管虚伪地用社会责任装点门面时,提升企业的形象进而提升底线利润才是其真正的意义。在弗里德曼的眼中,当虚伪服务于底线利润时,它便成为一种美德。对此,巴肯评价道:"难不成当道德并不服务于底线利润时,它便是不道德的?"

借用弗里德曼的逻辑,一家企业不能拥有"使命",但企业家一定要拥有。弗里德曼控诉那些不顾实际推行善举的高管们"不善于分析,缺乏严谨性"。具有讽刺意味的是,他的观点却基于他那不受支持的声明:高管是企业主的雇员,或股东。

对弗里德曼而言,企业是虚伪的。他在这一逻辑下总结道,企业的钱实际上是股东的钱,但事实并非如此,企业的钱就属于企业。如果你不相信,就买下某家企业的一只股票,然后打电话给其财务总监,看他是否会把"你的"钱送来。

2014 年 6 月,管理学大师、曾任加拿大多伦多大学罗特曼管理学院院长的罗杰·马丁(Roger Martin)在《哈佛商业评论》上发表了一篇文章,指出了弗里德曼的观点能在长达几十年的时间里占统治地位的原因。他写道:"弗里德曼精明地框定了辩论的措辞,而不是等到辩论逻辑被框定之后再来辩论。"弗里德曼支持股东至上理论,认为企业的经营目标在于股东利益最大化,这是极具煽动性的观点。不过,股东们含蓄地——我认为是完全地——接受了弗里德曼的前提:股东利益与其他社会各方(如消费者、员工和社区）利益之间存在此消彼长式的冲突。

马丁继续写道："假如要反对这一前提，只需要问一个问题——有什么证据能证明双方之间存在冲突？这样一来，股东们便会发现，弗里德曼一直以来都未能找到任何证据。他只是专注于实现股东价值，丝毫不考虑其他社会因素，却认为如此便能为股东创造更高的价值。"

真正不幸的是，如果人们回想一下出自哈佛商学院的思想家（比如肯尼斯·安德鲁斯和罗兰·克里斯坦森）的作品，就会发现哈佛商学院坚定不移地认为，开明的经营战略确实有它社会性的一面，但也有特殊的一面。这种观点认为，具体情况要具体分析。尽管学术界的人非常倾向于这样一种理念：任何事情都可以计划、分析，并通过算法去计算；但是，几乎只有哈佛商学院在坚持认为，性格在管理中发挥作用，直到学院聘请了一位认为经理人毫无性格可言的教授。

第42章
一场管理主义的"谋杀行动"

到20世纪70年代末,哈佛商学院已在管理界开辟出一片利基市场。它证明了自己是可靠的人才供应商,能够向企业输送经过筛选的、积极进取的人才。它还向世人表明,自己已经做好准备并愿意为管理谬见披上一件华丽的外衣。尽管哈佛商学院还把自己想象成一台能制造出新颖的、具有权威性的管理方法的机器,但事实上,商业世界真的不需要类似于哈佛商学院的机构指引它如何去做它已经做过的事情。在极少数情况下,哈佛商学院的确提出过一些对商界有吸引力的观点,但那些观点并非引导其行事方式,而是针对其行事原因进行解释。

武器一:股东利益至上

20世纪80年代,哈佛商学院扮演的角色在许多方面仍跟以前相同。它仍在证明,自己是高质量毕业生的可靠供应者。但是,毕业生们争相进入的已不再是大型企业了,他们开始向华尔街和咨询业进军。哈佛商学院仍在乐此不疲地修饰那些管理谬见,且那些谬见与融资,特别是股东资本主义的利益息息相关。哈佛商学院仍在继续输送伪智力资本(pseudo intellectual capital),从业者可以用这种资本来证明其决策的合理性。不过，那些从业者不再是大型企业的经理人，而是大型投资组合的经理人。此时，哈佛商学院摒弃培育开明管理者的使命，转而把赌注押在华尔街身上。当时，华尔街正在拆解美国工业。哈佛商学院从成立之日起便着力培养职业经理人，到20世纪80年代，它却在帮助"杀死"这些经理人，以支持委托代理理论①。

虽说哈佛商学院中仍有许多教授在思考如何帮助美国管理层恢复名声和财富，但有一位教授在朝着相反的方向走去，他便是美国罗彻斯特大学商学院教授迈克尔·詹森（Michael Jensen）。他潜心钻研芝加哥经济学派的自由市场理论②，和詹森站在同一站线的还有罗彻斯特大学商学院院长威廉姆·麦克林（William Meckling），他曾是弗里德曼的学生。1976年，詹森撰写的一篇名为《企业的理论：管理行为、代理成本和所有权结构》（Theory of the Firm: Managerial Behavior, Agency Costs and Ownership Structure）的文章为一场剧烈的变革奠定了基础。这场变革，是自强盗贵族向职业经理人妥协以来美国企业管理层中发生的最为剧烈的变革。

当时，管理界形成两派。第一个阵营是改良派，根据哈佛商学院教授拉克什·库拉纳（Rakesh Khurana）的描述，他们是一些认为管理资本主义制度只需要稍微改良的传统主义者。第二个阵营是以詹森、麦克林和弗里德曼为代表的改革派，他们认为管理资本主义制度应被驱逐出界。库拉纳写道："第二个阵营……在暗示，美国的经理人是让美国陷入经济困境的根源。"

两个阵营各有其道理。大型企业在兴盛时期在管理上确实缺乏约束。但如果让企业关门、偿还债务，然后将剩余的利润返还给股东，以此使股东利益最大化也是不可能的。弗里德曼坚持认为，高管的职责是实现利润最大化；詹森则专注于为确保他们赚取最大利润而想办法、出主意。

詹森和麦克林认为，经理人过于保守，不会主动改革，缺乏责任心，而投资者是比经理人更值得信任的企业管理者。因此，必须对管理资本

---

①20世纪30年代，美国经济学家伯利和米恩斯因为洞悉企业所有者兼具经营者的做法存在着极大的弊端，于是提出"委托代理理论"，倡导所有权和经营权分离，企业所有者保留剩余索取权，而将经营权让渡。——译者注

②指金钱、货物的流动完全是根据所有者个人自我意愿而进行的。自由市场的原则是希望小政府大市场，即市场不受到政府干预和调控，政府对其只行使最低限度的职能，如维护法律制度和保护财产权。——译者注

主义制度进行调整，以逼迫经理人改革。他们不再是自己的裁判，他们挑选的陪审团（即董事会）也不能充当裁判。从那以后，自由市场突然之间成了集法官、陪审团和刽子手于一身的角色。

在詹森出现之前，高管的薪资与企业规模息息相关，收入高的 CEO 一定掌管着一家大型企业。但是，大企业时代多元化的非生产性劳动①导致了企业产能过剩、利润下滑、股票价格停滞不前。从 20 世纪 60 年代中期到 80 年代初，道琼斯指数基本上保持平稳。而过剩的产能，在詹森口中的"20 世纪 80 年代的资本市场重组革命"中发挥着重要作用。坐拥大量现金的企业（20 世纪 80 年代前许多高管不愿意将资金返还给股东）突然间成了恶意收购者的目标，投资人资本主义的时代已经开启。在这个时代，英雄不是 CEO，而是卡尔·伊坎（Carl Icahn）②之类的企业掠夺者。

于是，一股呼吁放松管制的潮流随之创造了管理主义制度批评者所要求的公司控制权市场③，这一潮流采用股东至上的新逻辑，免除了经理人对任何利益相关者，即员工、社区和社会的责任，但股东不在此列。同时，底线利润仍然重要。拉克什·库拉纳评价道："格外讽刺的是，每一所商学院都发自内心地欢迎这种重新定义公司与管理目的的革命，但它们从成立之日起，却一直在宣扬着与之完全不同的东西。"

武器二：摆脱社会责任感

虽然代理理论已不再流行，但詹森使之复活，在学术上证明了收购运动的合理性，而哈佛商学院则为之输送了"战士"。在哈佛商学院，詹森围绕代理理论开设了"市场与组织的协调与控制"一课。这门课程有个明确的意图：让学生的意志更加坚定，并将他们的思维从"利益相关

---

① 马克思在《资本论》中阐述道，如果生产目的是为获得使用价值（包括物质产品和精神产品，有形产品和无形产品），从有利于社会进步和发展的角度看，只要能生产使用价值的劳动，就是生产劳动，否则就是非生产劳动。——译者注

②《财富》杂志称伊坎为"企业掠夺者"。伊坎的主要法宝就是恶意收购看中的企业，之后推进该企业管理或策略的改革，让该企业的股票在短时期内快速上升，然后套现。——译者注

③ 又称"接管市场"，指通过收集股权或投票代理权取得对企业的控制，达到接管和更换不良管理层的目的。这种收集可以是从市场上逐步买入小股东的股票，也可以是从大股东手中批量购入。作为一种外部公司治理机制，它对管理者具有一定的约束作用，对促进公司的良性发展具有重要的促进作用。——译者注

者模式"转向"达成组织目标"。这门课程毫无悬念地成了哈佛商学院内最受欢迎的选修课。

1994年，詹森和麦克林合写了一篇论文，题为《人的本性》(*The Nature of Man*)。在论文中，詹森引用了英国剧作家乔治·萧伯纳（George Bernard Shaw）的故事。一次，萧伯纳问一位女演员，如果他给她100万美元，她会不会跟他上床。女演员欣然同意。于是，萧伯纳便将自己的报价改为10美元，对此，女演员愤怒地质问萧伯纳，他究竟把她当成什么女人了。萧伯纳回答："我们已经确定了交易，现在只是在讨价还价罢了。"对此，詹森和麦克林得出结论：我们归根结底都是娼妓。他们写道："无论喜欢与否，我们都愿意牺牲一些自己在意的东西，包括名誉或品行，来换取其他我们渴望得到的东西。"

他们提出的解决方案也是基于对人性的观察——从"我们都是娼妓"这个假设开始，最后自然获得了"怎样设法让我们变成品行良好的娼妓"的办法。伦敦商学院教授舒曼特拉·高沙尔（Sumantra Ghoshal，1986届哈佛商学院商业管理博士生）2005年发表了一篇题为《恶劣的管理理论正在破坏优良的商业实践》（*Bad Management Theories are Destroying Good Management Practices*）的论文，他在其中写道："错误的管理理论正在破坏良好的管理实践……社会科学理论与物理学理论不同，它往往能自我应验……过去几十年里发生的事情，恰好是这种情况，社会对经理人身上秉持的悲观主义，转而让我们意识到管理行为的病态。"

换句话讲，假设你是一名娼妓，那么你可能会在自己还受欢迎的时候尽可能多地赚钱。高沙尔总结说："受到缺乏道德的理论的鼓舞，各商学院运用意识形态教育积极帮助学生摆脱道德责任感。"或者更准确地说，哈佛商学院聘请迈克尔·詹森，是把赌注押在了悲观主义者身上。经理人不被信任了，股东仍被信任，这是商学教育史上最为显著的转变之一。

哈佛商学院的毕业生总是受到金融业的吸引，但直到20世纪80年代，他们才开始成群结队地涌入华尔街和私人投资公司。尽管1965年只有11%的哈佛商学院MBA进入咨询或投行领域，但到1985年，这两个领域接收了41%的哈佛商学院MBA。他们中的许多人在收缩传统制造业企业的规模方面发挥着关键作用。但这些企业，最开始是由他们的前辈参与建设的。

这种转变，是MBA追求权力的标志——20世纪70年代以前，随着留存利润的增加，大型企业对金融机构的依赖性已减弱。尽管如此，在整个 20 世纪 70 年代，随着留存利润的蒸发以及资本市场的出现（它们对企业高管产生了新的吸引力），意味着天平又开始向金融行业倾斜。在资本主义经济中，权力相当于金钱，这种转变也十分明显。在 1983～1992 年，美国最富有的 1% 家庭中，职业经理人的家庭所占比率出现显著下降，而金融业人士的比率开始激增。因此，金融业理所应当地成了 MBA 争相进入的行业。

密歇根大学管理学教授杰里·戴维斯（Jerry Davis）在《21 世纪公司的权力》（Corporate Power in the 21st Century）一书中写道："在 20 世纪大部分时间里，美国的社会组织不知疲倦地围绕着大型企业运转，就好比月亮绕着地球转。"但到了詹森经历的那段时间，"任何关于企业目标或企业对各类利益相关者的义务的疑问，已经全部消散。企业的目标就是为了创造股东价值，履行其他义务是实现那一目标的手段"。管理史学家 J.-C. 斯彭德说："商学院的老教授使优良管理的理念合法化，可能意味着解散公司来提高股东回报，却没有考虑那些失业者或失去雇主的社区产生的社会成本。"

上述关于企业社会责任的讨论都是废话。最后的结果表明，这些争论、辩解都只是学者或企业家们在故作姿态。因为在 20 世纪 70 年代，在美国社会遇到困难时，所有人仍然只在乎自己的私利。"老板们越来越热衷于招聘商学院学生，但是，他们似乎很少关心商学院是否培养了学生的职业态度，比如关注社群利益、公正无私和以社会为导向。"库拉纳这样写道。最近，阿斯彭研究所（Aspen Institute）①开展的一些研究表明，在学生刚进入商学院时，他们相信企业的目标是为社会提供产品和服务；等到他们毕业时，他们却相信企业的目标是实现股东价值最大化。

企业痼疾"良方"：更高的股价，更单一的目标

1984 年，时任哈佛商学院院长的约翰·麦克阿瑟赞同詹森的观点，聘请他到学院担任访问教授。在《智慧风投家》（The Intellectual Venture Capitalist）一文中，哈佛商学院一再重复聘请詹森的原因："詹森一直有

---

① 阿斯彭研究所成立于 1950 年，总部设于美国华盛顿，是国际知名的非营利组织，致力于提高领导力，以宣扬领导和良好公共政策为宗旨。——译者注

第四部分　荣耀背后
金钱说服力在作祟

兴趣通过比较从业者的经验来测试他的非正统观点，并且同意暂时来到哈佛商学院，以便有更多机会接触商界的高级决策者。"但这是学院在胡说八道——假如有一种理论涉及"飓风是否会把海边的房子吹到大海里"，那么，即使你和别人争论得面红耳赤也没法得出所谓的结论。你们只能等待一场真正的飓风到来，才能亲眼证实海边的房子是否会被吹到海里。

更别提这样一个事实了——《智慧风投家》中提到，一家企业的创始人在扣除股权销售后的财富可以通过公式计算出来，但在现实中，几乎没有哪位"从业者"在工作中会进行这种毫无意义的计算。不仅如此，再没有任何事情比哈佛商学院的"我们始终站在商业前线"的声明更加站不住脚了。它聘请詹森，是因为他有知名度。哥本哈根商学院教授戴维·西西利亚（David Sicilia）说："那是哈佛的招聘策略。不仅仅是哈佛商学院，如果你想被哈佛大学聘用为历史学教授，你要么年轻、睿智，要么刚刚获得普利策奖。钱德勒（哈佛商学院企业史教授）在来到哈佛之前就已声名鹊起。哈佛只是买下这些人知识上的成功。"

哈佛商学院得到了它想要的回报。20世纪80年代，詹森在《哈佛商业评论》上发表的两篇文章——《收购：传说与科学》（Takeovers: Folklore and Science）和《公营公司的衰落》（Eclipse of the Public Corporation），为接下来的杠杆收购①热潮提供了理论支持。首先，他争辩道，公司被收购以及员工被解雇的威胁创造了公司控制权市场，这可以帮助高管保持专注。其次，他还坚称杠杆收购导致的高额负债，迫使高管更加集中精力去运营公司。最后，他提到，如果高管确实通过积累他们自己的股权来参与杠杆收购，当收购开始时，高管得到的激励额度将与公司的股票价格直接相关。根据詹森的逻辑，收购和杠杆收购就是治疗整个国家经济痼疾的良方。

1980年，在美国最大的150家公营企业中，有23%到1988年时已被兼并或收购，另有5%实现了私有化。对于从前对背负债务不上心的CEO来讲，雷诺兹·纳贝斯克公司（RJR Nabisco）遭受的恶意收购，是一个值得吸取的教训。在管理学界，"收缩规模"仿佛成为教堂内的赞美诗歌，经常被人们吟诵。1982年后，得益于里根在执政期间采取减税和减少财政支出的措施，美国经济再度企稳。但是，正如沃尔特·基切尔

---

① 又称融资并购或举债经营收购，是一种企业金融手段。指公司或个体利用收购目标的资产作为债务抵押，收购此公司的策略。——译者注

指出的那样，与20世纪50年代不同，涨起的潮水并没有载着所有船只。以战胜海外竞争对手的名义，完成或避免收购并服务于股东的利益、出售与新公司的战略不相符的业务并且解雇大量工人，成为被认可的方式。

那时，詹森正处在走运时期，他随口说出的可笑言论，比如"企业收购并不会浪费资源，这是在有效地利用资源""采用了黄金降落伞[①]后，股东们有所收获"都被贴上了哈佛商学院这一优良的认证标志。当迪士尼公司CEO迈克尔·艾斯纳（Michael Eisner）用价值超过1亿美元的股票期权和现金来解雇刚进入公司14个月的副手迈克尔·奥维茨（Michael Ovitz）时，我们很难看出股东如何从中受益。

1989年，詹森成为哈佛商学院的一名正式教授。1990年，他和凯文·墨菲（Kevin Murphy）一道，在《哈佛商业评论》上发表了题为《CEO激励：不在于奖励多少，而在于激励方式》（CEO Incentives: It's Not How Much You Pay, But How）的文章，他们在文章中发表了最荒谬的评论之一——"CEO薪酬存在严重的问题，但'薪酬过高'并不是最大的问题。持续不断地关注CEO拿多少薪酬，只会将公众的注意力从真正的问题，即CEO如何拿薪酬上转移开。"

根据詹森的观点，解决这一问题的办法是给高管们股票和股票期权，这将更好地使他们的薪酬与"绩效"对应起来。两位作者写道："假如薪酬与绩效之间的关系更加紧密，CEO的平均薪酬水平会不会更高一些？答案是肯定的。一些更加积极的绩效薪酬制度，会让那些能力较差的经理人拿到的薪酬比以往低得多。随着时间的推移，这些经理人会被更能干、更有进取精神的高管所替代，后者的绩效不仅高于平均绩效，而且还能为企业赚到高于他薪酬的利润。这样一来，现有的经理人将有更大动力提高企业效益，他们的收入也会水涨船高。"简言之，给他们的薪酬越多，他们就会越成功。

三年以后，比尔·克林顿总统发起了一场抑制高管薪酬的运动，取消了高于100万美元（与绩效挂钩部分除外）的所有税收减免政策。然而，这场运动并没能让情况变得更好一些。原来，一些法律规定实际上增加了高管的许多薪酬福利——即数额在100万美元上下的工资——而且还使高管薪酬从单纯的工资转移到股票期权，导致他们的薪酬出现了历史上最大幅度的上涨。

①指付给被迫离职的公司高管一大笔资金的协议。——译者注

不过，詹森说对了一个事实：在绩效优异的情况下，CEO的薪酬会上涨。但他认为，CEO会由于绩效低面临被辞退的风险是错的。20世纪90年代，不论企业高管的绩效如何，他们的薪酬依然一路飞涨。2015年，企业CEO薪酬过高的问题仍然存在。

在2007～2010年金融危机之后，詹森基于金融业的"公司理论"失去了可信度。密歇根大学教授杰里·戴维斯认为，"金融市场有信息功效""对企业的治理机制而言，将股票作为引领企业的指路明灯，是适宜的举措"——这些说法是错误的。戴维斯说："这些观点颇具争议性，如果它们被高管、投资者和政策制定者接纳，可能会危害到经济发展。事实上，有些人甚至坚持说，从金融业的角度来看，正是企业带来了金融危机。毋庸置疑的是，金融以及金融市场是上市企业关注的核心。至于所有权社会是不是能确保经济繁荣的可行模式，倒是有待商榷。"

早在1951年，新泽西标准石油公司总裁约翰·戴维森·洛克菲勒就说了下面这番话："管理层的职责是在各相关利益群体提出的要求中维持平衡，这些利益群体包括股东、员工、客户以及整个社会。"这个曾经被遗忘的理念，终于被人们再度想起来了。即使通用电气CEO、对股东历来持友好态度的杰克·韦尔奇（Jack Welch）最终也醒悟过来。2009年3月，他在接受英国《金融时报》（*Financial Times*）采访时说："股东价值至上是世界上最愚蠢的观念。股东价值是结果，而不是策略……你的衣食父母是员工、客户和产品。经理人和投资者绝不能将股价上涨作为他们的首要目标……短期利润应当与企业长期价值齐头并进。"也许，仅仅是也许，我们并不全都是娼妓。

代理理论存在这样一个问题：由于将衡量标准缩减为一个单一的测量指标——股票价格——高管的动机变得扭曲，他们为了提升短期的底线利润，不惜放弃长远利益。即使人们开始对股东资本主义感到紧张，詹森也并没有意识到自己的错误，却转而抨击那些不接受他观点的同事。

詹森决定攻击"高管们很有头脑"这种观点。他说："我们所知的利益相关者理论有瑕疵，它违反了这样一个主张——一个单一的价值目标是任何一个组织采取有意识或合理行为的先决条件。特别是采用了利益相关者理论的企业，它们将在市场竞争中变得面目全非。因为，利益相关者理论将企业政治化了，并使经理人在分配资源时有所偏颇。"

詹森几乎是在重复米尔顿·弗里德曼的观点，但他和米尔顿犯了同样的错误。在詹森看来,"从逻辑上讲,企业不可能同时在多个维度上实现价值最大化,因此,它们要有一个单一的价值目标"。这还真是经济学家说出的话,因为,他们都是一些需要将生活融入某个公式中的人。对我们大多数人来讲,"在多个维度实现价值最大化"的理念,就是每天都要努力做到的事情。被孩子忙得焦头烂额的父母对此应深有体会。

　　詹森争辩说,由于"平衡计分卡"可能有几十个测量指标,而且没有描述如何在它们之间进行取舍,势必会造成一片混乱,没有人能够就任何事情做决定。他以此总结道:"如果没有一个单维目标,决策者不可能做出合理的选择。"

　　有的人认为,人们无法在相互冲突的利益之间做出权衡的原因在于,他们难以模拟那一心理过程。如果说这显得有些教条主义,那么,你只需要记住,詹森是一位经济学家而非一名经理人。他对自己所说的话也不甚了解,这显得有点滑稽。他低估人们在存在冲突的目标之间进行取舍的能力,却把股东价值的革命归功于自己身上。

　　他曾怒喝道:"经济学和金融学领域两百年的研究成果暗示,在没有外部因素和垄断的前提下,当经济体中的每一家企业都最大限度地实现其总体市场价值时,社会福利也会最大化。"撇开这一评论中的漏洞不说(例如,"外部因素"包括企业最终要逃避污染环境的责任,或者是CEO为抬高股价而关闭某家工厂,从而导致社区支离破碎),社会福利增加,仅是一种暗示而已。

　　当伦敦商学院教授舒曼特拉·高沙尔推翻代理理论的论据时,詹森的论点终于被踢出局。高沙尔首先从分解弗里德曼的观点开始,进而分解詹森的观点。高沙尔否定了弗里德曼提出的"股东是企业的所有者"这一理论,在高沙尔看来,"所有"意味着像人们拥有一辆汽车或者一部手机那样,对自己所拥有的物品有使用权。但是,股东对企业的资产没有使用权,那些资产是由企业本身使用的,因此,就不能说股东"拥有"企业。

　　高沙尔写道:"企业创造的价值,是通过综合运用不同来源的资源而产生的。如果说价值的创造是通过综合运用员工与股东的资源而实现的,那么,为何价值的分配只有利于后者?"答案是:因为这样分配既漂亮又整洁。委托代理模型(principal-agent model)想让我们相信,劳动力市场是完全饱和的——如果员工觉得自己没有得到应有的待遇,可以转而去找别的工作。如果你接受这一前提，便可以发现，资本给企业带来了更大的风险，因为相对而言它是不可移动的。但我们都知道，这种观念并不正确。员工的智慧才是企业最宝贵的财产，而他们也在工作中承受了巨大的风险。资本就和石油一样只是一种商品，而且在最近几年它有点供应过剩了。

那么，为何不调整委托代理模型？因为这超出了经济学家的能力范围，他们无法运用公式去描述复杂多变的人类组织究竟如何运行。高沙尔评价道："这样一种理论，并不容易产生犀利的主张，也给不出简明的答案。商业不能被视为科学，我们必须求助于常识，将'是什么'的信息与'应当是什么'的想象结合起来，对企业管理中呈现的'组织复杂性现象'既做出合理解释，又提出务实的解决方案。"

2002年，当詹森提出的"股票期权丰年"并没有出现时，他声称并不是自己的理念有瑕疵，而是市场处于泡沫期。他把期权称为"管理的海洛因"，并对《经济学人》(*The Economist*) 杂志说，企业应当使用某种特定股票期权，只有当股票的升值超过资金成本时，期权才有可能兑现。这个观点确实有点道理，但等到他提出来时，为时已晚。

审判者——时间

曾几何时，如果你和迈克尔·詹森争辩，就会变成哈佛商学院不受欢迎的人。以威廉·拉让尼克（William Lazonick）为例。拉让尼克是哈佛商学院的常客，1984年，他受艾尔弗雷德·钱德勒（Alfred Chandler）之邀前往哈佛商学院任教，随后又担任了一段时间的哈佛商学院商学史学会主席。1992年，拉让尼克犯了一个错误：竟然在金融学领域新国王的地盘上质疑詹森。

拉让尼克回忆道："詹森就像高高在上的国王，他反对我这个质疑他的外乡人出现在那里。他对自己在同事面前受到一位外人的批评而感到非常生气。他告诉哈佛商学院教授托马斯·麦克劳，不希望我留在哈佛商学院。于是，在后来的17年里，他们再没有邀请我回来。而在此前，我还是商学史学会的主席。一个不容置疑的事实是，20世纪90年代初，哈佛商学院最有权势的人就是迈克尔·詹森。同他频繁接触的那些学生大都进入了华尔街，这让华尔街的公司乐意把钱捐给哈佛商学院。所有这一切，

都让代理人理论与商学史变得不相关了。"

拉让尼克并不是十分在意詹森对他个人的侮辱，2014年，他的文章《只有利润，没有繁荣》（*Profits Without Prosperity*）被哈佛商学院授予最佳论文奖。很显然，哈佛商学院在很久以前就发现了他的研究成果具有价值。不过，拉让尼克认为他的个人经历，暴露了哈佛商学院知识上的懦弱。那种懦弱，从它决定聘请詹森时就一直伴随着商学院了。更糟糕的是，商学院还对詹森带来的消极影响置之不理。在这一点上，拉让尼克不但责怪哈佛商学院管理层聘请了詹森，而且还指责教授们不站出来反驳错误的观点。

拉让尼克回忆道："他们（哈佛商学院）聘请了他后，股东价值理论立刻在哈佛商学院中占据了统治地位。即便如此，仍有大部分教授并不相信这种理论。但是，没有一个人站出来反对。甚至那些本该了解真相的人，包括迈克尔·波特和金·克拉克等，都没有发出一丁点声音。真让人寒心。"

和许多并不认同芝加哥经济学派的经济学家一样，拉让尼克承认，除了对哈佛商学院那些本应阻止詹森崛起却选择保持沉默的人给予强烈的谴责，哈佛商学院的理念确实有一定的优势，值得给予一定程度的赞赏。

拉让尼克对哈佛商学院的一些做法很是赞同，包括跨学科交流，这在高等教育中很少见。而且，他觉得哈佛商学院里有些很聪明的人在做一些十分有意义的事情。他说："哈佛商学院总有些人在尽力帮助我们理解真正的经济形势，比如克莱顿·克里斯坦森、迈克尔·波特和乔西·勒尼（Josh Lerner），但我从来没有见过他们中的哪个人建立了自己的细分研究领域，而且他们同詹森一样，几乎不能容忍外界的批判。"

最近几年，詹森在徒劳地请求改变一种传统。2011年，詹森同沃纳·埃哈德（Werner Erhard）一道，推出了一篇笔触温和的文章《让金融讲诚信》（*Putting Integrity into Finance*）。他们在文中宣称自己发现了"一个迄今为止未被觉察的生产的关键因素——诚信"。他用自己关于诚信的全新理念开路，声称想出了一种"强化诚信的可行方法"，并总结道："因此，诚信成为股东价值最大化和创造更美好生活的必要条件，但并不是充分条件。"也许，再没有什么比这更好的证明终身聘任制的缺陷了。

迈克尔·詹森到最后实现了什么目标？简单讲，他帮助整整一代商人轻视自己，并屈服于自己不纯正的动机。詹森坚持认为，他对于经济的见解——其逻辑具有可测试性和可反驳性，且它本身就是一种见解——让 CEO、机构投资者、华尔街人士等不再承担其他义务，只需考虑自身狭隘的需求便可。

不仅如此，无论詹森设法让从业者对他的观点进行怎样的"测试"，到最后，管理层仅仅采用了代理理论中他们需要的部分，而忽略了其他部分。经理人让他们的企业背负债务，根据詹森的观点，他们开始向自己支付股票和期权，然后尽其所能抬高股价。在这一过程中，他们为追求短期利益而牺牲长远利益，甚至不惜采取明目张胆的欺诈行为。

詹森在谈到恶意收购时，并没有过多地谈及收购过程中的内幕交易。1986 年，当德崇证券的管理合伙人丹尼斯·莱文（Dennis Levine）被捕时，一些违法行为首次被曝光。莱文被控通过内幕交易获利 1 260 万美元，同时还被控妨碍司法公正及故意毁坏证据罪。莱文还卷入了套利专家伊万·博斯基（Ivan F. Boesky）的内幕交易，而后者又牵扯到马丁·西格尔（Martin Siegel，1971 年从哈佛商学院毕业）。马丁曾就职于基德-皮巴迪证券，后来为德崇证券工作。有趣的是，在这些内幕交易中，他们交易的正是安然公司的股票。迈克尔·米尔肯曾投资过这家公司，而调查人员正是以此为线索找到莱文。随后的调查发现，还有许多哈佛商学院毕业生也被卷入内幕交易的丑闻中，包括 1977 届保罗·比尔泽恩（Paul Bilzerian）和 1981 届艾拉·索科洛夫（Ira Sokolow）。

在这桩丑闻闹得甚嚣尘上时，时任德崇证券 CEO 的弗雷德·约瑟夫（Fred Joseph）备受打击，尽管他否认自己与内部交易有任何牵连，并声称他唯一感到内疚的就是自己"令人惊讶的天真"。联邦政府调查人员相信了他的"不在场证明"，证券交易委员会也仅仅因为他没能管好自己的明星员工而对他进行了训诫。约瑟夫的同班同学查尔斯·艾利斯（Charles Ellis）说："他就好比是舰长，如果舰艇出了问题，舰长肯定得负责任，而约瑟夫自始至终承担了责任。"显然，艾利斯将拒绝承担责任与自始至终承担责任这两个概念混淆了。

哈佛商学院最近增加了一门关于"领导和企业责任"的课程，该课程对其研究主题的描述，听起来与詹森的抵赖说辞如出一辙："涉及企业的每一个核心利益相关者——包括投资者、客户、员工、供应商和公众——的决策。"课程探讨了防止内幕交易的措施、安然公司的破产、人性、员工责任、劳动法、企业的公民意识与服务意识。但在这里，课程的影响力明显与推绳子效应①无异。

2010年,弗兰克·道宾(Frank Dobbin)和郑址宇(Jiwook Jung)合写了《迈克尔·詹森先生的误区》(The Misapplication of Mr. Michael Jensen)一文。两位作者在文章中写道:"虽然各企业正在倡导创业精神、运用鼓励冒险的代理人理论,却并没有运用监管措施对他们进行约束。在21世纪初,各大企业开始投资高风险项目并且欺骗股东,导致一系列失败的案例(比如安然案、世通案和泰科案),引发了2001年的经济萧条。到21世纪头十年的末尾,银行、保险公司又开始冒险投资,继而引发大衰退。没有什么可以防止各企业追求高风险的利益、实行欺诈行为,也没有什么能够矫正他们的行为模式。"

如果把这种冒进行为的责任推到迈克尔·詹森身上,也许并不公平。毕竟,他提出了一套简单直接的理论,吸引了一些经济学家的关注,而且他自己也运用了这一理论。但他制造了一个科学怪人,没有人知道如何消灭它。詹森在2005年接受《纽约时报》的采访时也承认了这一点。他和记者探讨了高管们对虚高股价的乐观预测,他说:"如果高管可以向市场递交切合实际的数字,而不是传递过于乐观的期望,股价可能会更符合现实。我承认,学者们仍然不知道如何才能让这种现象发生。""这种现象"被称为道德,你会回想起来,詹森说得对,他们不知道如何像传授金融知识那样教授学生遵守道德,当然,他们也没兴趣教。当詹森最终体面地离开哈佛商学院时,商学院终于尴尬地向那些反对詹森的人妥协了——原本一开始就不该聘请他。

不仅仅是哈佛商学院。到20世纪80年代末,大部分商学院不再将崇高理想作为MBA学位的伪装,而将它们变成了个人广告。这暗示毕业生就是一名等待雇佣的雇佣兵,有参加战斗的决心,而他们的武器就是大型企业曾经投资的MBA学位。甚至,他们将要参加的是什么战斗,都已经不重要了。斯坦福大学教授哈罗德·莱维特(Harold Leavitt)曾说:"(20世纪80年代)拥有MBA学位的职业经理人开始变得越来越像职业雇佣兵——他们做好了准备,也愿意去参加任何战斗,并且能积极地投入战斗。他们甚至不会去问'这场战争值得吗?这是一场正确的战争吗?我代表正义的一方吗?'"

---

① 你用绳子拉的时候,能拉动它,但当你想让它往反方向移动时,怎么推绳子,它都不会动。——译者注

哈佛商学院几乎也没有考虑过这些问题。因为，在让毕业生做好准备以加入投行、私营股本公司、咨询公司的过程中，在以为毕业生覆盖管理革命的最新痕迹为使命而出谋划策的过程中，哈佛商学院就像狡诈的军火商一样，毫不内疚地向交战双方同时出售武器——简单地说，他们是将新的毕业生送到战场上和以前的毕业生开战。

在此过程中，MBA 毕业生有了一个重要的改变：他们能够理解美国企业组织结构的巨变，不再寻求安稳的工作（如果求安稳，他们会找不到工作），而是把全部注意力集中于寻找快速晋升和提升薪酬的机会上。他们并非不够聪明，只是金钱的诱惑力实在太大。到 20 世纪 80 年代末，MBA 毕业生薪水猛涨，而美国普通工人的薪水却在减少。1978 年，《纽约时报》描述道，一张哈佛商学院 MBA 毕业证书是通向美好生活的"金色通行证"。在 1980 年的美国，一位精英学校的 MBA 毕业生的起始薪酬几乎是平均收入中位数的两倍。

第43章
CEO 的最高统帅

劳伦斯·福雷克担任哈佛商学院院长期间,在给哈佛大学校长的年度报告中,存在着哲学上的浪漫幻想。以 1973~1974 年度报告为例,他在其中将资本主义、管理主义和社会主义进行对比——这被他称为美国三大主要经济体系。资本主义本着盈利的动机,受制于市场,最高统治是消费者。管理主义是对资本主义成功的响应,它导致了两类市场的产生——外部市场(消费者)和内部市场(企业内部经营状况)。经理人应当具有在两者之间进行调停的独特能力。社会主义是非营利的部分,即政府、教育系统和医疗保健系统。

福雷克在写这份报告时,对管理主义有着充分的信心。他写道:"在管理体系中,冲突是通过解决问题的行为来调停的……这是经理人的主要功能和经营责任。多元化企业拥有大量利益相关者,如股票持有人、客户、竞争对手、员工、监管机构、债权人等。管理层不停地解决问题,同每个群体达成协议,以使各相关方以及企业的长远利益保持一致。"福雷克在报告中承认,这三个体系相互矛盾,随后他将目光投向未来。"也许在这三者之中,最容易结盟的是资本主义和管理主义;最难的是在社会主义和资本主义之间架设桥梁。"他最后的这个观点是正确的。到今天为止,资本主义和社会主义之间的紧张关系,仍然是令这个国家烦恼的一件事情。但是，他的前一个观点却大错特错——资本主义和管理主义并不会结为同盟，资本主义会把管理主义一口吞掉、嚼碎，再把骨头吐出来。

有人说詹森参加了对管理主义的"谋杀行动"，这有些言过其实。因为在他开始传播关于企业和管理宗旨的观念时，管理主义已经奄奄一息。詹森充其量只是一根直插到管理主义心脏的棍子。更准确地说，詹森只是确保管理主义继续保持死亡的状态，不再复活。

管理思维的崩塌

密歇根大学商业管理学教授马克·米兹路奇（Mark Mizruchi）在他2013年出版的《美国企业精英的陨落》一书中细致入微地阐述了管理思维的崩塌过程。他认为，美国企业的经理人从来不是思想最进步或者胸怀社会大众的人，即使在二战之后的黄金时期，他们仍"主导着一个充满贫困、种族主义、压抑性社会规范的系统，而且秉持一种自鸣得意的、不加批判的态度，拒绝承认自己已经制造或者恶化了诸多问题"。米兹路奇举出了一个令人信服的例子：确实有一段时间，美国的经理人（显然包括大量MBA）以着眼于社会最大利益为幌子，专注于实现企业最大利益。

米兹路奇准确地指出，在20世纪70年代初，美国企业的高管们开始放弃在社会中真正的领导地位。他列举了众多促使高管们放弃领导地位的强大社会力量——强调自由市场并拒绝政府对经济进行任何干预的新自由主义，股东价值对管理特权的胜利以及美国经济本身的深层次变革——囊括了制造业、服务业，涉及工业主义和金融主义。米兹路奇坚持认为，这些力量并没有使企业管理者停止一场眼看就要取胜的战斗。他指出，21世纪初的美国企业可能比20世纪20年代时拥有更强大的政治力量。其根本原因在于，美国企业不愿意"采用任何系统的方法来解决行业内的问题，更别说更广大的社会问题"。换言之，在20世纪70年代，在麻烦上身之时，管理者放弃了开明托管人的伪装。这种伪装源于华莱士·多纳姆的观点：管理者既要当世界上最大经济体的看管者，也要当这个国家的监护者。

米兹路奇提出了一个引人关注的论据来支持自己的观点。当时局顺畅时，美国企业的管理者从未被人描述为自由派，他们会以一种温和的方法接纳政治干预，包括勉强接受工会组织等。20世纪60年代，凯恩斯主义①出现，并逐渐成为一种共识。在共识中，经济学家约翰·梅纳德·凯恩斯（John Maynard Keynes）的理论占统治地位。尽管本书的范围并不包括对各种相互冲突的经济思想进行论述，但为便于讨论，我将在这里粗略地介绍一下：凯恩斯主义认为，经济中的私营部分并非其他经济学家口中高能的无人驾驶汽车，有时，无论通过财政政策还是货币政策，对私营企业的经营进行干预，是使经济在商业周期的特殊时期保持正常发展的必要之举。凯恩斯坚持认为，即使是混合经济体，也需要政府进行干预，才能始终使其保持在正轨中。米兹路奇写道："1971年，大部分企业的主宰者都表达了对凯恩斯的赤字财政政策的支持，也支持这样一种观点——当私营经济无力提供充分的就业岗位时，政府应当进行干预。"

当时局艰难时，好比20世纪70年代初期那样——高额的财政支出，逐渐强大的外国竞争势力，能源危机带来滞胀，经济增长放慢、高失业率、高通胀等问题一股脑儿的向美国袭来；此外，伴随美国联邦政府面临的合法性危机，企业管理者忽略自身利益的能力开始受到考验。但在这种考验面前，他们失败了。

不过，距离米兹路奇作品标题中的"陨落"还有很远。当企业精英们发现问题缠身时，他们"进行了全方位的反击动员，在这场动员之中，大小企业都发出了越来越一致的声音"。他们攻击政府监管机构及其下属机构，当时刚成立的环境保护署（EPA）和职业安全与卫生管理局（OSHA）是他们的主要攻击对象。他们控诉工会组织削弱了美国企业的竞争力，并开始破坏工会组织。不管是从工会组织的角度还是政府的角度来看，他们成功了。1980年罗纳德·里根当选美国总统，只是进一步巩固企业精英的胜利。1981年8月，里根解雇举行罢工的航管员，这被认为是美国工会运动结束的标志。实际上，里根并不是从政治意义上试图放弃一整套监管措施，他只是任命了一些对政府监管持批评态度的人士来领导主要的监管机构。

---

① 主张国家采用扩张性的经济政策，通过增加需求来促进经济增长。即扩大政府开支，实行财政赤字，刺激经济，维持繁荣。——译者注

利益冲突怪圈：企业、CEO、员工

随着投资人资本主义的兴起，CEO这个职业变得不如以前稳定了。数据表明，《财富》世界500强企业CEO的在职平均年限，从1982年的9.7年下降到2002年的6.8年。尽管如此，投资人资本主义同样为CEO提供了看似合法的理由来不择手段地提升企业利润。最为明显的表现是，临时解雇员工的措施突然在各企业中流行起来，即使那些发展很好的企业也不例外。1993～1994年是美国经济的繁荣期，而全美接近一半的企业临时解雇了平均10%的员工。社会批评家托马斯·弗兰克（Thomas Frank）评价道："20世纪90年代，美国企业高级经理人拿到的薪酬福利，远远高于他们的前任。不仅如此，华尔街认为临时解雇员工和缩小企业规模的做法，具有明显的可预测价值，这使得CEO们认为自己薪酬福利的提高，与他们可以从企业中解雇的员工人数，存在着直接的正相关关系。这个等式，成为1990～2000年这个十年中许多重要管理概念的起源，这些概念包括机构扁平化、组织分解、业务外包、再造工程以及非居间化[1]。"

米兹路奇坚称，在20世纪90年代，美国企业精英已经实现了他们的大部分目标，包括可以任意招聘和解雇员工以及弱化政府监管等。但是，他们最后一点残余的凝聚力正在逐渐消失，无论是他们在战后数年里表现出的自由姿态，还是他们对20世纪70年代经济危机的消极反应。当然，美国缺少任何可辨别的民族凝聚力，也许，恰好是这一事实造成了企业界凝聚力消失的恶果：他们已经走向全球。"他们"不是企业，而是经营企业的人。此外，米兹路奇也没有低估这样一种可能性："也许，美国企业精英的衰败，是另一个替代阶层崛起的结果，这个阶层就是越来越具有凝聚力、正在转型中的资产阶级……在瑞士举行的达沃斯世界经济论坛年会，每年都吸引了来自数十个国家的商界和政界精英参加，这是全世界的统治阶层携起手来共商大事的标志。"

有一种观点认为，企业高管行为的改变，是迫于国家管理者的压力。比如，当我们被告知，如果不改变行为便会被炒鱿鱼时，我们大多数人

---

[1] 非居间化是指企业采取相应措施减少中间商的使用，增加直接向终端消费者提供产品和服务渠道的过程。当中间商被排除在渠道体系之外或者其所提供的服务可以由其他服务方式代替时，非居间化就产生了。——译者注

都会选择改变。而事实是，一旦美国经理人从20世纪70年代的挫折中恢复过来，并且意识到他们手中的股票可能会在20世纪八九十年代大幅上涨的话，那么，他们会继续进行一些大刀阔斧的变革——对管理责任的各方面都彻底改革，尽管这种责任是他们在大半个世纪里一直强烈反对的。

1982年，企业CEO获得的期权的价值，相当于他们薪酬的80%。1987年，这一比率上升至141%，到1993年上升至173%。此外，与之类似的薪酬设计方案，使得CEO的利益开始与企业利益出现分化，同时也与他们的高级管理团队产生分歧。据统计，1987年，企业"二把手"的平均薪酬是"一把手"的84%。到2001年，这一比率降到了55%。随后，企业董事会的构成也发生了改变。1987年，各企业董事会平均有16名成员，其中平均有3人是其他企业现任或退休的CEO。到2001年，各企业董事会平均有12名成员，其中平均有6人是其他企业的现任或退休的CEO。

CEO已经作为一个具有鲜明特征的社会阶层呈现在世人面前，他们的忠诚不再是垂直的（对自己的公司或社区忠诚），而是平行的（对其他CEO忠诚）。当然，他们还要对股东和自己曾宣誓效忠的那些人忠诚。你可以从商业圆桌会议对企业责任的描述中察觉出这种改变，该组织中的成员包括美国近150家大型企业的CEO。

1981年，商业圆桌会议在"关于企业责任的声明"中，对利益相关者理论表示支持：

> 平衡其他优先事项与股东回报最大化的期望，是企业管理层面临的根本问题之一。股东必须获得良好的回报，但也必须适度关注其他利益相关方的合理诉求。为达到适当的平衡，一些经理人开始相信，企业的主要作用是满足社会对商品和服务的合理需要，并在此过程中为股东赚取合理的回报。他们知道，这必须以社会大众可接受的方式来实现。他们相信，通过积极地考虑如何平衡所有利益相关方的合理诉求，企业将更好地服务于股东的利益。

但到1997年，利益相关者理论又被抛弃：

> 商业圆桌会议认为，经理层以及董事会的最重要职责是对股东

负责；其他利益相关者的利益，从对股东负责的责任中衍生而来。董事会必须以某种方式根据其他利益相关者的利益来平衡股东利益的理念，从根本上是对企业董事职责的误读。

1927年哈佛商学院贝克图书馆落成时，通用电气CEO欧文·杨发表了致辞演讲。在演讲中，他向台下观众对比了大型企业与公用企业的区别，并指出经理人的一项特殊义务：为公众利益服务。欧文下面的这番话，完全可以用自大去形容："大型企业的负责人必须从公众利益的视角来看问题，这里说的负责人，就是指我们。"不过，这也是一种乐观的情绪。社会大众一直在质疑如何使政治上的民主与企业的独裁统治保持一致，在回应这种质疑时，美国经理人以及培养他们的商学院，使得这个国家热衷于将职业信条扎根于道德权威。至于劳工问题，哈佛商学院则吹嘘自己通过工会奖学金计划帮助劳工与管理层找到了平衡点。如果高管有一定的社会责任，那么，他们会设法在数十年中与劳工及社会大众分享企业的财富。

然而，所有的努力都白费了。来自乔治·华盛顿大学商学院的厄尼·英格兰德（Ernie Englander）和艾伦·考夫曼（Allen Kaufman）合写了一篇题为《管理思想的终结》（*The End of Managerial Ideology*）的论文，他们在文中概述了这种转变："20世纪90年代，美国的管理资本主义制度经历了从技术统治到'资本所有'形式的深刻转变。"在技术统治时代，管理层是一个维护企业运营、通过满足各方利益相关者的需求来促进社会福利提升的团队。在"资本所有"这一新时代下，管理层被分解到一项项比赛中，经理人在这些比赛中争相竞逐CEO的奖赏。新时代管理层的薪资在很大程度上由股价下行风险保护的股票期权来提供。这些比赛将经理人转变成一群特殊股东，他们只顾自己部门的利益，即使部门利益与企业利益背道而驰，他们也力求将部门利益最大化。一旦资本所有形式建立，经理人便抛弃他们的技术统治论和利益相关者理论，采用"资本所有"思想。经理人几乎没有注意过，他们在美国经济所产生的新财富中拿到了超出应有比例的份额。当批评家把这一事实摆在世人面前时，经理人的回复与那些受过良好教育的经济学家的说法一样：市场在有效地运行。但它是否在公平地运行，则是一个他们不会去解决的问题。

那么，市场是否在公平地运行呢？当然不是。股东财富最大化的观点，导致了大规模的财富转移——从劳工转向企业所有者——从而加剧了收入不平等问题。在近一个世纪里，收入差距达到了前所未有的高度。工人们发现，他们的工作量在增加，工作的稳定性在下降，而收入却停滞不前；管理层发现，他们的薪酬在倍增，部分原因是用没有兑现（off-the-book）的股票期权去骗取企业的股权。后来，人们终于发现，在涉及高管薪酬时，市场一定不是在有效地运营。这个事实，可以由美国在世纪之交对无偿配股和期权进行重新定价来证明。

对解决上述问题，哈佛商学院没有做出任何贡献。他们只是忙于把这一切写在印有各企业抬头的信纸上。尽管哈佛商学院的组织行为学和综合管理学专家可能一直在强调经理人的非财产责任，但这些声音均被来自金融系的教授们压制了下去。半个多世纪以来，哈佛商学院曾经煞费苦心地证明企业在公众生活中的地位，然而到现在，他们放弃了努力，转而支持弗里德曼和詹森"企业在公众生活中没有地位"的观点。数十年来，哈佛商学院还一直为技术阶层的管理优势发声，然而到现在，他们又闪电般地否认这种优势。他们正在尝试转型，从一所培育企业经理人的商学院，转变成一所培育投资经理人的商学院。不过，他们仍在叙述上保持风度。正如社会学家罗伯特·普特南（Robert Putnam）指出的那样，即使在工会组织开始走向死亡时，哈佛商学院仍然称CEO为"领导者"，而称工会领袖为"老板"，但他们却没有顾及这样一个事实：工会组织通常是民主的，而企业几乎都是独裁的。

米兹路奇对商学院在企业目标转变上发挥的作用做出了宽容的评价。他说："将学生在校时所学的知识与他们在现实世界里所做的事情联系起来时，我建议谨慎一些。在现实社会，他们面临着来自股东和金融分析师们的约束。即使是最聪明的人，也不能直接将他们所学的知识运用到实践中去。要弄清你在学校里所学到的具体知识对你日后的行为会产生多大影响，始终是件棘手的事情。不过，让学生了解一些诸如企业社会责任之类的事情，总好过不去了解。如果他们了解到某种能代替纯粹股东价值的概念，可能是件好事。"米兹路奇说得对，不过这是一件关于做正确事情的事，而挑简单的、方便的事情做，总是更容易一些。

第44章

哈佛商学院的社交工程

1983年，麻省理工学院斯隆管理学院的管理学教授约翰·范·马能（John Van Maanen）在英格兰休假时，曾到萨里大学社会学系工作，并写下了题目为《金色通行证：管理社会化与研究生教育》（*Golden Passports: Managerial Socialization and Graduate Education*）的论文。在这篇长达20页的论文中，范·马能分析了哈佛商学院MBA与斯隆管理学院MBA之间的区别。他并没有藐视对商学院排名的做法，也没有单纯对比两所商学院的课程和薪酬统计数据。他试图从两所商学院学生的经历中梳理出一些更深层次的、涉及价值观或思想意识传播的东西，以及它们对学生的社会技能有何影响。

社交能力培养皿：班级分组系统

"某些教育机构的毕业生似乎从未摆脱他们入学时的体验。"范·马能写道。他坚持认为，在哈佛商学院中，这并非偶然。虽然自1983年以来，哈佛商学院中有许多方面都得到优化，但范·马能指出，在哈佛商学院对MBA项目中的一些重要方面在35年中都未曾改进。

"攻读哈佛商学院MBA的研究生处于一种孤立状态——既与哈佛大

学的本科生隔绝，又与哈佛大学其他学院的研究生隔绝，"范·马能写道，"商学院校区与主校园隔着一条河，严格说来，它就是一个设施齐全的教育工厂，有自己的书店、印刷厂、图书馆、健康中心、办公大楼、体育娱乐场所、理发店、邮局，还有能够容纳绝大部分学生的男女宿舍。哈佛商学院的课程安排时间也独具特色，根据学校校历，无论是开学日期还是放假日期，哈佛商学院都与其他大学不一致。完全有可能发生的事情是，哈佛商学院的某位学生在念完两年MBA课程之后，从来没有和另一位同时在其他学院攻读研究生学位的学生打过照面。"

1997届哈佛商学院毕业生乔·汉根米勒（Joe Haggenmiller）说："一进入哈佛商学院，你便来到一个不同的世界。这里地板上的花纹是雕刻的，健身中心是我迄今为止遇到的最好的。走进校园，你就像走进了一个茧中，觉得世界上的一切都很美好。在那里，我们的生活与哈佛大学学生的生活几乎没有联系。我们和他们之间唯一的互动是在星期五晚上出去吃寿司的时候。"

范·马能指出，班级分组系统（section system）是哈佛商学院区别于其他院校的重要因素。当时，商学院每个班有大约70名学生。他描述道："所有的学生好比游行队伍中兴高采烈的警察，一年级的时候便被分在大约11支'游行队伍'中，人人都必须上同样的课、听同样的指令，在同一时间迈着整齐划一的步伐。在某个特定的小组，所有学生面临一样的学术任务。也就是说，某个学生不论遇到何种教育问题，和他在同一小组的每一位学生都可能会遇到……由于学习任务极其繁重，大部分学生会在各自的分区内组成一些学习团体……到二年级，学生们会相对轻松一些，那时他们只有一门必修课。"

我们大多数人都不记得读大学时的学习内容，但一定记得和我们朝夕相处的人，无论是在同一个运动队、社团中，还是以其他方式结识的人。哈佛商学院的分组系统会让学生们记住这些经历，因为它既培养人，又把人当成产品来生产。对学生们而言，分组系统让他们自上小学以来第一次整个学期都跟同一批人朝夕相处。"大家有了密集的接触机会，"范·马能写道，"难怪学生们相互之间非常了解。事实上，他们只对小组中的同学十分了解……虽然在整个小组中很难找到友谊非常牢靠的圈子，但有些小组确实让学生们拥有一些共同的身份。例如，组员之间关系最要好的小组、学生运动员小组、最聪明的学生小组、最善于交际的学生小组、最勤奋的学生小组，更加常见的可能是最优秀的学生小组。学生们能够在日常交谈中支持和维护自己所属小组的形象，将小组优点与其他小组进行对比，并且常常出于各种各样的原因，发现自己所属小组的不足之处。"

由于案例讨论要求学生必须对同班同学的结论提出质疑，因此，学生们不得不驳斥与自己朝夕相处的同学的结论，这就要求他们具备某种交际手腕。一些成功的毕业生表示，这种规则和现代职场环境十分接近。黑石集团创始人史蒂芬·施瓦兹曼（Stephen Schwarzman）这样描述道："自我上小学以来，从来没有整年都跟同一批同学在同一间教室里度过。有意思的是，在哈佛商学院，这节课和你交流的人，你在接下来的整年中都会看到他们。你要学会在从他们中间脱颖而出的同时，又不会贬低其他任何同学。否则，他们也会以同样的手段回敬你。你得学会运用计谋，并且善于倾听，尽管别人在某个方面并不比你强很多。同时，当整个班级或者单个同学滑向错误的轨道时，你要在使他们不觉得尴尬的情况下，将其引回正轨。这是一门艺术。分组系统与案例分析法的结合，迫使学生们在学习中适应这个过程。"

斯隆管理学院的班级里并没有标示牌，课堂参与在学生的成绩中并不重要，甚至不进入考核。范·马能写道："正如人们预料的那样，斯隆管理学院的考勤规则比哈佛灵活得多。在哈佛商学院，如果老师没有发现某个同学逃课，他也一定能迅速被其所在小组的其他同学发现。"和苏格拉底所处的时代一样，哈佛商学院的许多教室像是可以容纳一百名观众的竞技场——课桌和椅子围成一个半圆。案例分析法使得讲课变成某种表演，这让哈佛商学院俨然成了一所戏剧艺术学校。它的学生不仅学到了管理基础知识，还学到了不少表演技能。

这说明，分组系统对提高学生个人形象的影响力等同于学术成绩的影响力。范·马能写道："每一个组员都很重视自己的管理技能能否给人留下深刻印象。在这些技能之中，交际能力是学生们赢得同学支持的一项必备技能。不过，特殊的问题有很多，但很显然哈佛商学院付出了巨大的努力来'追踪生产'。其方法是控制可能使小组其他同学看起来不受欢迎的学霸，也控制那些小组中的懒人。在一个组织有序的小组中，辨别哪些学生离经叛道较为容易，因为同学们会对他们的古怪行为鼓掌、起哄甚至发出表示轻蔑的嘘声。而麻省理工学院的学生从来没有想过自己在课堂上表现出来的缺点会被同学们起哄或发出嘘声。"这是哈佛商学

院的传统：对同班同学的观点表示不同意时，你可以冲他发出嘘声。开明的领导者也不过如此。

"并不是每个人都被平等地整合到哈佛商学院的文化中。校园内以及小组内，一定还存在着各种各样的亚文化群体。例如，喜爱跑车或名车的车友；居住在校外的已婚学生；对商业问题采用独立于行业或企业的视角来观察的'通才学者'，他们很可能成为咨询师或投行家；采用行业和企业特定的观点来观察问题的'地板抛光机'，这些人实际上喜欢胡侃所谓的软课程；以及有着相似爱好，比如滑雪、开派对或吸毒的学生群体。你甚至还可以看到一些反主流文化的小团体，例如左派人士、环保主义者、妇女权益倡导者、自由主义者等。这些特殊群体意味着，至少有些学生在他们接受商学院教育期间没有完全被学院控制，他们会采用替代的思维和行为模式……"

那些采用了"替代"思维模式的学生，通常会把自己视为革命分子，夸大了用不同视角来观察问题的决心。2014年，当欧莱雅集团为哈佛商学院学生杰茜卡·艾瑟夫（Jessica Assaf）提供一个实习岗位时，这位自诩坚决反对快消品行业使用化学物质的"活动家"骄横傲慢且自以为是地回复道："我猜你在给我发送这封邮件之前，甚至都没有查阅我的简历。如果你看了，你会意识到，我肯定不是一个合格的实习生候选者。"

"我来到这里，是为了引起轰动。"时年24岁的杰茜卡告诉 Poets & Quants 网站。同时，由于接受了这次长达15分钟的采访，她在互联网上名声大噪。你可以像这位疯狂的活动家那样，不接受任约束，依然能够为社会做贡献。当然，如果不是哈佛商学院这一名头的加持，抗议快消品中包含化学成分的举动，既不新鲜也不疯狂。杰茜卡在采访中透露，她正在制订一个商业计划，想要搅动整个化妆品产业。

后遗症：平庸与从众

2015年，范·马能对哈佛商学院社交工程（social engineering）的态度有所缓和。他说："它（指社交工程）使一个班级的学生都得到了官方认可，我们现在都称这些学生为领导者。他们由于家庭、财富以及具备了一系列盖茨比式的技能[1]，才能够来到这里，并且征服其他同学的心。

---

[1] 指像小说《了不起的盖茨比》中主人公盖茨比那样挥金如土。——译者注

从哈佛商学院毕业的 CEO 人数之多，让其他任何一所教育机构都相形见绌。哈佛商学院已成为一种权力印记。如果我们说，这些 CEO 要对美国的经济状况负部分责任，是否有些夸张？不，这一点也不夸张。他们是否让这个世界变得更加美好？不，他们留下了一个更糟糕的世界。在这个世界中，人与人之间极不平等，人们的责任感缺失，只盯着形式而不是绩效，对商业成功的定义也极其狭隘——商业成功只意味着高效率和高利润。这些 CEO 们本着'如果你无法测量某个指标，那么它便不重要'的观念，使得我们在那些无法测量的指标上表现得越来越差劲。"

更直接地讲，哈佛商学院由于无节制地强调案例分析法中的道德不可知论，致使学生们以为，思考过程与思考本身是并驾齐驱的。伦敦商学院的朱利安·伯金肖（Julian Birkinshaw）说："案例分析法在 20 世纪七八十年代刚刚出现时，主要做法是有意不告诉学生答案，要求学生从讨论中得出各种类型的理论框架，而不是由任何人强行提出某种理论框架……讨论过程中也不允许教授强加某种观点。在各种教学实践中，这都是极为不同寻常的视角。因为大多数教授认为，他们的职责之一就是让学生了解这些由自己提出的理论框架。毕竟，它们有一些优点。但哈佛商学院让学生们自己去思考，这是一种'开倒车'的行为。我们可以肯定地说，其他大部分商学院采用的是一种混合教学模式，该模式既让学生们自由探讨学习内容，也允许教授对学生得出的答案进行点评和指导。"

不论案例分析法有多少优点，在它身上仍有一个不可忽视的缺点：哈佛商学院一年级学生共有 10 门课，每门课有 30 个案例，分组系统把如此繁重的学习任务抛给学生，使学生在一学年里痛苦地忍受案例折磨。不过，这也使他们之间连接起持久的感情纽带。彼得·科恩（Peter Cohen）在 1974 年出版的《哈佛商学院的福音》一书中指出："哈佛商学院发明了这种方法；哈佛商学院成功地运用了这种方法；哈佛商学院极其依赖这种方法，而我们必须忍受这种方法，每一天、每一小时、每一分钟都要忍受。"正如鲍勃·迪伦在他的《布朗斯维尔姑娘》（*Brownsville Girl*）中所唱的那样："有福同享固然好，患难与共更难得。"不过，引用另一位吟游诗人的诗句，哈佛商学院坚持通过案例分析法去获得"现实世界体验"的做法，也可以给学生带来一种"虽未曾战斗过，却有一种胜利的感觉"。这种感觉便是莎士比亚在《罗密欧与朱丽叶》中所写的："没有受过伤的人，总爱嘲笑别人的伤疤。"

哈佛商学院学生从案例分析法中得到的"体验",实际上是一种自我伤害。商学院教授查尔斯·格拉格(Charles Gragg)解释了案例分析法的社会性。他在《智慧难以言传》(Because Wisdom Can't Be Told)一文中写道:"课堂中的民主创造了新型的个人关系。课堂上,教授和学生不再是二元对立关系。学生们发现,自己的注意力从教授身上转移到了同学身上。让一位年长的教授面对全体学生并不是问题,问题是教授必须面对学生的批评,还要理解和应用他们的建议和意见。每个人都是平等的,但每个人又身处竞争之中,这为课堂内外激烈的意见交换奠定了基础。于是,哈佛商学院培育了学生交换意见的艺术,其目的是建立某些互利互惠的优越理念。不过,这样的意见交换让大家学会了如何学习他人优点,如何有效表达自己的观点……在此情形下,重要的问题不是学生是否能取悦教授,而是他们是否可以在学习小组中面对组员反对时,仍然坚持自己的观点,或者是否接受组员提出的不同意见。"

换句话讲,哈佛商学院与其他商学院之间的差别不只是案例分析法这一教学特点,还有它的分组系统。1963年,学院的助理教授查尔斯·奥尔特(Charles Orth)写道:"当学生们知道在案例分析课程中应当要学些什么时,他们不再只是作为个人而反应,而是作为一个有组织的社会体系的成员来反应。这个有组织的社会体系,便是哈佛商学院的小组,它深刻地影响了学生们的行为。"

然而,分组系统的核心是自我矛盾的:在努力教学生怎样成为"领导者"的过程中,哈佛商学院把他们放到一种社交场合之中,这会使他们产生从众心理,从而走向平庸。对此,哈佛商学院辩论道,不论分组系统可能引出什么问题,但它给教授们提供了一个机会,将社交过程作为一种重要的学习体验引入到课堂中。事实上,学生从一开始就能够自己学会那些东西。如果哈佛商学院能更注重案例的实际内容,而不是祝贺自己将教学和学习范围从书本扩展到学习小组,也许会更好一些。

哈佛商学院如此醉心于案例分析法,以至于一再将他们的关注焦点从一个不容忽视的事实上移开:学生们思考什么,确实十分重要。不仅如此,案例分析法宣称它优于其他形式的学习方法,但这也只是一种说法罢了。对于身处某种特定学术环境中的某位特定学生,我们无从辨别他是否能通过这种学习方法学到更多。到目前为止,哈佛商学院仍在请求全世界相信他们对案例分析法的评判是正确的。

第45章
忙碌的教授们

在哈佛商学院成立初期，它在人事上面临的主要问题是"如何说服有才华的教授来学校任教"。不久之后，它的主要问题就变成了"怎样说服有才华的教授在学校原地踏步"。尽管后面这一问题令所有大学都感到头疼，但哈佛商学院还面临着新困难——不但其他商学院可能挖走学院的教授，整个商界都有可能前来挖人。而且，商界给教授们开出的薪水，比哈佛商学院开出的，或者能够开出的多得多。近几十年来，哈佛商学院毕业生的起始薪酬就比他们的老师高出一大截。

扛不住的金钱诱惑

华莱士·多纳姆任院长时，迅速出台了多个用于抵抗金钱诱惑的解决方案，允许教授在校外兼职咨询工作便是其中之一。多纳姆承认"那种工作减小了教授们从商学院辞职的风险"。可他仍然像哈佛商学院一直所做的那样，试图给某个决定加上一些冠冕堂皇的理由——多纳姆坚称咨询工作使教授们能够"将他们的教学与企业的实际工作相互关联起来"，同时还提供了"个人发展的……绝佳机遇"。

对哈佛商学院而言，教授在校外兼职咨询工作是否恰当已不算问题。

如果你一定要就此争辩，认为哈佛商学院或者其他教育机构绝不应当接受这种做法的话，那不过是徒费唇舌。不过，值得质疑的是，教授与外部企业的这种关系，是否会对哈佛商学院的研究独立性产生影响？另外，教授们是否要在可接受与不可接受的客户之间划一条界线，以示区分？哈佛商学院沉浮在外部企业提供的咨询费大海中已是不争的事实，这是否会影响哈佛商学院及哈佛大学的决策？

在20世纪50年代以前，几乎无人关注校园外部的咨询协议。但到1960年，接受校外工作邀请的教授们开始觉得商学院的薪水微薄。1960年12月，《时代》杂志发表了一篇题为《教授在哪里？》（Where Are the Professors？）的文章，直指哈佛商学院的108位教授中，有2/3的人在从事校外咨询工作。比如，保罗·切林顿（Paul Cherington）教授在由他创办的科学-管理联合研究有限公司任董事会主席；马尔科姆·麦克奈尔教授在一家咨询事务所做兼职工作，年薪超过4万美元。哈佛理事会理事、波士顿检察官弗朗西斯·布尔（Francis Burr）在被问到学院教授的兼职收入占比越来越大的问题时，他援引别人的话说道："很多人对此感到担心，我们也是。"即使这种担忧是真的，他们也没有采取任何措施。

20世纪80年代末，拉尔夫·纳德（Ralph Nader）[①]在由他发起的"哈佛观察"（Harvard Watch）研究项目中发现，哈佛商学院的教授在全美200家规模最大的企业中占据了202个董事会席位，该数目是1969年的4倍。"哈佛观察"的研究团队坚持认为，由于教授和大学都欠企业人情，他们连进行客观分析的能力都丧失了。那时，哈佛商学院的正教授年薪约为10万美元，但他们在外兼职的咨询工作能带来高于薪水数倍的收入。此外，作家戴维·尤因揭露，哈佛商学院内部没有人对教授总薪酬不平衡的状况感到担忧；相反，大家都对此感到自豪。一位终身教授说："不论何时，只要我没有从校外挣到高于教学工资两倍的收入，那一定是出了什么问题。"用华尔街的术语来说，哈佛商学院的教授将他们的职务"货币化"。如果教授做不到这样，他们往往会被人瞧不起，甚至感到失败。

这些凭借哈佛商学院的名义设法将自己"货币化"的教授，终于因为他们的付出而得到回报。以1962届毕业生托马斯·派珀（Thomas

---

[①] Ralph Nader，1934年2月27日生于康涅狄格州温斯特德。1955年毕业于普林斯顿大学。1958年获哈佛大学法学学士学位。曾被《美国新闻与世界报道》列为美国最有影响力的人物之一，被《时代》杂志评为20世纪最有影响力的100人之一。——译者注

Piper)为例。派珀拿到 MBA 学位后,在商业管理博士(DBA)项目中任教 8 年,于 1977 年晋升为正教授。在他获得晋升的两年前(即 1975 年),他在一次校友聚会上遇到 1965 届毕业生理查德·马里奥特(Richard Marriott),后者在家族经营的连锁酒店担任副总裁。一番交谈后,两人一拍即合,派珀开始为马里奥特的企业提供咨询服务,并与他结下了深厚友谊。

除了酒店业务,马里奥特还涉足餐饮服务业。派珀觉得,哈佛商学院那栋始建于 1950 年的克莱思大厦(Kresge Hall)的餐饮设施早已过时,对其进行全面翻新是个好主意。于是,哈佛商学院与马里奥特达成协议,共同分担翻新成本。作为回报,马里奥特将获得在哈佛的食堂、教师俱乐部、两个小吃店以及哈佛商学院的餐饮服务合同。1981 年 9 月,双方签署了价值达 450 万美元/年的合同。哈佛商学院原有的食堂员工全都受邀加入马里奥特的新公司,只是他们需要放弃工会会员的身份。

由于咨询工作的需要,派珀每个月要多次前往马里兰州中部城市贝塞斯达(公司总部)。他觉得,编写一个关于该公司的案例,是抵消那些机票费用的最佳方法。1981 年 12 月,一份耗费了 3.5 万美元的案例被摆在哈佛商学院学生的课桌上。从表面上看,这只是一个关于发行债券以便回购股票的案例,但这对马里奥特的管理团队,尤其是对马里奥特家族来讲,无异于金发女郎献上的热吻。

仅仅一个月以后,马里奥特任命派珀为公司董事,年薪 1.2 万美元,此外,派珀每参加一次会议,会获得公司提供的 900 美元补贴。1983 年 12 月,约翰·麦克阿瑟任命派珀为高级副院长,并在次年任命其为日本兴业银行首位教席教授。派珀在马里奥特公司的董事会中任职长达 10 年,1992 年,为抗议一项明显在道德上存有疑问的举措,派珀辞去董事一职。同年 4 月和 5 月,马里奥特的公司利用投资级债券筹集了 4 亿美元。仅仅 5 个月后,马里奥特宣布将公司一分为二,把所有的债务只留给其中的一个实体,使得债券降级为垃圾债券。这是对公司债务人的欺骗,却有利于股东。

派珀是哈佛商学院内商业道德方面的"专家",也是最多产的案例编写者,但他显然没有发现更新案例的理由,即使他当时在马里奥特公司的董事会任职。这样的便利条件,使得他本该有机会以知情人的视角对挑战商业道德的做法提出解决方案。他没有更新案例,也许是因为他太

忙了，忙于和别人共同撰写一本名叫《道德能否被教授？》(*Can Ethics Be Taught?*) 的书。1993 年，这本书出版了。

兼职乱象

可能哈佛商学院的教授通常都拒绝谈论他们在校外赚了多少钱，所以，当别人这么做时，他们会义愤填膺。1987 年，在保罗·马克的《帝国缔造者》一书出版时，约翰·麦克阿瑟院长声称，书中包含"数百件事实性错误和捏造的事件"。事实就是事实。以哈佛商学院的明星教授迈克尔·波特为例。他曾被法院起诉，涉嫌在国家橄榄球联盟（以下简称 NFL）提供咨询服务时剽窃自己学生的创意。那次咨询工作令迈克尔·波特颇感头疼。他的摩立特集团仅收取了 3 000 美元，却被卷入一场官司之中。后来，仅存在了 3 年的合众国橄榄球联盟（以下简称 USFL）又对 NFL 提起反托拉斯诉讼。在诉讼中，USFL 指控规模更大的 NFL 试图将其挤出市场，并将矛头指向波特在 1984 年 2 月对 NFL 高管所做的一场涉及"策略"的演示——包括鼓励 USFL 工会化，以便抬高参与方的成本。结果，USFL 认为这是波特与 NFL 合谋的证据。这起案件还留下了一些法庭笔录，这些都是确凿的事实。

当人们控诉波特参与了那场阴谋时，他极力贬低自己工作的价值。他在一次宣誓作证时说："恰好在那个时候，别人邀请我发表一场演说，我答应了，然后将演讲词稍作修改，使之与橄榄球行业相适应。但那些咨询都是千篇一律的。"虽然他承认修改了针对橄榄球业高管们的演讲稿，但他坚称，他并没有向他们提供所谓的策略。尽管"策略"一词在演讲中频繁出现，但它也只是一个分析框架，其中包含的不过是一些理念而已。

理念也能卖个好价钱。1989 年，哈佛商学院金融学教授罗伯特·格劳伯（Robert Glauber）被老布什任命为财政部副部长。按规定，他公开了个人的财务状况信息。根据他公开的信息来看，1988 年，格劳伯的咨询收入高达 51 万美元，咨询客户遍布美国。不过，在赚外快方面，没有人比罗莎贝斯·莫斯·坎特（Rosabeth Moss Kanter）更过分了。几十年来，坎特一直颂扬 IBM 的优点，她的名字也曾赫然列于这家公司的资深顾问名单上。2009 年，她写下《超级公司》(*SuperCorp*) 一书，在书的开篇，她赞美道："IBM 是进步公司中的一员，实现了看似不可能的事情，它在实现卓越的企业绩效、创新、增长和盈利的同时，还兼顾社会公益。它成功应对了艰难的挑战，构建了有弹性的企业文化，即使在动荡不安的时期也能繁荣发展。这给世界留下了积极的印记。"但是，从 20 世纪 80 年代直到 2015 年，她赞扬的这家公司为了取悦股东，前后共解雇了 15.9 万美国工人。

2008 年，当 IBM CEO 塞缪尔·帕米萨诺（Sam Palmisano）提议实施一项以技术为驱动的经济复苏计划时，坎特打算向世人宣布该提议有多么出色。她对记者说："IBM 的方法与众不同，值得关注的一点是，它全面地考虑了各个方面，把各方面的内容整合到一个包容的、相当大胆的标签之下，以此激发员工的创造力。"2014 年底，当 IBM CEO 吉尼·罗曼提（Ginni Rometty）由于在云计算领域行动滞后而受到严厉批评时，热心助人的坎特站出来为她辩护。坎特对《金融时报》的记者说："吉尼·罗曼提一直在营造创业氛围，但对规模如此之大的公司来讲，要让每个人都想着创业，真的很难。"

这些校外工作，会对教授评价客户时产生多大影响？这很难被考量，特别是考虑到这样一个事实：哈佛商学院觉得没有必要公开那些工作合同，且并不是只有他们一所学院在这样做。导演查尔斯·弗格森（Charles Ferguson）曾拍摄了一部关于金融崩溃的纪录片——《内幕工作》（*Inside Job*）。在其中一个毁灭性的场景中，哥伦比亚大学商学院院长格伦·哈伯德（Glenn Hubbard）粗鲁地拒绝承认他的咨询工作已经覆盖了整个金融服务行业。一位评论员就此写道："有些研究经济学的人声称，金钱不可能对他们的工作有任何影响。再也没有什么比看着这些人做出类似声明更有意思的事情了。"

2000 年，哈佛大学成立"校外活动教职工委员会"（Faculty Committee on Outside Activity），并规定教授在校外活动所耗费的时间，不得超过其所有工作时间的 20%。哈佛商学院对这一系列规定做出了最慷慨的解释——根据一年来计算教授外出工作的时间，而不是根据一个学年中的 9 个月来计算。其结果呢？哈佛大学的教授一年可以在校外工作 36 天，而哈佛商学院的教授则可以在校外工作 50 天。

对这样的差异，他们提出了一个看起来非常合理的理由：哈佛商学院教授从他们的咨询工作中获得了洞见。时任哈佛商学院院长的金·克拉克（Kim Clark）说："教授们能了解企业高管面临的问题，以此完善他们对领导力的研究和传授。"克拉克还声称，哈佛商学院评估了每位教授所从事的每份校外工作的适宜性。

这使得哈佛商学院的明星教授迈克尔·波特更加引人注目。2006年，波特在校外创办的咨询公司（即摩立特集团）为利比亚领导人穆阿迈尔·卡扎菲（Muammar al-Qaddafi）提供了咨询服务。波特在为利比亚政府准备的一份报告中称利比亚"正处在新时代的黎明，是一个受欢迎的民主体系"。2011年，哈佛计算机科学教授哈里·刘易斯（Harry Lewis）打电话给哈佛校长德鲁·福斯特（Drew Faust），直指这一道德滑坡现象。刘易斯说："简单地讲，一位暴君想要有人为他写一份粉饰太平的报告，说他在践行民主政治，只需向报告撰写者报出价格即可。于是，尽管有大量证据证明他并不民主，但还是有一位来自哈佛的专家觉得有义务写那份报告。"密歇根大学教授杰瑞·戴维斯（Jerry Davis）也有同感，他说："咨询与鼓吹之间，只隔着一层薄薄的窗户纸。摩立特集团完全是卡扎菲的总代言人。"

刘易斯并没有指责波特本人，而是直接指出："在福斯特的假面具之下，哈佛大学可能会说，向卡扎菲兜售民主，与自身价值观并不一致……哈佛花了大量时间去证明其教授在校外取得的优异成绩，不过，它也意识到，某位教授的校外咨询活动并没能代表哈佛。"但是，福斯特只能发表一则拐弯抹角的声明，她说："我们发现，我们的教授以及这所大学正在涉足越来越多的校外事务……这是件好事。这也让我们面临了艰难的选择——以什么样的方式涉足校外事务才能最好地实践我们生产的知识，以及创造一个更好的世界的使命。"

更令人感到不可思议的是，迈克尔·波特并没有完全理解他的行为所包含的意义。有一次，莲花公司（Lotus Development Corporation）前CEO吉姆·曼齐（Jim Manzi）在他位于佛蒙特州的家中举行晚宴，邀请了曾为美国总统候选人的比尔·布拉德利（Bill Bradley），以及来自麦肯锡的罗杰·克莱因（Roger Klein）和詹姆斯·亨利（James Henry）等人参加。担任麦肯锡首席经济学家的亨利这样回忆那个晚上的情景："迈克尔·波特刚刚从利比亚回来，大谈利比亚多么好、多么令人兴奋。他认为那是一种我们应当予以尊重的、有价值的自由，只不过，那个地方需要优良的经济管理。他仿佛是1935年时的纳粹财政部长。罗杰·克莱因听不下去了，便打断他说，'波特，让我问你一个问题，你不觉得为一名恐怖分子工作，会让你感到不舒服吗？'令人难以置信的是，波特对这个问题感到震惊，仿佛从未考虑过。"

"这令人恶心。"亨利接着说，"哈佛商学院支持民主吗？还是说，它只是各类管理精英的滋生地？显然它是后者。因为他们还为沙特等国的寡头统治集团和富豪集团服务，这令人难以相信。我认为，他们的服务对象并没有任何的民主价值观，也不可能比资本主义更平等。"后来，波特声明说，他在意识到利比亚统治者并没有认真对待改革后，就不再为其工作了。

摩立特集团并不只为一个独裁政权提供过咨询服务，它还为叙利亚的阿萨德政权服务过。波特还在其个人网站上吹嘘他与沙特及俄罗斯的合作。摩立特集团另一份与约旦哈希姆王国的合同，随着约翰·克里（John Kerry）的加入而越发有影响力——克里于2013年成为美国国务卿。如果说哈佛商学院在为学生从事认证业务，那么，波特是将这种业务提高到国家层面的幕后推手。

哈里·刘易斯并不是哈佛商学院的敌人，他的两个女儿都曾就读于这所院校。他甚至还对哈佛商学院独一无二的能力——能够真正办好事情——大加赞赏。刘易斯回忆，1995年，当金·克拉克刚刚就任院长时，他从前任院长手中接过了一项技术基础设施的建设工作。当时，商学院内各个部门都无法进行交流，于是克拉克认为，建设工作的首要任务是在整个商学院建立一个共同的技术标准。为此，他在各方开展调查，并就共同的平台做出决策，然后让技术人员放手去做。"结果，技术人员只用了一个周末就做完了，"刘易斯说，"在那种情况下，专制能带来很好的效果。"

不过，刘易斯和他的许多同事一样，不知道哈佛商学院与哈佛大学各部门、学院之间的关系已经变得十分脆弱。例如，刘易斯的同事，一位计算机科学家，对哈佛商学院使用的网络域名hbs.edu，而不是哈佛大学各学院惯用的网络域名hbs.harvard.edu感到恼火。在他看来，这意味着哈佛商学院想要脱离哈佛大学，独立出去。1988年，哈佛商学院的行政和技术人员投票支持统一域名，但哈佛商学院80%的教职工投了反对票。"那就是一个独立的王国，即使是办事员和保洁员都觉得，他们属于和其他人不同的哈佛。"刘易斯补充道。

有何不同？2012年1月，福斯特任命哈佛商学院教授克雷沙·帕利普（Krishna Palepu）为她的"全球战略高级顾问"。《哈佛大学报》（*Harvard Gazette*）围绕这一任命采访了哈佛商学院院长尼廷·诺瑞亚。他在采访中称赞帕利普："他从实质上革新了我们在全球化中对领导力的思考，这对我们的研究以及教学有着巨大的益处。"

至少，福斯特不再让帕利普致力于解决管理问题了。根据当时哈佛商学院网站的说法，帕利普是一位研究企业董事会的专家，他与福斯特共同领导着哈佛商学院的"企业治理、领导和价值观项目"，该项目旨在响应商界接二连三出现的丑闻和管理失误。帕利普曾亲历过这种尴尬的局面。2008年底，在印度历史上最大的一起企业欺诈案中，他担任董事的萨蒂扬电脑服务公司（Satyam Computer Services）破产，使得他的咨询费（每年20万美元）化为乌有。

后来，一个位于印度海得拉巴的法庭调查发现，帕利普在担任萨蒂扬公司董事期间，对该公司的财务违规行为负有责任，故而对他罚款43万美元。不知为何，作为会计学教授的帕利普竟没有注意到萨蒂扬公司虚报资产且虚报金额超过10亿美元的事实。不过，在2008年12月，他确实向其他董事会成员转发了一封检举邮件，因此他认为自己"为了将问题曝光，做了更多工作"。但是，将问题真正曝光的是检举人。他仅仅是转发了一封关于该问题的邮件而已，那时，大错已然铸成，没有人可以将公司从倒闭的边缘拉回来。要知道，作为公司董事，他的工作是从一开始就要防止这种欺诈行为的发生。

我们可能以为，被罚款近50万美元，又失去了董事职务，可能会让作为公司管理专家的帕利普名声扫地。相反，福斯特决定奖赏帕利普，原因是他具有跨国工作经验。1981届哈佛商学院毕业生苏珊·韦伯（Susan Webber）曾在博客上写过一篇题为《论哈佛大学持续的道德矛盾》（*On the Continuing Oxymoron of Ethics at Harvard*）的文章，她在文中写道："从德鲁·福斯特那里传递出来的信号是，事情只要是发生在某个第三世界国家中，即使是大丑闻也不要紧。"

第46章
明星教授：迈克尔·波特和他的垄断战略

迈克尔·波特1971年从哈佛商学院毕业，是学院历史上最负盛名的教授。据说，他也是历史上最著名的商学教授。在成为著名教授前，他是哈佛商学院MBA项目垂涎的超级优等生。波特曾在高中时代表全州出战橄榄球比赛和棒球比赛，后来进入普林斯顿大学学习机械和航空工程，并获得学士学位。为了让自己所受的教育更"实用"，他接受了校友波顿·马尔基尔（Burton Malkiel）教授的建议，决定到哈佛商学院进修。

马尔基尔是《漫步华尔街》（A Random Walk Down Wall Street）的作者，在1984年获得哈佛商学院的"校友成就奖"（Alumni Achievement Award），介于他非凡职业生涯中的种种功绩，获得这样的奖项算是实至名归。他极力支持有效市场假说[①]，并坚持认为，股票价格反映了所有可用信息，而且市场无所不知。假如迈克尔·波特沿着马尔基尔的道路走下去，他也许会成为同时代学者中另一位知名迈克尔——迈克尔·詹森。但是，以贝

[①] 1970年，法玛提出了有效市场假说，其对有效市场的定义是：如果在一个证券市场中，价格完全反映了所有可以获得的信息，那么就称这样的市场为有效市场。衡量证券市场是否具有外在效率有两个标志：一是价格是否能自由地根据有关信息而变动；二是证券的有关信息能否充分地披露和均匀地分布，使每个投资者在同一时间内得到等量等质的信息。根据这一假设，投资者在买卖股票时会迅速有效地利用可能的信息，所有已知的影响一种股票价格的因素都已经反映在股票的价格中，因此根据这一理论，股票的技术分析是无效的。——译者注

克学者身份毕业的迈克尔·波特对金融不感兴趣,在获得 MBA 学位后,他越过查尔斯河攻读了经济学博士学位。最终,他的地位也达到了与马尔基尔相似的高度。

战略一:于竞争力薄弱领域,寻找高利润

在大多数经济学家看来,并没有"企业理论"这一说,它们只是假设,企业是在完美的市场中运行的理性经济主体,因此单个企业的行为,不会对经济模式产生任何影响。但另一位经济学家乔·贝恩(Joe Bain)在20世纪50年代提出的看法,促成了产业组织这一研究领域的出现。贝恩坚持认为,从长远来看,在完美的市场中,所有的行业都应当把注意力集中在单一的资本回报率上。主流经济学传达了这样一种信息:一方面,当某个行业开始创造巨额利润时,新的投资者会蜂拥而至,从而导致投资回报率下降;另一方面,当某一行业不景气时,资本会从中退出,以寻找"更绿的牧场"(即利润更丰厚的行业)。贝恩问道,为何从长远看,各行业之间的回报率或者说盈利能力会各不相同?他表示,如果那些"过剩的"利润真实存在且稳固,那么它们应当可以用市场完美性来解释,或者用竞争壁垒,即规模经济、产品差异化以及成本优势去阐述。

有趣的是,贝恩是从公共政策的视角来写的,其终极目标不仅是辨别直接垄断,还要辨别所谓的"软垄断"(soft monopolies)。软垄断不同于垄断,但产业组织已经具备垄断的特点,使得公众无法在产业组织的竞争(比如价格战)中获得益处。马修·斯图尔特(Matthew Stewart)在《管理咨询的神话》一书中写道:"如此一来,查尔斯河北岸那些戴着眼镜、身穿花呢上衣的学者们认为,过高的利润不是件好事。但是,正如波特指出的那样,查尔斯河南岸那些穿着华丽的人们却认为,高利润是好事。事实上,他们关于经营战略的课程,重在思考怎样使利润更高……而不是运用产业组织的研究理论追求'减小市场不完美'的目标。那么,他们为何不运用同样的研究理论追求'充分利用市场不完美,以创造和保持高利润'的目标?"迈克尔·波特已经考虑到后一个问题,于是他选择产业组织一课,把它颠倒过来,将其称为"战略"。

在波特看来,产业组织不再仅仅是"描述性的",而且还是"规定性的"。根据产业组织课程的观点,高利润来自行业结构。因此波特争辩说,

战略分析必须从行业层面开始。如果完美竞争导致资本回报率下降，那么要想追求高利润，就必须先找出竞争力最薄弱的领域。对此，迈克尔·波特提出了五力框架，以指导企业对高利润的追求行为。

其中"五力"指代五种力量：

◆ 供应商的议价能力。
◆ 购买者的议价能力。
◆ 新竞争者的威胁。
◆ 替代品的威胁。
◆ 同业竞争者的竞争力。

他还提出了三类能为成功保驾护航的竞争战略：

◆ 总成本领先。
◆ 产品差异化。
◆ 市场专一化，即专注于市场中的某个细分领域。

他补充道，除了少数罕见的个例外，竞争战略通常相互排斥。譬如，如果你着眼于低成本和高质量，你可能会被夹在中间，进退两难。这是不是获得诺贝尔经济学奖级别的研究？当然不是。波特只是把某些已经存在的东西拿来，颠倒、包装一番，然后给它系上漂亮的缎带而已。但这些理论首次在哈佛商学院出现时，却产生了爆炸效应。

战略二：思考与劳作分离

对肯尼斯·安德鲁斯（Ken Andrews）和约瑟夫·鲍尔（Joseph Bower）等哈佛商学院教授而言，波特的研究是对学术的亵渎。他们认为，波特的研究浮于表面，也没有意识到每个企业面临的局面都截然不同。在经营战略领域，存在着两个流派。第一个流派以波特为代表，支持产业范式（industry paradigm）。该理论认为：企业只是一场更大规模游戏中的小卒，即使它尝试开创新的可能性，但它的命运几乎由行业结构决定。第二个流派以安德鲁斯为代表，支持哈佛商学院的历史观念——资源基

础论（resource-based view），该理论认为：每一家企业都有其独特的优势和能力，使之能同其他企业展开竞争，不受行业结构影响。当然，这两种观念没有哪一种是完全正确的，这和生活中的许多事情一样，正确答案介于这两者之间。不管怎样，围绕这两个理论的论战已经拉开序幕。

商业记者沃尔特·基切尔（Walter Kiechel）曾透露，迈克尔·波特于1973年回到哈佛商学院担任经营战略教学组的助理教授，当他的第一次晋升机会来临时，几乎所有教学组的成员都投了反对票。很快，时任院长的约翰·麦克阿瑟明智地建议搁置这一决策，同时将波特调入高管教育项目。1978年，波特向MBA课程引入一门名为"工业竞争分析"的选修课，这门课程很快成为哈佛商学院历史上最受欢迎的课程。1979年，他在《哈佛商业评论》上发表了《竞争力如何构成战略》（How Competitive Forces Shape Strategy）一文。

一年后，由他撰写的《竞争战略》（Competitive Strategy）问世。基切尔写道，波特所写的能与《竞争战略》齐名的书是1985年出版的《竞争优势》（Competitive Advantage）。在这本书里，波特提出了"价值链分析法"，认为它是"研究企业的所有活动以及这些活动怎样相互影响的系统方法"。在价值链这一概念下，企业被分为基本活动和辅助活动，基本活动有物流、运营、市场营销、销售以及服务；辅助活动有人力资源配置、技术发展以及商品采购。

1982年，当波特的晋升机会再度来临时，他已稳操胜券。他在36岁时，成为哈佛商学院历史上最年轻的终身教授之一。经营战略领域中的大人物纷纷意识到，他们已经式微，只能把舞台让给波特。我们绝不能低估这种过渡的重要性。多年来，整个学术界朝着量化管理的方向转变，而哈佛商学院一直坚持着这样的信念：综合管理（包括战略制定）的生与死，取决于企业对各种环境的判断，那些判断不能单独通过分析而产生答案。然而，波特的战略概念，至少部分植根于一种经验主义的量化传统之中。

但波特不只是调整了哈佛商学院的战略学科，而是以更多方式改变了这里的游戏规则。他还把自己塑造成哈佛商学院新一代教授，可以从事严肃的参考型研究。这种研究不但在经济系中流行，在相关从业人员以及MBA学生之中也广受欢迎。宾夕法尼亚州立大学管理学教授、哈佛商学院1972届毕业生唐·汉布里克（Don Hambrick）说："在那个新方向中，波特是开路先锋。那时，哈佛商学院开始聘请许多来自校外、接受过基本学科训练的人。"波特本人也同意这种说法。他曾说过:"我来之前,人人是DBA。我来了以后……你要么攻读过商业经济学,要么接受过一些经济学的基础培训,否则我不会聘请你到我的团队。我们正将一种'新式严谨'带入学校。我拥有博士学位、攻读过商业经济学,正是由于我的出现,才使哈佛商学院开创了从学校之外聘请教授的先河。"《经济学人》杂志说:"那种'新式严谨'与哈佛商学院的历史影响相结合,有望创造基因优质的子孙,如果有谁能将管理理论转变成一种受人尊敬的学者型学科,那人一定是迈克尔·波特。"

波特声称"五种竞争力量"将"新式严谨"带入到经营战略之中,但值得注意的是,没有人对他的观念提出争议。一方面,经营战略一定在数字上更加严谨,也就是说,波特的前辈更加注重人的要素、道德和判断,而波特则更加注重"事实"和竞争者。另一方面,他们最终的落脚点又都在同一个地方:帮助经理人做决策。总而言之,波特的研究不再是进行纯粹的经济分析,而是注重判断。

因此,波特的研究并非完全背离过去的理论。事实上,波特的研究还巩固了他的前辈们在战略方面的核心前提,因而能将战略管理和运营管理区分开来。根据波特的观点,一线经理的职责是做好基本的运营工作,而最高管理层的职责是进行更费脑力的战略管理。

上述一切都在强化哈佛商学院支持的一种理念:CEO是主要的战略制定者。将思考与劳作分开的做法则要回溯到弗雷德里克·泰勒时代。马修·斯图尔特说:"战略规划之中包含三个假设。第一,战略是一项决策运动,涉及企业对市场和产品的选择;第二,决策由企业中所有从事价值创造的人负责起草;第三,决策者是CEO。波特代表所有的战略家表示,战略是最终的选择行为。组织中的首席战略家,也必须是它的CEO。"

管理学大师亨利·明茨伯格(Henry Mintzberg)将五力框架放到定位学派①之中,该学派与设计学派②秉持同一种理念:战略形成是一个有意识的、可控制的过程,该过程产出成熟、思虑周全的战略,且这些战

---

①该学派创始人是迈克尔·波特。他提出,企业战略的核心是获得竞争优势,而竞争优势取决于企业所处行业的赢利能力,即行业吸引力和企业在行业中的相对竞争地位。因此,战略管理的首要任务就是选择最有赢利潜力的行业,其次要考虑自己在行业中的定位。——译者注
②设计学派把战略形成看成一个主观概念作用的过程,主张战略形成应当深思熟虑,严谨缜密;同时,战略应该简明清晰,易于理解和传达,便于执行。设计学派强调,战略管理者应当是整个战略计划的顶层设计者,应切实地承担起应尽的责任,但不必承担具体战略计划的制订工作。——译者注

略在正式执行之前，就要予以明确的解释。这种理念助推人们继续相信一种错误的见解——有效的战略形成与企业实际活动并不相关，两者相互独立。定位学派与设计学派也存在分歧：定位学派强调计算，坚持认为战略数量有限，而且认为各企业的战略并非独一无二。

摩立特之死

许多商界人士发现，波特的研究工作确实有益，有些人甚至还称赞他为美国国宝。2008 年，美国商务部授予他经济发展终身成就奖。不过，波特的五力框架，其实就是运用产品、客户、供应商、竞争者这些传统要素推出的一份"新菜谱"。而且，它像每一种战略框架一样，声称能帮助经理人以全新的视角审视他们的竞争地位。也就是说，这为你怎样思考自己的行为注入一种新能量。

一些学者认为，《竞争战略》就像一份清单，上面列举的不过是经理人在分析他们所在企业的竞争地位时应当做的一系列事情。波士顿咨询公司创始人布鲁斯·亨德森（Bruce Henderson）写道："不论这本书的书名是否有关于战略，它并没有尝试着将这种素材整合到各个系统的关系之中……这本书的实质内容，是列出经理人在分析竞争环境时要考虑的一类事情……但它又叙述得过于笼统。哪些事情是至关重要的？我们该如何做出取舍？"这是一种与波特的"新式严谨"完全不同的"严谨"，但波特显然觉得后者并不重要。

另一些批评来自更高的层面，人们并不是驳斥《竞争战略》不够严谨的结论，而是抨击它赖以成立的前提条件。对于整个世界能否通过分析来归类，人们一直心存疑问。迈克尔·波特和他的支持者似乎认为可以。毕竟，对那些可以被量化的东西，自然有人分析，这又将我们带回到哈佛商学院顽固的教学问题：关于成本的数据，总是比关于质量的数据更多。可成本管理并不是战略，明茨伯格说："定位学派传递的信息不是走出去学习，而是待在家里计算。"

但已然出现的现实问题往往更为严峻：CEO 们是否真正以分析的方式决策？2007 年，麦肯锡一项调查表明，在 2 000 名受访的经理人之中，只有 8% 的人说，CEO 是他们所在企业中负责制定战略的人。然而，波特的理论坚持认为 CEO 主要负责制定战略。在马修·斯图尔特看来，波

第四部分　荣耀背后
金钱说服力在作祟

特之所以这么认为，有两个方面的原因。第一个原因解释了为何 CEO 认为由自己制定战略是合适的：有助于合理解释他们过高的薪酬，并且让他们沾沾自喜地成为媒体的宠儿。第二个原因解释了我们为何持一种"看热闹"的心态，即拟人化谬误（anthropomorphic fallacy）①。我们在想着超大型跨国企业时，会认为它们似乎本着单一的意图，有清醒的想法，还往往把其 CEO 想象成代表公众利益的人。这正是人们为何会如此崇拜 CEO 的原因，也是哈佛商学院自从成立以来一直推行的思想。换个角度来想：战略制定只是另一种修辞形式，意在证明高层管理权威的合理性。

即便波特身边不乏批评者，但他在学术界的影响力仍越来越大，他决定借此谋利，售卖自己的理论。1982 年，他和 5 位 20 多岁的哈佛商学院毕业生创办了一家战略咨询公司，即摩立特集团。实际上，摩立特是傅马克（Mark Fuller）一手创办的。傅马克曾在哈佛商学院担任助理教授，帮助波特开展研究。在此过程中，傅马克意识到可以用波特的名声赚钱。在摩立特集团，波特拥有仅次于傅马克的大量股份，但他并没有辞去哈佛商学院的职务。

在接下来的 20 年里，他们疯狂地赚钱，积累了数亿美元的咨询费。1990 年时，摩立特拥有 350 名咨询师。随着规模不断扩大，其员工人数增加到 1 500 人，并在全球设有 30 个办事处。在 20 世纪 90 年代，摩立特仍在兜售波特的理念。为此，波特在五力框架上增加了"价值链"的内容，并将 1990 年出版的《国家竞争力》（Competitive Advantage of Nations）一书中提出的销售力也添加到五力框架之中。与此同时，麦肯锡正为一些国家机构提供咨询。虽然摩立特一直无法在规模或影响力上与之匹敌，但这个暴发户般的公司，有一项别人无法企及的优势：1985 年，波特被任命为里根政府的产业竞争委员会（Commission on Industrial Competitiveness）主席。

波特不仅帮摩立特拉来咨询业务，他还是一个有效的招聘工具，一个金字招牌。"那正是我加入摩立特的真正原因，"一位前合伙人这样说道，"我们最基本的优势是竞争评估、行业结构分析以及五力框架。迈克尔·波特就等同于公司。"同时，摩立特与哈佛商学院的关系越来越紧密。学院的战略学教授扬·里夫金（Jan Rivkin）和因提出"学习型组织""双环路

---

① 通过对非个体进行拟人化，在非人格化的东西上附加一些道德因素，对其进行美化。——译者注

学习"而闻名的克里斯·阿吉里斯在摩立特任职。后来成为多伦多大学罗特曼管理学院院长的罗杰·马丁（Roger Martin）是摩立特的早期合伙人。2000年，迈克尔·詹森成为摩立特的合伙人。前共和党总统候选人罗姆尼之子塔格·罗姆尼（Tagg Romney），也曾在摩立特工作。

然而，随着时间的推移，公司内部的关系逐渐紧张起来。波特开始不顾合伙人协议中已明确的利润分配条款，要求分得更多的利润。其他联合创始人对波特的要求十分不满，于是在20世纪90年代初，他们重组了公司的财务部门，梳理了与波特的关系，使得摩立特与波特之间变成了一种交易型关系。有位合伙人回忆说："波特有着极其充沛的精力，而且他非常聪明，刚入行便成为行业中的佼佼者。他仍然不满足现状，有着强烈的求知欲。可当他开始为部长和总统当顾问后，就有点得意忘形了。"

摩立特曾被幸运之神眷顾——曾几何时，它是继麦肯锡、贝恩和波士顿之后的第四大咨询公司。但支撑它的承重墙，其实只有五力框架。而为摩立特的客户工作的MBA已经十分清楚竞争优势和行业结构等方面的事情了。虽然它的确提出过一些新点子，比如在商业模式创新服务中运用模式识别等，但它很难通过兜售创意来赚取高利润。到最后，摩立特开始创办实体组织，比如专为其他公司的活动预订演讲者的"摩立特人才"，以及专为亿万富翁提供保镖服务的"摩立特搜寻"。这些实体组织的成立，正是摩立特核心业务逐渐萎缩的表现。波特曾坚持认为，公司需要将精力集中在自己具有竞争优势的领域，他也因为提出这种观点而闻名。可摩立特却反其道而行之，被"夹在了中间"。

然而，事情并没有那么简单。2008年，全球经济危机来袭，所有的咨询公司都遭受打击，摩立特更是遭受重创，因为它的规模不足以安稳度过经济低迷期。其他各公司认为所谓的操作咨询（operational consulting），实际上是压缩成本的另一种说法。到2011年，波特和摩立特又深陷美化卡扎菲的争议之中，从而进一步加速了公司的消亡。等到公司的末日终于来临时，没有人责怪波特，因为在那时，他几乎与摩立特没有任何关系了，大多数知情人都在怪罪傅氏兄弟。1981年从哈佛商学院毕业的傅忠（Joseph Fuller），被认为是顶级咨询师，但他却不是一位成功的CEO。他的哥哥傅马克陷入了权力旋涡——他不能放手让下属做事。摩立特本来有几次高价出售自己的机会，却都没有抓住，最后被迫进入破产保护，并于 2012 年底以 1.16 亿美元的低价出售给德勤。随后，傅忠回到哈佛商学院教授"创业经理人"（The Entrepreneurial Manager）课程，看来，哈佛商学院的学生只能自求多福了。

摩立特破产时，除了有许多幸灾乐祸的人在奔走相告，有更多的人在追问：为何一家由世界上最著名的战略专家共同创办的公司，最终却没能制定好自己的战略，致使公司破产？事实上，尽管波特仍在从事咨询工作，但他已将大部分精力转投别处。他为许多国家的政府机构提供咨询，包括加拿大、印度、爱尔兰、新西兰、葡萄牙、英国以及中美洲七国。期间，他还在努力促进城市复兴。1994 年，他在波士顿组建了一个名为"竞争性城市倡议"（Initiative for a Competitive Inner City）的非营利组织，旨在助推城市企业发展。根据波特的描述，到 2015 年，该组织帮助创造了 13.3 万个工作岗位，筹措资金超过 12 亿美元，惠及近 700 家企业。

波特还将目光转向医疗保健领域。2006 年，他出版了《重新定义医疗保健：形成基于价值的竞争》（Redefining Health Care: Creating Value-Based Competition on Results）。在书中，波特呼吁企业为公众提供基于价值的医疗保健服务，寻求为患者带去最大价值，即着重关注每支出 1 美元医疗费用能为病人带去何种疗效。亨利·明茨伯格对此有自己的看法。他批评了哈佛商学院的教授居然敢于宣称他们知道如何解决陌生领域中的所有问题。在一篇题为《管理医疗的谬见》（Managing the Myths of Healthcare）的论文中，明茨伯格把矛头直接对准那些教授，尤其是哈佛商学院教授。他指出，其中一种谬见是，医疗体系可以利用更加精明的社会工程来修复。他写道："这个体系已经出现问题，因此'专家们'必须修复它——不是了解那些问题的业界人士来修复，而是由该领域以外的经济学家、系统分析师、咨询师来修复。这些人竟然相信自己从概念上了解医疗体系中的各种问题。"

波特为许多国家提供的咨询服务，影响了他对竞争力的看法。他开始崇拜那些坚持混合经济制度的国家，对许多美国 CEO 秉持的"建设不受拘束的自由企业、减少政府干预"的观点，则不太赞同。2014 年年底，他在"100 中心城研讨会"（Inner City 100 Symposium）上发表演讲时说："有许多小事情没有人去管。你们知道其他国家在做些什么吗？他们正变得越来越好。如果你去中国看一看，看看那里的道路，看看那些基础设施，看看那里的商业环境，看看我们没有放在心上的那些事情，他们是如何想办法解决的。我和许多类似这样的国家合作过。他们制定了国家层面的战略来改善商业环境,着力加强管制,着力改进物流体系。他们着力于解决问题,正变得越来越好。可我们却止步不前。"

谬论的力量

迈克尔·波特代表着哈佛商学院最好和最坏的一面。

首先,他在战略领域开辟了新天地。除了他的同事、赋予破坏性创造理论知名度的克莱顿·克里斯坦森,波特的工作代表着哈佛商学院高水平知识的影响,它至少对决策者在经营企业时所使用的方法产生了某些影响。他标志性的洞察力,尽管就像把经济分析领域的理论颠倒一下那么简单,但并不会掩盖这样一个事实:他已经为他本人和哈佛商学院赢得了巨大的影响力。

你还得赞叹波特生而逢时。因为,他"追求结构性壁垒和不完美竞争,以追求高利润"的理念与里根的执政理念完美匹配。在里根时期,美国政府出现了自强盗贵族诞生以来对贪婪前所未有的欢迎。波特借助他的五力框架,竭力在哈佛商学院任职期间达成了一个核心目标,这也是所有教授的目标:提出一种可行的企业理论。

不过,用大众的话来说,波特的企业理论中并不存在改革因子。毕竟,追求垄断利润与美国的公平理论[①]背道而驰。波特的公司没有尽到社会义务,在他的社会经济理论中,也没有非经济的维度。但这些缺陷都不重要。不论这些理论中的意识形态气息怎样局限了它的有效性,他都成功地将其转到摩立特以及为世界各国领袖提供的咨询服务上来。他坚持认为,不论出于何种意图和目的,他的企业理论从一开始就是正确的。作为波特曾经的同事,拉克什·库拉纳(Rakesh Khurana)也许是唯一一位有机会帮助哈佛商学院将其地位提升到新高度的教授。实际上,他本有机会帮助哈佛商学院深刻洞察各企业最终的社会目的,但他在 2014 年离开哈佛商学院,出任哈佛学院的院长。所以,他接下来不太可能进一步优化他在《从高目标到雇佣军》(*From Higher Aims to Hired Hands*)一书中

[①] 由美国心理学家约翰·斯塔西·亚当斯(John Stacy Adams)于1965年提出。该理论是研究人的动机和知觉关系的一种激励理论,认为员工的激励程度来源于对自己和参照对象的报酬和投入比例的主观比较感觉。——译者注

第四部分　荣耀背后
金钱说服力在作祟

提到的那些已经做得十分细致的工作，而是争取当上哈佛大学的校长。

波特来到哈佛商学院之前，学院一再被批评缺乏学术严谨性。在波特进入学院以后，类似的批评声逐渐消失。波特还帮助哈佛商学院改善与其他学院之间的关系。哈佛商学院与哈佛大学其他学院之间总是存在着阴茎嫉妒[①]。后者羡慕金钱源源不断地流向哈佛商学院，而哈佛商学院的教授总是觉得，与哈佛大学各学院的教授相比，自己缺乏那种受人尊敬的感觉，包括对知识上和文化上的尊重。波特帮助教授们缩小了知识尊重方面的差距，但可能并未缩小文化尊重上的距离。2000年，时任哈佛大学校长的尼尔·鲁登斯坦（Neil Rudenstine）提名迈克尔·波特为"大学教授"（University Professor），这是哈佛大学的教授能够获得的最高荣誉。如果说在此之前波特一直充当着哈佛商学院的"防弹衣"，那么从那以后，他就成了整个哈佛大学的"防弹衣"。这可以从哈佛大学校长德鲁·福斯特在回应关于卡扎菲争议时所说的那番话中体会到。简言之，福斯特对别人的批评嗤之以鼻，甚至很想表明那些活动（波特给卡扎菲当顾问）不会玷污哈佛的好名声。

最终，波特成了哈佛商学院所有教授们想要学习的榜样：创立一个人的企业集团，发展咨询业务，演讲以及撰写畅销书。可以说，最接近波特的人，是提出了破坏性创造理论的克莱顿·克里斯坦森。（如果专门用一章来描写克里斯坦森，未免显得重复。因为他们除了各自的姓名和理论不同，两者的故事完全相同。）事实上，波特确立了几乎所有商学院如今都渴望的模式，即培育明星教授、提出品牌理念，帮助学院在出版业务和其他业务上产生收入。

考虑到波特后来那些高调的工作似乎缺乏严谨性和正确的视角，人们很难不去怀疑他是否太过分心劳神了。有几次，波特和他的同事只是对哈佛商学院的某些毕业生进行了简单的采访，就声称自己已经做过研究。2015年，当旧金山地区的社会不平等问题日益显现时，哈佛商学院邀请了22位来自旧金山湾区的毕业生，召开了数次圆桌会议以交流他们对不平等现象的看法。此举类似于召开一个关于性别问题的圆桌会议，却只邀请了男性参与讨论。

2010年，迈克尔·波特在BusinessWeek.com网站上发表了一篇题为

---

① 来源于弗洛伊德的精神分析理论。这一现象发生于性器期，一直延续到5岁或6岁左右。指女孩因不具备男孩的阴茎而产生的一种妒羡之感。——译者注

《大型企业如何重获合法性》(How Big Business Can Regain Legitimacy)的文章。撰稿人查尔斯·格林(Charles Green)对此回应道,波特至少要对大型企业丧失合法性负部分责任。"波特的主要影响是,他把企业的业务流程描述为持续不断的霍布斯式战争①——不仅是企业与企业之间的竞争,还包括企业与他们的客户、供应商和社会制度之间的竞争。"格林写道,"在波特的世界观中,这种敌对关系源自企业本质……波特就像企业的思想领袖,在他的领导下,企业与政府和社会是一种竞争关系,而不是朝向达成某些共同目标的合作关系……企业是其自身合法性的来源,它不需要外部支持……而如今,公众和政府发出的信号是——我们不信任你们(指企业),免费的午餐已不存在,如果你们继续处于敌对状态,我们将继续拒绝承认你们的合法性。"

波特为解决社会问题而开出的处方,最终遭到罗伯特·赖克(Robert Reich)的驳斥。赖克曾是克林顿政府的劳工部长,如今是加州大学伯克利分校教授。2014年9月,波特和他的同事扬·里夫金发布了一份调查问卷的结果,该调查面向1 947名哈佛商学院校友,意在收集分析他们对美国未来的看法。校友们认为,美国经济只完成了一半的工作,也就是说,只有大中型企业从大萧条中复原,他们担心小型企业以及中产阶级、工人阶级依然在痛苦挣扎。

从表面看来,哈佛商学院似乎也清楚小人物的疾苦——这足以引人关注,但更值得注意的是,这也表现出哈佛商学院的校友和教授无力承认他们在解决这一问题时起了作用。根据他们的措辞,关于报酬问题,经济并不会起决定作用,起决定作用的是人。同样,CEO与工人收入差距的扩大或缩小,也是由人决定的。

里夫金发现,诱发美国社会问题的罪魁祸首另有其人。他说:"这份调查显示,美国工人成了美国商业环境中最薄弱环节的俘虏,这些最薄弱环节包括我们的两党政治和教育体系(用来教育年轻人,提升其职场技能的体系)。"也就是说,罪魁祸首是政治家和教师。当然,工人也有错,他们学历不高、技能不娴熟。波特认为,解决这些问题的方法是"战略"。

令人难堪的是,该调查认为,解决美国社会问题的办法,是让企业

---

① 霍布斯认为人性本恶,人对权力的追求永无止境。同时,为保护自己免于伤害,人类必然会尽一切所能保护自己,他们需要世界上的每样东西武装自己,也就有对每样东西的权力。但由于世界上的东西都是不足的,所以这种争夺权力的"所有人对所有人的战争"便永远不会结束。——译者注

在商业、教育，乃至在国家的基础设施建设方面拥有更大的话语权。有一种观点认为，企业发展得好，是因为它是两党政治的主要助推者；公共教育体系发展得举步维艰，部分原因是哈佛商学院的校友把不计其数的资金都捐给母校，这影响了美国的税务部门以及公共教育系统的发展；或者，美国的基础设施建设存在压力，是因为各企业"改变"了他们的税收居所。但这些观点从未获得哈佛商学院的认可。

另一项立足长远的研究显示，最近几年，占美国人口中 0.1% 的高收入群体中，高管、经理人、管理人员以及财务专业人士占比高达 60%，并且在 1979～2005 年，全国的增长收入中，有 70% 增加到了 0.1% 的高收入群体身上。此外有证据表明，收入的波动与股票市波动存在很大关系。对此，一个较为形象的比喻是，我们无法到达我们想去的地方，因为高速公路上布满凹坑。

在波特和里夫金的调查发布一周后，赖克做出了愤怒的评价。他说："哈佛商学院要对流行在美国 CEO 中的一系列理念和原则负最大责任。正是这些理念和原则，拉大了 CEO 与工人之间的收入差距，让这一差距从半个世纪之前的 20∶1 增至今天的 300∶1。"

接着，赖克描述了哈佛商学院及其毕业生是如何走入歧途的。他坚持认为，半个世纪前，CEO 是为了所有利益相关者的利益，而不仅为了股东利益来管理企业。因此，在二战后的 30 年里，随着企业利润增长，工人薪酬也水涨船高。20 世纪 70 年代，伴随股东至上理念的传播，企业利润与工人薪水之间的关联被切断。虽然企业利润和 CEO 薪水仍在持续上涨，但工人的薪酬却停滞不前。而波特本人确实似乎意识到了许多，他最近为解决企业的社会责任问题所做的努力也受到了人们的赞扬。不过到最后，他在战略学领域留下的东西，早已经渗透到哈佛商学院的课程之中，成为全盘思考企业管理的障碍。虽然波特的战略观具有分析性和还原性，但真正的洞察来源于更为综合的分析。你不可能在一种天生就有局限性、只借助测量的分析方法上确定远大目标。

第47章

被忽视的主角：道德教育

哈佛商学院建校100多年来，从来没有思考过怎样将道德真正融入课程中。可能他们曾经尝试过，因为有一些记录表明，哈佛商学院一直努力对这个主题做出制度性的承诺，但都失败了。这些努力绝大部分是真诚的，不过，从牵涉到一群MBA的一系列丑闻来看，学院大部分的努力明显只是形式上的——公开宣告他们将强化道德教育。

进行道德教育谈何容易。我们大多数人都不喜欢被人训诫，而总有些时候，任何一场关于道德的探讨，都让我们感到别人在说教。在哈佛商学院的课堂上，你会发现，对那些雄心勃勃也是最重要的学生而言，探讨道德像是偏离了主题的题外话。而且，他们中有许多人就是人生赢家，这个事实使他们对自己的道德基准产生了误读。坦白讲，许多被哈佛商学院录取、年龄在26岁上下的学生都表示，自己从未做过违反道德的事情。若仅根据这些说辞，就下结论说他们的道德水平尚可，不必再围绕道德展开更多的讨论，并不恰当。因为，他们中有许多人，只是没有任何越过道德界限的必要（或者还没遇到任何机会）罢了。

从教授的角度来看，将道德融入课程也是一件难以完成的任务。我们很容易看到某位组织行为学教授转而教战略学，且大部分MBA课程与道德之间的鸿沟，已经无比宽阔。许多MBA课程讲究实用性，而道德讲究哲理性。尽管案例分析法允许学生自由思考 X 企业应当怎样应对制造问题的 Y 企业，但那些蜿蜒的路径最终都通向一个共同的目的地。与之相比，对道德的探讨更加不可预测。因此它既难以计划，又难以讲授。

尽管探讨道德有难度，但这并不意味着不能进行。此外，如果你说自己的工作是教育世界未来的领导者，那么进行道德教育是必需的。哈佛商学院是商学教育的重要阵地，每年，全美有 1/4 拥有学士学位和硕士学位的学生都来自这里。哈佛商学院对道德教育的态度，对美国公众如何经商、管理企业有着不可估计的影响力。因此，它必须不停地尝试。

道德的商业意义

当我们谈到商业道德时，具体在谈什么？

第一，是我们绝不能做的事情。这些事情自然包括任何违法的事情，比如欺诈、贿赂、价格垄断和歧视员工等，它还包括获取灰色收入、披露企业信息或是带有欺骗性的销售。

第二，是我们应当做的事情。这些事情包括在企业内部沟通中做到诚实与正直、公平地解决冲突，以及将工作场所的安全状况保持在可接受的水平。

第三，是一些有争议的问题。比如，怎样平均分配财富？CEO 应当拿多少薪酬？以什么合理的理由解雇员工？组织对其周边的社区应当肩负何种责任？接下来，还有管理权威这一话题。管理权威看起来很重要——想象一家企业在做任何决定时都需要投票——更重要的是，我们需要记住企业发展不会以一个人的意志为转移。

换句话讲，当我们探讨商业道德时，实际上是在探讨企业以及经理人承担的责任和工作。在利润最大化与明智的判断相互交织时，最容易出现商业道德缺乏的情况。因为，不论什么事情，只要牵涉到大量金钱，就会变得复杂。

这让我想起 49 届哈佛商学院毕业生约翰·沙德（John Shad）。

约翰·沙德拥有令哈佛商学院为之自豪的简历。

20 世纪 60 年代，他是 E. F. 赫顿公司投行分部的创始人和负责人。起初，他不得不面对在这一行业中因起步太晚而带来的顽固问题。他明智地决定不以美国的大型企业为投资对象，而是将目光聚焦在缺少金融服务的小型企业。正是这一决定成就了他。在高收益债券市场的发展中，他帮助一些企业释放了创业活力，还助推了杠杆收购的热潮。

沙德曾是里根竞选团队的财务负责人。1981年，他被里根任命为证券交易委员会（SEC）主席，这让他成为半个世纪以来首位担任该职务的华尔街公司高管。在他的审议听证会上，沙德告诉参议院银行业委员会，他支持对企业放松管制，包括放松对《反海外腐败法》（*Foreign Corrupt Practices Act*）①的执行。沙德认为该法引发了"针对美国工业的竞争性问题"。此外，他还表示自己打算削减成本，承诺把SEC的实际支出控制在低于官方预算的范围内。接下来他兑现了这一承诺，这被《华尔街日报》评价为"SEC在50年来最为彻底的一次管制放松"。

这样一来，当华尔街进行惯常的金融创新，并在这条路上走得太远时，沙德过去与现在的职业明显发生了冲突。由垃圾债券激发的收购活动猛然增多，导致内部交易同步激增——到1985年，在所有的收购报价中，3/4的收购都以股价猛涨为前兆。沙德突然发现自己处在了一个尴尬的位置，不仅要调查和起诉他以前认识的人，而且还要调查和起诉那些人的企业。例如，当伊万·博斯基（Ivan Boesky）和迈克尔·米尔肯的内部交易丑闻曝光时，沙德在E.F.赫顿的门徒约瑟夫·弗雷德里克（Joseph Frederick）恰好是德崇证券的CEO。人们指控沙德对博斯基手软了，因为他这么做是为了回报博斯基及其企业对米尔肯的追随。1987年，沙德在压缩SEC规模和放松管制等事务上进行了彻底转变——他不仅呼吁大规模增加SEC的员工，还呼吁大幅度增加SEC的预算。

成功的哈佛商学院毕业生对他们的母校十分慷慨，这表现在两个方面：不吝惜溢美之词，极尽夸赞之能事；慷慨捐赠。哈佛商学院既坚持不懈地请求校友捐赠，又能成功地说服他们交钱。在这件事情上，哈佛商学院超越了它的竞争对手。沙德在华尔街发了大财，他当然会回馈母校，而他的回馈方式，自然受到了他在SEC工作经历的影响。1987年3月，时任哈佛商学院院长的约翰·麦克阿瑟宣布，沙德承诺向哈佛商学院捐赠2 000万美元，这是当时学院历史上数额最大的一笔捐赠，其用途是支持"商业领导力和道德"课程的开设。那时沙德对《纽约时报》记者说："最近我感到十分不安，因为大量曾在顶尖商学院和法学院就读的学生，已经沦为重罪犯。"

---

①该法于1977年制定，经过1988年、1994年、1998年三次修改。旨在限制美国企业贿赂国外政府官员的行为，并对在美国上市的公司的财会制度做出了相关规定。——译者注

几乎没有人认为，进一步强调道德教育会不利于 MBA 教学，但仍不乏质疑声。《商业周刊》杂志怀疑，道德教育只是"把钱砸到某个本身由钱制造出来的问题之上"。

1987 年 7 月，沙德在《纽约时报》上发表了一篇名为《商业底线：道德》（*Business's Bottom Line: Ethics*）的评论文章。总体来说，这是一篇中肯且有说服力的文章，其中包含了一些有意思的评论，比如这种完全没有根据且非常可笑的说法："长期以来，人们一直批评华尔街的道德滑坡现象，但它的道德水平仍高于其他领域。"接着，他又写道："正如大部分成功的个人和企业所证明的那样，市场将回报那些追求质量、正直和道德行为的人……虽然正直和道德行为是对他们自己的奖赏，但这些行为仍有着良好的商业意义……总而言之，讲道德是明智之举，它会为我们带来回报。"

这是一个很难产生争议的观点，我们也难以批评它背后的意图。约翰·特朗普布尔（John Trumpbour）在《哈佛的规则》（*How Harvard Rules*）一书中写道："沙德和商学院的伦理学家一再重复这一观点，他们似乎不知道这种权宜之计，也许是道德体系中最肤浅的层次。"不仅如此，沙德还将利润置于道德之上。这样一来，如果不道德行为可以让你获得更大的回报，那么，这一逻辑将迫使你采取不道德行为。

我曾在上文提到，在利润最大化与明智的判断相互交织时，问题总会变得更复杂。特别是当你在和资本主义大祭司做生意时，他们的圣餐就是利润。沙德只是在他自己的教堂里传播这一福音。你瞧，哈佛商学院总认为自己（并且还引申到"商界"）占据了道德高地，他们是古典资本主义的忠实信徒，认定市场是道德的、文明的，即使事实并非如此。

为道德教育铺路搭桥

值得注意的是，起初，道德教育似乎是哈佛商学院的优先事项。1907 年，洛厄尔教授简单地概括说："向学生们灌输优良的道德思想并不是说教，而是让它们作为一些原则的组成部分，对原则进行解释或证明。"

1921～1922 年，华莱士·多纳姆在担任哈佛商学院院长时，在向哈佛大学校长洛厄尔递交的报告中称，哈佛商学院已经做好准备，将道德作为MBA项目的核心组成部分。他写道："我们需要考虑商业道德在课程中的地位。当前，这个主题浮现在教授们的脑海之中，所有教授都有着极大的兴趣把商业作为一项职业来构建。然而，我们并没有从棘手的实际问题中挑选出任何案例，用来在这个方向中进行合适的分组。这种现象，一般出现在企业的管理之中。"换言之，教授希望强化自己的职业身份，却不乐意把自己的职业身份与道德相结合。

直到6年后，多纳姆才宣布哈佛商学院设立商业伦理学教授席位，并开设了一门二年级选修课。但1935年，学院用最蹩脚的理由摒弃了这门课程：学生不感兴趣。有些事情太过重要，以至于要让一群26岁的年轻人去决定，而这些年轻人似乎有些不明事理。

或者，也许是因为教授年纪太大，不适宜向学生讲授道德准则了。1927年，多纳姆在《商业的社会意义》（The Social Significance of Business）一文中写道："我们很难创造出道德楷模，但我们可以，也应当向学生展示道德。同时，学生得有时间在不受压迫的条件下考虑企业中更加常见的道德困境。如果做好了这件事，当这些学生在日后感受到生活压力时，他们仍然能秉持良好道德品质的可能性更大。"

但即使是多纳姆的担忧也不过如此。当沙德声称华尔街的道德水平高于其他行业时，已经有许多来自哈佛商学院的人发表过类似结论。在探讨1929年黑色星期五[①]和大萧条的成因时，多纳姆说："我觉得，从1926年到1929年，许多商人和社会中的其他群体一样，被这个国家突然暴涨的财富感染，因而导致他们的道德水平出现短暂下降。"

在接下来的几十年里，哈佛商学院陆续推出了几门课程，试图在"商人担负社会责任"这一背景下探讨道德问题。不过，他们仍把大部分注意力集中在政治经济与管制上。唐纳德·戴维担任院长期间，学院课程也大多侧重于大型企业如何解答国家面临的所有问题，而不是怎样采取更有道德的行动。

1961年，哈佛商学院院长斯坦利·蒂尔说："企业的道德水平和社会上大多数群体的道德水平处在同一水准，并且企业的道德水平在这几十年来得到了极大提升。"如果他的说法是正确的，那么随后发生的事情，便可以说成是企业在道德方面遭遇滑铁卢：1975～1985年，有2/3的《财富》世界500强企业被指控犯有严重罪行，如价格垄断和非法倾倒有害废物。

---

①指1929年10月24日开始的华尔街股灾。——译者注

第四部分 荣耀背后
金钱说服力在作祟

20世纪60年代末,哈佛商学院在经验战略课程中增加了一个社会责任单元(module)。根据一位教授的说法,那时该课程一直被人们描述为:一部分讲宏观经济学,一部分讲如何绕过《反垄断法》。如果你愿意,可以思考"单元"一词的意义——整体中自为一组或自成系统的独立单位。作家劳伦斯·谢姆斯说:"这里要传递的信息似乎是,企业好比整列火车,道德好比火车的最后一节车厢。最后一节车厢和火车头都产生动力,使整列火车高速前进。但是,即便没有最后一节车厢的动力,火车头也可以牵引着火车前进。"

1979年,哈佛大学校长德雷克·博克指出,哈佛商学院要接受这样一种可能性:只要涉及道德,就需要做更多工作。为了驳斥博克这一言论,哈佛商学院合伙人在一则报告中做出了可笑的回应,他们评论道:"半个多世纪以来,哈佛商学院一直在考虑对道德进行研究,如今也正积极地进行。但各位理事认为,教授应当步调一致地努力应对企业合法性这个至关重要的问题……这种研究的本质,更加深入地集中在道德行为上,同时更加清晰地定义了企业真正的社会责任。"

之所以说它可笑,是因为哈佛商学院就此问题考虑了半个世纪。而且,合伙人的言论还显露出哈佛商学院的盲点——认为企业合法性问题是一种沟通问题。美国是一个资本主义国家,它热爱商界英雄。但当它提出一些关于商界领袖的道德问题时,也恰好是那些领袖偏离了道德正轨之时。可问题的关键不是人们忘记了企业讲道德,而是人们应当对企业的不道德行为产生怎样的反应——这不是沟通问题,而是道德问题。此外,哈佛商学院合伙人的报告写于1979年,当时,美国的企业管理者正在摆脱任何不属于股东责任的社会责任。马文·鲍尔已经把赌注押在鼓吹自由市场的弗里德里希·冯·哈耶克[①]身上,因此合伙人在呼吁"更加清晰地定义"企业的社会责任时,实则是在呼吁减少企业应承担的社会责任。

到最后,这份报告失去了理智。它承认,在将自由市场的资本主义与民主平等结合起来时存在着道德冲突。随后,它提出:"毫无疑问,心怀善意的人们可能认为,如果我们可以在某种程度上将两种道德协调一致,结果将令人期待。但是,这么做也可能会带来可怕的问题。因为,将两种道德虚假地结合起来,会带来巨大的风险。"在现实中,最大的风

[①] Friedrich von Hayek,出生在奥地利的英国知名经济学家和政治哲学家,以坚持自由市场资本主义,反对社会主义、凯恩斯主义和集体主义而著称。——译者注

险是没有人感兴趣。1978～1979年，只有37名学生选修了"企业策略的道德"一课，这仅是选修"权力与影响"一课的学生人数的零头。

1980年，哈佛商学院聘请了两位哲学家来编写关于道德的案例。结果，他们将教授伦理学的教师队伍扩充了3倍。随后，约翰·沙德曾承诺捐赠的2 000万美元转入哈佛商学院账上。那时，作为对沙德的捐赠目的的回应，他们看似严肃地推出了"哈佛商学院领导力、道德和企业责任计划"。1988年，在一年级上学期的课程中，哈佛商学院增加了专门阐述道德伦理问题的单元，该单元是一年级课程中唯一不计分的课，但这相当于破坏了它的意义。

接着，进步出现了。数十年来，哈佛商学院一直为其伦理教学（ethical instruction）的不足辩护，其中一条理由是：试图在研究生身上进行道德与伦理上的重塑和再教育是徒劳的。新计划的领导者直接否认了这一理由。教授琳·夏普·佩尼（Lynn Sharp Paine）和托马斯·派珀写道："我们坚信，在专业院校教育的背景之下，年轻人的道德观可能会发生显著的改变。"1993年，托马斯·派珀、玛丽·金泰尔（Mary Gentile）和莎伦·帕克斯（Sharon Parks）出版了《道德能被教授吗？》（Can Ethics be Taught?）一书。他们用书名来表明，自己在与多么严重的制度惰性做斗争，而且，他们给出了一个肯定的回答：道德是可以被教授的。

1999年，哈佛商学院一反常态地承认，20世纪80年代美国出现的道德危机，商学院本身负有更大责任。佩尼和派珀两人在《智慧风投家》中写道："美国人质问，事情为何到这个地步，而他们质问的对象之一，便是这个国家的顶级商学院……这些商学院是否摒弃了高尚的目标、原则以及责任？多年来，虽然他们一直自豪地宣称要为国家培养商业精英，但他们是否只是狭隘地注重技术与方法，却放弃了领导力、愿景、想象、价值观和勇气的教育高地？对这些尖锐的问题，只有哈佛商学院做出了回应，它回答'是的'。"

2001年，安然公司的丑闻被曝光后，哈佛商学院再度发现，它又要在道德问题上为自己辩护了。当时开展的两项研究，暗示着商学院确实该为自己好好辩护了。在其中一项研究中，研究人员将"在低度戒备监狱中服刑的罪犯"与MBA学生进行道德水平的对照，结果发现，在某些方面，那些罪犯甚至比MBA学生更讲道德。在另一项研究中，研究人员观察了近200家美国企业的犯罪行为，结果发现，当管理团队的成员拥有研究生学历或从军经历时,其犯罪的可能性增大。

但安然公司前CEO杰夫·斯基林(Jeff Skilling)让我们感到困惑:他是一位在低度戒备监狱中的罪犯,可他真的比MBA学生更讲道德吗?对此,哈佛商学院总结道,学生们的道德观与道德水平在进入商学院之前就已经确立。换句话说,像斯基林这样的人,哈佛商学院也无法阻止他犯下商业罪行。对于这种情况,学院有了一个新的解决方法:调整招生制度,以确保将未来的罪犯拒之门外。

2003年,哈佛商学院为一年级引入了一门完整的必修课程——领导与企业责任。也就是说,道德课程不再只是一个单元了。他们用了将近一个世纪的时间,才着手这样做。2005年,哈佛商学院拒绝了119位申请者,原因是他们存在进入第三方网站查看自己是否已被录取的"黑客行为"。这只能说是哈佛商学院一种自以为是的过度反应。一位被拒绝的申请者发现,拒绝录取的通知单已经被放到了Apply Yourself①网站上,该网站还贴出了如何撰写URL的提示,以便学生在大众留言板上查看自己是否被录取。换句话讲,这种违规行为从其恶劣程度来看,很难称得上"黑客行为",而且造成危害的可能性为零。然而,院长金·克拉克觉得,这表明了哈佛商学院对待道德问题的认真态度。

半途而返,向排名低头

在道德教学方面,哈佛商学院总算开始有所进步了。人们希望,不论这种进步多么微小,都能继续保持下去。

2008年10月,哈佛商学院院长尼廷·诺瑞亚和教授拉克什·库拉纳在《哈佛商业评论》上联名发表了《管理亟待成为职业》一文。在文章中,他们提议制定属于经理人的《希波克拉底誓言》,誓言应包含以下内容:"我宣誓,绝不将个人利益置于公司利益之上。追求利益,是资本主义经济体的重要引擎;但是,不受约束的贪婪是有害的。因此,我将对自己的决策和行为保持警惕,以防止它们危害公司及社会。"

不幸的是,文章中的好主意被"管理亟待变成职业"推翻。它只是一种将荒唐的企业乌托邦思想伪装成严肃的讨论而已。虽然库拉纳的《从

---

① 申请美国研究生的网申系统。——译者注

高目标到雇佣军》一书基于"对某种类型的项目进行职业化"的观点,但是,他自己也不敢确定。因为更加明显的结论是"让管理成为职业"只是华莱士·多纳姆的野心——在管理史学家 J.-C. 斯彭德看来,这是一种只在口头上给球充气的行为——而且,他的这一野心最终也没机会实现。

2009年6月,苹果大学副校长乔尔·波多尼(Joel Podolny)在《哈佛商业评论》中,阐述了自己帮助改善 MBA 行为的提议:各商学院应当收回那些违反道德规范的学生的学位。医生和律师会由于不良行为被官方机构吊销执照,但目前没有任何官方机构具有取消 MBA 学位的资格,因此这一责任落到了各商学院身上。查清哪些学生违背了道德,已经是一种迫切得不能再迫切的需要了。

为何他们不能保持进行道德教学的决心?如果,包括哈佛商学院在内的所有商学院,都没能以真诚的态度欢迎新的道德教学方法是因为一个不太明显的原因,那么,这个原因便是他们过于担心自己在商学院综合排名中的位置。这种担心使得他们把注意力放在了影响排名的因素上,可道德教学并不是影响因素。因此,它被完全忽略了。

在哈佛商学院中,有人清醒地意识到了这个问题,他便是拉克什·库拉纳。2010年,他承认学院在道德教学方面没能赶上其他院校的步伐。他说:"不仅是在美国,全世界都面临着气候变暖、流行病以及根深蒂固的贫困等问题。人类在解决这些问题时要求企业发挥一定的作用,但是,如果企业中的个人对他们自己的职责以及企业如何更好地融入社会之中都秉持着非常狭隘的观念,那么,在解决那些问题时,企业将无法发挥积极作用。我相信,我们真正要做的是在学生之中开启一场关于企业与社会的对话,并且使这样的对话不是专门为道德课程而开启,或者,不单单是组织行为中的一门单独的课程,而是融入每一堂课中,以便让学生真正融入社会。这就好比让学生们每天都在思考,企业应当怎样为社会带去更多福祉。"

虽然哈佛商学院最近围绕道德教学做了大量工作,但是,随着经济危机逐渐远去,道德教学的紧迫性也随之消散。2014年,当美国检察官普瑞特·巴哈纳纳(Preet Bharara)在对学生做演讲时,他告诉台下的听众:"到商学院上学,总是件好事。我在我的工作中总会碰到你们的校友。"或者,正如罗斯福总统所说:"教给人们思想而不是道德观,无异于给社会制造祸端。"

第48章

僵持不下的论战

1992年,哈佛商学院教授罗伯特·卡普兰和戴维·诺顿(David Norton)在《哈佛商业评论》上发表了《平衡计分卡:驱动绩效的测量》(*Balanced Scorecard: Measures that Drive Performance*)一文。根据卡普兰的说法,平衡计分卡是被用于"激励、测量和评估企业绩效的非财务指标",这些指标包括领导责任、公共责任、人才发展、员工态度以及短期与长期目标之间的平衡。

该文章深受读者欢迎,因为它代表了对迈克尔·詹森荒谬观点的回应。詹森认为,在所有测量指标中,股价才是最重要的指标。虽然詹森总是不留情面地拒绝承认"平衡计分卡"的作用,但卡普兰在描述他和詹森的分歧时显得更加老练。2010年,他写道:"我显然赞同詹森提出的观点,即经理人的薪酬不能用一系列认为绩效不重要的指标来计算。如果企业想根据测量的绩效来确定奖金,到最后还得根据一个单一的指标来确定,这个指标要么是股价,要么是以会计报表为依据的某项数据。但是,将绩效与收入挂钩,只是全面绩效管理中的一个组成部分而已。"

有时,我们可以认为卡普兰的平衡计分卡能够与利益相关者理论互换。后者鼓励企业为内部和外部利益相关者确定利润目标,并以此制定策略。卡普兰写道:"为利益相关者争取利益的行为,可能是为应对狭隘的股东价值最大化的观点而发起的。这种观点首先由米尔顿·弗里德曼提出，后来詹森之流的经济学家也对它进行了阐述……从这个角度来看，我相信利益相关者理论能帮助我们认识企业发展多种关系的价值，它将推动企业进行长期的、可持续的价值创造。"

但是，平衡计分卡是对艾尔弗雷德·钱德勒"战略先于结构"言论的粉饰。艾尔弗雷德要求把战略摆在利益相关者之前。换句话说，企业的首要任务是确定其战略，确定与利益相关者的关系是次要任务。例如，在面对不同客户时，如果企业要避免迈克尔·波特提到的"夹在中间"的可怕命运，那么，首先就得确定自己想要满足哪些客户。比如，英国航空公司想要优先满足的头等舱客户，并不是西南航空公司所认为的重要客户。如果企业试图同时满足所有客户，然后根据每一类客户来制定独特的价值主张，那就是一件真正的荒唐事。

身为会计学教授的卡普兰在推出平衡计分卡之前，曾与另一位会计学教授托马斯·约翰逊（Thomas Johnson）合作，两人在共同研究了管理会计学的历史后总结道："美国企业沉迷于短期的财务指标，没有对管理会计学和控制系统进行改造，使之与自己的进步（来自于成功进行了质量和精益管理）相适应。"卡普兰担任卡内基梅隆大学商学院院长时认识了约翰逊。当时，两人共同参加了一次研讨会，主题是威廉·亚伯那齐和罗伯特·海斯共同发表在《哈佛商业评论》的《管理教条：经济下滑之罪魁》一文。研讨会主办方邀请卡普兰和约翰逊在会上发言。那时，卡普兰恰好需要一位商业史学家帮他追寻问题的根本原因，有人便向他引荐了当时正和钱德勒一同工作的约翰逊。两人一拍即合，于1987年共同编写了《关联性的丧失：管理会计学的沉浮》一书。

接着，卡普兰开始与诺顿合作，研发了平衡计分卡，其目的是为三种相互冲突的思想搭建沟通桥梁。第一种思想源于卡普兰与约翰逊的合作：质量和精益管理，着重关注员工对生产过程所做的贡献，及对员工的持续改进。第二种思想是金融经济学及其历史绩效指标。第三种思想是利益相关者理论，在该理论中，企业意在制定满足所有不同利益相关者的合约。

"我们尝试着从每一种思想中获得宝贵的洞见，"卡普兰说，"员工和流程绩效对企业当前及未来的成功都至关重要。如果企业绩效提升了，财务指标也会提高。而从长远来看，要实现股东价值最大化，企业必须牢牢记住股东、客户、供应商、员工和社区居民的偏好以及期望值，将其内化于心。这需要用到更加可靠的测量和管理系统，它既包含先行指标之类的运营指标，也包含滞后结果之类的财务指标，以及其他一些关乎企业绩效的指标。"

平衡计分卡平衡了什么？

不过，在与诺顿合作的过程中，卡普兰失去了托马斯·约翰逊的支持，而且两人开始了一场哈佛商学院历史上持续时间最长的论战。2002 年，由国际管理咨询公司博斯（Booz）出版的季刊《战略＋企业》（Strategy+Business）刊登了阿特·克莱纳的文章《哪些指标更重要？》（What Are the Measures That Matter?），对卡普兰与约翰逊的论战进行了概述。

克莱纳在文章中写道："和争斗故事中的所有主角一样，罗伯特·卡普兰和托马斯·约翰逊成为一种鲜活的符号，代表着比他们自己强大得多的势力。曾几何时，他们是研究伙伴，共享成功。但如今，他们已互不来往，每个人都不惜以自己的职业声誉为赌注，公开指责对方的观点错误。他们的论战核心是商业成功的原因，二者在这方面有着根本的分歧，致使这场论战持续了十年之久。商业成功是否像卡普兰教授断言的那样，归功于那些用数字目标和绩效考核指标来推动业务发展的人？或者，是否如约翰逊教授争辩的那样，考核式的管理存在根本性的危险？"

一开始，两人都倡导"测量"。他们都认为所谓的"基于活动的成本"是比传统成本计算更为准确的企业绩效考核方法，并主张将所谓的隐性成本（如生产故障产生的成本）纳入产品盈利能力的分析之中，同时提倡将企业日常管理费更精确地分配到特定的生产线。尽管两位教授承认，美国的管理会计系统使得大型企业能严格控制预算，赢得竞争，但他们最终认为，那些会计系统已变成美国人的枷锁。当竞争压力减弱时，经理人以人为判断代替科学计算。然而，当事情变得一团糟时，例如在 20 世纪 70 年代以及更长的时间里，经理人花在掌握任何特定业务上的时间更少了。克莱纳写道："人为判断的消失，让经理人更加依赖数字。"

于是，两人在知识的道路上走到了分岔路口。一方面，卡普兰竭力呼吁使用平衡计分卡，他坚持认为将这种测量方法应用在基于活动的成本计算准则中，会让经济学的概念更加适合复杂组织的运营。另一方面，约翰逊顿悟道，组织是由各种关系构成的系统，测量绩效的行为仅仅是系统的一部分，无论是出于生产、报酬还是其他测量目的，如此歪曲人们对这个系统的相互作用的理解，将对该系统产生破坏作用。约翰逊在 2000 年出版的《无法测量的利润》（*Profit Beyond Measure*）一书中，谴责了商学院课程过于关注量化指标的倾向。他写道："这种教学迟早会导致企业痴迷于那些'看上去很好'的数字，而不去顾及这种倾向会给维持人类组织的根本关系系统造成怎样的破坏。"

正如克莱纳指出的那样，卡普兰与约翰逊之间的战线不可逾越。两人不再沟通，并各自在他们的书中用大量篇幅指责和反驳对方的观点。

约翰逊的思想变化，让我想起一部上映于 1982 年的纪录片《失衡的生活》（*Koyaanisqatsi*）。Koyaanisqatsi 是美国印第安土著霍皮人的方言，意思是"失去平衡的生活"。纪录片美得让人目眩，它将自然景观、元素力量与现代文明、技术进行对比，悲观地看待如何将人性从自然中分离出来并发展人性。《失衡的生活》着重关注人与自然的分离，这就像约翰逊学术生涯的后期研究，更多地侧重于经理人与其工作特性的分离。

值得注意的是，约翰逊早期的学术生涯可以这样来描述：即使未曾真正在哈佛商学院工作过，却与它尽可能保持密切联系。20 世纪 60 年代后期，钱德勒找到约翰逊，请他利用会计专长帮助自己完成一个研究项目，该项目为钱德勒于 1977 年获得普利策奖的著作《看得见的手：美国企业的管理革命》提供了素材。此外，约翰逊还为哈佛商学院的《商业史评论》撰写了大量文章，甚至成了编辑委员会委员。

约翰逊回忆道："有一次，我和迈克尔·詹森共用午餐，我不得不听他的那套'企业唯一重要的事情是实现利润最大化'的废话。"卡普兰认为，美国企业管理出现的种种问题，是因为选错了测量对象。而约翰逊最终认为，测量本身就是问题所在。

2011 年，约翰逊与 J.-C. 斯彭德合著《直面管理主义》（*Confronting Managerialism*）一书，他们在书中写道："20 世纪 70 年代以前，对于用电脑计算制作的抽象'地图'与人们在职场中所处的实际'地形'之间的区别，经理人有着清晰的认识。然而，在 20 世纪 70 年代以后，经理人越来越缺乏车间工作经验，且通常只在研究生院接受培训，但却开始统治美国制造业。在他们眼里抽象的地图就是实际地形。也就是说，他们认为现实就是抽象的定量模型、管理会计报告以及计算机的调度算法。"

这个时候，卡普兰充分利用平衡计分卡来充实自己的个人履历，在当时的哈佛商学院，只有迈克尔·波特能与他齐名。和卡普兰不同的是，约翰逊并没有大量追随者，他的学术同行也不太支持他，企业界更是无人追随他。因为，他和其他少数几位理想主义者一样，在过去20年中潜心研究。约翰逊不但为一种做生意的新方法欢呼鼓舞，而且极力倡导用一种全新的方式来思考商业。同时，他的质疑主要针对学术界和商业的核心。

约翰逊说："美国的商学院必须将他们对商学及人类经济体系的研究置于一种现实观之中，这种现实观来自于20世纪和21世纪的现代生命科学、宇宙学和天体物理学。在寻找研究根基的过程中，商学院要超越18世纪那种机械、简化和个人主义的现实观，那种观点弥漫着新古典主义经济学和金融学的理念。商学院的教学与研究，必须要透过系统的、以过程为导向的现实观'棱镜'来观察现实和提出问题。如果能做出这一转变，那么，商学院将会成为社会中第一家提出'如何才能进行可持续的人类活动'这一问题的机构。这一定是当前人类面临的最重要问题。若不能转变，便意味着任何一所商学院的教学或研究计划，一开始就让'可持续性'难以为继。"

洛克则呼吁商学院与工业企业进行更密切的接触，就像德国商学院所做的那样。他说："如果美国的商学院可以将结合了技术与商业的计划融入他们的产品之中，那么，他们便可以在制造业的发展中发挥有益作用，同时淡化新古典主义经济学带来的有害影响——使投资人资本主义过度发展。"

J.-C. 斯彭德表示，约翰逊与洛克说的是同一件事，即"专才兴起，那些有着广泛兴趣爱好并能经营企业的通才开始消失"。尽管 J.-C. 斯彭德非常赞同哈佛商学院正在尽力坚持综合管理的教学方法，但他认为，哈佛商学院最近正渐渐趋向于变成一所传统的研究型教育机构，无力为MBA 提供全面的观察视角，而这正是进行高效管理的必需品。他说："从前，人们对于局部如何整合为整体去创造活动与价值，能从其本质上进行情境化理解。如今，这种理解已经消失。然而，各商学院却密谋扩大这一趋势，以彻底摧毁'综合管理'，用所谓的专业课程取而代之。这导致没有哪位教授敢声称自己能从整体上理解或研究企业。因此，他们有意忘记美国经济学家罗纳德·科斯（Ronald Coase）关于企业特性的

提问,那些问题包括'企业为何存在?''它们为何要制定自己的内部协议?''为何它们的绩效会产生巨大的差异?'……而商学院的教授们假定自己知道这些问题的答案,并且从理论上做一些毫无意义的改进。"

隐患:先预测结果,再制定战略

许多商人认为,美国之所以伟大,是因为人们雄心勃勃地追求财务目标和金钱自由。而约翰逊对这一观念表示否定,他认为这种观念已经使美国踏上万劫不复的不归路。根据英国哲学家艾尔弗雷德·诺思·怀特黑德(Alfred North Whitehead)提出的误置具体性谬误[①],约翰逊认为财务信息应起到回顾作用,它只能是组织运行的最初目的。同时,他还认为要实现长期可持续的财务目标,更确切的路径并不是"借助结果来管理"(manage by results),而是"借助方法来管理"(manage by means)——管理具体的人类活动,只有这些活动才会产生有意义的财务业绩。

约翰逊说道:"许多学者和商界人士赞成我对'借助结果来管理'的批评,特别是那些运营管理和制造工程领域的从业人员。不过,现代会计和财务领域的从业人员则被一种与之相反的信念迷惑,这让他们认为,同迅速熟悉企业实际运营状况相比,抽象的财务概论更能让经理人严格地控制好企业的财务绩效。"

对于是什么产生了财务业绩,美国的管理者局限在一种机械的观点之中。这种观点认为,财务业绩是线性的,是企业各部门贡献的总和。这使得经理人相信,若要将企业的年度成本减少100万美元,只需设法操纵企业里能在任何特定年份产生100万美元总支出的那些部门,例如,削减工资或者与供应商重新协商合同。倘若经理人以为……企业财务业绩是各关联部门的关系模式带来的结果,而不仅是将独立的各部门所做的贡献简单地累加起来,那么,他们降低成本时所采用的方法将完全不同。

概括来说,约翰逊的观点是:

---

① fallacy of misplaced concreteness,指人们将理论结构误以为是现实。——译者注

第四部分　荣耀背后
金钱说服力在作祟

如果经理人把全部注意力集中在抽象的数字上，并且确信，通过操纵财务数字，便可以改变财务业绩，那他们会忽略这样一个事实：这些操纵会计分录①的措施可能会对企业产生有害影响。因为，那些措施可能包括临时解雇员工、削减工人薪酬与福利、将工作任务外包至劳动力成本较低的地区、逼迫供应商降低价格、强迫社区降低企业应缴纳的税费、违反安全或环境保护法则等消极措施……他们没能考虑社会中许多不涉及人的因素，比如为企业的生存与发展提供必要的物质资源，以及对生产废物的处理和再利用。这些措施最终造成了金融危机，扰乱了人们的生活，环境产生了消极影响的"外部性"。所有这些，不仅在过去近半个世纪里折磨着美国社会，它们还必然在未来带来更大伤害。

针对"借助结果来管理"的方式，约翰逊最喜欢提出的反例是丰田汽车在20世纪下半叶的绩效。他说："丰田的组织运营方法是将各个独立的部门作为一个有机的整体来考虑，给每个部门嵌入了一种关系模式，使得工作流程顺利运转。而美国的制造厂商，无论是在当时还是现在，他们都认为企业是各个独立部门业绩的机械累加，每个部门都以它自身的方式来运行。这样一来，所有部门都希望以最低的单位成本进行生产活动。于是，为了进一步降低产出的单位成本，美国企业不可避免地增加了产量和产出速度。简单地讲……丰田的成本策略是通过降低消耗而压缩总成本，而美国企业的成本策略是通过提高产出而降低单位成本。"

在约翰逊学术生涯的最后十年里，他在波特兰州立大学工商管理学院担任管理学教授。在那里，他开发了一门管理课程，为学生提供了一种观察美国近代商业史的视角，这种视角基于的观点与过去两代人所接受的观点截然不同。约翰逊的主要观点是，如果安排好工作流程，经理人便可以一劳永逸，永远不再需要美国的管理控制机制；同时，这种工作流程带来的成果质量会远超之前的成果。

"我一说管理会计学具有破坏性，卡普兰就十分生气。"约翰逊回忆道，"当我说商学院教经理人经商就是为了管理数字，其他任何事情都不重要时，卡普兰也会生气……米尔顿·弗里德曼的理论完全没有联系现实。

---

① 指预先确定每笔经济业务所涉及的账户名称，以及计入账户的方向和金额的一种记录。——译者注

他说，如果你的管理模式没有得到统计测试的支持，你要做的第一件事是核实数据，而不是核实理论。但他的那些话，即使是迈克尔·法拉第（Michael Faraday）①也不会认同，爱因斯坦也不会。"

约翰逊为自己的离经叛道付出了代价，他说："在我职业生涯的最后十年，都是独自一人在工作。我之所以退休，部分原因是没有任何人响应我所从事的研究……他们对哈佛商学院发出的信号——一切源于积累——更感兴趣，而且这所商学院已经成功地做到了'桃李满天下'。"

罗伯特·洛克同意约翰逊的说法："传统的大学之所以能为社会服务，是因为他们利用科学来创造知识，并且以一种让学生不感兴趣的方式传授知识。商学院与之不同，他们以牺牲知识为代价来推动'企业效率'。他们现在散播的信息，大都只服务于特殊群体，而不是整个社会……他们研发的课程，也不是为企业的一般利益服务。他们的教授、MBA学生与CEO看待企业的方式一样——企业就是造币厂，能将金钱源源不断地输送给最高管理者、股东和其他投资者。而且，他们还相应地发明了一套管理和报告工具，即使那一整套工具主要牺牲普通员工的利益，还会导致企业绩效下滑，乃至最终使之走向灭亡。"

"哈佛商学院从未完全接受20世纪60年代来自卡内基梅隆大学商学院等学府的科学方法。"洛克还呼应J.-C.斯彭德的说法，说道，"哈佛商学院总是坚持案例分析法，也没有试着在管理主义制度化方面做任何事情。原因是，在已经制度化的领域，其理念是创造一个新阶层来经营这个世界。数不清的哈佛MBA毕业生已在美国各大企业中稳坐头把交椅。这些MBA在校学习时就被老师告之，管理技能不但能够有效地经营现代企业，而且还能高效地管理其他实体组织，包括医院和学校。但是，他们真的达到了艾尔弗雷德·钱德勒所说的那种高度吗？他们真的是知道如何高效经营实体组织的人吗？也许在钱德勒看来，他们确实和二战中从事后勤保障工作的人一样，在做着大事。但后来情况发生了变化，他们开始挖空心思让经济走下坡路。"

当然，哈佛商学院上空回响的是卡普兰的观点，而不是约翰逊的。这似乎在预料之中，而且阿特·克莱纳在《哪些指标更重要？》中描述的这场论战，仿佛也在哈佛商学院的各个大厅里回响。

---

①英国物理学家、化学家。他是首位发现电磁感应现象，进而得到产生交流电方法的人，因而被称为"电学之父"和"交流电之父"。——译者注

克莱纳写道：

  我们知道，卡普兰和约翰逊所倡导的方法，其益处会或快或慢地浮现。但我们不知道的是，卡普兰的方法将带来怎样的长期风险。如果持续采用流程驱动（process drivers）、测量指标、拓展目标，将使员工感到极度疲惫，最终离开企业或者出现技能萎缩，从而损害企业的发展能力。而这正是哈佛商学院教授亚伯那齐和海斯在《管理教条：经济下滑之罪魁》一文中注意到的趋势，也正是这篇文章，开启了约翰逊和卡普兰两位教授漫长的知识探索之路。

  就我所知，目前并没有人对各企业管理的成败原因进行过长期而深入的分析，以帮助我们真正判断哪位教授的观点是正确的。与此同时，你可以相信，在其他因素相同的情况下，卡普兰教授的方法将使你领先于同行，至少能在短时间内战胜所有竞争对手。当然，假如你的竞争对手是采用完全不同的路径实现了成功管理的企业，例如丰田汽车，那么，你根本不可能战胜他们。不出意外的话，他们将被视为'无法模仿的异类'。他们与传统企业，就跟变形虫与水晶一样，截然不同。倘若把变形虫与水晶放在一块让你打赌（赌谁有更美好的未来），你会认为水晶是更加正确的选择。但是，只有变形虫才做好了随时进化的准备。

第49章
十年回顾：1980～1989年

安德森桥（Anderson Bridge）将"战士领域"与哈佛广场连接起来，同时也将哈佛商学院与哈佛大学其他学院联系起来。它一度被哈佛商学院教授认为是"世界上最长的桥"。20世纪80年代，安德森桥的"长度"在不断变化。从学生的角度看，那座桥根本就不存在，那些成群结队涌向华尔街的人中除了有哈佛商学院毕业生外，还有许多人来自哈佛大学的其他学院。然而，从教师的角度看，哈佛商学院与哈佛大学其他学院之间的知识距离，达到了哈佛商学院建校以来的最大值。

在这个贪婪的十年（1980～1989年）里，市场中弥漫着得意扬扬的情绪，汤姆·沃尔夫（Tom Wolfe）所写的《虚荣的篝火》（*Bonfire of the Vanities*），被许多人视为励志小说，而不是警世寓言。虽然哈佛商学院对各企业把利润最大化当成核心目标始终保持沉默，但这种沉默是时候消失了，因为批评的声音已经出现。和"利润最大化是企业的核心目标"一同受到批评的，还有这样一种观念：企业只对股东负有责任，对其他任何人都没有责任。这种分离也存在于现实中：1981年，哈佛商学院宣布，不再允许非哈佛商学院的职工，包括哈佛大学其他学院的职工使用它的所有设施。

"只要询问那些还有记忆的人便能知道，以前哈佛的课程，在很大程度上是根据教授们的兴趣而设置的。如果教授对哪件事情兴致勃勃，就会围绕它开展研究，"商业记者沃尔特·基切尔在《财富》杂志上写道，"但近年来，MBA学生想得到的是财务计算公式、数学模型和分析工具，也就是咨询师和投行家的必备品。"这种改变体现在两个方面：一是"经营战略"一课变成了"竞争与战略"；二是这门课程的研究主题，由原来肯尼斯·安德鲁斯定义的战略，转变为迈克尔·波特定义的战略。"在哈佛商学院，课程与综合管理的最后一点关联，已经沦为两股力量结合时的牺牲品：一股是福特基金会重新铸造美国商学教育的计划，另一股是新一代学生提出的要求。"商学院教授拉克什·库拉纳写道，"这些新一代学生一旦当上咨询师，将围绕如何精简和重组各企业为客户提供咨询服务；若他们成为投行家或并购专家，也会对企业进行重组。总之，他们会拿起自己的'武器'，努力击退美国企业管理革命中最后的残余力量。"

虽然哈佛商学院的学生对那些有着最佳晋升机会和收入前景的职位总是十分敏锐，但上文中提及的转变，是对哈佛商学院存在理由的否认。库拉纳写道，具有讽刺意味的是，在哈佛商学院，这种改变还来自内部。迈克尔·詹森的股东至上理论开始侵入管理主义的核心，到侵入完成之时，哈佛商学院的"专业性、自尊或责任都被剥夺了，而这一切，是学院在刚刚创立时其创立者、领导者和教职工等带给商学院的附加价值"。1985年，哈佛商学院最受欢迎的课程是"企业财务报告分析""资本市场""企业财务管理""创业融资"。

并非所有的哈佛商学院院长都是开明的改革者，但华莱士·多纳姆的确是。他的继任者唐纳德·戴维、乔治·贝克、劳伦斯·福雷克等人，也与他步调一致。于是，从1980年到1995年，在约翰·麦克阿瑟担任院长期间，哈佛商学院开始进行自我改造。麦克阿瑟刚上任时便委托他人围绕哈佛商学院的历史及知识根基开展了一项研究，该研究的成果，被记录在1987年出版的《微妙的实验》一书中，但这本书只能被称为"放在茶几上的摆设"。从该项研究中可以发现，哈佛商学院要致力于采用案例分析法——至1980年，哈佛商学院高达1 500万美元的案例研究预算，超过世界上任何一所商学院的总预算，同时，哈佛商学院利用1.8万个案例，向6 000余位客户发送了共计1亿页的材料。1995年，学院的案例研究预算升至4 400万美元，达到新高峰。到20世纪80年代末，《微妙的实验》充其量也只是一件古董，讲述人们过去的经历。1986年，麦克阿瑟成为《商业周刊》封面人物，该杂志为他撰写的标题是《改造一所教育机构：哈佛商学院》(Remaking an Institution: The Harvard B-School)。

聚焦金融界

在1980～1989年这十年中，哈佛商学院最大的变化是金融学教授不断攀升的社会地位，其中最引人注目的是迈克尔·詹森。新的管理决策科学被封装到资本资产评价模型和贴现现金流中。这些模型并没有提出诸如客户忠诚度或企业对员工的责任等问题。看似巧合的是，在20世纪80年代初期，哈佛商学院终于放弃了它的"工会计划"。

哈佛商学院关于金融的说辞，听起来仿佛来自金融服务游说团体。1992年，商学院推出"全球金融体系"（以下简称GFS）项目时，一些大型企业（如摩根大通、美国国际集团、德意志银行、通用、汇丰银行和摩根士丹利）的高管，成了GFS项目的顾问委员会委员。

这群人在《智慧风投家》一书中描述该项目时，语气和迈克尔·詹森一样盛气凌人。作者们抑扬顿挫地写道：

> 当然，金融创新即使承诺它要改善社会福利，也可能会带来威胁。这可以解释为何经理人、监管者、政治家和新闻媒体对金融衍生品的风险如此担忧，尤其是对衍生证券的恐惧。相比房贷和国家债务这类同样具有高风险的传统金融产品，相关人士的担忧侧重点似乎格外扭曲。的确，在20世纪七八十年代，与这些金融产品相关的重大金融危机，没有哪一次可以比得上发展中国家和美国金融机构的违约。根据记录来看，金融衍生品的兴起，极大地减少了金融体系中的风险，而不是增加风险。

在写完上述那段话之后，作者们提出另一个观点：由哈佛商学院毕业生杰夫·斯基林发明并带入安然公司的"创新螺旋"，将是未来企业的管理模式。哈佛商学院的教授还呼吁，监管者要学会着眼于从功能和系统的角度思考，否则他们的企业将面临更多无关痛痒的风险。紧接着，他们断言一切都很好，金融风险管制也做得很好。他们写道："迫于现实，许多从事这些复杂证券交易的金融机构已经建立了风险控制系统，并将该系统作为管理会计的一部分。我们已经研究过，那些系统似乎在有效运行，而且可以作为风险控制的标准化模板。"

如果哈佛商学院对生产和运营管理的教学并未完全让经理人做好应对国外竞争势力的准备，那么，在麦克阿瑟担任院长早期，商学院还是看到了复兴迹象。当时，"生产与运营管理"课程（以下简称 POM）的教师团队都在勤奋写作，在《哈佛商业评论》上发表了大量文章。麦克阿瑟甚至还将一年级 POM 的整个教师团队送到日本，去学习先进的技术与管理实践。虽然哈佛商学院曾经错失了解决美国企业问题的机会，但他们抓住了后来的这次机会。

麦克阿瑟任院长期间，哈佛商学院还开始了一项转变：研究创业管理。这得益于他劝服霍华德·史蒂文森教授返回商学院。人们可以列举出某些哈佛商学院教授创办的颇具影响力的企业，比如吉姆·科赫（Jim Koch）创办的波士顿啤酒公司以及迈克尔·布隆伯格（Michael Bloomberg）打造的金融信息帝国。此外，还有利顿工业公司，哈佛商学院认为它是"第一批创业企业集团中的成员"，意指它在金融产品和股市中的炒作。1996 年，共有 1 100 余名学生报名参加哈佛商学院创业管理部开设的课程。史蒂文森对创业的认识，不再从个性特点的角度出发，转而从决策模型的角度来观察。时至今日，这种认识依然渗透在创业管理的教学方法之中。

浮于表面的成绩

到 20 世纪 80 年代中期，哈佛商学院依然没有认真开展道德教学。1986 年，当时的哈佛大学校长清晰地表达了对美国的思考："尽管许多有见识的高管认为，公众对企业在社会中所处地位的态度，将对美国企业的发展具有决定性影响。可是，在各管理学院中，几乎没有人大胆指出企业责任问题或者自由企业的角色问题。"

值得称赞的是，琳·夏普·佩尼和托马斯·派珀两位教授重点关注哈佛商学院在道德教学上长期面临的挑战：赢家往往很难质疑他们赢得的游戏。两人把批评的矛头指向詹森："在哲学层面，美国人往往相信，幸福是个人追求金钱目标自然而然的结果。但我们认为，仅着眼于将某一个目标最大化，可能导致人们想象力匮乏，同时也会产生狭隘的同理心。

这已成为企业在制定战略时的薄弱环节。"

1989年，艾尔弗雷德·钱德勒退休，哈佛商学院的商学史教学团队因而失去了一位领航者。尽管如此，在麦克阿瑟任院长时期，POM依然长盛不衰，其中一项成果是出版了一系列关于"商业史学家在哈佛商学院习得的经验"的书籍。哈佛商学院希望把这些书列成一份清单（尽管很短），供教授们在每一堂课上向MBA学生介绍。那些"经验"包括以下几方面：

- ◆ 资本主义有几种不同风格，商学历史系的课程"创造现代资本主义"被学生们描述为"有意识地攻击国家主义，并且无意识地攻击美国例外主义"[①]；
- ◆ 作为发展者和监管者，政府具有合法性，包括有权对妖魔化政府的言论予以辩驳；
- ◆ 绝不能认为社会具有均衡性，不能将企业视为社会中的孤岛，必须从社会和谐的角度来关注企业；
- ◆ 企业要做出道德选择，包括在涉及"竞争、劳工关系以及财富分配政策"之时。

麦克阿瑟任院长期间，哈佛商学院的最后一项重大转变是迈克尔·波特地位的上升，以及学院对企业战略的重新认识。在安德鲁斯时期，哈佛商学院坚持认为战略应视情况而定，即使外部世界已经逐渐偏向20世纪七八十年代出现的更加简约、可以量化且普遍适用的概念，尤其是波士顿矩阵[②]。波特将战略研究的焦点从企业转向行业，并且推出了他的圣杯[③]——五力框架。到1986年，近2 700名学生选择了"产业与竞争分析"

[①] American exceptionalism，又译为"美国卓异主义"，指美国因具有独一无二的国家起源、文教背景、历史进展以及突出的政策与宗教体制，因而是世上其他发达国家都无可比拟的。——译者注

[②] BCG matrix，由美国著名的管理学家、波士顿咨询公司创始人布鲁斯·亨德森1970年首创。波士顿矩阵认为一般决定产品结构的基本因素有两个：市场引力与企业实力。市场引力包括企业销售量（额）增长率、竞争对手强弱及利润高低等。企业实力包括市场占有率、技术、设备、资金利用能力等，市场引力与企业实力既相互影响，又互为条件。——译者注

[③] 圣杯是在耶稣受难前的逾越节晚餐上，耶稣遣走加略人犹大后和11个门徒所使用的一个葡萄酒杯子。耶稣曾经拿起这个杯子吩咐门徒喝下里面象征他的血的红葡萄酒，借此创立了受难纪念仪式。后来有人认为，这个杯子因为这一特殊经历而具有某种神奇的能力。——译者注

一课，越来越多拥有商业经济博士学历的教授都在教这门课。

麦克阿瑟向校友们颁发过许多奖，让他们能源源不断地给母校捐钱。他颁发的那些奖项好比便利店内的赠品。以"校友成就奖"为例，多年来，该奖每年只颁发给1~2位获奖者。但是在麦克阿瑟担任院长的最初7年里共有25位校友获得该奖；此外，他在1982年引入了"鲍尔-戈登奖"（Bower-Gordon Award），专门颁给为哈佛商学院捐赠巨额资金的校友。该奖的名称来源于第一批获奖者的名字：马文·鲍尔和阿尔伯特·戈登（Marvin Bower and Albert Gordon）。麦克阿瑟刚成为院长时，哈佛商学院筹集的资金为1.06亿美元，到他卸任时，这一数字已变成6亿美元。

1984年，哈佛商学院出版社成立；1993年，作为哈佛大学盈利支柱之一的哈佛商学院出版公司也宣布成立。1980~1995年，哈佛商学院共投入2亿美元建设校园建筑和基础设施。在麦克阿瑟任职期间，哈佛商学院的翻新面积达50万平方英尺，新建面积达30万平方英尺。他还禁止汽车驶入校园的大多数区域。

在麦克阿瑟时代，哈佛商学院总是一副沾沾自喜的样子。尽管根据任何一个标准来衡量，它仍然显得与世隔绝——到1983年，哈佛商学院拥有MBA学位的教授比没有MBA学位的教授升职的概率更高，前者为40%，后者为32%。但对于所有有晋升需求的教授而言，从助理教授晋升到终身教授的概率一直不高，仅为16%。当麦克阿瑟注意到少数族裔教授的晋升率在过去10多年里急剧下降时，他没有将学院忽略了教职员工的多样性看作原因，而是认为，这是由教授本身的水平决定的。麦克阿瑟在1983年所做的关于哈佛商学院现状的报告专门讨论了一个话题：成为哈佛商学院终身教授的标准如此之高，要找出有资格获得这一职位的人会非常困难。

在麦克阿瑟任职期间，教师队伍确实更加多样化，女性、少数族裔以及外籍教授的比例都有所上升。与此同时，哈佛商学院的一些朋友发现，学院内部出现了一条巨大的鸿沟。高盛总裁约翰·怀特黑德说："我对哈佛商学院非常不满。尽管麦克阿瑟正在做出努力，但商学院里拥有从商经历的教授实属凤毛麟角。这会让哈佛商学院只关注内部事务，对商界变化一无所知。"

业绩至上

企业招聘者在校门外排起了长龙。1986年,共有301家企业针对哈佛MBA毕业生举行了12 600场面试,平均每个学生参加12场首轮面试,收到3~4家企业发来的工作邀请。同年,过半毕业生进入了三个领域,分别是投行(占29.4%)、咨询公司(占17.5%)以及房地产公司(占8.1%)。在毕业生的年薪起薪中位数上,银行业为4.87万美元,咨询业为5.8万美元。

尽管有批评家指出,哈佛商学院扮演的历史角色是为美国制造业不间断地提供人才,而在前往哈佛商学院深造的学生中,有接近一半的人来自于咨询公司、银行和会计师事务所,只有15%的人来自制造企业。也就是说,我们很难看到这样的情景:一位来自高盛的员工从哈佛商学院毕业后,面对纷至沓来的工作邀请,会选择进入重工业行业。

那时,哈佛商学院已经可以作为品牌自行运转了。重要的是,要让发动机不停转下去——捐款源源不断地涌入,教授们能挣取可观的咨询费,招聘机器也得以正常运转。摩立特集团前合伙人罗杰·马丁告诉《纽约时报》,如果能根据哈佛商学院的录取名单为摩立特招聘人才,他会感到很高兴。他说:"即使你在沙滩上悠闲地躺上两年,什么也不做,他们也能出色地完成工作。你甚至不必在一年级上学期帮助他们消除洗脑的影响,让他们理解自己人生的正确定位。因为,不论从哪方面看,他们都是质量上乘的原材料。"

马丁可能知道,消除洗脑的影响有多难。2015年,一家顶级咨询公司的纽约地区负责人在谈到同样的困难时,批评哈佛商学院"制造了一个成员都很自恋的俱乐部"。他表示:"问题在于,在这些学生离开校园、面对现实时,才会发现自己并不是完美的。但并非只有哈佛商学院才会出现这种情况,其他所有的精英商学院也都一样。我需要经常告诉他们,他们是在为商业组织工作,而不是在进行某种自动操练。"

20世纪80年代,哈佛MBA仍然沉浸在那一纸证书的光辉中。那时,那张证书已经变成了文化的试金石,或者说是一张金色通行证。1982年,两位哈佛商学院毕业生出版了《MBA官方手册》(*The Official MBA Handbook*),在书中,两位作者对如今已无处不在的MBA进行了相对客观的评价。他们指责"再没有比哈佛商学院更能胡说八道的院校",随后,他们表示哈佛MBA"经常出错但很少被质疑",并且建议将MBA视为盲目的野心家(Master of Blind Ambition),而不是工商管理硕士(Master of Business Administration)。在那个雅皮士时代,MBA毕业生突然之间"变得值得尊重且广受欢迎,他们会在周末工作,用社会生活替代社交,放弃强烈的肉欲,并将这种欲望转变为对财富的欲望"。在1985年《智族》(Gentlemen's Quarterly)杂志对"美国男性最值得拥有的女友"的报道中,甚至有几位哈佛商学院的MBA也榜上有名。当你考虑以下这些数字,就不会对上述现象感到吃惊了:1949年,美国拥有MBA学位的人数不到5万人,而在1985年,有6万人获得了MBA学位。至少,他们中的某些人必定是"值得拥有的"。一位1986届MBA说:"商学院的人有一副人生赢家的做派,看起来像是广告中那些到加勒比海度假或者喝着昂贵美酒的人。"

MBA在劳动力队伍中也是赢家,但这是用牺牲输家的利益换来的。那些输家包括美国工人、社区以及美国经济。罗伯特·洛克说道:"20世纪80年代,由于日本企业崛起,致使美国经理人在追求利润时倍感压力,因此,他们需要做出一个选择——要么提高自己企业的生产效率,要么将财富从工人手中转移到管理层手中。他们选择了后者,从工人的年金计划和健康计划下手。再加上经理人想把利润分配给股东和管理层,使得工人为实现美国工业民主的梦想而付出的所有代价,都付诸东流。在20世纪60年代,美国人总觉得自己生活在一个富有的国家。如今,美国企业管理层利用养老金欺骗工人,利用税收倒置欺骗美国人。他们仍然没有解决主要问题,也不知道怎样将企业经营得更好。"

如果有更多的哈佛商学院毕业生都直奔华尔街,只有少数人去做企业高管,那么,我们是否还能去责怪哈佛商学院?当然能。哈佛大学社会学系教授弗兰克·道宾(Frank Dobbin)和德克·佐恩(Dirk Zorn)合写了一篇论文,题为《企业不正当行为以及股东价值的误读》(Corporate Malfeasance and the Myth of Shareholder Value)。他们在其中指出了20世纪80年代美国企业精英权力关系的转移:"如果说古典资本主义的观点是企业主通过压榨工人的劳动而变得富有,攫取来自生产过程的剩余价值,那么,我们现在看到的事情则与之截然不同。在美国,知识精英操纵了企业。他们从员工的年金储蓄和落魄资产阶级的投资中掠走利润,来养肥自己(还有基金经理、机构投资者、证券分析师和银行家)。"

例如，证券分析师发现，他们的服务市场正在迅猛发展。20世纪70年代末，一般的大型企业只需要有8位分析师便足够了，到20世纪90年代初，这一数字增至18位。同时，机构投资者对整个美国工业"大厦"的唯一关注点是季度利润目标。这一目标，会对企业的股价产生直接影响。直到今天，这些人依然执迷不悟地紧盯那些数字，根本不管它是一个扭曲的、具有破坏性的目标。

道宾和佐恩指出："收购专家、机构投资者和证券分析师正在努力改变企业高管和股东感知到的利益。如今，企业高管确信，在实行恶意收购后，他们的日子会好过一些……而且，他们让企业产生了经营业绩。"最可恶的结论，也是哈佛商学院及其毕业生从一开始就支持的结论是：他们中的大多数人并不是思想家，只是业绩突出的机器人，并做好了接受流行思潮的准备，不管那些思潮是好是坏。道宾和佐恩表示，"他们这么做（指哈佛商学院及其学会对上述结论的支持），并不完全是恶意预谋，部分原因是这群商业专家无法准确预测所有的改革结果，也因为他们不但被CEO和股东洗脑，还被自己洗脑了……他们首先欺骗了自己。收购专家让他们确信自己是在罢免不称职的CEO，机构投资者让他们确信CEO应当依托绩效拿报酬，证券分析师让他们确信不能根据当前利润判断股票价格。"

这就是金钱说服力。在1980～1989年这十年，企业CEO和金融从业者在美国经济中攫取的财富份额是有史以来最高的。这种财富的攫取，并不能表明这些人厚颜无耻，甚至也不能说他们贪婪。事实上，他们全都让自己确信，事情本应这样发展。道宾和佐恩写道："无论是基金经理人还是高管，他们都拿着数千万美元乃至数亿美元的薪酬，这是吸引人才的必要条件，无可争辩。仅仅在一代人之前，CEO能够拿到百万美元年薪，就已经很不错了。如今，他们要求2 000万美元。是的，尽管生活成本正逐步上涨，但并未像薪酬一样上涨得如此之快！"

第五部分

抉择：不仅仅是面子工程

2008年金融危机爆发后，恐慌不安的情绪在世界蔓延，哈佛商学院的精英们名誉扫地。若将这场灾难归咎于哈佛商学院，是否言过其实？但它不能否认，自己在一个世纪里向世界输出的理念，无疑是危机导火索。现在，哈佛商学院正站在岔道口，它会选择安于现状，还是冒险改革？

第50章
占领华尔街

哈佛商学院毕业生最愿意去的是咨询公司,华尔街的公司紧随其后。他们并不只是为了钱,还出于声望以及成功的考虑。20世纪上半叶,成为大型制造企业的CEO就能获得不错的名望,因为那时的美国喜欢把自己描述为领先世界的工业经济体。不仅如此,大型制造企业CEO的工作,似乎最需要脑力。20世纪六七十年代,管理精英们都认为自己可以经营无比复杂的庞大企业,其实他们高估了自己的能力。繁荣的经济,让他们一时间似乎真的具备了那种管理能力。同时,企业高管也成为整个国家最令人垂涎的工作。

但是,当美国经济清算的日子来临时,企业界最为复杂的任务不再是建设企业,而是拆解企业。这恰好能吸引雄心勃勃的MBA。他们无疑也想赚钱,不过他们认为,没有找到具有挑战性和对整个经济十分重要的工作,即使赚再多的钱也不够。1986年,当哈佛商学院29%的毕业生在投行找工作时,他们便是这么告诉自己的。他们也许是对的,美国的经济需要重新配置,而华尔街则在这方面处于领先地位。

当然,赚钱最终变成了令人憎恶的目标,与此同时,随着商品化的力量如往常般吞噬着整个价值链,投行工作的挑战性已经不复存在。尽管在20世纪50年代,投行对企业的首次公开募股(IPO)极其重要,以至于可以拿到5%的佣金。但到了90年代，IPO流程已经变得十分制度化，投行拿到的佣金，甚至都不及以前咨询师所拿佣金的零头。其实，若把经济比喻成一条狗，金融业在20世纪90年代已成为这只狗左右摇摆的尾巴。同时，它对经济中现金流的掌控捏得太紧，无法放手。回流到哈佛商学院数额惊人的现金，解释了约翰·麦克阿瑟院长之流为何不屑理睬扭曲的经济，仿佛它只不过是一场闹剧。

哈佛商学院毕业生在华尔街的创业故事，一开始很高调。当时，3位有胆识的毕业生在华尔街成功创办了一家投资机构。但这个故事，以潘兴广场资本管理公司(Pershing Square Capital Management)创始人比尔·阿克曼和布里奇沃特投资公司(Bridgewater Associate)创始人雷·达里奥等人的自鸣得意而告终。阿克曼以某种方式让自己相信，迫使美国CEO专注于短期利益，在道德上是正确的。而达里奥则想方设法将赚钱的能力与更强烈的自我意识混为一谈。同时，他还总结了200多条法则，并借此谋生。

校友：创业的关键力量

20世纪50年代，在华尔街找一份工作并不是一件有风险的举动。随着支持反托拉斯的哈里·杜鲁门和他的追随者走出白宫，德怀特·戴维·艾森豪威尔就任总统，华尔街和其他经济领域一样，开始乐享一波急剧增长。1950～1960年，华尔街中的投行数量翻了一倍，股票经纪人的地位也得到提升。到50年代末，他们在公众知名度方面已经可以与CEO、法官和医生媲美。1952年，只有4%的美国人持有股票。10年以后，超过10%的美国人都成了股民。

但是，在华尔街创办公司则完全是另一回事。华尔街依然由强大的"白鞋公司"(white-shoe firms)①组成的俱乐部所控制，要想成为该俱乐部的一员，你的公司必须拥有强大的竞争力。而一旦白鞋公司受到淘汰威胁，他们便会拼了命地保护自己的垄断地位。所以，自1932年以来华尔街并没有成立过新公司。如果你既有令人印象深刻的背景，还有发展独

---

① 美国传统中，历史悠久、信誉卓著、专做大生意的专业服务机构，如投行、律师事务所等，通常被称为"白鞋公司"。白鞋公司的人，大多穿一款白色系带式的时尚休闲鞋，故得此名。——译者注

特业务的渴望，那么，在这种情况下考虑创办一家屹立于华尔街的公司才可能有意义。结果，有3位哈佛商学院的MBA仅在毕业两年后，便决定在华尔街创业，他们是1957届毕业生理查德·詹瑞特（Richard Jenrette）和丹·勒夫金（Dan Lufkin），以及1958届毕业生威廉·唐纳森（William Donaldson）。他们创办了DLJ，致力于帮助新兴公司获得发展资金。

詹瑞特来自美国南方，起初打算跟随父亲在保险业打拼，但朝鲜战争爆发后，他被上级挑中进入军队，战争结束后进入商学院深造。在他们3人创办公司时，詹瑞特并没有社会声望。他只是在毕业后进入布朗兄弟哈里曼银行（BBH）工作，负责处理好莱坞传奇影星葛丽泰·嘉宝（Greta Garbo）的银行账户。勒夫金和唐纳森弥补了他的不足，两人曾就读于耶鲁大学，都是秘密社团骷髅会（Skull & Bones）①的成员，唐纳森甚至还为老布什总统的叔叔乔治·赫伯特·沃克（George Herbert Walker）工作过一段时间。

詹瑞特回忆说："到哈佛商学院深造之前，我考察了许多合作对象，依然觉得勒夫金和唐纳森是我认识的最全能的人。他们还认识纽约所有的大人物，而我却一个也不认识。我知道他们很厉害，我想加入他们。"

3位创始人的愿景是：为新兴的成长型公司提供深入、高质量的研究，这是个赚钱的活，类似于哈佛商学院的案例研究，写一份几十页的报告足矣。他们的想法是对的，并在几年时间里开辟了一个有利可图的利基市场。当时来自雷曼兄弟的一位银行家这样警告勒夫金："我们将把你们拍死，像拍死墙上的一只苍蝇那么简单。"然而，在接下来的30年里，DLJ逐渐发展成华尔街的一支重要力量，其业务扩展到周边各公司的业务领域之中：从资产管理到经纪人业务，还有证券包销、股票交易和风险资本。如此看来，那位银行家无异于痴人说梦。

这3位哈佛商学院毕业生在华尔街缔造的传奇，并不是秘密。不太为人所知的是，他们在此过程中或多或少依靠了他们的母校——从获得教育，到挖掘人才。哈佛商学院因培养出了很多商界精英而备受好评，尽管这确实只是一种引申含义，但这对DLJ而言却是事实。如果没有哈佛商学院，便没有DLJ的辉煌。詹瑞特说："我们从公司成立的第一天开始就从哈佛商学院招聘员工。我们想的是，最好能吸引志趣相投、已经

---

① 社团每年吸收15名耶鲁大学三年级学生入会，成员中有许多来自美国政界、商界、教育界的重要人物，其中包括3位美国总统以及多位联邦大法官和大学校长。——译者注

受过训练的人加入我们。因此,我们不需要像那些招聘本科生的银行那样制订训练计划。在最初招聘的12个人中,有10人是哈佛商学院的贝克学者。令人惊讶的是,在20世纪60年代中期,和我们签约的MBA,比与大通银行、福特、美林证券或者摩根士丹利等大公司签约的人还多。我们也许是华尔街第一家发现招聘MBA很划算的公司,但高盛很快也明白了这个道理。"

于1979~1986年在DLJ担任CEO的约翰·卡斯特尔(John Castle)是哈佛商学院毕业生,他的继任者约翰·查尔斯蒂(John Chalsty)也是。最终收购了DLJ的Equitable公司的董事局主席、CEO约翰·卡特(John Carter)也是哈佛商学院毕业生。如果要列一份曾在DLJ工作过的哈佛商学院MBA名单,至少会有以下这些人:DLJ金融服务业主管理查德·佩彻特(Richard Pechter)、前合伙人罗伯特·卡瓦纳(Robert Cavanagh)、前CEO兼COO乔·罗比(Joe Roby)。那些曾加盟DLJ,后来转而追求更高目标的人包括黑石集团总裁汉密尔顿·詹姆斯、雅虎总裁苏珊·德克尔(Susan Decker)以及吉迪昂·余(Gideon Yu)。余曾担任过Facebook和YouTube的财务总监,后来成为红杉资本和科斯拉风险投资(Khosla Ventures)公司合伙人,现在是旧金山49人美式足球联盟球队的共同所有者。

唐纳森和勒夫金在20世纪70年代初离开DLJ,寻找新的创业机会。唐纳森曾担任尼克松的副国务卿,参与筹建了耶鲁管理学院并出任首任院长。后来,他又担任纽约证券交易所主席和CEO、安泰保险(Aetna)董事会主席和CEO,并成为美国证券交易委员会第27任主席。勒夫金涉及的领域更加广泛,他在1970年成为"世界地球日"活动的共同创始人,后来转而经营大牧场,在职业生涯末期,他又开始从事杠杆收购。詹瑞特则留了下来,在1984年将DLJ以4.32亿美元的价格出售给Equitable公司时,他是DLJ的董事会主席和CEO。1990年,因一场类似特洛伊木马战争的经典壮举,詹瑞特成为Equitable公司董事会主席和CEO。

当人们邀请詹瑞特评价华尔街的现状时,他批评了一些哈佛商学院毕业生,不过,他把最不客气的批评留给了其他人。他说:"我猜你可能会说,比尔·阿克曼这样的收购艺术家为股东价值的短期导向做出了贡献。现在,你必须当心手头拥有太多现金,或者没有足够的杠杆率,因为CEO已经变得以短期利益为导向了。"但詹瑞特认为,真正的转折点出现在20世纪90年代,即美国政府对华尔街放松监管之时。"如果你将这些责任一路追究下去,就必须了解华尔街在比尔·克林顿、拉里·萨默斯、鲍勃·鲁宾(Bob Rubin)和桑迪·威尔(Sandy Weill)的治理之下发生了什么,"他说,"他们中没人上过哈佛商学院。我和高盛CEO约翰·怀特黑德一道,一直战斗在最前沿,阻止银行进入企业界。我们知道,如果他们进来了,各种各样的投机活动便会出现。过去,销售金融衍生品的人,是那些蹩脚的股票经纪人。你想做空时,必须得打电话给交易商,借入股票、卖出它们。他们手里并没有能让你立刻做空世界的产品。可是,当银行进入企业界后,投机性的投资就变得令人尊重了,动量投资居然也可以被接受。这种势头蔓延到CEO的身上后,突然之间,他们全都想做新项目、公开上市、收购别的公司,并且使自己的公司背上债务。我认为,我们不能把这些事情的责任都推在哈佛商学院身上,也不能一味地责怪MBA。"

如今正在翻新旧房子的詹瑞特,在回到他位于纽约的家时,便会稍稍感受到哈佛商学院的历史气息——他居住在乔治·贝克的老房子里。1984年,哈佛商学院授予他"校友成就奖"。2006年,唐纳森也获得了该奖。至于丹·勒夫金,他显然无缘此奖,因为他仍未履行好对哈佛商学院的"义务"。

学生成功,就是母校成功?

史蒂芬·施瓦兹曼(Stephen Schwarzman)的成功故事,是典型的华尔街式成功故事。他十分确定,自己的成功,主要归功于自己的勤奋、才华以及良好的时机。但是,他也是那种典型的哈佛商学院毕业生,愿意把自己的成功归因为哈佛商学院。黑石集团是施瓦兹曼在1985年时与他人共同创办的,起初它只是一家普通的初创公司,如今,它已发展成一家规模庞大的全球私人股本公司、投行以及另类投资公司。2015年,由黑石管理的资产达到3 360亿美元,净收入为22亿美元。

谈及在哈佛商学院的学习经历,施瓦兹曼指出,学院的教学方法,特别是分组方法以及案例分析法,使他在职业生涯中拥有了一项重要优势。他还认为哈佛商学院成功地让学生理解了企业各部门及其系统之间的关联性。他说:"哈佛商学院会教你一些基础的东西,并且告诉你系统中的所有事物，都和其他事物相互联系……企业中的每个要素，都得与其他要素密切协调起来。之前，并没有人大声说出这种见解，但我只在那里待了两个月，便能从每一个案例中发掘出这些。这种经验极其宝贵……它有助于你更容易地预测大型复杂系统的周期、作用以及反作用。"

但是，他也承认了学位的局限性。施瓦兹曼强调，学位不会让你与众不同，它只是让你有资格去磨砺职场技能。"拿到 MBA 学位，不会让你变成史蒂夫·乔布斯或者比尔·盖茨，"他说，"我不愿意说这个，但是，是上帝创造了那些杰出的人才。我的话没有任何宗教色彩，只是说他们有着非常独特的智慧。那些带给我们变革性发明的人不需要 MBA 学位。就普通人而言，攻读 MBA 会让人更加高效，具有更广博的知识，对事情的对错以及如何做好事情有更敏锐的直觉。总的来说，这是件非常好的事情，它鼓励人们在组织中更好地合作。但是，若某个 MBA 不太聪明，或者拥有那些令人反感的特点——傲慢自大、不断制造混乱或者自鸣得意——将不利于人们对这一群体的评价。通常情况下，如果人们在谈论某人犯下的错误，并不会将 MBA 学位作为指责点。"

对于那些通过毕业生的职业生涯来判断某所院校的人而言，杰米·戴蒙的存在，意味着一个具有矛盾性的挑战。戴蒙被公认为是他那一代最杰出的银行家。20 世纪八九十年代，他在花旗集团的创建过程中主要负责执行董事长桑迪·威尔的决策，不过却在最后被他炒了鱿鱼。过了几年不干涉公司事务的生活后，戴蒙又成功地登上美国银行业的最高峰。2000 年，戴蒙出任第一银行（Fist Bank）CEO。2004 年，第一银行与摩根大通合并，戴蒙于 2005 年升任摩根大通 CEO，并于 2006 年担任其董事会主席。2015 年，摩根大通的营业收入和净收入分别为 966 亿美元和 244 亿美元，这当然要得益于戴蒙。

当戴蒙成为摩根大通集团最高管理者时，金融危机初现端倪，待到危机开始蔓延时，摩根大通成了第一家响应美国政府"伸出援手"的银行。于是，在 2008 年 3 月的一个周末，摩根大通收购了已破产的贝尔斯登公司（Bear Stearns）。随后，它又收购了濒临破产的西雅图银行和华盛顿互惠银行，进一步巩固了摩根大通在银行业的位置，这也非常清晰地体现在戴蒙的收入上。据报道，戴蒙在 2015 年的收入为 2 700 万美元。

在很短暂的一段时间里，戴蒙似乎没有做错任何事情。2009 年，我曾在《最后的胜者：杰米·戴蒙和摩根大通的兴起》（*Last Man Standing:*

The Ascent of Jamie Dimon and JPMorgan Chase）一书中，明确地表达了这种观点。戴蒙不犯错的时间并未持续太久。2012年，摩根大通发现其伦敦办事处一位名叫布鲁诺·伊克西尔（Bruno Iksil）、绰号为"伦敦鲸"的交易员造成了20亿美元的交易亏损。后来，这笔亏损仍在继续增加，最终超过了60亿美元。

起初，戴蒙在回应媒体关于这些亏损的报道时，指责媒体小题大做，这成为公众的笑柄。因为那样一笔巨额的亏损，只有在2008年金融危机中才可能发生，这也反映了摩根大通疏于风险控制的事实。同时，作为美国最重要的金融机构，摩根大通不仅能在犯错之后免遭惩罚，还能一如往常地继续做生意，这使美国民众感到愤怒不已。事实上，戴蒙一直卖力地为银行业发声，再加上他常人不可企及的收入，只会让人们对他的批评更加刻薄。"你不得不崇拜这个人的野心，"《名利场》杂志编辑格兰顿·卡特（Graydon Carter）这样写道，"他试图为一群不受监管地参与博彩的人争取同情而到处诉苦……这真不是一件容易事……那些人不仅把政府和企业弄得一团糟，还带来了无数失业者。"

需要强调的是，经营着世界上最大的银行之一也不容易。为此，戴蒙表扬了哈佛商学院为他做好了准备，他说：

> 重要的并不是我们学到了什么，而是如何学。在学习时，你不是一个人，而是小组中的一员。这样一来，不论你有多么聪明，和独自一人理解课堂内容相比，小组学习总能让你对知识、案例理解得更透彻。当你分析完任何一个案例，你对其中涉及的所有事情，都能进行更为全面的观察和理解。我觉得这种教育方式比讲课好得多，因为你还可以学会怎样思考、怎样坚持你的观点以及怎样为自己辩护。因此，案例分析法会让你成为更优秀的思考者。但是，你也不能忽略获得成功的另外两个因素——时机和运气。

这便是哈佛商学院MBA的思考方式。但是，谈到他们在思考些什么时，戴蒙并不认为哈佛商学院对毕业生产生了很大的影响。他说：

> 哈佛商学院教给你最重要的事情是如何思考、管理、做好事情。他们会激发你的潜能，但我真的不认为他们会改变你的思想。如今，

哈佛商学院明显对企业的社会责任更感兴趣,但他们可能无法将这一兴趣强加在学生身上。而他们也并未让学生赚钱的渴望更强烈。要知道,学生们正是怀着那种强烈的渴望而进入哈佛商学院的。

哈佛商学院依然追捧戴蒙,而在戴蒙的三个女儿中,就有一个曾在哈佛商学院就读。他也生动地展现了哈佛商学院及其最成功的毕业生之间的互惠互利关系。简单地讲,戴蒙毫不犹豫地将自己的部分成就归功于哈佛商学院。在他攀上职业生涯的高峰时,哈佛商学院已经是一种美好的记忆。但对哈佛商学院而言,这正是它收到回报的时候。

助力者:高盛

多年来,高盛将十几位(甚至更多)员工送到哈佛商学院的分析师班进行培训,待到这些员工毕业,再重新将他们聘为合伙人。这种做法如今在华尔街的其他公司已不太流行,但高盛认为,受过哈佛商学院教育的银行家,是其品牌建设的重要组成部分。因此,在20世纪90年代,当高盛发现哈佛商学院没有招收足够多的员工入学时,便表示不再从哈佛商学院招聘人才了,这是一种赤裸裸的威胁。不过,问题很快便得到解决。

接下来,我将进行一个有意思的对比,对比两个曾在哈佛商学院读书,且大部分职业生涯都在投行的人。这两个人,其中一位最终成为华尔街历史上最受人尊敬的高管之一;另一位在高盛长期任职,却在一个引人注目的事件中将自己的自私、任人唯亲的性格展现得淋漓尽致。可以说,第一个人兑现了哈佛商学院培养改变世界的领袖的诺言,第二个人则是对这一诺言的亵渎。

约翰·怀特黑德于1947年从哈佛商学院毕业,此前,他在哈佛学院拿到经济学学位后,加入了美国海军,随后,军队又将他送到哈佛商学院学习会计,以便让他在军舰上担任出纳主管。最后,他成为一名艇长,并在诺曼底登陆时成功将战士渡到奥马哈海滩。战争结束后,他回到哈佛商学院授课,同时也作为一名学生入学。有了这些经历后,他经常开玩笑说,他是哈佛商学院第一个既当老师又当学生的人。

怀特黑德回忆道:"我的同班同学不但聪明、勤奋,还拥有雄心壮志。他们中的大多数人和我一样来自军队,渴望在哈佛商学院以全A的成绩快速毕业,这样才能补偿失去的时光。"他还称赞案例分析法是一种强大的教学工具。"它要求学生采用一种适应性思维,这与机械式学习相比,具有更强的创造性,"他回忆道,"每个业务问题都必须从新的角度及其所处的独特情况来考虑。"

怀特黑德是高盛 1947 年招聘的唯一一位新员工。他后来写道:"哈佛商学院学位可能起了一定的作用,因为在那些日子里,公司里很难见到拥有这种学位的人。而且高盛董事会主席西德尼·温伯格(Sidney Weinberg)与哈佛商学院院长是关系很好的朋友。"1956 年,怀特黑德成为高盛合伙人,他对公司侧重于从商学院(尤其是哈佛商学院)毕业生中招聘员工的做法并未觉得不妥。1975 年,他已经升任高盛董事会主席(同时担任主席的还有西德尼·温伯格之子约翰·温伯格)。到 20 世纪 80 年代末,只有一家公司比高盛招聘了更多哈佛商学院毕业生,那便是麦肯锡。

要想了解高盛与哈佛商学院的关系,还得从头说起。高盛联合创始人塞缪尔·萨克斯(Samuel Sachs)有两个儿子,分别是沃尔特·萨克斯(Walter Sachs)和保罗·萨克斯(Paul Sachs)。在公司创办后的最初几十年里,两人都支持哈佛商学院,他们还在 1927 年向学院捐赠了 10 万美元。即使温伯格执掌高盛时没有大规模地从哈佛商学院招聘员工,但他也与这所商学院建立了密切关系。1966 年,他为商学院带来了几百万美元的捐款,因而被哈佛授予荣誉博士学位。约翰·怀特黑德和约翰·温伯格——著名的"两个约翰"——还在哈佛商学院设立奖学金,以纪念西德尼·温伯格。1983 年,两人提议高盛的每一位合伙人都应向哈佛商学院的年度基金捐款,不论他们是否上过哈佛商学院。

怀特黑德在 1984 年退休后,开始和许多高盛高管一道从事公共服务,其中包括 1970 届哈佛商学院毕业生汉克·保尔森(Hank Paulson)。怀特黑德还担任过里根政府的代理国务卿,并在 1995 ~ 2000 年出任纽约联邦储备局主席。期间,他精心策划了对资本管理公司的长期救助计划。"9·11"事件发生后,他成为曼哈顿下城发展公司负责人。为纪念救援人员和受害者,他通过基金会筹集到 1.3 亿美元资金,建设了一座纪念碑。

1985 年,为了促进哈佛商学院的初级教授与高盛任期一年的高管进行互换,怀特黑德与高盛各向哈佛商学院的"约翰·怀特黑德/高盛教师-企业高管交换计划"捐赠 20 万美元。1995 年,他还向哈佛商学院捐赠了 1 000 万美元,用于学院建立社会企业发展中心,其目的是增强学院在

管理学方面的教学能力,鼓励更多学生在非营利组织中任职。

2015年2月,怀特黑德与世长辞,享年92岁。哈佛商学院社会企业发展中心联席主席卡斯特利·兰根(Kasturi Rangan)教授客观地赞扬了怀特黑德所做的贡献。但接下来,他试图对哈佛商学院也来一番赞美,可学院没有接受赞扬的资格。兰根说:"在印度举行的社会企业大会上,当主持人介绍我出场时,他说哈佛商学院创建了社会企业这门学科。在我看来,这样的荣誉属于约翰·怀特黑德,是他点燃了火花塞,让哈佛商学院这架发动机得以转动起来。"可是,哈佛商学院并没有创造社会企业这门学科,虽然学院在成立之初就考虑过,但它最终选择了一条相反的路。主持人的赞扬应当属于耶鲁管理学院,它在1971年成立之时,就表达过为学生提供私营和公共管理学位的意图。而耶鲁管理学院的首任院长,是我之前曾介绍过的、1958届哈佛商学院毕业生威廉·唐纳森。

失控的金钱游戏

1979届哈佛商学院毕业生约翰·塞恩(John Thain)是在怀特黑德担任高盛CEO期间加入该公司的。塞恩从麻省理工学院拿到本科学位后,迅速让自己脱颖而出,不但获得了哈佛商学院的MBA学位,还学到了强大的数据分析技能。这让他在职场中一路晋升:1994年,他被任命为高盛财务总监;1999年被任命为投行总裁,并被考虑作为汉克·保尔森的继任人选。不过,在保尔森成为CEO之前,塞恩就离开了高盛,并于2004年出任纽约证券交易所总裁,他的这一任期仅仅持续了两年。在此期间,他想方设法帮助交易所公开上市。2007年,他又成了美林证券的CEO。

正是在这个时候,事情开始向错误的方向发展。塞恩在管理上做出了一些丑行。2008年春,恰好在美林证券准备大范围减薪之际,他聘用了自己在高盛的同事汤姆·蒙塔格(Tom Montag)和彼得·克劳斯(Peter Kraus),两人的年薪分别为3 900万美元和2 900万美元。随着次贷危机的恶化,他看起来像是一位奇迹创造者。2008年9月,恰好在雷曼兄弟银行倒闭的那个周末,他出人意料地以500亿美元的价格将美林证券卖给了美国银行。然而,在4个月以后,他被美国银行解雇。因为在2008年第四季度中,美林证券的亏损金额竟高达150亿美元。

就在塞恩被赶走之前,他向美林证券的高管支付了40亿美元奖金。

这一行为充分证明了华尔街对席卷全球的金融危机没有表现出任何责任感，而它正是那场危机的始作俑者。不仅如此，塞恩还花费120万美元装修自己的办公室，其中包括购买一把价格为18 468美元的乔治四世的椅子、价值6.8万美元的古董书柜、价值3.5万美元的"马桶"以及1 100美元的废纸篓。事后，《金融时报》评价道："他似乎是一个生活在泡沫中的人，不擅长倾听别人的建议，更不擅长洞察整个社会的变化。当时，公众对高管过高的薪酬已经忍无可忍了。"

2010年，塞恩重出江湖，被聘任为美联信集团（CIT）CEO，直到2016年3月退休。他通过购买第一西部银行等举措，将CIT带出困局。但是，在塞恩即将退休的当口，CIT找了一个理由，以一种让他能留住限制性股票的方式来改变公司对退休的定义。如果换成别的方式，他可能拿不到那些股票。

此前，CIT规定，若想保留限制性股票，在55岁退休的员工必须具备11年的工作年限，而在65岁退休的员工必须具备5年的工作年限。塞恩的工作年限达不到标准，因为他如果在60岁退休，仅在CIT工作6年是不够的。但美联信公司决定将政策改成"66岁退休规则"，这样一来，如果某人的年龄和工作年限的总和为66，那么，所有限制性股票都将变成既得股票。所以说，这是一个为塞恩量身定制的规则。塞恩说，这一改革旨在"合理解释"退休的定义。毋庸置疑，这是一种完全不同的"合理化改革"。塞恩已经拿走了他的报酬，2014年是880万美元，2013年是820万美元。对此，路透社"热点透视"的资深专栏作家理查德·比尔斯（Richard Beales）评价道："塞恩在CIT的最后一次秘密动作，应当包括为一己私利而制定了一些难懂的规则。"

另一位约翰也掺和到哈佛商学院与高盛密切的联系中来，不过，他从未在高盛工作过，他便是1980届哈佛商学院毕业生约翰·保尔森。在获得约翰·怀特黑德/高盛奖学金之后，保尔森便前往哈佛商学院深造，毕业后，他先后到波士顿咨询、贝尔斯登以及几家不太知名的公司工作。1994年，他出资200万美元创办了对冲基金公司——保尔森公司。到2003年，保尔森公司管理的资产达3亿美元。但他之所以出名并成为亿万富豪，缘于他在房地产市场崩溃之后大肆做空次级债。

保尔森还在波士顿咨询时，意识到自己入错了行。咨询并不是他想做的，华尔街才是他的天地。有一次，他展示了哈佛商学院的校友网络如何运行,给人留下了深刻印象。原来,保尔森在一场网球比赛中偶遇杠杆收购领域的先驱杰尔姆·科尔伯格(Jerome Kohlberg),于是他主动上前,告诉这位长者自己有多么喜欢他在哈佛商学院讲的课。科尔伯格便请保尔森到办公室坐一下,当时他的科尔伯格·克莱维斯·罗伯特公司(KKR)还没有开张,于是把保尔森介绍给了另一位收购界的传奇人物利昂·利维(Leon Levy)。利维聘用了保尔森。另外,保尔森在波士顿咨询工作时,遇见了校友吉姆·科赫(Jim Koch),吉姆曾问保尔森是否愿意向自己刚起步的手工酿酒厂投资,从而获得了保尔森的2.5万美元。他投资的正是波士顿啤酒,其老板是波特兰市长山姆·亚当斯(Sam Adams)。在那笔投资上,保尔森赚到了几百万美元。

那么,高盛是如何与保尔森牵扯上的?原来,高盛曾与保尔森合作设计了一种所谓合成型债务抵押债券(collateralized debt obligation,以下简称CDO),并允许他在2007年做空次贷市场。保尔森和高盛一位名叫保罗·佩莱格里尼(Paolo Pellegrini,1985届哈佛商学院毕业生)的重要员工一起合作。保尔森甚至参与挑选了CDO——ABACUS 2007-AC1,而交易的另一端是高盛的客户。当次贷崩溃时,高盛的客户亏损了超过10亿美元,保尔森则大致赚到同等数目的钱。作为回报,保尔森支付给高盛1500万美元。2007年,保尔森的公司累计利润高达150亿美元。

后来,美国证券交易委员会因高盛涉嫌误导客户,向其提起证券欺诈诉讼,保尔森无疑脱不了干系。2010年,高盛因"欺诈门"支付了5.5亿美元罚款用于和解,这是华尔街有史以来数额最大的罚款。自此以后,高盛日渐式微。该委员会执行部门主任罗伯特·库赞尼(Robert Khuzami)说:"这是美国证券交易委员会历史上对一家金融服务公司实施的最大数额的处罚。这次和解,对所有的华尔街公司来说都是一个深刻的教训。他们得明白,如果公司违反了诚信和公平交易的基本原则,没有哪一种产品能避免付出高昂的代价,也没有哪一位投资者可以逃脱惩罚。"2016年,高盛同意支付另外的51亿美元,以和解美国证券交易委员会对他们在金融危机爆发前不当行为的指控。

2015年,保尔森向哈佛捐赠4亿美元,哈佛商学院院长尼廷·诺瑞亚称他为"卓有远见的领导者"。约翰·保尔森确实是他那一代最机敏的投资者之一,但他的机敏是否让他成为"卓有远见的领导者",看起来颇有争议,特别是考虑到他的揽财手段。但是,正如一位记者在听到保尔森的头衔后指出的那样：罗马人经常说，金钱无臭味（Pecunia non olet）。

1992年从哈佛商学院毕业的威廉·阿克曼是一位活跃的对冲基金经理，也是潘兴广场资本管理公司创始人。他既代表着哈佛商学院的希望，又代表着哈佛商学院的危机。阿克曼是一位乐于追逐财富和成功的MBA，也是最杰出的对冲基金经理之一。与此同时，哈佛商学院关于"什么（就是金钱）造就成功"的狭隘观点也影响到MBA的观念。哈佛商学院的许多毕业生还把道德拉进来，仿佛他们的成功是内心善良的结果，而并非他们独特的技能、特殊的背景以及好运气的结果。阿克曼也是如此。

阿克曼一直很成功。从哈佛商学院毕业后不久，他和一位同班同学东拼西凑借了300万美元，创办了哥谭合伙公司（Gotham Partners）。两人做过一些成功的交易，包括做空债券保险商——美国城市债券保险——获得10亿美元回报，但也有许多不成功的交易，使得对冲基金在2002年开始萎缩。在对冲基金领域，人们"冒风险"的范围会扩展到无限大。即使所有人都站在你的对立面，你也得坚持下去。这种经历，与假装自己是某个案例研究中的CEO相差无几。

不久之后，阿克曼利用从投资卢卡迪亚全国控制公司（Leucadia National Corporation）赚来的5 000万美元，创办了潘兴广场资本管理公司。他还把自己重新塑造为维权投资者（activist investor）。阿克曼先是与塔吉特公司的管理层斗争，后与杰西彭尼百货（JC Penney）的管理层斗争。在做空康宝莱公司时，阿克曼称这一举动出于"道德义务"，坚持认为自己的投资受到了严格的道德规范的指引。而他总是喜欢用学童般的嘲笑方式为自己辩护。2015年底，当伯克希尔·哈撒韦公司副总裁查理·芒格（Charlie Munger）质疑瓦利安特制药公司(Valeant)的道德水平时[1]，阿克曼回击道，伯克希尔·哈撒韦公司长期持股的可口可乐公司生产的汽水，不利于儿童健康。

阿克曼对他自己在股票市场中扮演什么角色，纯粹是哈佛商学院的那一套看法。《财富》专栏作者卡特里娜·布鲁克（Katrina Brooker）在为彭博通讯社写稿时说："他（阿克曼）把自己看成是一个好人。"布鲁克用阿克曼的口吻说道："我们是始终代表着企业主的白衣骑士[2]。"如果

---

[1] 阿克曼持有该公司股票，该公司被控将药品价格抬高至患者无力承受的水平。——译者注
[2] 指帮助企业渡过财政难关或避免企业被收购的人或机构。——译者注

换一种方式来思考，那么，阿克曼就是迈克尔·詹森的代理人理论的复仇天使。不过，他是一位具有良好公共关系意识的天使，因为这个角色能否成型，取决于人们的关注度。当镜头或者麦克风全都对准他的时候，阿克曼表现得非常高调，而巴菲特则在媒体面前表现得十分低调，但巴菲特赚起钱来和其他金融家一样无情。阿克曼一度声称巴菲特是自己的导师，尽管他从未接触过巴菲特。他曾说："即使没有遇到他，你仍然可以从他身上学到很多。"然而，"很多"并不代表"一切"。

《纽约时报》记者安德鲁·罗斯·索尔金（Andrew Ross Sorkin）写道："阿克曼先生不是一个江湖骗子。他真诚地相信自己说的话。他能够划分他的观点，并且以矛盾的方式使自己的投资理念合理化。他宣称自己绝不会持有可口可乐公司的股票，因为该公司的产品不健康。但他的这种说法，与他持有汉堡王公司的头寸（position）①，似乎有些矛盾。"

当然，阿克曼拥有的独特逻辑可以化解这一矛盾。他将持有的汉堡王公司的头寸与他持有某家超市的股票进行比较。阿克曼说，尽管某家快餐业巨头在销售可乐，但它的顾客没有义务买可乐。瞧！矛盾消失了！他对索尔金说："我并不反对持有某家卖可乐的超市的股票。"这么说来，如果你在制造毒药，那么你就是坏人。但若你把制造毒药的权力卖给别人，由别人来制造，你就清白了。这是一种既傲慢又专横的逻辑，但它在情理之中。正如传记作家罗伯特·卡洛（Robert Caro）告诉我们的那样，傲慢是金钱的系数之一。

同时，阿克曼的狡辩还是一个例证了案例分析法失败之处的例子。不管你对汽水销售商的道德水平持怎样的观点，阿克曼将生产汽水与销售汽水做了明显的区分，这只会让某支高中辩论队感到好笑。但他可能并不是这样认为的，他的那番评价，只是为了证明自己具有哈佛商学院的学生们拥有的那种能力——善用修辞。他的一位校友说："你只要看一看比尔·阿克曼，便会懂得哈佛商学院缺少女学生的原因了。因为绝大多数女性都面子浅，她们不愿意靠瞎扯来得到分数。"

2014年，阿克曼因未能买下艾尔健（Allergan）而损失了20亿美元。当时，艾尔健通过与竞争对手阿特维斯集团（Actavis）合并，逃出了他的

---

①头寸是金融行业词汇，在金融、证券、股票、期货交易中经常用到。比如在期货交易中建仓时，买入期货合约后所持有的头寸叫多头头寸，简称多头；卖出期货合约后所持有的头寸叫空头头寸，简称空头。——译者注

第五部分 抉 择
不仅仅是面子工程

魔掌。但这并未给阿克曼带去多少打击。据报道，到2014年底，潘兴广场资本管理公司仍坐拥180亿美元资产。"很多人以为，2013年将是潘兴广场的末日，"阿克曼对彭博通讯社的记者说，"那只是媒体的看法，就像彭尼百货、康宝莱和伊坎都在电视上说我是傻子，但这并不能证明什么。"

他们确实这样说了。但他们没有像阿克曼总结的那样"企图伤害他"。在这方面，阿克曼就像那些长得过快的青少年一样，心理成长落后于生理发育，却在一毕业就穿上了大男孩的裤子，接着便患上了妄想症。实际上，是他对别人口无遮拦的评论，才激起别人以同样的方式回击他。2016年3月，随着阿克曼对瓦利安特制药公司一次失败的巨额投资，他的回应，几乎把"傻子"的标签带回到这场博弈中，也让哈佛商学院对阿克曼的影响具有了讽刺意味：一家公司的股价急速下跌，只不过是卷走了另一些人辛辛苦苦挣来的血汗钱，也只不过使得侵略性的销售策略更加明显。当然这还威胁到一个人的声誉，这个人在自己的整个职业生涯中，都在不停催促他人立刻拿出利润。

瓦利安特制药公司可能证明，不止一位哈佛商学院毕业生惨败而归。2016年3月，1971届哈佛商学院毕业生罗伯特·戈德法布（Robert Goldfarb）从红杉资本辞职，部分原因是股票亏损。正如彭博通讯社的专栏作家马特·莱文（Matt Levine）指出的那样："如果你想在想象中构建一家公司，用它来例证股东价值的邪恶性，那么，你也许会发现，你想象中的公司和瓦利安特有许多相似之处——到加拿大去进行税收倒置！提高药品价格以充分利用保险！降低研究与发展支出！大量杠杆贷款！实行金融工程和偶尔出现的侵略性会计！"2016年，在伯克希尔·哈撒韦公司的年会上，巴菲特和查理·芒格都痛斥瓦利安特制药公司，芒格更是将这家公司比喻为藏污纳垢的下水道。

哈佛商学院里也有人并不赞同阿克曼。他们表示，各企业被迫花费如此多的时间和资源来抵抗阿克曼之类的人时，没能把注意力放在更大的目标上。"我们需要强大的企业来完成全球经济一体化的使命，"哈佛商学院教授比尔·乔治（Bill George）告诉彭博通讯社，"这（指阿克曼的做法）对美国不是好事，对社会也不是好事。"作为美敦力公司（Medtronic）前CEO和哈佛商学院教授，比尔·乔治站在学院中的校友CEO一方合情合理。但是，当道德的"毯子"把所有哈佛商学院校友全都盖上时，便很难区分谁才是有道德的人。

第51章

经理人为何越来越失职?

亨利·明茨伯格想要批判的 MBA 实在太多,若要一一列举,简直可以写一整本书。2004 年,明茨伯格还真的写了一本书——《管理者而非 MBA》(*Managers Not MBAs*)。在书中,他对管理学教育展开了猛烈批判。明茨伯格在书中指名道姓,毫不畏惧。由于他本人是麦吉尔大学的管理学教授,所以他有足够的资历对哈佛商学院及其珍视的案例分析法展开最尖锐的批评。

值得称赞的是,《哈佛商业评论》也发表了许多批评文章。1990 年,明茨伯格在《哈佛商业评论》上发表了《经理人的职责》(*The Manager's Job*) 一文,对现代管理学教育提出了他的看法。大批读者对这篇文章提出了重印请求,使他这位相对不太知名的管理学教授变成了学术界一股不可忽视的力量。1996 年,他又在《哈佛商业评论》发表了一篇文章,题为《对管理的思考》(*Musings on Management*)。在文章中,明茨伯格指出,管理界对等级制度的痴迷,导致人们对"企业是什么"产生了一种扭曲的看法。"只有在组织结构图上,高管才处于企业的最顶端,"他说,"这可笑的结构,只为了展示我们对这个被称为管理的抽象概念究竟有多么着迷。如果你再看到这样的结构图,请把组织的名字遮住,试着想一想,企业到底凭借什么生存。在企业的所有物中,组织结构图最为突出的特点是，它从来不会让人想到真正的产品和真正的服务，更别说让人想起每天都在生产一线的工人们。它好比在说，组织是为管理者而存在的。"

明茨伯格提议，我们应当把组织画成一个圆。他说："圆的中央是核心管理层。四周的外层边缘是负责开发、生产和销售产品与服务的人，也就是知晓日常运营的人。这些人能够清晰地观察整个企业，因为他们离实践最近。但是，他们的观察可能也很局限，只能看到自己所在的局部。而位于中央的管理者可以看得宽广一些——看到整个圆的四周，但他们距离一线操作太遥远，无法清晰地观察。因此，这里的诀窍是将这两个群体联系起来。如果要做到这一点，大部分组织需要在这两类人之间安排一群见多识广的经理，这些人可以看到外层情况，然后将得到的信息汇报给处于中央的管理者。你知道，我们过去常常称这类经理为中层管理人员，但如今他们几乎不存在了。"

问题之源：脱离现实，纸上谈兵

哈佛商学院声称，它的课程培育出了具有极强战略规划能力的学生。但明茨伯格对这种说法嗤之以鼻。他写道："我们找来一些几乎没有经商经验的年轻人，然后用一个个案例去训练他们，让他们在其中扮演伟大的战略家角色，统治着自己一点都不了解的机构。在挑选这些年轻人时，我们很少考虑他们的创造性，更别说考虑他们的个性是否慷慨了。学生们头天晚上阅读了关于特大型工业企业及其核反应堆的20页简要介绍，第二天就能在课堂上用80分钟超负荷的学习来确定这家特大型企业在下一个千年该如何发展。"

明茨伯格坚称"经验"是个错误的观念，与彼得·德鲁克说过的"课堂里构建了非现实世界的精美模型"相互呼应。他说："这种经验非常肤浅，且与现实脱节。它只是别人的经验。类似于哈佛商学院这样的教育组织，只是在用案例分析法培训一些花言巧语的经理而已。而这些人正坐在办公室，通过寻找案例来管理企业。如此一来，哈佛越成功，企业便越失败。"

英国格拉斯哥大学管理学教授罗伯特·贾（Robert Chia）由衷地赞同明茨伯格的观点。他说："哈佛商学院的案例分析方法，并不是他们想象中的那样美好。他们的案例大多为拼凑而成。某些研究人员在对企业进行研究后，看似得到了所有相关信息，然后，哈佛商学院便将它们作为案例呈现在学生面前。而那些篇幅在 20 ~ 25 页的案例，大多只是在介绍企业现状以及市场环境。这种方法的不足之处在于，它没有考虑学生们需要自己去解释真实世界中的各种现象……我们得让经理人为充满不确定性和不断变化的世界做好应对的准备。其中最关键的挑战是，在解决问题之前，你必须找到问题。"

2012 年，《纽约时报》以"反 MBA"为主题采访了明茨伯格，在采访中，明茨伯格称商学院教育出的 MBA 是对社会的一种威胁，并把这种威胁直接归咎于案例分析法。明茨伯格说："案例分析法使你能围绕自己根本不知道的事情高谈阔论。万幸的是，尽管哈佛商学院一直顽固地采用案例分析法，但其他商学院很少真正克隆他们的做法。30 年前，许多学校复制哈佛商学院的每一种做法；如今，这种情况几乎消失了。"

在 2015 年的一次采访中，明茨伯格反复强调了他多年来一直坚持的观点。他说："正如许多大型企业和银行所证明的那样，管理的实践最终非常糟糕。以哈佛商学院为例，它一直在为它的高管教育项目打广告，他们在广告中说'我们每天研究四家公司，得到的并不是理论，而是经验'。这真可笑。麦吉尔大学的学生在整个研究生期间，只研究一个案例，并且还要根据自身情况以及经历来研究。案例分析法并不是有意义的教育，它只是在让学生围绕自己几乎不了解的事情胡说八道。"

明茨伯格反对哈佛商学院认同的每一件事情。首先从可能被人们称为"可测量指标的崇拜"开始。以效率为例，也许你很难反对效率的概念。毕竟，谁希望效率低下？哈佛商学院的教授认为，效率是一个价值中立的中性概念，但明茨伯格不赞同这种观点。第一，这种观点可能更加看重能够测量的数据，而忽视无法测量的因素。他坚持认为，由于成本通常比益处更容易测量，所以，痴迷于效率的经理人最终可能以牺牲益处为代价来压缩成本。第二，这种观点可能更看重经济的成本，而忽视其他类型的成本，如社会成本，而削减前者通常会导致后者增加。

明茨伯格将矛头指向《哈佛商业评论》于 2011 年 9 月发表的一篇文章，来证明自己的挫败感。作者是哈佛商学院两位重要人物迈克尔·波特和罗伯特·卡普兰。在文章的第四段，两位作者明确指出："不能测量的事情，便不可能进行管理或予以改进，这是一条著名的管理原理。"但明茨伯格认为："那是一条愚蠢的原理，管理根本不宜进行测量，谁又能从经验上证明测量带来的回报？部门主管和监督他们的总部控制人员，都对意外情况感到坐立不安，对数字结果没有耐心。为了确保结果的可靠性，最好的办法是永远不要做任何有意思的事情；总是削减、削减、削减，绝不去创造。对当今的经理人来说，对成本进行合理压缩，好比中世纪的医生认为放血治疗能包治百病。作为这种集中（以及分权）和增加层级（以及减少层级）的结果，测量正以管理宗教的面貌浮现。但是，当人们被催促着去关注某些数字，而不是去满足客户需要时，扭曲了多少合理的商业行为？"

解决之道：积极实践，积累经验

最好别在明茨伯格面前提起领导力。2004年，他在《哈佛商业评论》上发表了《足够的领导力》（Enough Leadership）一文，他在文章中提出了领导层中的谎言："我们都知道领导力为何物。它能带来很多好处，比如促进团队合作、采用长远的视角、建立信任。那么，让我来问你几个问题。如果领导力能促进团队合作，那么你公司里的那些股票期权该如何分配？如果领导力涉及采用长远的视角，那么那些股票期权有多少会在短期内被套现？如果领导力涉及建立信任，假如你的员工真的是你最宝贵的资产，那么这些资产有多少已经在最近几年被你扫地出门？同时，对于那些依然留在公司的人，你又赋予了他们怎样的信任？"

明茨伯格说："哈佛商学院真正引人关注的是，他们催生了各种错误观念。如今，他们却说'我们并没有浪费时间来培训经理人，我们在培训真正的领导者'。关于MBA，人们以为他们实际上就是作为经理人来培训，但事实并非如此，哈佛商学院甚至在糟蹋经理人。那是危险的……我不是说哈佛商学院并没有讲道德、对社会负责任的教授，我确信他们有。问题出在教学方法上，出在他们正在教育的人身上。哈佛商学院并不是培训学生来管理任何事情，而是将其放在一条与之并不相配的快车道上。"

回到迈克尔·詹森在哈佛商学院"称王"的时代，商业圆桌会议认为："董事会必须以某种方式对照其他利益相关者的利益来平衡股东利益的理念，是对董事会作用的误读。此外，它还是一种不切实际的理念，因为它使董事会不知道采用什么标准来解决股东以及其他利益相关者之间的利益冲突，或者不同利益相关群体之间的利益冲突。"明茨伯格的观点是："除了判断之外，再没有其他标准！在1981~1998年，商业圆桌会议中

这些最杰出的 CEO 已经失去了判断能力。如果你想理解引发美国经济危机的深层次原因，就得理解所谓的'领导者的判断'。"

其实，哈佛商学院的管理层已经很好地掌握了明茨伯格提出的许多解决办法，但却未能付诸实施。这些方法包括：

1. 不再破坏组织有效运行必需的社区感，将员工当作人类来对待，而不是在企业达不到绩效目标却依然能够稳定地盈利时，大量解雇员工。

2. 不再忍受 CEO 们可耻的薪酬方案，包括留任奖金、黄金降落伞等诸如此类的计划。任何一位 CEO，如果允许自己的报酬比普通工人高出 400 倍甚至 500 倍，那么，他就不是领导者，而是剥削者。

3. 不再过度强调个人领导，好像 CEO 是英雄似的。他只是企业中的高级经理人而已。

4. 不要再对那些 23 岁的年轻人说，他们是美国的领导者。他们不是。他们就只是一群 23 岁的年轻人。

2009 年，明茨伯格对《哈佛商业评论》杂志说："管理不是一门职业，也不是一门科学，你无法以学习医学的方式学习它。管理是一种实践，你得在实践中学习它，经验至关重要。"

1996 年，明茨伯格呼吁停止传统的 MBA 项目，他自己则早在 25 年前就付诸实践了。如今，他负责运行麦吉尔大学"练习管理"和"健康领导"计划，着眼于帮助有经验的经理人丰富管理经验。他表示，这些课程更加扎根于现实，让学生能以最佳方式处理事关道德的问题——所谓的最佳方式，是指和那些经历过现实生活中道德难题的人一道来处理，而不是和从未面对过道德抉择的学生一同处理。

除了整体停止 MBA 项目，明茨伯格还建议："应当正确认识 MBA 项目培训对金融业和营销来说很好，而不是对管理……管理是一种实践，其中交织着技艺、艺术和科学。技艺至关重要，因为它以经验为基础；艺术是创新的根本，因为它以创造和洞察为基础；科学对分析形势有益，但对于什么在管理中起作用，我们很少有科学的证据。"

第52章
十年回顾:1990～1999年

20世纪80年代和90年代,美国的经济状况大致相同,但也有一些细微差别。1982～1987年,美国股市迎来牛市。在这波牛市之后,美股经历了一次短暂的停滞,以应对股市崩溃,接着,最长的一波牛市出现了。这波牛市持续了13年。股市繁荣,哈佛商学院的财富也在逐渐累积,它的教授以及许多毕业生的收入也水涨船高。

真正发生改变的,是我们用来描述它们的语言。如果20世纪80年代被人们判断为一个自私的时代,那么90年代则有所不同。若你想学一门新语言,可能得找本书来看。这时,哈佛商学院出现了。随着哈佛商学院出版社于1993年成立,学院注意到,教育学生已不再是一项简单的业务。因为从那时起,它打算教育我们所有人。

哈佛商学院能教我们什么?在《上帝注视下的市场》一书中,社会评论家托马斯·弗兰克详尽地说明了"新经济"思想只不过是一张狗皮膏药,同时也细致地描述了类似于哈佛商学院之类的学校怎样兜售这种思想。本着对繁荣股市的敬畏,美国人半信半疑地接受了一种理念:我们也可能持有股票,所以我们所有人都在股市里。奈杰尔·思里夫特(Nigel Thrift)在《了解资本主义》(*Knowing Capitalism*)一书中写道:"经理人正着手重新迷惑这个世界。20世纪五六十年代的理性经营者,在应对官僚机关时既精于走阳关大道，也精于走羊肠小道。20世纪90年代的企业，不但精通表现的艺术，也精通改革管理。五六十年代特大型 M 型结构企业，变成了更精干的、网络化的、后官僚主义的、虚拟的甚至后结构主义的组织，这是一种更松散的企业形式，像海洋上漂浮着的大网，既能驾驭猛涨的潮水，也能借助海水的流动保持前进。"

向市场低头

但是，那张随着海洋前进的大网，并没有给所有人都留下空间。一直以来，美国普通工人的工资与生产力有密切的关联，工人的工资上涨，生产力便会增长。但到了20世纪90年代，这种关联消失了。虽然生产力以20世纪60年代以来不曾见过的速度增长，但工人的工资增幅却停滞不前。那些多出来的利润都到股东的腰包里了。弗兰克评价道："20世纪90年代繁荣的股票市场，并没有使财富分配大众化，反而更集中了。"以丹尼斯·科兹勒乌斯奇（Dennis Kozlowski）为例，他是泰科国际集团（TYCO）前 CEO，在泰科的短短4年里，用邪门歪道狂赚3亿美元。哈佛商学院对这种现象持怎样的看法？2015年，科兹勒乌斯奇告诉《纽约时报》记者："我去过哈佛商学院，当我被人介绍为这个国家收入最高的 CEO 时，大家纷纷起立，热烈地鼓掌。"

那么，在1990~1999年这个十年，我们又是怎样忽略了显而易见的矛盾？这再次涉及语言，特别是描述授权和改革的语言。弗兰克写道："企业急于依照各种各样的管理理论进行改革，有时甚至到达了一种让人绝望的地步。"1997年，前哈佛商学院教授苏曼德拉·戈沙尔（Sumantra Ghoshal）和现任教授克里斯托弗·巴特利特（Christopher Bartlett）共同编写了《以人为本的企业》（The Individualized Corporation）一书，弗兰克以这本书为例，证明了焦虑的改革情绪给组织带来的痛苦。两人在书中写道："在某次大型重组之后，新上任的 CEO 对企业前景做了一系列展望，其结果是提出了关于企业核心竞争力定义，它推荐了可以如何有效发展和管理那些核心竞争力，这一定义被高级管理层接受。与此同时，新任命的首席知识官也推出某个计划，帮助企业变成一个有效的学习型组织。在另一个同时推出的独立计划中，企业请来一些咨询师，帮助设计一个重组计划。"

如果用一种礼貌的方式来描述那本书的内容，那便是它包含了太多行话。但是，如果就此责怪戈沙尔和巴特利特，也不公平。这种关于"如何成为更优秀的经理人"的书，要求作者们运用当前流行的语言，而这样的语言在20世纪90年代可谓泛滥成灾。毕竟，你只能把类似于《关于公司的五条基本真理》（*The Five Essential Truths About Business*）的书卖出去一次，下次再要卖书，就必须对这些"真理"进行创新和改进。弗兰克评价道，商学院变成了"伪装的知识权威处理工厂"。

你不必去挖掘在这个十年里那些人热情地支持"新经济"的原因，也不必纠结为何和颜悦色的经理们往往一谈到授权问题，就变得咄咄逼人。以上这些都不重要，在这个十年里，美国企业界实际上发生的事情，一切皆由残酷无情的市场逻辑决定。那些新兴互联网公司背后的理念，看起来是否有些愚蠢？让市场决定。经营状况良好的企业解雇员工，是否是一个多余的决定？让市场决定。就在企业灵魂被重新定义的那一年，美国电报电话公司一次性解雇了4万名员工。这确实是个令人震惊的数字，但并没有创下纪录。最高纪录是通用汽车创下的，它在1991年解雇了7万名员工；紧随其后的是IBM，它在1993年6月解雇了6.3万名员工。通用汽车和IBM是在公司出现大规模亏损之后才解雇员工，而美国电报电话公司决定大规模裁员时，它的经营状况良好，所有的分公司和部门都在盈利和健康发展，公司的股票价格也上涨了4%。可是，这是市场决定的。

各公司管理层过于情感化的语言，与他们在20世纪90年代对待工人的现实之间存在着矛盾。如果哈佛商学院以及它的出版公司为掩饰这种矛盾而提供了"修辞上的黏合剂"，那么到最后，哈佛商学院本身也被迫屈服于自20世纪80年代早期便开始流行的残酷市场逻辑。从20世纪70年代开始，关于MBA项目的各种排名开始四处流传。第一次排名出现在1974年的《MBA杂志》上，排名情况主要取决于MBA项目中的教授和学生的意见。到1988年，《商业周刊》杂志开始让学术界感到错愕，它开始根据企业招聘者、二年级学生的意见，以毕业生收到的工作邀请数量和他们的起始薪酬来对各商学院进行排名。

《商业周刊》记者约翰·伯恩被人们称为"北美地区管理学教育领域的重要人物"，也是这类排名的开创者，他用当时的流行词汇描述了这一想法的起源。他说，这类排名将为重视学生和企业这两类客户的MBA项目创造一个市场。《福布斯》《金融时报》《经济学人》《华尔街日报》等

刊物很快也推出了自己的排名。具有讽刺意味的是，他们都曾支持市场逻辑，如今却在批判这一逻辑。

排名将各所商学院缩减成一个数字，不过这种简化对哈佛商学院有益。1993年，《商业周刊》推出一则封面故事，追问哈佛商学院是否已经落后于时代的脚步。结果，普利斯通·凡士通公司（BFS）前董事会主席、哈佛商学院1952届毕业生约翰·内文（John Nevin）给杂志社写了一封信，他在信中说，该问题的答案只需自行计算便可得知。"总体而言，和《商业周刊》排出的前20所商学院的毕业生的平均水平相比，哈佛商学院毕业生收到的工作邀请多60%，起薪也高出40%，"他写道，"不论是国内还是国外的公司老板，只要他们作为哈佛商学院的终极客户，就一定会对那些毕业生非常满意。所以，今天的哈佛虽然绝不能自满，但也无需自卑。"

被动的改变

虽然哈佛商学院不愿意接受《商业周刊》等类似刊物的批评，但它必须接受毕业生们不断变化的渴望。在20世纪90年代中期，商学院开始意识到，它再也不能无视硅谷的吸引力以及斯坦福商学院的崛起了。因此，它着手对课程进行全面修订。这无疑是哈佛商学院历史上最为重要的一次修订，它将关注重点由满足企业需求转向满足全体学生的需求。此时，越来越多的学生希望在毕业后能够成为创业者。1997年，哈佛商学院在加利福尼亚州门洛帕克市沙丘路创建了"研究中心"，开始组织MBA学生前往美国西海岸进行求职之旅。

一个世纪以前，哈佛商学院坚持认为，学生能够在它那里学到比实际经验更丰富的经验。一个世纪以后，它又开始炮制一种论调：比起在初创公司工作，到哈佛商学院上学，反而能了解更多关于创业的知识。尽管这种论调中有一定的真实性——比如，哈佛商学院校友网络中拥有的风险资本，是其他院校无可匹敌的——但是，论调的其他部分和学院以前的宣传语一样空洞、荒谬。2000年6月，哈佛商学院教授威廉·萨尔曼告诉《纽约时报》记者："我们运行了一个模拟器，人们可以通过它模拟创业过程，这是他们无法从外部世界获得的经验。"换句话讲，如果你想假装自己是位创业者，现实世界并不适合你，哈佛商学院才合适。

萨尔曼正为"哈佛商学院是一所企业家培训学校"而寻找理由，他触及了一个含义更广泛的问题。与此同时，尽管起步稍晚，但哈佛商学院还是奋起直追，试图跟上硅谷的发展步伐。不过，学院却面临一个威胁——咨询公司（包括麦肯锡）越发倾向于招聘非 MBA。这种转变，部分原因是为了应对技术世界的竞争。投行中也出现了新威胁：当投行进行招聘时，他们不再考虑选哪所商学院的毕业生，而是考虑是否要去商学院招聘。戴维·莱昂纳德（David Leonhard）在《纽约时报》上写道："如果比尔·盖茨和杰夫·贝佐斯（Jeff Bezos）不需要 MBA，那么，别的人也会开始怀疑他们对 MBA 的需求是否有必要。此外，随着技术的进步，很多行业迅速地发生了根本性改变。"

除了这些令人头疼的事情外，对哈佛商学院而言，20 世纪 90 年代依然是个好时代，因为它在筹集资金方面没有遇到麻烦。1995 年，校友们向哈佛商学院基金会捐赠了 2 000 万美元，创下了最高纪录。1996 年，为了纪念约翰·麦克阿瑟和他的妻子纳蒂·麦克阿瑟（Natty McArthur），在他退休之际，哈佛商学院筹集了 3 800 万美元，将其中的 500 万美元用于设立以他们夫妇名称命名的"大学教授"奖项。1997 年，哈佛商学院教授罗伯特·默顿（Robert C. Merton）因其对金融衍生产品的研究而获得诺贝尔经济学奖，第二年，他被授予"约翰和纳蒂·麦克阿瑟大学教授"的头衔。

绩效与管理能力能否对等？

至于哈佛商学院毕业生的就业前景，很难说情况有所好转，可他们总能赚到大钱。虽说 20 世纪 90 年代创业主义盛行，可讽刺的是，即使你在那时没有创办企业，也能赚得盆满钵满。你只需攀爬到企业的最高管理层，随后，令你无法想象的巨额财富，就会飞进你的腰包。只要你在那个位子上，你是否能将企业管理得很好，变得越来越无关紧要。企业是否在由哈佛商学院毕业生管理，同样也无关紧要。不过，那些毕业生确实管理得不好。

在各所商学院中，哈佛商学院最喜欢这样夸耀，因为它培养出的 CEO 人数最多。对于以事业为导向的 MBA 而言，这是引人关注的数据。显然，哈佛商学院教会了学生们如何爬升到企业顶层。但在此之后，情

况又会如何？毕竟，它曾大胆地宣称，在学生们成为 CEO 之前，它最重要的教学并没有发挥作用，其作用全都集中在管理愿景中一同发挥出来。那么，哈佛商学院在管理教学方面表现如何呢？

结果证明，一些统计数据并不容易得到。实际上，要衡量人们的管理绩效，远比数一数有多少位 CEO 更复杂。而试图通过统计数据去了解每一位从哈佛商学院走出去的 CEO 的绩效，无疑是件很荒唐的事情。只要有个样本就足够了，但我该选取哪个样本？哈佛商学院自己提出的样本如何？

1990 年，《哈佛商业评论》前总编戴维·尤因出版了《在哈佛商学院内部》一书。由于哈佛商学院极度自恋，这本书的价值便被他们否定了。出于本章目的，我需要将被尤因描述为"曾攀升至企业最高管理层的哈佛商学院校友小样本"中的 19 名毕业生一一列出。他们是：

——1963 年毕业的威廉·雅智（William Agee），他是大型建筑工程公司莫里森·克努森公司（Morrison Knudsen）老板，公司年销售额为 20 亿美元。

——1963 年毕业的华伦·巴茨（Warren Batts），他是日用品制造商普利马克国际公司（Premark International）CEO，公司年销售额为 20 亿美元。

——1964 年毕业的罗伊·博斯托克（Roy Bostock），他是纽约广告商本顿 - 鲍尔斯公司（Benton & Bowles）总裁。

——1958 年毕业的罗伯特·西齐克（Robert Cizik），他是重型设备制造商库柏工业集团（Cooper Industries）董事会主席，公司年销售额 30 亿美元。

——1962 年毕业的马歇尔·科根（Marshall Cogan），他是诺尔国际控投公司（Knoll International Holdings）总裁。

——1965 年毕业的郭士纳，他是雷诺兹·纳贝斯克公司 CEO，公司年销售额为 160 亿美元。

——1968 年毕业的罗伯特·哈斯（Robert Haas），他是李维斯（Levi Strauss）CEO，公司年销售额为 27 亿美元。

——1957 年毕业的罗伯特·豪普特富尔，他是太阳能开发利用与生产公司 CEO，公司年销售额为 48 亿美元。

——1957 年毕业的理查德·詹瑞特，他是公平人寿保险公司的董事会主席，公司年销售额为 57 亿美元。

——1951 年毕业的维克多·凯恩二世（Victor Kiam II），他是雷名顿公司（Remington Products）总裁，后来成为新英格兰爱国者队的老板。

——1963 年毕业的弗兰克·洛伦佐（Frank lorenzo），他是得克萨斯航空公司（Texas Air）CEO，公司年销售额为 85 亿美元。

——1963 年毕业的小弗伦·劳克斯（Vernon Loucks Jr），他是医疗保健公司百特国际（Baxter International）CEO，公司年销售额为 60 亿美元。

——1950 年毕业的罗伯特·马洛特（Robert Malott），他是富美实公司（FMC）的老板，公司年销售额为 31 亿美元。

——1957 年毕业的约瑟夫·麦金尼（Joseph McKinney），他是泰勒公司（Tyler Corporation）CEO，公司年销售收入 11 亿美元。

——1962 年毕业的杰瑞·帕尔曼（Jerry Perlman），他是天顶电子公司（Zenith Electronics）CEO，公司年销售额为 24 亿美元。

——1961 年毕业的詹姆斯·罗宾逊（James Robinson），他是美国运通董事会主席，公司年销售额为 180 亿美元。

——1964 年毕业的约翰·罗维根（John Rollwagen），他是全球超级计算机技术领导者克雷研究公司（Cray Research）的总裁。

——1957 年毕业的理查德·汤普森（Richard Thomson），他是多伦多道明银行(TD Bank)CEO。

——1962 年毕业的威廉·铁姆肯（William Timken），他是钢铁公司铁姆肯公司（Timken）的总裁，公司年销售额为 12 亿美元。

尤因在书中写道："校友的表现……是对学校水平的真实反映。"我赞同他的说法。因此，在这个名单列出十年后，管理学教授亨利·明茨伯格和约瑟夫·兰佩尔（Joseph Lampel）决定评估这 19 位超级 CEO 的管理业绩。其评估结果起初发表在 2001 年的《财富》杂志上，后来被明茨伯格写进他 2004 年出版的《管理者而非 MBA》一书中。

明茨伯格从评估结果中得出的结论是："糟糕。"他们中有 10 人在 CEO 的岗位上交出了惨淡的成绩单。这意味着要么他们的公司破产，要么他们被迫辞职，要么出现了一场与期望相反的重大兼并等。另有4人留下了恶劣的职业记录。明茨伯格写道："这14位CEO中，有的人以极具戏剧性的方式建立了公司或者扭转了公司的情形，但是，我们发现他们的衰败或垮台也同样极具戏剧性。"只有5名CEO做到了成绩斐然。他们是：华伦·巴茨、郭士纳、维克多·凯恩二世、理查德·汤普森和威廉·铁姆肯。

约瑟夫·兰佩尔指出，那14位CEO之所以绩效糟糕，是因为一种忽略了差别，只追求公式的致命趋势。

两位教授在《财富》杂志上写道："这与学位有某种相互关系。MBA往往过于注重'B'（即商业）而轻视'A'（即管理），学生了解了一些企业功能，却没能发展管理实践能力。这些培训MBA的项目让学生有信心做出决策，但他们只是学会了分析各种局面，却没能力处理在执行决策时遇到的复杂问题。不幸的是，你不能在教室里复制真正的管理。"

假如你不知道何为真正的管理，情况会更糟糕。1996年，哈佛商学院已退休的名誉教授威克姆·斯金纳（Wickham Skinner）发表了一篇论文，题为《管理教育和竞争力》（*Management Education and Competitiveness*）。明茨伯格援引了他在论文中的观念："许多教师离真正的商业太远，以至于不知道该如何教学生。"

明茨伯格说："MBA认为，他们中的许多人有一些突出的优点，但他们错了。正是这些所谓的优点，阻碍了他们担任高管职务后拿出更好的绩效。他们过于聪明、反应过于灵敏、过于自信也过于自私。这让许多英雄般的管理人员，到最后变成了企业绩效的黑洞。"

明茨伯格说，回顾那次评估之后15年内发生的事情时，他并不会因为结果而吃惊，反倒惊讶于哈佛商学院对结果的反应。他说："这些结果并没有证明任何事情，但它们一定值得重视……可哈佛商学院却没有对此做出任何反应……你可能认为，学院会把这些结果当成警钟，或者至少产生一些好奇心。但学院可能认为，这些结果指向所有商学院，并非只涉及自己的毕业生。"

第53章
以微变,应万变

1995年,当金·克拉克被任命为哈佛商学院第8任院长时,他做的第一件事是投资1 100余万美元来改善学院落后的技术基础设施,包括给学生们建立电子邮件账户。他对《纽约时报》记者说:"我们面临着一个转折点,我们需要抓住机会采取行动。"1996年新年的第一个星期,每位学生和教授都拥有了一个电子邮件账户,这让他们能与4 500万美国人实现在线交流。只是,这个转折点来得比别人晚了一些。

当特别之处变成落后之处

事实上,处在所谓的"转折点"上的哈佛商学院更像是老牌的微软公司,而不是新兴的苹果公司。哈佛商学院从未走在时代前列,但并未落后太多。在他们的辩护中,那些位居企业最高管理层的人,可以在电子邮件和互联网的使用上落后于其他人。因为,人际关系网络中的核心人物不需要用电子邮件。约翰·麦克阿瑟从没用过电子邮件,而金·克拉克向学院教职工们发送的第一条消息,就是通过电邮。

和微软一样,长期以来,哈佛商学院拒绝关注其他人正在做的事情,直到迫不得已时才关注。在很长一段时间内,哈佛商学院都为自身的僵化刻板感到自豪。1972届哈佛商学院毕业生、宾夕法尼亚州立大学管理学教授唐纳德·汉布里克（Donald Hambrick）说："过去，哈佛商学院一向是独一无二的。他们一直极度排外——几乎只招聘自己的学生，整个教师队伍几乎都从哈佛商学院拿过博士学位；而且他们只重视一类研究——基于分析的、定性的、现场的研究，这与教授们编写案例的兴趣相吻合。所以，教授们非常接近从业者，他们研究的内容也反映了这一现实：他们几乎从来没有进行过定量的或者严格的理论研究。此外，教授们在当时都异口同声地强调着MBA教育的卓越性。作为一名哈佛商学院的学生，就得听命于那些大师级教授的教导。"

到了世纪之交，僵化刻板的脾性为学院带来了一个严重的问题：难以招聘到优秀人才。他们十分习惯于接受这样一种感觉：自己似乎站在美国企业的知识长廊深处。但突然之间，他们仿佛站在了这个长廊的外头，正努力向里边望去。

汉布里克接着说："哈佛商学院开始面临的一个问题是，所有年轻的助理教授都在努力做学院重视的事情，即编写案例和做一名高效的教师。然而，如果他们在哈佛商学院得不到终身教授的职位，会因曾在这里工作的特殊经历，难以在其他地方找到工作。

"金·克拉克一定已经意识到，他们面临着被知识劳动力市场彻底排除在外的风险，而这种趋势可能已经影响到他们的知识资本。想成为主流顶尖学者的人，如果用正确的思维来思考，就绝不会去哈佛商学院。因为哈佛商学院的学历，已得不到广泛认可。我无法想象哈佛商学院的校友会喜欢或提起这种既成事实的转变。也许，他们一直没有意识到转变的发生；也许，哈佛商学院一直认为这种转变其实无伤大雅。但不管怎样，他们那超高质量的教学水平，已经不再像从前那样具有独特性。当我还是个学生的时候，哈佛商学院的MBA是最优秀的。但如今，它已经失去了独特性。这并不是说它是一所次要的学校，而是说它已经开始随波逐流。"

停滞不前：在保守中求变

克拉克在1967年时以一名本科生的身份进入哈佛大学，20世纪下半叶，他曾离开哈佛大学，去德国当一名摩门教传教士。2005年，他辞去哈佛商学院院长的职务，回到隶属于摩门教的爱达荷州杨百翰大学担任校长。他描述了时任摩门教教堂会长、著名宗教人士戈登·欣克利（Gordon Hinckley）请他回来时的情景，他觉得戈登是一位活生生的先知："戈登请我回来时，仿佛是摩西给我打来了一个电话。"

克拉克绝不是哈佛商学院中最知名的摩门教徒，这一荣誉属于米特·罗姆尼（Mitt Romney）[①]或者克莱顿·克里斯坦森。2012年，《经济学人》杂志评论道："人们戏称'3M'统治着哈佛商学院，除了摩门教徒（Mormons）以外，另外两个'M'是麦肯锡（McKinsey）以及军人（Military）。"2007年，史蒂文·惠尔赖特（Steven Wheelwright）教授也受到了摩西的召唤，离开哈佛商学院，成为杨百翰大学夏威夷分校的校长，一直至2015年。

在克拉克任院长期间，哈佛商学院的教职工人数增加了20%。在增强师资力量的过程中，他招聘的教授并非全部出自哈佛商学院。所以，教师队伍中出现了一些新兴力量，他们一直接受着严肃的理论教学和定量研究（quantitative research）的训练，而不是接受案例分析法的训练。这也让哈佛商学院看起来和其他商学院越来越像。这种趋势引起了学院中保守派的怀疑，他们不清楚哈佛商学院会变成什么样子。杰伊·洛尔施（Jay Lorsch）教授对《商业周刊》记者说："我们对那段时期颇为不满。新的院长不得不想办法来确定，我们是否正在创造我们想要的那种教育。"

而且，新院长还得思考，这里是不是学生们想要的商学院：2003～2004年，哈佛商学院的报考人数下降了16%。在克拉克的任期临近结束时，哈佛商学院在各商学院的排名也接近最低点，在2004年《商业周刊》发布的排名名单中位列第五。特别是，由于哈佛商学院的招聘内幕，前往哈佛商学院的招聘人员颇有微词，因此给哈佛商学院打了低分。接下来，又发生了杰夫·斯基林事件。可是，罗莎贝斯·莫斯·坎特教授却说："金离开时，这所学院发展得很不错。"

哈佛大学校长劳伦斯·萨默斯（Lawrence Summers）任命杰伊·莱特（Jay Light）接替克拉克的职务。萨默斯的这一决定有点让人出乎意料，因为在当时，人们以为他会做出更大胆的选择，比如选一位女性或一位外国人。可那样的领导者，仍需等待。

[①] 美国著名商人和政客，2012年美国总统大选共和党候选人之一。——译者注

第54章

MBA 的总统梦

在美国，哈佛商学院的校友圈的确值得称道。无论是某位成功的校友倾力支持学院内的新毕业生，还是某家企业拥有一大群来自学院的 MBA 员工，都彰显了哈佛商学院学位提供的人际关系，具有持久的价值和意义。

事实上，哈佛商学院唯一一位晋升到终极领导岗位的毕业生，也就是当上自由世界领导者（美国总统）的人，肯定会承认，他就是借力于这种人际关系而当选总统的。此人就是美国第 43 任总统、1975 届哈佛商学院毕业生小布什。当哈佛商学院毕业生得到企业的最高管理职务时，学院通常会把其当作谈资；但是对于当选美国总统的小布什，它却很少谈起。对于绝大部分毕业生取得的成功，哈佛商学院总认为自己也有一份贡献在里面，但对于小布什总统以及极少数几位毕业生的成功，它却不这样认为。

让哈佛商学院选择低调的原因之一是：学院的管理者和教职工相信，哈佛商学院的 MBA 不仅能经营企业，还应当能经营任何实体。例如，哈佛商学院两位最著名的教授迈克尔·波特和克莱顿·克里斯坦森认为，他们知道如何拯救美国的医疗系统和教育系统。尽管小布什在担任得克萨斯州州长时相对比较成功，甚至在他参加总统竞选之前也还算成功，但他显然不打算运用哈佛商学院式的领导方式，而是运用一种赤裸裸的政治权力发动全面的反恐战争。

小布什的简历让人们觉得，他似乎属于东北精英中的一员，他从耶鲁大学毕业，是骷髅会成员，后来又在哈佛商学院读书。但他在入主白宫后，却掀起一股反精英主义浪潮。正如作家威廉·德雷谢维奇（William Deresiewicz）曾说的那样，小布什政权的运营原则，仿佛是一种"有权力的平庸"。当你想到哈佛商学院时，他们并不希望你将其与"有权力的平庸"联系起来。对此，学院争辩道，小布什在担任总统期间，似乎没有运用太多从哈佛商学院学到的东西。即使他在极少数的时候参考了一些数据，那也是故意伪造的数据，并且造成了灾难性的后果。

也许是因为小布什在攻读MBA学位的时候并没有刻苦学习，致使许多曾教过他的教授几乎都不记得自己有过这样一名学生——尽管我们并不清楚，那种遗忘是教授有意为之，还是出于其他原因。他似乎与学院格格不入，据小布什的同学透露，这位总统是班上那个爱嚼烟草的家伙。在班级年鉴上，还有一张他正用口香糖吹泡泡的照片。后来，人们认为他在哈佛商学院的经历可以被称为"在资本主义制度中的一场职业训练"。

但小布什确实从哈佛商学院学到了一样东西，正如学院中绝大部分案例讨论的开头"你会如何做"一样，小布什认为美国总统这一角色，与哈佛商学院学生在班级上的角色一样，都是"决定者"。这种自信，让他即使并不清楚自己在说什么，也能即兴表演一番。而且，他也确实即兴表演过。

小布什：哈佛商学院式总统

从某些方面来看，称自己为"CEO总统"的小布什就是企业需要的领导者。以安然公司为例，自2000年12月起，美国加利福尼亚州开始出现环境警报，并在半年中接连发生了近40次。当时，没有人怀疑这是安然公司所致。相反，人们责怪政府监管过度，于是，他们便向政府提出放松监管这一解决方案。2001年1月，小布什说："如果有任何环境监管措施妨碍了加利福尼亚州工厂的增产，那么，根据我的理解，我们确实需要放松监管。"

乔尔·巴肯在《公司：对利润与权力的病态追求》一书中指出："安

然公司破产的根本原因，就在于它运用政治影响力消除政府对其运营的约束，然后充分运用因此而获得的自由来从事那些不可靠，却有着巨大利润空间的业务。"在有些人看来，正是政府放松了对企业的监管，才使得安然公司一路崛起，这主要发生在比尔·克林顿主政美国时期。这种看法没错，不过，那些放松监管的措施，是被小布什任命为商品期货交易委员会（以下简称CFTC）主席的温迪·格拉姆（Wendy Gramm）提出，并在克林顿主政早期就极力主张的。在推行那些放松监管措施不到一周后，格拉姆辞去CFTC主席职务；5周之后，她加入了安然公司董事会。这里的重点不在于哪一个政党是放松监管的元凶，而在于小布什总统是一位对企业利益友好的领导者（当然包括安然公司的利益），而他就是放松监管的元凶。

美国的煤矿工人曾把选票投给小布什，煤矿矿主们也同样选择把票投给他。所以，他似乎对矿主有回报的义务。在2003年美国政府的预算中，他将矿山安全健康局（以下简称MSHA）的预算压缩了470万美元。在遭到国会的阻拦后，一部分预算得到恢复。但到2004年，他又故伎重施，提议压缩MSHA 630万美元预算。巴肯写道："在整个监管体系之中，压缩监管执法机构的费用已经越来越常见……其结果是放松了政府对企业行为的监管……保护公众利益不受企业不当行为损害的法律，也按比例缩减了，有时，它们甚至会集体消失。"

小布什在任职期间提出的"所有权的社会"（Ownership Society）①，得到了其校友、华盛顿职业军人格罗夫·诺奎斯特（Grover Norquist）的全力支持。这对全世界的工人而言是一个安抚，也是承诺。如果工人不再把自己视为工人，而是把自己视为自己的房子（没有被抵押出去的那一部分）、股票投资组合、养老金的主人，那他们将会认识到，他们实际上与打算解雇自己的老板同属一个阵营。为了使股价上涨，老板们不得不解雇工人，但被解雇的工人，不是也握有一些股票吗？这样看来，每个人都是赢家。

小布什还签署了诺奎斯特提出的"纳税人保护承诺"（Taxpayer Protection Pledge），承诺绝不加征税收，这一承诺和一些政治文件一样空洞无物。到小布什卸任时，美国股市受到了两次大规模的冲击，首先

---

① 小布什为展现他对赢得反恐战争的信心，主张建立一个"所有权的社会"，同时树立起一个能在世界上竞争的进步经济系统。——译者注

是互联网泡沫的破裂和安然公司破产，随后是房地产市场的崩溃。同时，美国还把数万亿美元浪费在两场毫无意义的战争上。而且在人们的印象中，小布什接连缺席重要场合，比如他在卡特里娜飓风①席卷美国新奥尔良之后的所作所为。此外，他在房地产泡沫膨胀时期任命的证监会主席托弗·考克斯（Christopher Cox）是一个怎样的人？考克斯也是哈佛商学院毕业生（1976年）。小布什在卸任美国总统后便回到了他的家乡得克萨斯州，在农场拿起画笔作画。他没有被《财富》选入"CEO名人堂"，哈佛商学院也没有给他颁发校友成就奖。

贝恩资本 CEO 的竞选之路

1975年从哈佛商学院毕业的教徒米特·罗姆尼参加了2008年和2012年的总统竞选。当时，哈佛商学院里并没有人因为支持他而感到羞愧，当然并不是所有人都支持他。2012年10月，哈佛商学院在校报《哈布斯》中开展了一次民意调查，结果显示，在学院中奥巴马与罗姆尼的支持者比例为2∶1。罗姆尼的职业生涯，从他在贝恩资本漫长的任期，到他转行当政治家，仿佛都在高声呼喊着要求哈佛商学院毕业生竞选总统。他证明了这是奏效的。其子塔格·罗姆尼（Tagg Romney）也是出自哈佛商学院的MBA，塔格是否也能做出类似证明，还有待观察。

罗姆尼就像一台机器。在他第二次参加总统竞选期间，著名政治作家本杰明·华莱士-威尔士（Benjamin Wallace-Wells）写道："关于罗姆尼的最大谜团是他的摩门教信仰，关于这种信仰的解释以及它从何而来，人们不得而知。罗姆尼的宗教信仰只属于少数人，由于外界人对此知之甚少，所以对他的动机也有所怀疑。于是，他将自己塑造成一种将动机深深埋到客观性、数据和流程中的公众形象，即一台客观的效率机器。"

罗姆尼在哈佛商学院时，他独特的宗教信仰使他显得与学院格格不入。而且，他几乎是一个"成长中的低级资本家"代表——经常拎着父亲那只印有"GWR"字样的老式皮箱；同时，对任何事情都极度认真。罗姆尼的父亲乔治·维尔根·罗姆尼（George Wilcken Romney）曾担任

---

① 发生在2005年的卡特里娜飓风，是美国历史上造成生命财产损失最严重的一次自然灾害，路易斯安那州的新奥尔良市受灾最重。飓风造成750亿美元的经济损失，近2 000人死亡，而小布什政府救灾迟缓，因而备受指责。——译者注

过密歇根州的州长，也参加过总统竞选，落选后曾在尼克松总统内阁中任职。乔治·罗姆尼希望儿子能到法学院念书，而罗姆尼却想去商学院。最后，父子俩相互妥协：罗姆尼两所学院都去了，并于1975年拿到了两个学位。他在哈佛法学院的同学霍华德·布朗斯坦（Howard Brownstein）对《彭博商业周刊》记者说："他看起来颇为庄严，看到他，你会想这家伙适合当总统。我在1971年的时候就是这么想的。"

从哈佛商学院毕业几年后，罗姆尼应邀到母校对学生发表演讲，主题是"如何平衡好工作和家庭"。在演讲中，罗姆尼建议学生把自己想象为一家企业。当时，这位像新星般冉冉升起的管理咨询师对学生说："你们面临的问题，和通用电气面临的一样——如何部署和配置自己拥有的资源（即时间和才华）？"他运用增长矩阵理论，将企业各部门归类为"明星""摇钱树""蹩脚货""问号"，然后将该矩阵压缩成一个框架。罗姆尼告诉学生们："在20年的时间里，你们的孩子不会有任何成功的迹象。"如果学生们没能在家庭中投入时间和精力，那他们的家庭有可能变成"蹩脚货"，这就像一个业务部门拖累了企业一样。这就是出类拔萃的MBA的想法，认为人生就只是一家企业，一个可以测量的案例研究。正如《纽约时报》记者乔迪·坎特（Jodi Kantor）指出的那样："罗姆尼先生证明了与家人在一起的价值，只不过，这种价值并不是以感情为基础计算的，而是以收益为基础。"

不过，罗姆尼的收益确实相当惊人。他从管理咨询师做起，后来成为贝恩资本CEO，他在成功的职业生涯中积累了2.5亿美元的巨额财富。贝恩资本创始人比尔·贝恩（Bill Bain）曾对《纽约时报》记者说，罗姆尼看起来总比他的真实年龄老十岁。但这个老成的人，精于赚钱之道。在罗姆尼的管理下，贝恩资本通过收购公司得以更好地运作，再加上在其他领域进行风险投资，使得它管理的资本从1984年的3 700万美元增至1994年的5亿美元。

在政治方面，罗姆尼明显比小布什更像是典型的哈佛商学院毕业生。无论你是否赞同小布什的观点，你都很难指责他是个摇摆不定的人。罗姆尼则不同，他完全秉持一种分析式的、非意识形态的观点——这也是哈佛商学院宣称自己要向毕业生传达的观点。哈佛商学院的毕业生是一些实用主义者，他们总把做好事情摆在第一位。

但缺乏政治信念可能是致命的。罗姆尼用自己的行为告诉大家，他

第五部分 抉 择
不仅仅是面子工程

可能随时改变立场。换句话说，罗姆尼会做任何能让他获胜的事情，不论这些事情是什么。在美国，这是行得通的，即使是重新确定新的发展方向，也可以解释为战略变更。但是，投票者喜欢他们拥戴的政治家至少有那么一丝丝的坚定。如果罗姆尼审视自己的内心，他会发现自己根本不可能坚定地相信那些冷血的分析成果，只是对胜利有着毫不动摇的渴望。这正是罗姆尼在贝恩资本如此成功的原因。

新一代哈佛商学院毕业生感到自己不再效忠于某家企业，而是变成了一支雇佣军。《纽约时报》称他们为"纯粹的精英领导阶级——受过高等教育、拿着超高薪酬、经常跳槽和转行，并且能训练有素地提高效率"。他们甚至在股票市场中也是如此，罗姆尼便是他们中的一员。当相关机构对贝恩资本持股的一家名为"舞台商店"的得克萨斯州零售商表示乐观预测，且股价开始飙涨时，贝恩资本马上减持了"舞台商店"的大部分股票。后来，当乐观预测开始转向时，该零售商的股价在一天之内下跌了58%。不论哪种情况，贝恩资本都知道如何充分利用数据。据报道，正因这一优势，在2012年的总统竞选中，罗姆尼的团队发现其潜在竞选伙伴马克罗·鲁比奥（Marco Rubio）无法管理本人财务，便将这一发现作为一个问题加以宣扬。尽管没人要求副总统管理所有人的财务，但不论如何，他依然要具备这样的能力。但也许是罗姆尼在财务问题上过于张扬，他的选票情况看起来并不乐观。(2015年，罗姆尼否认了这一情况。)

2012年，在佛罗里达州的一次资金筹集活动上，罗姆尼对一笔5万美元捐赠的捐助者的评价被秘密录了下来，随后由非营利新闻机构《琼斯夫人》(*Mother Jones*) 公开发表。该事件注定他会在总统竞选中落败。在那段视频中，罗姆尼说道："47%的人站在（奥巴马）那一边，他们依赖政府，认为自己是受害者，相信政府必须照顾好自己，相信自己有资格获得医疗健康、食物、住宅，以及你可以想到的一切。"此外，罗姆尼还说，他的工作并不是围绕这些人。这个视频片断不仅让罗姆尼的总统梦化为泡影，似乎还证明了哈佛商学院所宣称的"把改变世界的渴望摆在首位"是绝不能相信的，这只是竞选演讲中的说辞而已。私底下，罗姆尼告诉他的同伴，从国家的角度来看，他真正担心的是那些出身平凡的人。应当指出的是，他认为人民包括企业。在2011年艾奥瓦州博览会上，罗姆尼对一位愤怒的抗议者说："朋友，企业就是人民。"有了类似这样的一些言论，他两次都没能当选总统，也就不足为奇了。

话说回来,罗姆尼只是做了其他任何一位政治家在特定局面下都会做的事——对最宝贵的支持者撒谎。"我并不是那个意思,实际上,我没有按自己的内心来表达自己的观点,"他告诉《福克斯新闻》的记者,"那是极其有害的。显然,我的竞选活动以及我的一生,都在致力于帮助他人,帮助所有的人民。我关心这个国家所有的人民。"说完这些,罗姆尼可能是觉得有些后悔,便忍不住说出了一些没有意义的数字:"如果你出生在美国,那么你 95% 的人生都由你自己设计。"他暗示自己只比普通人多一点优势罢了。

最后,这位一向最为小心谨慎的哈佛商学院毕业生,就这样被自己过于随意的言论毁掉了仕途。这也许是不可避免的。他对马萨诸塞州医疗保健系统进行改革的点子,也并非来自于某些深入人心的哲学信仰,而是来自校友托马斯·斯坦伯格(Thomas Stemberg)的建议。一位前新闻记者告诉《纽约》(New York)杂志,即使是在类似堕胎等问题上,罗姆尼也只是考虑了假想案例,并且以看似最有可能成功的案例为基础来构建他的政治观点。华莱士-威尔士写道:"若罗姆尼入主白宫会很有意思。他肯定会尽可能让更多来自贝恩资本的人填满政府岗位,他也会把政府当成自己曾经待过的企业:经常使用幻灯片,经常说一些行话,冷静客观地将决策与思想意识分离,将决策与它们的伦理后果分开考虑,以及忽视公众等。"

令人惋惜的候选者

哈佛商学院的许多毕业生认为,如果他们能当选美国总统,会比小布什更出色。如果把有这种想法的毕业生列一个清单,那将会很长。不过,假如禁止他们把票投给自己,那么,大多数哈佛商学院毕业生可能会把票投给他——1966 年毕业的迈克尔·布隆伯格,他是彭博资讯创始人兼 CEO,曾连续三届担任纽约市长。他还坐拥 412 亿美元的财富,绝对是最富有的哈佛商学院毕业生。

布隆伯格是典型的东北精英,可小布什根本瞧不起他。此外,布隆伯格还是世界上最慷慨的慈善家之一,他真正地在"改变这个世界"。他曾公开宣布要竭力保护环境并支持管控枪支,这让出自类似哈佛商学院的人都会全力支持他。尽管在担任纽约市长的第三个任期中,纽约居民的收入差距在他的任期内扩大,布隆伯格因此饱受批评,但在哈佛商学院里的人看来,那件事并不重要,除非你想知道他们对于如何解决收入差距问题的建议。他们认为,解决办法基本上可以归结为:让他们中的某个人担任市长,比如像迈克尔·布隆伯格这样的人。这真是个逻辑难题。

对冲基金经理比尔·阿克曼在2015年10月说:"我认为,迈克尔·布隆伯格将去竞选总统,而且他将会赢得大选。"阿克曼认为,美国是世界上最大的企业,只有商界领袖去领导这个国家才有意义。他和其他优秀的对冲基金经理一样,把万事万物都归结为股票,此外,他还暗示若布隆伯格宣布参选,美国股市将上涨5%;若他赢得大选,美国股市将上涨10%。

但是,美国真的是"世界上最大的企业吗"?或者,比起假设某个人当选之后股票市场会发生变化,这个国家的理想难道不应该更加宏大吗?马修·斯图尔特说:"这一问题的答案是——将美国转变成一家私营企业,然后像CEO那样来管理它。"

不幸的是,2016年,这位纽约前任市长太过精明,一直没有做出参加总统竞选的决定,除非他认为自己可能赢得大选。2016年初,布隆伯格明确表示不参加总统竞选,部分原因在于,若作为一名独立候选人参加选举,他将遭遇重重困难;另外,如果他参加选举,有可能无意中助推唐纳德·特朗普(Donald Trump)或者参议员特德·克鲁兹(Ted Cruz)的选举。2016年3月,他说道:"凭良心讲,那并不是我可以承受的风险。"

对于一所将其毕业生成功推上各种组织管理层顶端的商学院,在美国总统这个宝座上,其毕业生创下的纪录是这样的:一位成功连任却政绩失败的总统,一位连续两次竞选总统却最终失败的输家,以及一个有可能成为一位优秀的总统,却仍在等待,迟迟没有参选的人。

第 55 章

安然为何突然破产？

1969 年，霍尔·希格登（Hal Higdon）写下《企业治疗师》（*The Business Healers*）一书，他在书中对咨询师这一职业进行了一番阐述，并评论道："在企业界，大多数人对管理咨询师的定义是'表达能力或逻辑能力超强的骗子'。"30 年后，一位与该定义极其相符的人出现了，那便是 1979 届哈佛商学院毕业生杰夫·斯基林（Jeff Skilling）。这位雄心勃勃的安然公司 CEO 曾说："哈佛商学院不会教你会计或财务，但他们会教你如何说服别人。"

可有些时候，他并不足以让人信服。斯基林在发表那番评论几年后，安然公司因大规模的会计舞弊（即财务造假）轰然倒塌。斯基林被判入狱 24 年，而哈佛商学院发现自己不得不再度采取守势，因为它最值得骄傲的毕业生之一，居然是最腐败的领导者。

麦肯锡也与这桩丑闻脱不了干系。斯基林在麦肯锡工作了 20 多年，在跻身领导层之后便马上离开了。而从麦肯锡离职的员工们，往往会成为老东家最好的客户，斯基林也不例外。对他来说，安然公司成功的秘密人人皆知——从类似于哈佛商学院的地方招聘顶级人才。安然公司不甘示弱，它每年在人才招聘上的花费约 1 000 万美元。可是，安然的资金到底从何而来？在被问到麦肯锡是否对安然公司的倒闭负有责任时，

1973届哈佛商学院毕业生、麦肯锡前CEO顾磊杰说:"我们为客户提供咨询服务,帮助他们制定战略。而他们作为执行者,需要对自己采取的行动负责。"我曾在前文提到,顾磊杰后来也因为内幕交易罪被判入狱。事实再清楚不过了。

顾磊杰补充说:"安然公司的困难,在很大程度上与金融工程和实践相关,但我们都没有参与其中。"可是,安然作为麦肯锡的优秀客户,为其贡献了大量金钱,这难道不算参与其中吗?在为自己辩护时,麦肯锡总是坚称,它的职责确实只是代为发声,至于客户事实上在做什么,那都是客户自己的事,无论功过麦肯锡都不沾边。而哈佛商学院却希望将毕业生的成就归功于自己,除非它不想这么做。

安然公司曾被《财富》杂志连续6年评为"美国最具创新力公司",它在企业界的形象是:不但要聘请MBA,还得放手让他们去经营。安然很难称得上是第一家在MBA身上押下大赌注的公司,但它却是少有的几家将全部赌注押在MBA身上的公司之一。然而,最终的结局并不好。

失败的转型:从"能源公司"到"金融交易平台"

如果要给傲慢自大的MBA画一幅讽刺漫画,那么,斯基林无疑就是其中的主角。他在1979年进入麦肯锡后,立刻赢得了足够让他自我膨胀的声誉。该公司前咨询师汤姆·彼得斯这样评价他曾经的下属:"斯基林在智力上极为傲慢,且缺乏想象力。"斯基林曾告诉《商业周刊》记者:"我在工作上或者业务上从来都不成功。"

斯基林最终能成为麦肯锡全球能源业务部门主管,在很大程度上是由于他在客户公司——安然身上取得了成功。20世纪80年代,他帮助安然公司提高了对衍生品合约(derivative contracts)的使用频率,以"平滑"其收益,这使得安然和他本人都各自登上了巅峰。政府监管的放松以及伴随而来的不确定性,促使天然气行业的从业者将3/4的天然气交易从曾经占主导地位的长期合约,转向所谓的现货市场。这一改变,使买卖双方都容易受到天然气价格波动的影响。斯基林建议安然挺身而出,打造"天然气银行",从生产商手中购入天然气,再卖给消费者,赚取两者之间的差价。而在过去,安然一直从事着单调的天然气管道运营业务。可以说,"天然气银行"将安然变成了"精明的商人"。

1989年,斯基林被选举为麦肯锡董事。同年,他做了一件麦肯锡许多咨询师都曾经做过的事——在客户公司的管理层中任职。当时,安然财务总监、斯基林的犯罪同伙安德鲁·法斯托(Andrew Fastow)问他,怎样才能与麦肯锡继续保持一种轻松的合伙关系。斯基林答道:"你是否会经常遇到改变这个世界的机会?"换句话讲,他已经做好了完成一名哈佛商学院毕业生的任务(即改变世界)的准备。1997年,他被任命为安然公司的总裁。

说到改变世界,对斯基林而言,这显然意味着将一家能源公司改造成一个金融交易平台。在某一阶段内,一切似乎都运转得不错。到2000年,安然的金融收益占到整个公司收入的99%。而且,安然几乎被MBA全面占领了。

看起来,斯基林似乎成功地把"领导公司改革"这一赌注押在了MBA身上。但在那时,对整个MBA群体而言,他们恰好遇到了一个关键节点。商学院以及咨询公司的保守势力,正在全力应对严重的人才流失问题。互联网行业极为热门,技术型初创公司开出的薪酬极为丰厚。更重要的是,在创业领域,各公司还是认可MBA带来的价值,比如美国网景公司、美国在线公司,甚至是微软。

斯基林横空出世,一下子解决了人才流失问题,还有某些其他问题。一夜之间,他和他的MBA精英团队将安然公司打造成了新经济的宠儿。在此过程中,旧经济工业巨头的收入流并没有受到影响——据报道,2000年,安然公司的年收入为600亿美元。在安然工作的员工,几乎都能拿到与华尔街公司同等水平的薪酬,所以他们不必离开安然,到华尔街去找工作。这样的工作既有新经济的护身符,又有旧经济的社会地位,使得MBA最受人诟病的缺点,变成了安然公司的就职要求。

接下来,大规模的会计舞弊浮出水面,安然开始土崩瓦解。哈佛商学院可能会让你相信,会计舞弊是由于监管失败。在学院看来,斯基林是异端的化身,是好苹果堆中的坏苹果。它从来没有声称自己消灭了世界上所有的坏苹果,只是尽最大努力保护好的苹果。但是,以这样的方式将自己与会计舞弊划清界限,完全不得要领。

若要详细阐述安然公司的破产过程,稍稍有些复杂。以下这些内容,简要地概括了斯基林在安然的所作所为,正是因为这些事情,才使安然在最后走投无路,只能进行会计舞弊。

第五部分 抉 择
不仅仅是面子工程

1. 他不再强调公司的独特能力（建设发电厂和类似设施），并推广那些几乎任何人都可以做的事情，比如谈判、融资、游说和股票交易，股票交易是重中之重。正是斯基林否认硬资产而支持股票交易，注定了安然走向死亡。一位安然前高管说："所有的股票交易和营销，都干得非常漂亮，但如果你想从事能源业务，迟早需要启动发电机或者开采天然气和石油。"

2. 他让空谈者主导公司。在斯基林的管理下，信心满满便能得到尊重，即使那种自信从客观上讲并不值得尊重。但他也发现，他已经深陷由自己的废话所构筑的牢笼之中。在一切开始坍塌之前，安然的股票以高于收益60倍的价格在交易。尽管它基本上已将自己变成一家银行，可银行的股票，往往也只以高于平均收益10倍到15倍的价格进行交易。为了使股票价格保持在高位，斯基林不得不向市场投入它想要的。要当赢家并不容易，因为人们开始期望从你身上得到各种各样的东西。

3. 他完全屈服于金融工程的诱惑，特别是表外融资和资产证券化。当公司管理层基于不当理由而做出财务决定时，即使你是投行家，也能发现其中的错误。为了使公司在账面上看起来是在增长，他将安然变成了债台高筑的公司。会计舞弊既造成了这个问题，又被用来试图解决这个问题。这根本不可能奏效。

4. 他误认为，成功可以被测量、复制和转移。说起MBA，有人为他们制作了一些"说唱歌词"，大致内容是，他们认为自己可以经营任何实体，因为他们既是通才，也是专才——他们的技能是管理，走到哪里，就管到哪里。他们成功地让所有人相信，他们的专业技术是哈佛商学院的一项伟大成就。尽管有一些例子可以表明，即使他们真的拥有一种技能——也就是管理——往往也走不了多远。安然是天然气行业的转型玩家，是最近监管松弛的能源交易领域里的先行者。可当它试图复制其他领域的成功故事时，它都失败了。一位曾在安然媒体服务公司工作的高管说："安然对如今的行业如何运作一无所知。尽管他们有着雄心壮志，却毫无头绪。那些年轻的MBA，读的都是一些关于如何做广告的课本。"

在安然，概念胜过现实，未来强于现在。当它一直在幻想未来时，便不可避免地沉浸在幻想的泡沫里,这需要有人来戳破。2001年初,那样的触动出现了。卖空者吉姆·查诺斯(Jim Chanos)出于善意,开始宣传他的观点——安然的经营状况不太好。《华尔街日报》和《财富》杂志也开始带着怀疑的眼光对安然进行分析。2001年8月,斯基林出人意料地退休了。接下来,天塌了:人们发现,安然所谓的成功,其实是财务造假的结果。公司使用所谓的"具有特殊用途的工具",使得账面上的负债水平远低于实际的负债水平。到最后,安然的资产负债表显示,公司负债130亿美元。不过,加上其资产负债表外的债务,安然的总债务翻了将近3倍,高达380亿美元。这是美国历史上最大的破产案。

这一切促使《纽约客》(New Yorker)杂志开始高调地怀疑,美国是否在MBA的魅力中陷得太深了。2002年,马尔科姆·格拉德威尔(Malcolm Gladwell)在新闻故事《人才的神话》(The Talent Myth)中,强烈地抨击了所谓的"人才战争"。该文章的主旨是:MBA们最终打造了一间完美的回音室,他们爱听自己在回音室里放声歌唱的声音。

以约翰·文(John Wing)为例,他不知采用了何种手段,在一些大型电力项目中,让他和他的团队拥有了个人股份。当安然被迫卖掉这些大型项目以换取急需的资金时,约翰·文从9 000万美元的交易额中赚到了900万美元;另外,他还因为公司提前终止与他的合约而获得为期5年,且每年高达40万美元的补偿——尽管他并没有真正失去工作。关键在于,安然不仅是因为会计舞弊而倒下的,部分原因还在于经营者的贪婪,是他们在一点点瓦解公司。所以,在最后的冲击出现时,大家愕然地发现,安然早已是一个徒有其表的空架子了。

聪明人的糊涂决定

斯基林不仅给安然注入了哈佛商学院和麦肯锡的理念,还将其塑造成仿佛注射了合成类固醇的公司,即在短时间内以极快的速度发展,以至于到了危险的地步。他使安然变成了企业界的贝瑞·邦兹(Barry Bonds)[①]。巧的是,安然公司进行会计舞弊的时间,与邦兹涉嫌服用禁药的时间一样。

[①] 美国职业棒球运动员,被认为是最伟大的球员之一,曾创下多项世界纪录。但是,因近年美国职业棒球联盟的禁药丑闻,人们怀疑邦兹的纪录与禁药撇不开关系。他的自主训练员被加州法院以提供合成类固醇给其他运动员的罪名起诉。——译者注

第五部分 抉 择
不仅仅是面子工程

《房间里最精明的人》(The Smartest Guys in the Room) 一书的作者贝萨尼·麦克林（Bethany Mclean）和彼得·艾尔金德（Peter Elkind）认为，斯基林是典型的麦肯锡人或哈佛商学院毕业生。两位作者写道："斯基林能以闪电般的速度处理信息并将新创意概念化。他可以马上将高度复杂的问题简化为闪闪发光、令人着迷的符号。当他提出自己的观点时，往往带着一种近乎傲慢的肯定态度，根本无法容忍反对者。他运用自己的聪明才智，不但能说服别人，还能恐吓住别人……但是，他这些性格特点，若放在一个大型企业经营者身上，将会带来灾难性的后果。我们不否定他的才能，他似乎有着高超的管理技能，但他真的不了解人。他希望人们根据纯粹的、逻辑上的紧迫性采取行动，当然，没有人会那样做……当现实与他的理论不匹配时，他甚至不愿承认。随着时间的推移，他变得更加傲慢，十分确信自己就是房间里最聪明的人。如果有人反对他的意见，他会立即开除对方，认为对方不够聪明，无法理解他的意思。"

斯基林还用道德去装饰其事业的正义性，这在意料之中。因为，这类语言早已在哈佛商学院中流行。他还在麦肯锡时，曾对《商业周刊》记者说："许多投行的财务状况都起伏不定，所以麦肯锡在适当的地方有其价值。当你在那里工作时，你会感觉自己在做上帝的工作。"安然也是一样的。他说："如果你到安然的大厅里走一走，你会发现，他们都怀有同一个使命，共同站在天使的一边。对客户而言，我们都是好人。"

在斯基林的管理下，安然根据预测利润发放资金，而不是根据实际的现金流。但是，这种做法存在一个问题：你可以预测所有的事情，可真正地做出业绩，却完全是另一回事。看重预测，使得安然的风控团队无法正常运转，团队成员在面对离谱的预测情景时，仿佛都成了畏首畏尾的人。即使在房地产市场崩溃时，安然的风控人员（华尔街的风控部门也是如此）依然在虚假繁荣的房地产市场带来的惊人"利润"面前展示了自己的无能。应当指出的是，房地产市场之所以出现危机，部分原因在于人们是根据预测而不是现实做决策，而哈佛商学院的MBA在使用案例分析法时，也要处理同样的预测结果。别忘了他们一直在强调的：案例分析法并不是对经验的替代，它本身就是经验。

实际上，杰夫·斯基林就是罗伯特·麦克纳马拉的翻版。2002年，哈佛商学院教授奇普·巴普（Chip Bupp）在《名利场》杂志的一篇文章中写道："斯基林可能是我教过的最优秀的学生，他不能容忍任何愚蠢之事。"之后，他把斯基林比作麦克纳马拉。斯基林的同班同学、国会议员约翰·勒布蒂耶回忆道，有一次，学生们在巴普教授的课堂上围绕"当CEO发现公司生产致命性产品时应该怎么做"展开辩论，斯基林在那场辩论中透露了自己的道德核心。勒布蒂耶说："斯基林是A小组中最聪明的学生之一，他有一头稀疏的金色头发，戴着一副金丝眼镜，稍稍带点南方口音，给人一种成熟稳重的印象。他通常对政府的任何干预行为表示蔑视。在A小组，他自然是领导者之一，他一开口说话……所有人都会被他吸引。"在辩论中，斯基林说："我会继续制造和销售那种产品。作为一个商人，我的职责是成为利润聚焦点，而且要使股东价值最大化。如果产品是危险的，应当由政府采取措施。"勒布蒂耶回忆，有几个学生居然点头表示赞同。"斯基林和他的赞同者似乎都不关心他们这种漫不经心的态度可能会产生怎样的影响……在哈佛商学院……如果你过多考虑道德或者社会顾虑，就会被当成胆小鬼。"

和对待麦克纳马拉一样，哈佛商学院几乎一直支持斯基林，当安然破产时，学院中关于安然的案例研究，在突然之间全部消失。2001年4月，在安然破产的前几个月，斯基林在哈佛商学院发表了一场演讲，题为《安然集团：从天然气管理公司到新经济集团的华丽转身》(*Enron's Transformation from Gas Pipelines to New Economy Powerhouse*)。合计起来，哈佛商学院共发布了5篇案例，鼓吹安然的模式值得仿效。

2003年，哈佛商学院院长金·克拉克告诉《高等教育纪事报》(*Chronicle of Higher Education*)，于他而言，为各企业编写案例的过程，有利于教授从中获得第一手经验，即使那包括从接受咨询的企业中赚钱，或在其董事会任职。他还能说些别的吗？如果你坚持认为，利益冲突的立场实际上是件好事，那么，你必须明确地跟接受咨询的公司划清界限。

哈佛商学院宣称：编写案例以及为企业提供咨询工作使教授们更接近企业管理者，这样得出的"成果"，是对企业治理中的关键事件进行一番洞察后得出的，如大规模的会计舞弊。类似格玛沃特的案例编写情况，让人不得不对哈佛商学院的这一说法表示质疑。我并不是谴责格玛沃特没能发现安然的舞弊行为，而是想要提醒各位读者，当企业的成功存在某些秘密时，他们肯定不会广而告之，不论是谁在问。

2002年，哈佛商学院教授彼得·图法诺(Peter Tufano)在接受《纽约时报》的采访时说："在任何一种商品的交易中，总是有些人拥有太多，另一些人则拥有太少。因此，他们之间会产生交易和交换的需要。"这只不过是市场的定义而已。这也表明，光靠一次会计舞弊，还不足以阻止哈佛商学院的教授在讨论安然时添加一些没有价值的解释。

2001年，哈佛商学院教授罗伯特·肯尼迪（Robert Kennedy）与人合作，编写了一则关于泰科国际集团的案例。2003年，他告诉《财务总监杂志》（*CFO Magazine*）："我们在哈佛商学院编写案例时，本着案例将会例证某些重要概念的理念，而不是本着'这是一家伟大或邪恶的企业'的理念。当我们听到有传言说泰科国际快要倒闭时，才决定编写它的案例，让泰科证明为何他们觉得自己还能继续经营下去。允许企业高管评审案例，这不仅可以让他们自由发表看法，同时还能确保机密信息不会被泄露出去。当然，对企业中的人而言，我们并不是在编写圣徒言行录。"他说得似乎足够清楚了——哈佛商学院编写案例的目的是让企业"佐证"自己的决策为何是正确的；然后，在发布案例之前，先让案例主角（企业高管）进行评审。

与失败者撇清关系

2008年，哈佛商学院教授马尔科姆·索尔特（Malcolm Salter）撰写了《创新的堕落：安然公司破产的根源与反思》（*Innovation Corrupted: The Origins and Legacy of Enron's Collapse*）一书，他声称要找出腐败的源头。但在书中，他一次都没有提到斯基林的教育问题，这是最无耻的伪善。哈佛商学院曾经恬不知耻地宣称，其毕业生辉煌的职业生涯，也有它的功劳。仿佛那些毕业生一生中所做的每一件事，都体现了它的教育。但当人们发现，哈佛商学院那位最引人关注的校友是个骗子时，却看不出他的行为与他的教育之间有任何关联。

2003年，哈佛商学院教授阿希什·南达（Ashish Nanda）围绕安然事件写了一则案例——《破碎的信任：安然公司危机中的专业人士》（*Broken Trust: Role of Professionals in the Enron Debacle*）。他在案例中指出："安然的轰然倒塌极不寻常，我们从中可以看出安然董事会和领导层的失败。与安然有业务往来的各种专业人士的失败，也极不寻常。这些人包括会计师、金融分析师、投行家、律师、咨询师以及信用评估师等。他们未能预料到即将发生的崩盘，因而没能及时警告股东、金融市场以及公众。"

南达的指责过于客气。以上列举的所有专业人士,一直被安然用金钱拉拢,早已放弃了独立性和客观性。所以,他们没能预料到崩盘在意料之中,谈不上不同寻常。毫无疑问,哈佛商学院的教授也一直被安然收买。

如果你想了解更多对安然事件的谴责与指控,可以在"哈佛观察者"(Harvard Watch)团队于 2002 年推出的报告中找到。该报告清晰阐述了安然与哈佛商学院之间的联系,然后发现了以下问题:监管着哈佛大学 20 亿美元捐赠资金,并由哈佛商学院毕业生乔纳森·雅各布森(Jonathon Jacobson)经营的高地资本(Highfields Capital),在大多数投资人之前就着手做空安然的股票——据报道,这使得高地资本从中赚取了 5 000 万美元;同时,高地资本还与人称"哈巴狗"的赫伯特·威诺阿(Herbert Winokur)存在某种关系,而威诺阿恰好是安然董事会的董事。另外,可以十分确定的是,斯基林并没有向他的哈佛商学院同伴透露内部信息。在 2001 年的一次会议上,高地资本的分析师理查德·格鲁曼(Richard Grumman)向斯基林施压,质问安然为何不向分析师提供更多信息,斯基林的回答是:"我们赞赏那种做法……非常感谢你的建议,混蛋。"

联想到布什家族这个能源游说团体,再想一想曾担任过小布什首席经济顾问的劳伦斯·林赛(Lawrence Lindsey)等人也曾任职于安然的顾问委员会,这让事情变得更有意思。或者,我们还可以回想,1999 年,由克林顿总统任命的财政部长拉里·萨默斯收到了安然董事会主席肯尼斯·莱发来的祝贺,萨默斯回应说:"我会盯紧对电力行业放松监管以及能源市场基础设施等问题。"小布什当选总统后,萨默斯离开政坛,成为哈佛大学校长。当消费者权益倡导者拉尔夫·纳德(Ralph Nader)被问到对"哈佛观察者"的报告有何看法时,他说:"它只不过是哈佛大学的声誉被企业利益劫持的连载故事。"

杰夫·斯基林保持着一项纪录:他的所作所为,目前是哈佛商学院毕业生所能做出的最令人羞愧的行为,他以臭名昭著的行为延伸了欺诈的定义。哈佛商学院在安然覆灭之前的案例研究中对其大加称颂,在安然破产以后,学院因此受到许多无情的谴责。

不过,他或许还能证明,他的所作所为比任何事情都能让哈佛商学院受益。斯基林的自我毁灭使得哈佛商学院在所谓的 CEO 道德权威理念上加倍下注。安然的会计舞弊规模之大,让哈佛商学院不得不为自己辩解道,斯基林是位奇特而非典型的毕业生。因为,他们并没有教学生舞弊和进行其他不法活动，而斯基林却这么做了。不过，即使他们没有教，某些学生依然能学到。

安然董事会主席肯尼斯·莱可能和比尔·乔治一同在哈佛商学院教书。毕竟，当舞弊丑闻被曝光时，莱出现在电视上，像个教书的长者那样，围绕着每一位领导者的核心价值观展开说教。尽管斯基林一定知道他自己在做坏事，但单纯的莱似乎相信，他的职责仅仅是对自己真诚。来自巴布森商学院的历史学家詹姆斯·胡普斯写道："莱也许真心相信，他只要四处游说，告诉别人自己是个多好的人，就能经营公司。"

在讨论谁该为杰夫·斯基林的行为负责时，人们认为大部分责任在于他自己。但是，如果将其中的部分责任归为哈佛商学院也并不过分。即使哈佛商学院制造了一种阴险狡诈的管理哲学，却仍未像某位会计师撕毁与安然相关的文件那样引人注目。不过，哈佛商学院从来没有想过为斯基林道歉，他们继续把其他毕业生的成功归功于自己。

学院最近一次公开道歉发生在 2006 年。那一年，迈克尔·詹森参加了一个学者小组的讨论，讨论议题是"股东价值最大化是否为企业不法行为的元凶"。在讨论时，迈克尔·詹森直率地否定了这种观点，他说："在最近十年里，虽然商界出现了许多丑闻，但如果把那些丑闻归咎为 MBA 学位问题或者是商学院的教学问题，很难解释得通。"接着，他的同事拉克什·库拉纳说道："如果大学和商学院只是教学生们复杂的财务技能和技术技能，却不塑造他们的价值观，那么，他们教出来的学生，就是一些雇佣兵，或是对社会有潜在危害的人。"当然，他说的是"潜在"。如果安然公司带来的只是潜在的破坏，该有多好。

第56章

应对危机的艺术:避重就轻

让哈佛商学院在 20 世纪取得成功的秘诀之一是,它已经掌握了绕支点运动(pivot)的要领。它拥有一种令人难以置信的能力,能义正词严地将自己视为问题的解决者。而这些问题,恰好是在它的推波助澜下产生的。例如,罗伯特·卡普兰担负了从制度上响应迈克尔·詹森的职责;迈克尔·波特则为哈佛商学院毕业生参与解决的不平等问题及股东价值问题开出了一系列"处方";当杰夫·斯基林把哈佛商学院的教育带离正轨时,学院宣布,避免安然事件重演的办法……在于哈佛商学院的教学。类似的例子还有 2007～2009 年的金融危机,我将在第 59 章仔细讨论这一主题。

强生如何安然渡过危机?

哈佛商学院还以另一种更加微妙的方式在做绕支点运动。以强生公司 CEO 詹姆斯·伯克(James Burke)为例。伯克为强生工作了 40 年,最终升任 CEO,在此职位上一待就是 14 年。后来,他又担任美国无毒品组织的主席,并因此获得比尔·克林顿总统颁发的总统自由勋章(Presidential Medal of Freedom)。《财富》杂志还将他评选为历史上最伟大的十大 CEO 之一。

伯克任职期间，强生公司的业绩给人留下了深刻印象：20世纪80年代初，它的销售额和利润同时翻了一倍多。这让伯克证明了自己作为一个营销商的杰出能力。正是在他的监管之下，泰诺（Tylenol）的销售取得了空前成功。强生公司想尽办法说服美国人购买泰诺。事实上，泰诺不过是阿司匹林的替代药物之一。只是，强生将这种药物进行品牌化。这使得它的销售价格，比并未实现品牌化的药物价格高出10倍。更令人印象深刻的是，在20世纪80年代初，在份额高达10亿美元的镇痛药市场中，泰诺就占其中的1/3。1982年，泰诺在强生公司的销售额中虽然只占到7%，却为公司带来了15%～20%的利润。

也正是在那一年，詹姆斯·伯克迎来了他职业生涯的决定性时刻。1982年秋，芝加哥地区的7位居民在服用了含有氰化钾成分的强效泰诺后身亡。伯克对此事的反应，被记录在哈佛商学院关于强生公司领导力的案例中。首先，他命令召回已投放到市场上的3 100万瓶泰诺，并悬赏10万美元追查元凶。然后，公司引入了一种防伪药瓶，并举办促销活动。很快，强生的防伪药瓶成为行业标准。接下来，伯克命令销售团队继续加大销售力度，仿佛他们以前从未销售过这种药品。

伯克的方法奏效了。在死亡事件发生后，尽管市场专家普遍预言泰诺必死无疑，但该药品的市场份额只下降了7%，并在一年之内重新占据了80%的市场份额。哈佛商学院教授斯蒂芬·格雷瑟（Stephen Greyser）告诉《纽约时报》记者："这是我见过的市场营销领域里最有效的一次挽救工作。"1986年，死亡事件再次发生，伯克的反应同样迅速，格雷瑟也一样。几天之后，格雷瑟对《纽约时报》记者说："我为伯克对该事件的处理方式打高分。"伯克的领导方式，确实满足了公司最迫切的需要。

企业信条缘何成为制胜宝典？

从上述各类危机事件中，哈佛商学院本可以吸取一些教训。然而不幸的是，商学院里的圣贤只盯着唯一一件根本没有教训可吸取的事情。以泰诺事件为例，任何一位深陷危机之中的CEO都想知道其中的一些细节。比如，当强生不得不召回所有的泰诺时，为了设法保住市场份额，伯克具体都做了些什么？防伪药瓶的主意从何而来？谁想出了促销新药的决定，折扣的大小又是如何划定的？它又是如何激励销售人员完成再

度销售泰诺这一艰巨任务的？

然而，在关于企业危机的案例研究中，哈佛商学院关注的却是"回顾决策的勇气"。事实上，根据伯克本人的说法，他在公司有关道德的企业信条中看到了勇气。他甚至在1984年委托研究人员出具了一份研究报告，该报告显示，以30年为限，15家拥有书面企业信条的公司，其业绩往往会领先于道琼斯工业平均指数。那么，将信条编纂成一本64页的书的安然，是一个例外吗？

泰诺事件的重点并不在于伯克从未做过任何有道德的事。他一定做过。重点是，在泰诺事件上，出于道德和经济原因，他真的没有选择。从道德上看，其消费者在服用泰诺后不幸死亡，因此它必须下架。从经济上看，这一事件闹得满城风雨，即使强生不召回药物，消费者也不会去购买。

虽然哈佛商学院已经为宣传道德领导付出了巨大努力，但是它却总在分析企业的危机事件后得出错误结论。2004年，托马斯·派珀教授围绕强生的企业信条编写了一篇案例，突出了"企业信条在泰诺事件中发挥的作用"。另一篇由格雷瑟编写的案例重在表明，为何该事件只是对企业社会责任的重大教训而已。戴维·尤因在《在哈佛商学院内部》一书中写道："许多高管校友都敏锐地意识到自己应担起社会责任，这是入情入理的。"随后，他便从伯克开始列举。

即使某个人采取了我们大多数人都会选择的措施，也会有人对他大加吹捧，称他足够勇敢，这真是一件令人好奇的事。詹姆斯·伯克不只是做了"正确的事情"，他还做了他唯一能做的事。如果人们真正相信还有另一种选择，那么，对他的极力称赞才说得通。那种选择类似于，当你的案例研究并没有正确结论，且你的学生要对他们在课堂里的案例采取想象的行动而负责任时，你随便说出口的选择。伯克是一位对社会负责的高管吗？证据表明他是的，但并不是因为召回泰诺。泰诺的召回，只能表明他是一个讲究体面的人。

哈佛商学院可能只是做了它经常做的事：将伯克说的话包装一番，然后称之为案例研究。强生早在1887年就已确定的企业信条是，公司首先要对客户负责，然后再按照严格的顺序，对员工、社会、股东负责。2004年，伯克说道："这一信条全都关于消费者。"在第一次泰诺事件发生后，他说："公司的信条非常明确地指出了我们当时到底要怎么做。这给了我充足的理由说服股东和其他人，花费1亿美元召回药品。此外，公司的信条还有助于药品的销售。"

可事实并非如此。伯克真的需要参考强生的企业信条去思考他唯一可以采取的行动吗？这就好比查询公司的历史卷宗，以便从祖先那里获得智慧指引。而且，究竟是什么助推了泰诺的销售？难道是"防止泰诺事件发生比保持利润更好"的理念？为何有人需要靠信条的指引，才能十分清晰地明确这个道理？有没有这样一位股东，他起初并不支持召回，但得知公司的信条之后，便改变了自己的主意？此外，伯克甚至提到，召回问题药品需要公司付出1亿美元的代价，这种说法对公众来说无异于冒犯。因为，如果强生能承受将泰诺投放到全国每一家药店货架上的成本，那么，它也一定能承受将它们从货架上撤下的成本。当时，泰诺每年为强生带来3.5亿美元的营业收入，而整个强生的总营业收入高达数十亿美元。召回药品的成本，只占到其营业额的零头。

而且，在泰诺事件发生的几星期内，强生便能推出新型泰诺和防伪药瓶的事实，又该如何解释？乍看之下，这并不是强生肩负起社会责任的证据。毕竟，他们明显已经想出了如何防止有毒药品出现，只是没有去实践罢了。商业伦理学家玛丽安娜·詹宁斯（Marianne Jennings）说："也就是说，他们知道最开始的药品设计，本身就会诱发一种低概率、高风险的事故。如果那一事故真的发生，药品便是惩罚。这正是整个事件中真正的道德问题。"

在泰诺事件发生之后，伯克花了大量时间谈论强生的企业信条，也是一种讽刺：企业信条是针对团队建设的，是为了让员工步调一致，朝着共同的目标努力。将企业信条与召回泰诺的决策联系起来，可以说是充分利用泰诺事件来为管理目标服务。

当选项不甚明朗（或者，至少对CEO来说不明朗）时，企业做出关于社会责任的决策才谈得上艰难。想一想美国企业多年来形成的一种趋势：首先兼并海外公司，然后为减少负税将业务外包。尽管美国财政部宣布将于2016年4月采取措施限制税收倒置(tax inversion)行为，但奥巴马政权似乎已经阻止了这种趋势，而在此之前，企业选择首先对股东负责，于是继续进行税收倒置。它们是否承担了社会责任，有待考究。一方面，企业利用税收倒置伤害了它们所在的社区，因为这种做法减少了当地财政的税收收入。另一方面，为了保持经济活力，企业必须在各条战线都保持竞争力，包括税收。那么，具有社会责任感的高管会怎么做？

劳伦斯·谢姆斯（Laurence Shames）在关于哈佛商学院49届毕业生的著作《大时代》中写道，伯克清醒地意识到，召回泰诺并不能使他成为圣徒。伯克对谢姆斯说："在处理泰诺事件的过程中，有些事情真的令我感到沮丧。面对这种局面，我认为我们所做的一切，是任何一家负责任的企业都会做的事；而人们却认为这是美国企业又一次违反政策和法规的下场。我的天啊！人们到底期望我们做些什么？如此强烈地不信任以及冷嘲热讽，真让人感到郁闷。"

如果MBA学生能仔细审视伯克的职业生涯，那么，他们一定能从中学到许多东西。伯克本人也可能赞同，MBA学生无法回答这一问题：假如你发现自己处在类似于1982年伯克面临的局面时，你应当做些什么？如果MBA学生认为，强生自我吹嘘的企业信条就是全部答案，那么，我们就只能祈求上帝来福泽社会了。那些信条当然不是答案。2015年，强生公司的一家子公司承认，他们发现儿童服用的泰诺药片在制药过程中混入了金属片，但强生却在近一年的时间里都没有采取任何措施。不过，他们最终难逃法网，被联邦法庭提起刑事诉讼。

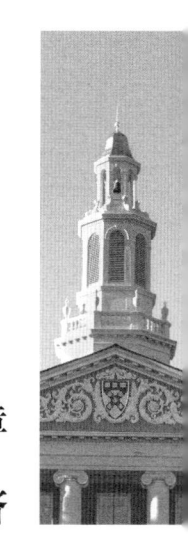

第57章
哈佛商学院生命线：校友经济

要想在众多商学院中占据头把交椅，确实是一项具有挑战性的任务。2016年，在《金融时报》"全球MBA"排行榜上，欧洲工商管理学院赶超哈佛商学院，夺得第一名。但是，论富庶程度，没有哪一所商学院能超过哈佛商学院。无论是哈佛商学院里的建筑还是操场，都散发着强烈的金钱与权力的气息。

对那些与哈佛商学院有关系的人而言，无论是学生、校友或是教授，世界上的一切都十分美好。哈佛商学院理应承受的所有批评，全被抛在一边，且哈佛商学院的所有客户，都对它感到非常满意。几乎没有哪位哈佛商学院毕业生后悔自己的选择，学院的教授（以及他们的研究预算）令其他商学院的同行羡慕不已。那些拿着金钱换取学位和荣誉的CEO和企业，都觉得他们能在哈佛商学院中找到最好的啦啦队长①。

虽说人们选择到哈佛商学院读书的原因有很多，但最常见的原因是有机会锻炼获得高收入的能力。各种商学院排行榜十分细致地追踪了各商学院毕业生的平均起薪，那些数字每年都有很大变化。对毕业生而言，工资并不是最重要的，财富最重要。如果你想变得富有，那么，在哈佛商学院读书，会让你更有可能成为大富翁。

---

①这句话意指哈佛商学院的教授和管理人员经常吹捧前来接受培训的CEO和企业。——译者注

当然,对于 MBA 而言,成功的标志不只是财富,还需要跻身 CEO 行列,而哈佛商学院毕业生在这方面表现得也很突出。若将出身于哈佛商学院的 CEO(无论是曾经担任还是现任)列出来,那将是一本厚厚的电话号码簿。

当捐款成为义务

在哈佛商学院毕业生中出现富翁是再正常不过的事,但让人感到吃惊的是,哈佛商学院总是想方设法说服这些富豪,让他们在毕业后的一年甚至数十年的时间里,将大笔资金捐赠给商学院。这是因为学院能够将文凭融入毕业生的自我形象中,能做到这点的院校并不多。哈佛商学院持续的成功,是其毕业生得以自我肯定的重要原因。

想一想 2010 年哈佛商学院毕业生在华尔街遭遇的困境——他们已成为整个国家炮轰的对象。也正是那时,哈佛商学院也许是毕业生们维持自我肯定的力量来源。不过,还有些事情埋藏得更深。人们常说,被哈佛商学院录取很难,为了进入这所学院,你不仅要表现优秀,还要付出一定代价。哈佛商学院的校友遍布整个美国,这使得它一心一意地追求着一个目标——不断提醒校友,他们是自己的毕业生。因此,他们应当给学院送来支票,顺便带上哈佛商学院的催款单。

在请求毕业生捐赠方面,哈佛商学院最近几年的表现超越了过去。2014 年,哈佛商学院与哈佛大学其他学院一道,推出资本筹集运动,哈佛大学校长德鲁·福斯特应该会对哈佛商学院院长尼廷·诺瑞亚的资金筹集能力感到满意。到 2016 年 3 月,哈佛商学院已经筹集了 9.25 亿美元,基本实现了筹资 10 亿美元的目标。诺瑞亚也成为哈佛大学里收入最高的院长(2011 年,他的收入超过 65 万美元),而且一定会继续保持纪录。

筹集资金的任务圆满成功,以至于有些过于圆满。2015 年年底,许多人惊讶地发现,哈佛商学院可能要考虑是否要更改最近才更名为埃斯特韦斯大厅的贝克大厅。在 2015 年 4 月,巴西亿万富翁安德列·桑托斯·埃斯特韦斯(André Santos Esteves)出资翻新了整个大厅。正在学院纠结之时,埃斯特韦斯因为巴西国家石油公司的腐败丑闻而遭到逮捕。哈佛商学院发言人吉姆·艾斯纳(Jim Aisner)告诉彭博通讯社:"看到他被逮捕并被起诉的新闻时,我们感到十分伤心。"尴尬的是,一位与哈佛商学院关系密切的人士说："在学校里，许多人都在生气地说，在诺瑞亚的领导下，哈佛商学院的所有东西都被用于销售。"

这只是小小的失误，总的来说，这场筹资运动是成功的。因为，即使哈佛商学院的影响力大不如前，但校友们仍然在企业界身居高位。在2014年的《财富》世界500强企业中，139家企业的高级管理人员中都有哈佛商学院校友的身影；而在这139家企业中，有50家企业的CEO是哈佛商学院毕业生。

到2015年年底，哈佛商学院获得的捐赠金额高达33亿美元。彼时，哈佛大学已成为世界上最富有的大学，它获得的捐赠金额总计达327亿美元。即使只拿哈佛商学院与其他院校相比，它也能名列前茅。如果哈佛商学院的财务指标（尤其是筹资能力）确实是决定着院长声誉的主要因素，那么，诺瑞亚的名声已经打响。50年前（1966～1967年），哈佛商学院从12 140名校友那儿只筹集到73万美元。

我曾在前文提到，赵氏家族曾向哈佛商学院捐赠了3 500万美元，其中有3 000万美元用于建设高管教育中心，剩下的500万美元用于设立针对中国学生的奖学金。拉丹·塔塔（Ratan Tata）的捐赠也被用在高管教育项目中。这并不奇怪：哈佛商学院本身就是一家大企业，它的高管教育项目又是其中最赚钱的业务。

2015年，在哈佛商学院7.07亿美元的收入中，最大的贡献者是出版业务，达2.03亿美元，占学院总收入的29%。而高管教育项目的营收只比出版业务稍少一点，达1.68亿美元，占学院总收入的24%。接下来是MBA的学费和其他费用，达1.2亿美元，占学院总收入的17%。余下的2.16亿美元来自基金会、企业或个人捐赠以及房地产收入。

在诺瑞亚接任院长之前，哈佛商学院总能高效地从校友那里筹集到资金。虽然它的校友人数比其他任何一所商学院都多，但在单笔捐赠大额资金的名单上，哈佛商学院校友却落后于其他院校。原因在于，哈佛商学院的名声最初不对外售卖。但这样的事情却在密歇根大学发生过。2013年，密歇根大学收到了房地产开发商斯蒂芬·罗斯（Stephen Ross）捐赠的1亿美元，于是将其商学院以他的名字命名。2015年，当约翰·保尔森决定向哈佛大学工程与应用科学学院捐赠4亿美元时，人们只能想象发生在哈佛大学内部的争吵。没错，他们将该学院用保尔森的名字重新命名了。

哈佛风云录
THE GOLDEN PASSPORT

索尼影业 CEO 之校友使用说明

2014年年底，当一群黑客将索尼公司的内部数据泄露到互联网时，媒体将关注焦点放在了色情邮件和电影明星的片酬要求上。然而，在那些被泄露的数据中，掩埋着一些更有意思的信息——人们从中可以看出大企业的 CEO 是怎样充分利用哈佛商学院的校友圈，以及哈佛商学院是如何从校友圈中索取回报的。

迈克尔·林顿（Michael Lynton）是哈佛商学院 1987 届毕业生，2004 年，他受到时任索尼公司 CEO 霍华德·斯金格（Howard Stringer）的邀请，担任索尼影业 CEO，这使得他成为索尼影视娱乐联席主席艾米·帕斯卡（Amy Pascal）的合作伙伴。那时，同其他毕业于哈佛商学院的 CEO 相比，林顿是一名"熟练工"——他经营着企鹅出版集团和美国在线欧洲分公司。他怀着特别的热情在哈佛商学院校友圈中学习，并做了许多事情，比如为对冲基金经理人、亿万富翁莱昂·布莱克的侄女安排电影试镜，或是和 Facebook 首席运营官谢丽尔·桑德伯格商讨，该如何找机会与纽约作家马尔科姆·格拉德威尔见一面。

林顿与帕斯卡的合作持续了十年之久，但在 2013 年，麻烦出现了。一直活跃在业界的对冲基金经理丹尼斯·勒布（Dan Loeb）以索尼公司为目标，购买了其超过 6% 的股票，并且要求索尼公司整顿财务。那时，林顿找来一位 MBA 学生，并请贝恩咨询公司帮他想办法，设法从总数达 3 亿美元的成本中压缩 5 000 万美元。根据公司内部往来的邮件显示，在贝恩咨询公司的鼓励下，本该被描述为"拆解今天"的项目，却被索尼公司的高管团队描述为"建设未来"。在那些压缩成本的决定中，包含这样一项：解雇帕斯卡年薪 30 万美元的个人助理。帕斯卡自然对这一决定抱怨不已，林顿在回复她的邮件中写道："若以此薪酬聘请一位助理，暗示着一种失控。若按照此决定执行，便意味着我们能控制一切。"

也许，林顿意识到是时候去别的地方施展才华了。据说在 2013 年年初，他与时代华纳 CEO 杰夫·比克斯（Jeff Bewkes）围绕公司经营事宜进行了两次会谈。而在同年晚些时候，他还与一家猎头公司围绕杜兰大学校长一职进行了初步会谈。2014 年，他还同史密森学会（Smithsonian Institution）①的理事会进行了接洽，商讨接任会长的可能性。此外，他

---

① 史密森学会是唯一由美国政府资助、半官方性质的第三部门博物馆机构。——译者注

还花了一年时间谋求担任纽约大学校长一职，并动用了纽约大学中哈佛商学院校友的关系：纽约大学的董事约翰·保尔森为他的竞选提供了便利。

但是，校友圈子也在呼吁其成员回报哈佛商学院。2013年12月，哈佛商学院高级发展官员丽莎·亨特·巴特尔（Lisa Hunt Batter）给林顿发去邮件，代表诺瑞亚院长感谢林顿，表明院长信赖他提供的明智建议和支持。随后，巴特尔问他是否愿意和她一道，细致审阅南加州地区"最优秀的哈佛商学院潜在支持者"清单，那些人可以被招聘来组建区域委员会。她在那封邮件中写道："我希望您知道，您与哈佛的领导，尤其是与诺瑞亚院长的深厚友谊以及您对他本人和哈佛商学院的支持，对我们所有人而言，都有极其深刻的含义。您真的是改变了世界，我们都非常感谢您。"

2013年12月，洛杉矶资金管理巨头资本集团（Capital Group）前董事会主席吉姆·罗滕伯格（Jim Rothenberg，1970届毕业生）通过邮件，邀请林顿于2014年1月26日参加他为诺瑞亚院长开设的晚宴。罗滕伯格表示，在晚宴上，诺瑞亚院长将以即将启动的资金筹措活动为背景，描绘他对哈佛商学院的展望。换言之，院长将请求他们捐钱。不过林顿拒绝参加，因为他那天晚上将出席格莱美颁奖典礼。

2014年1月，林顿收到一封来自MBA学生山姆·汉密尔顿（Sam Hamilton，2015届毕业生）的邮件。汉密尔顿在邮件中祝贺他"完美地总结了利用创新引领企业向前发展的最佳方法"。就在当月，同为MBA学生的唐尼·本杰明（Donnie Benjamin，2015届毕业生）也给林顿发来邮件，他写道："我对制作电影和电视节目有着极大的热情。"

2014年3月，林顿接受了一次调查，调查由一位名叫内森·罗森伯格（Nathan Rosenberg）的野心勃勃的咨询师发起。罗森伯格在网站上声称，他为一家知名快消品公司提供的"创新咨询"，使其当年的营业收入增加了2亿美元。罗森伯格与哈佛商学院有什么联系？他的哥哥是迈克尔·詹森的合作伙伴，罗森伯格声称詹森"经常获得诺贝尔经济学奖的提名"。这当然是假话。

2014年4月，南加州大学营销教授兼品牌专家、哈佛商学院2004届毕业生吉腾德尔·萨赫戴夫（Jeetendr Sehdev）通过邮件询问林顿是否有时间和他探讨"保住现在这份工作的其他渠道"。

2014年4月，詹妮弗·罗滕伯格（Jennifer Rottenberg，1996届毕业生）

通过邮件告诉林顿,她将投票选举他为哈佛大学监管理事会理事。随后,罗滕伯格询问林顿能否考虑让她凭借美国水球队首席营销官的身份进入娱乐行业。

2014年5月,诺瑞亚给林顿发去电子邮件,感谢他对哈佛商学院即将于6月11日在索尼演播室举办的洛杉矶地区竞选活动的支持,并请林顿在活动开始之前,主持一场接待活动——领导者、院长顾问委员会成员,以及其他重要的哈佛商学院校友的私人晚宴。

不知出于什么原因,仅仅3天之后,身为哈佛商学院主管外部关系的高级副院长罗伯特·卡普兰教授向林顿发去一封电子邮件,请他做出特别的努力,以参加在索尼举办的私人晚宴,并承诺这将是一次沟通信息、联系感情、趣味横生的聚会。林顿在不到20分钟之内就做出了回复。不过,他和许多优秀的CEO一样,并不是回复给小人物卡普兰,而是直接回复给诺瑞亚院长。林顿表示,他很高兴能在活动上发表讲话,他会尽量挤出时间与诺瑞亚和拉尔夫·詹姆斯(Ralph James,1982届毕业生)共进晚餐,后者是哈佛商学院外部关系部门的执行主任。

2014年6月,哈佛大学校长德鲁·吉尔平·福斯特(Drew Gilpin Faust)在发给林顿的邮件中写道:"我今年在毕业生典礼上的演讲,将以《绝命毒师》(*Breaking Bad*)这部电视剧为蓝本。我想你会被逗笑的。"

当月,林顿向其校友拉丹·塔塔发去邮件。他在邮件中写道:"亲爱的拉丹,这是一次迟来的感谢,感谢你送给我美味的芒果!我全部吃光了。同时热烈祝贺哈佛商学院的塔塔大楼顺利建成。我刚刚和尼廷·诺瑞亚院长共进午餐,从他那儿听说我们俩都将在哈佛商学院顾问委员会中任职。"

然而,作为顾问委员会委员,林顿却没向尼廷·诺瑞亚提供多少建议。到2014年7月,他过分沉溺于哈佛大学和哈佛商学院的事务上。在一封发给岛屿资本集团(Island Capital Group)创始人安德鲁·法卡斯(Andrew Farkas)的电子邮件中,林顿透露:

> 和你一样,学院不但让我出钱,还请求我做很多事。包括:
> 1. 在演播室主持一场有500人参加的活动,名叫"重新连线哈佛";
> 2. 为哈佛商学院主持一场有400人参加的筹资活动启动仪式;
> 3. 为德鲁举办数场晚宴,与学院中的创业者进行会谈;

4. 让马特·达蒙录制一段视频，放在学院的网站上；

5. 让《绝命毒师》制片人文斯·吉利根（Vince Gilligan）前来与德鲁进行会谈；

6. 无数次地在各种活动上介绍哈佛大学文理学院院长迈克·史密斯（Mike Smith）；

7. 无数次地接听教授们打来的电话，他们需要了解关于好莱坞的各种问题；

……

我还有很多事情没列进去，我所有的时间都用在了"监管者"活动上。学院真的必须考虑他们到底想要我做些什么，以及请求别人捐赠些什么。

我觉得自己应该放下所有事情，休息一下。我会参加本年度"监管者"的一些会议，但不会参加其他任何活动。我需要为自己充电，看我是否准备好在一年内为哈佛商学院带去一大笔捐款。

5个月后，当黑客攻击已经威胁到索尼公司的运营时，林顿一定希望7月份能够过些平静的日子。黑客风波过去后，《财富》杂志围绕索尼缺乏对这类攻击的应对准备，开展了一场严格的两方调查。此时的林顿，转而求助于《哈佛商业评论》，并在一次采访中透露了自己如何在这场疯狂的黑客攻击中保住了索尼的文化。这可以提醒大家，即使全世界都在针对你，只要找到哈佛商学院的校友，你总能回到《哈佛商业评论》温暖的怀抱。

第58章
薪酬阴谋论

为什么CEO如今挣到的钱多得令人憎恶？1951年，通用汽车聘请来自麦肯锡的咨询师阿奇·佩顿（Arch Patton），就高管薪酬问题开展了一项涉及多个行业的研究，并将研究结果发表在《哈佛商业评论》上。

佩顿在研究中有了一些特别的发现：1939～1959年，工人的时薪翻了一倍多，而那些制定政策的管理层工资仅上涨了35%。如果排除物价上涨因素，那段时间中最高管理者的可支配收入，实际上下降了59%，而拿时薪的员工的购买力得到了提升。当然，管理层特别关注了这一研究成果，并且要求佩顿将研究一直进行下去。泛美航空CEO胡安·特里普（Juan Trippe）邀请佩顿针对泛美高管团队的股票期权展开研究。研究一旦开始，"为高管薪酬提出合理理由"的要求变成了一台永动机，从来没有停歇过。

由于哈佛商学院内部刊物的支持，这项研究变得更加可信，并成为一种年度活动。自那以后，关于高管薪酬的研究结果每年都会发表在《哈佛商业评论》上，《麦肯锡季刊》在10多年后接过了这项任务。（佩顿围绕这一话题共撰写了60多篇文章。）1948～1951年，《哈佛商业评论》每年都会围绕高管薪酬这一主题发表一篇文章。几年以后，发表数量增至每年5篇。这实际上是开拓新"研究领域"的完美时刻。在二战后的数年里，由于高管人才短缺，企业不得不四处寻找适合人选——不但从竞争对手那里物色，还会从完全不同的行业中物色。而且，他们应该知道该提供多少薪酬，对不对？此外，在20世纪30年代经济大萧条过后的数年里，没有人想大声宣扬薪酬问题。但在二战结束后，人们做好了"提高音量"的准备。

在此过程中，事情开始失控。这要归咎于迈克尔·詹森。50年前，CEO的收入大抵是员工收入的20倍，如今已达到了354倍。在20世纪80年代，有人曾问过佩顿，他对自己所做研究的影响有何感想，佩顿回答道："愧疚。"但哈佛商学院里的人却不这么想，他们也没有将功劳归结到佩顿身上。1939年，华莱士·多纳姆宣称，长期被忽视的高管薪酬问题是哈佛商学院的研究重点。多纳姆写道："奖金计划、年金计划、利润共享计划等，最近全都受到批评的约束。而这些批评，由负责实施那些计划的高管们提出。"他能写出这样的句子，真是勇气可嘉。

哈佛商学院并没有着力阐述摆在美国人面前的问题——如何停止CEO薪酬的过度增长——只是象征性地摆出一种研究姿态。比如，2014年哈佛商学院开展了一项"CEO应当赚多少钱？对更公平的薪酬的普遍渴望"的研究。这项研究引用了"至少有些人希望缩小收入差距"的间接证据，并且对"绝大多数人低估了CEO与工人的收入差距"感到惊奇。部分美国人的猜想是，CEO和工人收入比为30：1，而实际上是354：1。然而，大家一致认为的理想比例是7：1。同样，美国人根本不知道这个国家的财富集中到了什么程度。

在"建设更美好的美国——五等分财富论"的研究中，哈佛商学院的研究人员发现，美国人估计，美国最富有的20%的家庭拥有的财富，占全美净财富的59%，但真实的比率却高达84%，而人们心目中的理想数字是32%。相信美国人对造成财富过度集中现象的原因，有着清晰的认识。

伦敦商学院研究战略与创业领域的教授朱利安·伯金肖说："不用怀疑，在最高管理层获得高额薪酬的阴谋中，各商学院是同谋之一。因为，商学院也从中获取了金钱利益。显然，我们向学生收取学费，与他们毕业后找到工作的薪酬，是相互关联的。"他说得对，哈佛商学院在为增加MBA学费寻找合理理由时，曾公开对毕业生的工资中位数增长幅度与MBA学费增速进行对比，这就将教育降格为一场简单的投资回报。

超级富豪为何越来越多?

2014年年度畅销书《21世纪资本论》作者托马斯·皮凯蒂 (Thomas Piketty),是研究收入不平等方面的顶级专家。他并不是从"应该做什么"的视角开展研究,而是从一个简单的事实开始——对世界各地在各时期的数据进行观察。2003年,皮凯蒂和伊曼纽尔·塞斯 (Emmanuel Saez) 合写了一篇论文,题为《1913~1998年美国收入不平等问题》 (*Income Inequality in the United States, 1913—1998*)。他们写道:"众所周知,我们难以评估大型企业中高管的边际能力 (marginal product),而给高管开出极高的薪酬也许是一种从众行为。关于不平等的社会准则以及人们对超高薪酬的可接受度在不断变化,这可能与20世纪70年代以来美国企业的高管薪酬不断上涨有关。"换句话讲,高管们理解,自己的薪酬之所以在一路飙涨,并不是因为他们对企业的业绩做出了贡献,而是因为一种令人惊讶的文化。这种文化接受高管薪酬呈爆炸式增长,而不管他们是否具备相应的资格。纽约大学哲学系教授利亚姆·墨菲 (Liam Murphy) 表示,皮凯蒂说的是,高管收入爆炸式增长的真正原因是,高管决定高管的薪酬。

对于社会对高管薪酬的指控,有的人给予了回击,其中一种回击是:我们并不是想要疯狂赚钱的人——不信请看看对冲基金经理!这种说法确实有一定道理。密歇根大学教授杰瑞·戴维斯写道:"美国CEO的薪酬似乎不受约束,但更加极端的不平等来自于企业范围之外。2004年,25位收入最高的对冲基金经理人的薪酬,高于标准普尔500指数中任何一家企业的CEO。美国的收入不平等状况,比欧洲任何一个国家都严峻。在其中起到推动作用的不是企业内部的高管,而是企业外部的官僚。"

但是,这仅仅是一种转移视线的说辞,并不是高管薪酬过高的合理理由。尤其是考虑到,对冲基金经理的报酬,绝大部分是事先按照其管理资产的一定百分比来计算的。他们拿的报酬,是在市场上"狩猎"得来的,而大多数企业高管则是想拿多少薪酬就拿多少。

更重要的是,他们总认为自己能获得超高薪酬是理所当然的。其实,他们所拿薪酬已经超过了他们所做事情的价值。虽然大部分企业都设立了薪酬委员会来确定CEO和其他高管的薪酬,但委员会全都聘请薪酬咨询师,而咨询师又是根据当前薪酬水平来估算的。所以,当薪酬委员会在做决定时，会高度依赖其他企业现任或前任 CEO 的薪酬水平。这是商业史上最为错综复杂和愚蠢的循环——CEO 的报酬，根据其他 CEO 认为自己应该拿多少来确定，而其他 CEO 认为自己该拿的报酬，又根据另一些 CEO 实际拿到的报酬来确定。甚至连哈佛商学院院长金·克拉克也在 2003 年对全国新闻记者俱乐部的演讲中提出了这一问题。他的演讲内容涉及当时层出不穷的企业丑闻："高管薪酬是一个我们还未深入观察的领域，事实上，它正是问题的根源。"

不过，哈佛商学院绝不承认是自己造成了高管薪酬过高的问题。克拉克说："许多人对股票期权进行了大量探讨，并且通过监管行为和向'一般公认会计原则'增加附加条款消费期权。可是，就像我曾说过的那样，这只是问题中的一部分，我们需要换一种思维去考虑薪酬体系的设计，并决定薪酬委员会的组建过程。然而，如果你曾浏览新闻媒体上的言论，那么，你便会发现它们几乎没有把注意力投向薪酬委员会。"因此，这是媒体的错。（始终是这种情况吗？）那么，他接触的都是哪类新闻媒体？

谁是收入差距的幕后推手？

2008 年，阿斯彭研究所发布了一份报告，名为《长期价值创造原则》（*Long Term Value Creation Principles*），其部分内容涉及薪酬的"适当结构"，其中一些有意义的观点颇具指导性。比如，在高管卸任之后的一段时期内保持延迟下发其股权补偿金，以避免为追求短期的高薪酬而牺牲长远利益；使用"弥补性收入"（clawbacks）[①]；在给予股权奖励上保持透明等。该报告还建议薪酬委员会"对薪酬计划可能带来的声誉风险、重要利益相关者与股民之间的信任度降低等保持敏感"。尽管这些原则是出于好意，却缺乏约束力。因为它们仅仅是"针对良好商业实践的指导原则"。

2015 年，康奈尔大学教授苏珊娜·梅特勒（Suzanne Mettler）撰写了一篇题为《从先行者的平均主义到超级富豪的统治：美国政策体系如何助推平等与不平等》（*From Pioneer Egalitarianism to the Reign of the Superrich: How the U.S. Political System Has Promoted Equality and*

---

① 指用增税方法来补偿所增加的年金、补贴等开支。——译者注

Inequality over Time）的文章。在文章中，苏珊娜质疑，自20世纪70年代以来，一个如此致力于实现平等的国家，为何会出现如此显著的不平等现象。文章的核心观点是，尽管企业高管很可能会争辩说，在20世纪中叶，是企业本身提升了高管薪酬，但实际上真正提升高管薪酬的是美国的累进税制（progressive tax regime）①。然而，自20世纪80年代以来，高管薪酬一路高涨的趋势已经逆转，而且在日益两极化的政治环境中，立法者采取的立法行动只是为了响应美国富豪和强势行业的要求。造成这一现象的原因有许多，包括保守派和商业团体游说的特殊利益占统治地位，还包括美国的公民组织影响力下降。与此同时，类似哈佛商学院之类的院校不断上涨的学费，再加上州政府和联邦政府对高等教育的投入日渐减少，共同导致美国普通民众拿到高薪的机会越来越少。

苏珊娜写道："美国院校的多样化，将杰出人才的可用性和可承受性结合起来，这原本是一项创新，却在如今渐渐地演变成一个永久存在的不平等体系。"随后，苏珊娜将自己最尖锐的批评指向"淹没状态"，即最近引入的一整套税收福利，如资本收益和奖金的优惠待遇等。这些福利福泽了富裕家庭，却给联邦政府带来总计达1万亿美元的收入损失。哈佛商学院教授迈克尔·波特和扬·里夫金争辩说，要想缓和收入不平等，就必须使美国联邦政策（包括在税收上）向亲商的方向倾斜。这一观点完全脱离目标，让人忍不住发笑。要知道，美国正是走上了那条路，才沦落到今天这个地步。

哈佛商学院并非不知道这个事实。2012年，沃尔特·基切尔在《哈佛商业评论》上发表了一篇题为《管理世纪》（The Management Century）的文章，他在文章中指出："1993年，美国国会修订了税收法规，以鼓励企业将股票期权作为高管薪酬的一部分。于是，到21世纪初，超过一半的《财富》500强公司采用了这种薪酬制。如此一来，假如CEO与普通员工的收入差距上升到前所未有的高度，该怎么办？不妨想一想CEO正在创造的价值。也许那些CEO的所作所为并不是华莱士·多纳姆认为的道德领导，但他早已离开人世，他说过的话几乎已被人忘记。"

此外，日益拉大的收入差距是市场失败而不是市场完美的绝佳例子：倘若你是一名美国海军陆战队营长，你可能要比普通CEO承担更多责

---

① 又称累进税率，是指根据课税对象数额或相对比例的大小而分级规定且逐级提高的一种递增等级税率。——译者注

任，但你的年收入只有 8 万美元。那么，为何某家企业想要获得营长般的管理人才，需要耗费上亿美元的成本？尤其是，每年还有数十万人拿到 MBA 学位。如果西点军校将当前的规模扩充 100 倍，那么，美国海军陆战队营长的工资还会下降。为什么这和企业报酬不是一回事？因为前者的体系已经被修复了。

芭芭拉·凯勒曼（Barbara Kellerman）在《领导力的终结》一书中写道："领导者不但没有他们自己想象得那么重要，也没有我们想象得那么重要。尽管我们相信，最高管理者可以改变一切，但事实并非如此。这并不是说 CEO 不重要，而是说管理者的更替，只会导致企业的总体利润率变化徘徊在 10% 左右。如此看来，他们并非无所不能。当然，关于这一点，我认为我们（特别是正在从事管理工作的人）往往会一而再，再而三地将管理者误认为执行者。尽管也有一些例外的例子，比如我的偶像乔布斯，他确实自己采取行动，但通常情况下管理者并不是行动者。"

咨询师格拉汉姆·肯尼（Graham Kenny）于 2014 年在《哈佛商业评论》上发表了《董事会如何控制 CEO 薪酬》（*How Boards Can Rein in CEO Pay*）一文。他在文中明确指出，一些高管薪酬制度的确与现实完全脱节。他评价道，采矿业巨头力拓矿业集团（Rio Tinto）在 2013 年年度报告中，用来描述高管薪酬的篇幅竟长达 41 页（报告总长 244 页）。也就是说，在高管们对股东的报告中，有接近 20% 的篇幅用来强调自己而不是公司。肯尼写道："许多公司……用很长的篇幅解释他们那极其复杂的高管薪酬方案，长到与他们阐述公司业绩的篇幅一样。这是一种寻找合理理由的训练，与事实不符。它表明 CEO 的薪酬与一系列狭隘的绩效指标一致，且优先于确保指标与组织健康之间的相关性。"

用"复杂"来描述薪酬方案，未免太宽容，我们可以用"非法操纵"来替代。2011 年，皮凯蒂、塞斯和斯特芬妮·斯坦彻娃（Stefanie Stantcheva）3 人在一篇文章中写道："CEO 常常由于出色的业绩而受到奖励，但这些业绩并不是他们自身努力的结果（有可能是股市繁荣的结果），而对于一些不幸事件的发生，他们却没有得到相应的惩罚。"在设置薪酬方面还普遍存在一种错误做法，它似乎是一种抽租行为（ent-extraction）①。例如，1996～2005 年，美国有 30% 的企业似乎涉嫌期权

---

① 指政府、政府官员故意提出某种不利于某些利益集团的政策，迫使这些利益集团割舍一部分既得利益与政府、政府官员分享。——译者注

回溯（options backdating）①。能证明 CEO 有寻租行为（rent-seeking）②的证据也比比皆是。2016 年 2 月，密歇根大学斯蒂芬·M. 罗斯商学院 (Stephen M. Ross School of Business) 的 3 位教授开展了一项研究，结果发现，2008～2014 年，高管们运用包括期权回溯在内的各种操纵手段，将自己的薪酬提高了 6 个百分点。

尽管已渗透到华尔街和企业管理层的哈佛商学院毕业生仍会争辩说，他们拿到的报酬是应得的，但他们的薪酬并不完全与绩效挂钩。事实上，美联社于 2007 年围绕高管薪酬问题进行了调查，它发现，不论公司的股价或利润是上涨还是下跌，CEO 的薪酬都在上涨。有些 CEO 也许拿到了和业绩匹配的高薪，但如果把 CEO 作为一个集体评估，那么，他们一定不配拿高额薪酬。他们的薪酬涨幅简直惊天动地。1990 年，高管们的平均薪酬只是蓝领工人的 85 倍，而到今天，这一比例扩大到接近 400 倍。实际上，在他们上涨的那部分薪酬中，大部分只是用来显摆的。

---

① 指公司允许员工或高管在一定期间内以一定价格买入公司股票，但并非颁发期权当天的价格，而是历史价格。后者往往会比颁发期权日的价格更低，由此，员工或高管能获得更多实质收益。——译者注

② 指在没有从事生产的情况下，为垄断社会资源或维持垄断地位，从而得到垄断利润所从事的一种非生产性寻利活动。——译者注

第59章
十年回顾：2000～2009年

2006年，哈佛大学校长拉里·萨默斯（Larry Summers）任命杰伊·莱特为第9任哈佛商学院院长。这一任命既是传统，又切合实际。说它传统，是因为杰伊·莱特是哈佛商学院体系的产物。他在1970年获得商业管理博士学位后，几乎一直在学院中教书（他曾于1977～1979年离开商学院，担任福特基金会的投资与财务主管）。说它切合实际，是因为莱特是一位金融专家，侧重研究资本市场和机构资产管理。他的任职，代表着市场已经取胜，金融从业者坐稳"江山"。

莱特继续推进金·克拉克已经启动的大部分工作。2002年，哈佛商学院推出一项5亿美元的筹资活动，莱特负责监管这一活动的最后阶段，到2005年底，该活动累计筹集了6亿美元。2006年，哈佛商学院在印度开设了一处研究中心，2008年又在上海开设了哈佛中心。从前，哈佛商学院经常虚伪地表示，它愿意与哈佛大学其他学院密切合作，直到莱特担任院长时，才终于展开了这种合作。比如与医学院联合开设MD-MBA计划、与肯尼迪学院设立共同学位，并且参与到教育研究生院的博士计划之中。

除此之外，在莱特担任院长期间，他遇见了两件百年一遇的大事。第一件事是哈佛商学院建院100周年，第二件事是遇上自1929年大萧条以来最大的金融危机。一时间,莱特必须庆祝过去,巩固现在,思考异常艰难的未来。难怪他只在院长的位置上待了5年。

无力的申辩

2008年,哈佛商学院为庆祝建院100周年举办的大会,恰好举行在最差的时机。当时,全球经济濒临崩溃,人们除了指责全世界的MBA,还特别指责哈佛商学院。当莱特在大会上发言时,他就像那些身居管理岗位的人一样,努力为自己开脱。莱特解释,对所有人而言,是时候承认自己也有一些需要道歉的事情。

对于正在逐渐恶化的金融危机,哈佛商学院的响应方式与他们每一位毕业生的响应方式一样:首先,声称自己只是旁观者;然后,在决定下一步计划时,坚持说自己发挥着关键作用。

莱特在庆祝大会上发言时说道:

> 我们并不了解,在过去15年左右的时间里,这个体系已经出现了多大程度的改变,也不知道它变得有多么脆弱。我们都没能理解,那种脆弱会在已经僵化的短期信用体系中怎样表现出来,这是自1907年以来从未有过的事情。我们可能还高估了政治的作用,认为真正的麻烦一旦出现,就必须利用政治来应对,但它的作用有限。我们已经亲眼见证了金融保障体系、金融市场、金融机构,以及绝大部分管理者在许多方面发人深省的失败。

身为哈佛商学院毕业生的新闻记者菲利普·德尔夫斯·布劳顿(Philip Delves Broughton)感到很无奈。他说:"莱特认为'我们在危机恶化的时候都失败了',但他错了。我们并没有全都失败。我们中有些人相信有效市场理论,拿着合理的报酬,打算留着当养老金。这些人是无辜的,他们并没有失败。失败的是那些市场的管理者,是那些给市场输送人才的人。他们没能发挥独特的作用来管理好经济领域……对哈佛商学院而言,他们已陷入了尴尬的局面,因为他们没能预料到一场经济灾难,而在这场灾难中,哈佛商学院的校友是主角。"

如果商学院的教授如此聪明睿智,怎么可能看不到危机来临的征兆?

第五部分 抉 择
不仅仅是面子工程

他们为何没有发出警告甚至试图阻止？是的，一大群精明的商界精英，拿着高收入，拥有可以任意支配的各种资源，有时间接触金融界的每一个角落。但是，他们没能察觉危机的来临。

当然，莱特对这类事情不感兴趣。他在自己的演讲中说："我们不再探讨该由谁来负责，这并不是一个有意思的话题。可我们必须参与纠正问题。"为何莱特用"有意思"去描述他们在经济危机中犯下的错误？在纠正问题之前，你总得弄懂它，不是吗？如果你想弄清楚，哪种决策会导致危机，以及将来如何避免做出类似决策，那么你可能会发现，有些决策的错误不是天意，而是人为。

《金融时报》的专栏作家斯特凡·斯特恩（Stefan Stern）在一篇关于纪念哈佛商学院建院百年的文章中写道："毫无疑问，大多数哈佛商学院毕业生离开时，都非常清楚自身的价值与能力。他们并不是为失败而准备的。然而，同样清楚的是，哈佛商学院校友已经深入投行和咨询界的核心。如今，人们正在指控这些领域在世界范围内破坏了金融系统的稳定性，甚至让它走向毁灭。"

有人问莱特，如果将经济危机归咎于哈佛商学院，是否冤枉了它。莱特尝试用数字为自己辩护。2009年，他告诉国家公共电台："我想，人们应该被误导了。瞧，我们有7万名校友。"是的，让这么多管理者改变世界，很难准确地发现他们何时做出的改变是错误的。除去这一点，根本不难看出造成危机的元凶是谁。莱特的辩护很荒谬。

这里有一个简短的清单，上面列举的是在经济危机产生之前、恶化之时以及扫荡过后，哈佛商学院毕业生所担任的领导职务。这份清单并不是简单地罗列了所有对金钱有着特殊嗅觉的人，它还列出了在重要监管岗位上的一些关键人物，包括总统。

1975年毕业的乔治·布什，在2001～2009年担任美国总统，这场经济危机发生在他的任期之内。

1970年毕业的汉克·保尔森（Hank Paulson）。他于2006～2009年担任小布什政府的财政部长，一手包办了政府救助计划。当小布什明显不愿意承担责任时，保尔森是政府经济和金融政策的代言人。尽管有一种观点认为，让雷曼兄弟破产可能并非明智之举，但这件事发生之后，保尔森因迫使美国最大的银行服从政府的监管而受到赞扬。

453

1977年毕业的克里斯托弗·考克斯（Christopher Cox）。他于2005～2009年担任证券交易委员会主席。后来，考克斯声称，证券交易委员会无力阻止已经深陷杠杆借贷旋涡的金融巨头。但这并不是真话。最起码，他可以要求美林证券和雷曼兄弟之类的企业披露更多信息，但他没有。相反，在考克斯的领导下，证券交易委员会的员工日渐减少。此外，他还没能察觉伯尼·麦道夫令人震惊的欺诈行为。

1978年毕业的斯坦·奥尼尔（Stan O'Neal）。他在2003～2007年担任美林证券CEO一职。奥尼尔是不顾一切追求利润的最佳例子。到2006年年中，恰好是次贷危机爆发之前，美林的账面上持有410亿美元的次级CDO（合成型债务抵押债券）和抵押债券。

1979年毕业的约翰·塞恩（John Thain）。他是奥尼尔的接任者，于2007～2009年担任美林证券CEO一职。随着经济危机恶化，他将大把的钱投到高盛公司的一些老朋友身上。后来，在美林证券被卖给美国银行后不久，他造成了一笔高达150亿美元的损失，被公司解雇。

1982年毕业的杰米·戴蒙。他是摩根大通CEO，起初由于拯救了贝尔斯登和华盛顿互惠银行而受到赞扬，后来由于在整个伦敦鲸事件[①]中承担了过大风险而被批评家们指责。

除上述大人物之外，还有许多在麦肯锡工作的哈佛商学院毕业生。20世纪90年代，几乎每一家重要银行都聘请麦肯锡的咨询师为顾问，于是，人们调侃道：在同一时间，整整50家公司都把注意力集中在制定"全球战略"上。十年之后，这一现象再度出现，只不过是把主题变成了"系统风险"。尽管在房地产市场崩盘的时候，人们并没有发现麦肯锡涉及其中，但它的咨询师一直在众多公司中担任顾问。这些公司有的在危机中推波助澜，有的在危机后宣告破产。不论麦肯锡的咨询师为特定客户提供了怎样的特殊建议，那些建议往往是错误的，因而使客户朝着消极方向发展。

[①] 该事件发生在2012年5月的伦敦，因一名叫布鲁诺·伊克西尔（Bruno Iksil）的交易员引发，该交易员就职于摩根大通银行，绰号伦敦鲸。他负责的信用衍生品交易出现数十亿美元的巨额亏损，此事件导致摩根大通损失65亿美元。——译者注

谁触动了金融危机？

后来，有人追问莱特，他能从市场崩盘中吸取什么教训，莱特答道："我吸取到的教训包括怎样持续关注可能发生的经济下行，如何监控、管理风险，以及如何评估系统风险并做出预警。这都是真正的管理者至关重要的职责。"然而，莱特和哈佛其他董事只能眼睁睁地看着他们负责投资的哈佛大学捐赠基金价值缩水，却束手无策。到2009年6月，该基金的价值从369亿美元缩至260亿美元。

几乎在每一家做出错误判断的机构中，都有毕业于哈佛商学院的管理者。正是那些错误的判断，将全球金融系统推向崩溃边缘。这意味着，在谈到如何避免经济崩溃时，那些哈佛商学院的管理者也是核心问题。莱特说："未来几年，我们的金融系统将与今天大不相同。领导改革的人，将是当前正在哈佛商学院学习的学生。"为何会不同？实际上，在进入21世纪后不久，哈佛商学院毕业生几乎掌控着美国的经济大局，但危机还是出现了。他们坐上领导位置后毫不留情地重创了整个世界。所以，我们究竟为何要期待他们成为美国经济的领军人物？

那些身在哈佛商学院或从哈佛商学院毕业的人之所以没能理解金融系统很脆弱，原因之一是他们一直热心支持许多弱化金融体系的因素，如有效市场理论、股东资本主义、薪酬计划，还有"创新螺旋"等。

2009年，哈佛商学院教授拉克什·库拉纳对《纽约时报》记者说："在商学教育中，一种市场原教旨主义（market fundamentalism）①在其中生根。这是一种新股东优先逻辑，它免除了管理层除财务业绩以外的其他任何责任。"管理层为了服务该逻辑而使用的各种工具，只会巩固市场原教旨主义的地位。例如，资本资产定价模型（CAPM）并非起源于哈佛商学院，但正是在那儿，迈克尔·詹森、罗伯特·默顿以及其他教授对其进行了研究和优化。资本资产定价模型的效应与代理人理论类似，在该理论中，任务（在这个示例中，是股票的选择）被简化为一个单一的数字β，它源自于对某只股票的历史运动及其与市场的相互关系的回归分析。劳伦斯·米切尔（Lawrence Mitchell）在《金融主义》（*Financialism*）一书中写道："尽管资本资产定价模型的目标是允许投资者做出平衡风险与

---

① 指市场可以自动恢复平衡，不需政府以任何方式进行干预。——译者注

回报的理性决策，但它将投资决策与当前正在发行股票的公司需求分隔开来，导致股票的所有权与当前公司分离，并且为不负责任的、独立的投资阶层奠定了发展基础。"

有的人期望哈佛商学院会坦诚地说："对不起，我们把事情搞砸了。"但这也只能是期望而已。2009年，杰伊·莱特在《哈佛商业评论》上发表了《改变已然来临》(Change Is in the Offing)一文，为教育机构的悔悟划定了一条红线。他在文章中说："认为商学院和MBA是全球经济危机的根本原因，简直是一派胡言。人们忽略了一个明显的现实——经济问题的背后，潜藏着许多复杂且相互关联的因素。"

另一些人则对这种说法不太确定。雷鸟全球管理学院院长安赫尔·卡布雷拉（Ángel Cabrera）告诉《纽约时报》记者："那些企业的CEO，是我们过去常常引以为傲的学生。出现了这样系统的、广泛的管理与领导失败，我们需要承认自己的错误。"哈佛商学院教授拉克什·库拉纳经常对卡布雷拉的思考也有同感。2008年，库拉纳表示，各商学院在学生中积极地培育一种思维倾向，该倾向将"商业"缩减为追求短期利润，让市场失去了批判精神，因而助推了危机的产生。

莱特的同事约瑟夫·巴达拉科（Joseph Badaracco）在辩护"道路"上的行程已经过半。他首先做出了"你们高估了我们的影响力"的辩护，但随后又承认，错误已然铸成。2010年，巴达拉科对BBC记者说："从概率上来看，这是百年一遇的灾难。它已经席卷全球，将各种各样的机构牵扯进来。我认为，商学院或者任何其他机构，并没有强大到能将一场灾难推波助澜到如此大的规模。"随后，他补充道："但是，我们创建了针对不同行业的论坛，有的论坛面向整个教师队伍。在探讨中，我们想知道自己能为此做些什么。如果我们现在做一些正确的事，那么，是否会减少毕业生陷入同类问题的可能性？"

意料之中的是，哈佛商学院的教授发现了他们在风险控制教学方面的缺陷。巴达拉科说："尽管哈佛商学院集中所有的人力来解决经济危机，但还是失败了。我想，要说有什么原因，那就是我们教给学生的风险控制方法存在很大缺陷。所以，我们必须回顾过去，认真地做一些事情……许多人认为，构建能更好地分散风险的新金融体系不失为一个好办法。但事实证明，分散风险会使许多极其重要的机构相互关联。因此，当这些机构中的某一家破产时，其他机构也会受到牵连。这就是无法预见的事了。"

第五部分 抉择
不仅仅是面子工程

有人问巴达拉科,如果危机对哈佛商学院的品牌造成了危害,那会是什么样的危害?他的回答很能说明问题。他说:"我认为,哈佛商学院的品牌可能受到了一些损害,但不如人们想象中的严重。一方面,我们有许多毕业生正处在政治、金融、经济的权力中心……如今,当这些人做出了错误决策,特别是让整个世界的经济危如累卵时,哈佛商学院会遭受指责。另一方面,这些人都曾在哈佛商学院读书,如果有些人只想跟手握权力的人接触,那么,他们可能并不适合这所学院……因为,从这所学校走出去的人,需要肩负许多责任。我们一直在非常努力地让学生们理解,那些责任的重大意义。"其实,这段话的意思是:尽管处在权力中心的哈佛商学院毕业生可能会越来越少,但他们依然处在权力的中心。

在某些人看来,经济危机的责任不只在哈佛商学院,也在其他人身上。在持这种观点的人中,有欧洲工商管理学院 MBA、《哈佛商业评论》编辑戴维·钱平(David Champion)。2009 年 3 月,他在《哈佛商业评论》上发表了《MBA 为学位的辩护》(An MBA's Defense of His MBA)一文。在文章中,他把责任归结到学生家长和工作场所上。他写道:"关于责任的问题,心理学家会告诉你,在人的个性形成过程中,童年经历所发挥的作用远远大于成年后的经历。对于我们将来会变成什么样的人,从父母身上学到的东西,比在 20 多岁时所接受的教育对我们有更大的影响。我要强调的是,MBA 学位对你的影响,远不如工作场所对你的影响。"

接着,钱平驳斥了哈佛商学院毕业生菲利普·德尔夫斯·布劳顿发表在伦敦《泰晤士报》上指责经济危机玷污大量杰出校友的文章。钱平认为,布劳顿的观点没有新意。不过,这只是钱平公开对布劳顿的报复。原来,布劳顿于 2005 年撰写的《引领潮流》(Ahead of the Curve)一文,明显在批评哈佛商学院。钱平还拒绝接受亨利·明茨伯格的批评,后者批评哈佛商学院在经济危机中起到了推波助澜的作用。钱平表示,因为那些批评恰好造就了一种明茨伯格多年来一直倡导的管理学教育方法。他还认为那些评论家可能没有做到客观,因为他们怀有个人目的,想兜售自己的观点。显然,钱平忽略了批评家提出的正确观点。

2010 年,哈佛商学院宣布推出一个以风险管理为主题的高管教育项目,目的是让高管以及他们的公司做好准备,预见那些不可预料的风险,并将风险管理策略融合到企业日常运营中去。有人怀疑会有多少高管肯参加这个项目。毕竟,风险管理可不在哈佛商学院的众多专长之中。

第60章

审视当下

自哈佛商学院成立100多年以来,很少有哪位教授能成为真正的名人。迈克尔·波特十分接近,但他的品行得分很低,接近零分。克莱顿·克里斯坦森写的书,比任何一位与他同时代的教授都多,但人们仍对他知之甚少。不过,他们的目标不是名声大噪,而是希望在管理领域产生真正的影响力。2016年,在哈佛商学院里能称得上真正的名人的,是副教授、社会心理学家、TED演讲超级明星艾米·卡迪(Amy Cuddy)。

卡迪在2012年以"肢体语言塑造你自己"("Your Body Language Shapes Who You Are")为主题进行TED演讲,该演讲视频的点击率达到3 000万次,让她成为TED演讲历史上最受欢迎的演讲者之一。卡迪的演讲主旨是:肢体语言并不是简单地反映你对今天的自己有什么感觉;它还预示你明天将变成什么样的人,是一个至关重要的变量。这种说法具有说服力,此外,卡迪还探索出一个事实——我们的肢体语言不仅会影响他人回应我们的方式,还影响着我们的思想。卡迪的研究表明,强势姿势,即向对方表示你的能力与权力的姿势,既可以增加睾丸素,又可以降低皮质醇(即减轻压力)。简言之,你的身体姿势所表达的信息,不只是让别人了解你,也为了让你了解自己的思维。身体语言可以带来行为的改变,让你获得不同的结果。

卡迪的演讲对绝大多数在哈佛商学院上学的人是一种讽刺。虽然她的研究跨越了性别界限，但毫无疑问，它们对女性更有吸引力。不过，如果你想帮助世界上的女性更有自信并因此更加成功，你可能不会从哈佛商学院的女学生说起，且卡迪的专业也并不适合哈佛商学院。原因之一是，他们热爱案例分析；另一个更深层次的原因是，他们认为管理就是绩效，是获得成功的保障。此外，哈佛商学院还是一所注重修辞的大学，从这里走出的毕业生，不但知道如何计算投资回报率，还知道如何用语言包装自己的管理能力。

换句话讲，如果你花费太多时间阅读课程类目，你会抓不住要领。商业像是剧院，那些伟大的商业故事，很可能与想象中真诚的、对组织有着美好愿景的领导者一样狡猾和残酷。不得不说，商学院的经历也颇具戏剧性，其脚本就是教授与学生一起演练的案例研究。当卡迪以哈佛商学院教授的身份在听众面前亮相时，很大程度上承认了这些。

被高估的娱乐明星

安妮塔·埃尔伯斯（Anita Elberse）教授的热门课程"创造型行业中的战略营销"，位于学生评价最高的课程之列。虽然该课程仍以一些案例为中心，以娱乐时代为背景来阐述决策，但那些案例主角是嘻哈歌手Jay-Z、NBA球星勒布朗·詹姆斯（LeBron James）、流行女歌手Lady Gaga、网球巨星玛丽亚·莎拉波娃（Maria Sharapova）等名人，这听上去比"蔓越莓汁生产商的产能"有趣得多。对于哈佛商学院的学生而言，埃尔伯斯的课就像一本《人物》杂志。不过，埃尔伯斯的高管教育课程，不只是讲述那些名人，还吸引了相当一部分名人——篮球明星德怀恩·韦德（Dwayne Wade）、橄榄球后卫布兰登·马绍尔（Brandon Marshall）、超模卡莉·克劳斯（Karlie Kloss）等，都是她的学生。

2012年，埃尔伯斯编写了关于曼联教头亚历克斯·弗格森（Alex Ferguson）的案例。弗格森长期担任曼联的经理，被公认为体育史上最佳教练之一。此案例极其成功，以至于在2013年弗格森本人和她合写了《弗格森的公式》（*Ferguson's Formula*）一文，并将其发表在《哈佛商业评论》上。这是一篇技艺纯熟但毫无创意的文章，它描述了怎样通过坚持几条基本的管理原则来重新建设一支球队，或重新塑造球员的职业生涯。

那些管理原则包括：投资青少年，总能收获回报。弗格森之所以能够率领球队不断取胜，原因之一是吸引新球员加盟，以投入比其他球队更少的资金——根据麦肯锡很久以前发现的一条准则，年轻球员的价格总是便宜些——同时，弗格森还乐意用高价卖出天才球员。

对体育迷而言，《弗格森的公式》有着很强的吸引力。不过，文章中的宝贵智慧，被深藏在平凡而乏味的经验之下。文中提及的经验之一是，确立高标准，并坚持对每个人都运用高标准；经验之二是，做好取胜的准备；经验之三是，当你在剖析赢家时，通过对其进行回顾性研究（retrospective accounts）所取得的结果，并不具有代表性，那只是赢家在特定情况下的取胜方式；经验之四是，绝不要放弃控制，对那些十分清楚弗格森执教方法的人而言，这一策略再熟悉不过了。当不同类型的教练以不同的方式获得胜利时——NBA湖人队主教练菲尔·杰克逊（Phil Jackson）和他的"禅宗执教术"[1]浮现在我的脑海里——他们得出的经验教训可能与弗格森的正好相反。

2014年4月，哈佛商学院宣布，弗格森将担任哈佛商学院的"长期教职"（意思是说，他将根据自己的时间安排来进行授课）。对此，埃尔伯斯颇为勇敢地解释道："我们期待着亚历克斯·弗格森爵士……来分享他那光彩夺目的领导旅程，并且为我们高管教育项目的参与者带来改变世界的能力。"但是，这种教学并不涉及管理能力，而是让高管教育项目的学员能够告诉他们的朋友，自己曾经接触过亚历克斯·弗格森。此外，考虑到弗格森并没有任何学术背景或者教师证书，聘请他到哈佛商学院，再一次证明了学院赤裸裸的教育目的——它并不是培养学生的领导力或社会责任，而是在教学生如何取胜。对此，弗格森略知一二。

无意义的工程：翻新旧理论

巴拉特·阿南德（Bharat Anand）在学院里也比较突出。他是一位商业管理教授，也是哈佛商学院在线教育平台HBX负责人（关于这方面的内容，参见下一章）。前MBA项目主管扬米·穆恩（Youngme Moon）也备受欢迎，她多次因为卓越的教学成果而赢得"哈佛商学院学生会杰出

---

[1] 杰克逊将正念和禅修加入篮球训练课程中，把佛教理念和篮球训练结合在一起，意在使球员消除自我意识而更关注球队的整体利益。——译者注

教师奖"，而且也是商学院下一任院长的候选人。

新闻记者约翰·伯恩曾说，哈佛商学院"也许是商界极度自负与极度聪明之人的最大集散地"。当然，自负并不是罪过。尤其是，如果他是某个行业巨头的一分子。除了迈克尔·波特（他认为，自己在为独裁者提供咨询服务时，并不存在道德问题），其他教授并没有给人们留下"在小人物面前显摆优越感"的印象。

不过，他们确实在用大量废话来塞满小人物的耳朵，把自己伪装成厉害的学者。他们并没有在商学教育领域使自己独一无二，但当这种独特性来自哈佛商学院时，会显得权威一些。2014 年，哈佛商学院在其官方网站上发布了对本院教授琳达·希尔 (Linda Hill) 的采访，标题为《人才的未来是潜力》（*The Future of Talent Is Potential*），这着实令人费解。

当时，希尔在一项研究中发现，弄潮儿身上有必不可少的性格特点，并将其写进《集体的天才：引领创新的艺术和实践》（*Collective Genius: The Art and Practice of Leading Innovation*）一书中。面对记者的提问，希尔废话连篇：

> 我们认为你需要从天才领导者身上着重观察四种性格特点。首先，他们是理想主义者，却又非常注重实际。理想主义使得他们拥有勇往直前的雄心。为了让雄心壮志得以实现，他们往往愿意去做某些事情。但他们又非常切合实际。他们很苛刻，同时又很慷慨。即使他们对别人要求苛刻，被员工描述为最难对付的老板，他们依然慷慨大方，对员工体贴有加。因此，他们营造了一种支持创新的环境，并且包容错误，因为他们知道没有人是完美的。
>
> 这些天才领导还是思考者。他们从大局出发，将点连成线，线连成面。我觉得，这是解决难题时非常重要的一个方法。但和大多数学者不一样的是，他们不仅能顾全大局，还十分注重以行动为导向。你通常会发现，有些人尽管思考问题时非常全面，却缺乏实践能力。实际上，这些人在真正观察自己试图应对的各种复杂局面时，就已经麻木了。
>
> 最后，我们看到，他们极富灵活性，有着深刻的人性。因此，他们在内心深处是不完美的，这也意味着我们全都可能不完美。他们让我们感到高兴。

如果将希尔的废话概括起来，那么创新型引领者具有以下性格特点：理想主义、求真务实、勇敢无畏、切合实际、要求苛刻、慷慨大方、体贴关心、放眼全局、着眼行动、深刻的人性、深刻的不完美以及极富灵活性。

她忘了说，他们还是出色的情人。

但是，如果我们批评希尔用一些自欺欺人的形容词，试图回答一个最终不可能回答的问题，可能是不公平的。这个不可能回答的问题是：真正的领导力如何体现？正如魅力一样，领导力不能大规模生产。此外，当哈佛商学院的其他教授在类似于《通过思考来学习：克服通过反思而产生的行动偏差》（Learning by Thinking: Overcoming the Bias for Action Through Reflection）的文章中指责希尔也是不公平的。刚刚提到的这篇文章，由4位作者共同撰写，其中两位是哈佛商学院教授。他们在文中提出了一个匪夷所思的前提："反思是学习中一个至关重要的组成部分，它能让人有意识地尝试着将从经历中学到的重要经验进行综合、归纳并清晰表达出来。"换句话说，如果你在考虑你要努力学些什么，你可能已经学会它了。

甚至连哈佛商学院院长尼廷·诺瑞亚，也做出过这种听起来很有智慧的描述。他在1992年出版的《网络与组织：结构、形式和行动》（Networks and Organizations: Structure, Form, and Action）一书中，写下了这些拗口的内容："相对于利用电子设备交换信息，面对面交谈为我们提供了一种中断、纠正、反馈和学习的能力。后者使两个人能够同时发送和接收信息。而面对面交谈中的中断、反馈和纠正的循环实际上是瞬间发生的。"换句话讲，人与人之间，沟通总比不沟通好。

关于哈佛商学院这个地方，最悲惨的一件事情莫过于，有些极其睿智的教授不得不发表一些大胆言论，宣称发现了大众早已知道的事情。例如，罗莎贝斯·莫斯·坎特觉得有必要解释一下："信心包含对好结果的积极预期。"然而，有谁不知道这一点？她不仅说出了一些陈腐的格言，比如"信心是介于傲慢与绝望之间的黄金分割"，还得出了一些可笑的结论，比如"信心不足导致人们缺乏创新""引发期望的背景，将影响结果"。根据坎特的说法，新英格兰爱国者队之所以能赢得2002年超级碗决赛，是因为他们没有按照传统，在球赛开始时每名球员依次奔跑着进入球场，而是作为一个团队一起入场。

1983年，哈佛商学院举行建院75周年庆典。在庆典仪式期间，学院开办了一系列以研究为导向的座谈会。这次庆典上的一个情景，可以稍稍解释像诺瑞亚和坎特这类受人尊敬的组织行为专家那些显而易见的观点。当时，哈佛大学心理学教授、《追求成就的社会》（The Achieving Society）一书的作者戴维·麦克里兰（David McClelland）在学院参加了一个关于组织行为的座谈会。当有人问麦克里兰对该领域中最新的研究成果有何看法时，他回答说，自霍桑实验之后，无论是在哈佛商学院还是其他任何地方，一直都没有出现过更好的研究。座谈会的一位参与者回忆道："当时，会场上鸦雀无声，连根针掉在地上都能听得见。"

关于商业，不论是永恒的还是普遍的真理，只要是可以被学会的，人们早就已经知晓并掌握了。自那以后，所谓的真理都只是浮于表面。从某些方面来看，在哈佛商学院当教授，相当于在一家生活杂志社当编辑，不论是饮食健康还是理智投资，可供传授或叙述的知识历历可数。然而，编辑和作者却日复一日地被迫提出新想法、新见解。如果你发现自己身处那种局面，你也可能说服自己已经找到了信心。当然，除非你缺乏创造力。

展望未来

在另外一些方面，哈佛商学院还是有一些动作。多年来，哈佛商学院一直没能理解将道德伦理融入课程的紧迫性。如今，越来越多的哈佛商学院毕业生正在证明，他们已经理解企业的利润与社会责任并不是相互排斥的。当下，环境问题已成为许多校友努力解决的焦点问题，而且，哈佛商学院的课程似乎也开始响应这些问题。

首先进入环境领域的是学生。1990年，哈佛商学院的MBA学生组成了"哈佛商学院环境俱乐部"，该俱乐部的首要任务是说服哈佛商学院出版社开始使用再生环保纸印刷案例资料。1991年，在特蕾莎·亨氏（Teresa Heinz）[①]的资助下，理查德·维特（Richard Vietor）和福斯特·莱因哈特（Forest Reinhardt）两位教授开始编写关于环境问题的教材。紧接着，1992年，特蕾莎捐赠了亨氏环境管理教席教授，以纪念她的丈夫——1963届哈佛商学院毕业生约翰·亨氏（John Heinz）。

[①]因生产番茄酱而闻名全球的亨氏食品公司(Heinz)的家族继承人。——译者注

在经历了20世纪90年代的牛市、互联网繁荣以及房地产泡沫等事件后，哈佛商学院再度将关注点转向环境问题。2010年，它推出"商业和环境倡议"，将该倡议渗透到整个课程体系之中，并取得了一定的成功。一些课程中的案例重点关注环境，其中，最引人注目的是二年级选修课程"建设可持续发展的城市和基础设施"以及"重塑资本主义：商业和重大问题"。

对哈佛商学院而言，他们并不在乎谁愿意发挥领军作用，向MBA指明一个可持续发展的未来。位于旧金山的普雷西迪奥研究生院同哈佛商学院相比，只是一个小型教育机构，但它却在现有的课程体系中增加了环境和可持续发展能力的内容。不仅如此，该研究生院还以此为基础设计了新课程。普雷西迪奥研究生院的课程包括工业共生（industrial symbiosis）主题，即搜寻那些能够进行资源整合的企业和产品——让某个生产流程产生的废物成为另一个生产流程的原材料。不过，哈佛商学院并没有以类似的主题对学生进行教育。

但已有许多著名的校友领先哈佛商学院一步。在环保主义校友名单中，美国前财政部长汉克·保尔森是其中一员，他创办的保尔森研究院向全世界倡导实现可持续的经济发展和营造更优美的环境。

2010年，可持续会计准则委员会（Sustainability Accounting Standards Board，以下简称SASB）成立。该组织的使命是说服市场重视具有可持续性的非财务指标，其创始人兼主席是可持续发展专家罗伯特·艾柯雷（Robert Eccles）。到2016年，迈克尔·布隆伯格接任了艾柯雷的职务，着力让商界关注环境问题。几年前，彭博通讯社就在彭博的终端数据提要中，以可持续性为准则，增加了一个完整的数据集。机构投资者比其他任何人都更倾向于通过数据分析做出投资决策。在将环境因素增加到投资决策之中时，最大的障碍是数据的可用性问题。感谢布隆伯格的努力，到今天，这类数据正变得更加普及、可用。哈佛商学院也想从中分一杯羹，编写了一个关于SASB发展变迁的案例。

此外，开始有更多的商界人士也参与到关注和解决环境问题的行列之中。2015年，1986届哈佛商学院毕业生丹尼尔·阿巴西（Daniel Abbasi）推出了一部名为《多灾凶年》（*Years of Living Dangerously*）的系列纪录片，剖析了人类如何使气候问题恶化，该片也成为哈佛商学院启动"地球周"活动的标志。"在美国，我们已经穷尽了围绕环境问题的辩论，"身为制片人之一的阿巴西说，"这部系列片的目的是激起公众对话。"对阿巴西而言，关于人类与气候恶化的公众对话，已经持续了很长一段时间。真正需要被"激起"那种对话的地方，是各企业的董事会会议室。那也是人们希望哈佛商学院能在其中发挥影响的地方。

我们不应当指望哈佛商学院设置一些推翻资本主义经济的课程。它和纽约证券交易所一样，都是资本主义经济的一部分。也就是说，如果不对课程进行彻底修订，我们更希望哈佛商学院的教授能把时间用在另一件事上——提出一种可行的、具有说服力的企业理论，当 MBA 揣着学位证书走出校门后，这种理论最终将指导他们的所有决策，也指导那些深受哈佛商学院知识影响的其他人的决策，无论这种影响是通过案例还是其他方式产生的。别再告诉学生应当在内心寻找真诚的自我，也不要把一些陈词滥调塞给学生，而是要鼓励他们退后一步思考，像凯西·杰拉尔德和他的同班同学所做的那样，在了解全局情况后，再采取行动。但是许多学生都没有这样做，或者，至少没有做好。他们一直在追求树立自己的个人品牌，努力变成迷你版的迈克尔·波特。

在另一事情上，哈佛商学院也明显做得不够。它没有让学生再三考虑，民主资本主义的核心机构——企业——为何会变得容易被挟持，以及各企业怎样为构筑不同的未来而加强自身建设。相反，在哈佛商学院里，更多的是对个人荣耀、名声以及对所谓道德领导力的崇拜。

《哈佛商业评论》曾在 2016 年 5 月刊中承诺对其著名毕业生梅格·惠特曼 (Meg Whitman) 进行采访，采访主题是"营造紧迫感"。2013 年，梅格·惠特曼被彭博通讯社评为"业绩最差的 CEO"之一。这很可能是因为，自 2011 年梅格成为惠普公司 CEO 以来，即使公司业绩非常糟糕，她也一直在努力摆弄特许经营权。这显然与 2016 年哈佛商学院所理解的紧迫感相似：只要你继续做你的事情，拿你的薪水，手持麦克风四处演讲，便可以随心所欲消耗时光。

第61章
新院长，旧气象

  2010年初，哈佛商学院的师生都对下一任新院长翘首以盼。对此，商学院校刊《哈布斯》发布了学生民意调查结果。领先者之一，是哈佛商学院高级副院长、MBA项目主管、一直担任商业伦理教授的约瑟夫·巴达拉科。学生们的这一选择不仅是一厢情愿，还稍显天真。若巴达拉科成为院长，在外界看来，这就等同于哈佛商学院需要一位伦理学教授担任院长职务。而在商学院中，根本不会出现这种情况。你瞧，哈佛商学院本质是保守的。当社会变革正在进行中时，他们连忙摆手说"不"，或开展一两次"里程碑式的"调查。但到最后，他们将用虚假的理由来安慰自己，以前犯下的错误都没关系。他们甚至研究自己，并且围绕怎样改变而高谈阔论。但他们通常会保持老样子，不做任何改变。

  2010年7月，哈佛大学校长德鲁·福斯特宣布哈佛商学院第10任院长为尼廷·诺瑞亚。不得不说，对于困扰各商学院的问题，诺瑞亚提出的解决办法一定不如达塔尔的实用。接到任命时，诺瑞亚是哈佛商学院组织行为部的主管。有人问诺瑞亚，在福斯特把自己的决定告诉他时都说了些什么，诺瑞亚的回答听起来像在背书："她对我说：'你是教授们信任的人，你拥有领导背景。哈佛商学院的使命是教育那些将会改变世界的领袖。我希望你秉持那一信念，继续致力于培养最出色的领导者。'"

尽管诺瑞亚的"领导背景"似乎根本不可能改变这个世界，但在许多方面，他是为时代而生的人。他出生在印度，后来加入美国国籍，他的上一任院长代表着哈佛商学院朝着多年前就希望培育的全球视角跨出了半步。由于哈佛商学院在维护其品牌形象时，不但要应对来自国内的挑战，还要应对来自全世界的挑战。因此，人们不禁感到高兴的是，终于不会再是另一个白人来告诉他们，什么是什么了（what's what）。

权力的俘虏

在诺瑞亚任职期间，哈佛商学院首先做的一件事情是承认仅有案例分析法还不够。2010年，哈佛商学院在一年级课程中增加了"实地教学法"（The Field Method）一课。这是一门持续一年的课程，分为三个部分：首先，学生在交互式的研讨会中组成小型学生团队；其次，研究某个新兴市场；最后，设计和推出一种业务。哈佛商学院一次性地响应了所有商学院学生创办公司的渴望，同时也做到了此前因为傲慢而一直没做的事情——承认他们也许可以采用除了案例分析法以外的其他方法来教学，那种方法可以与案例分析法相互补充。

虽说诺瑞亚终于能够放下一种错误想法，但他却顽固地坚持了另一种错误想法：商业可以是一门职业，商学院的核心使命是使商业成为一门职业。然而，无论是过去还是未来，都不会存在一种连贯的、系统的、界限清晰的知识体系潜藏在商业之下，也没有哪一种治理体系可以用行为规范来制裁其成员。但是，诺瑞亚的错误想法颇具影响力，而且一手培养了哈佛商学院的那些人，始终在设法（向别人以及自己）强行兜售这样一种观念：哈佛商学院的创立，是一种丰功伟绩，与它在哈佛大家族中的成员地位相符。哈佛商学院坚持的理念，是改善人性的壮举。

2008年底，全球经济走到了崩溃的边缘，不仅是因为哈佛商学院MBA道德败坏，还因为整个世界的MBA的道德沦丧。当时，诺瑞亚和他的同事拉克什·库拉纳认为，是时候发表他们的观点了。在同年10月刊出的《哈佛商业评论》上，他们发表了《管理亟待成为职业》一文。如果这是他们有意为之，那么，这篇文章发表的时机简直令人感到恶心。2008年，应该思考的是腐败的蔓延程度，而不是空谈未来。

诺瑞亚并没有探讨企业以及哈佛商学院毕业生已经做出的值得怀疑

的事情（探讨这些事情有利于所有人将来能以更加职业的方式采取行动），他只是向大家表明，自己没能发现美国企业当时面临的根本问题。总之，根本问题并不是企业经理人的道德水平。将美国从内到外掏空的，是公正和平等问题。另外，美国企业的基本结构是否像它当前被确定的那样，存在着根本性缺陷，也值得质疑。真正重要的问题并不是单个经理人的道德，而是企业本身以及资本主义经济本身的道德。

但是，要让哈佛商学院院长意识到这类问题，也许要求有点高。因为，他好比是戴维·福斯特·华莱士（David Foster Wallace）的毕业演讲中令人感动的小鱼儿。华莱士在"这就是水"（"This Is Water"）的演讲中讲了这样一个故事：

> 一条小鱼和同伴在欢快地玩耍，旁边一条大鱼问他们："早上好，孩子们。水怎么样？"结果，小鱼儿不解地问同伴："究竟什么是水？"

在哈佛商学院里，"水"便是美国企业行使的巨大权力，有了这种权力，企业便不再受到社会的束缚。当企业利益最终"俘虏"了其权力监管人时，我们应当对规制俘虏（Regulatory Capture）①感到担心。但是，对于出现在哈佛商学院里的学术俘虏，又该作何解释？学院本应担负起对毕业生和企业权力的道德考核，但它却将自己卖给权力，以换来一栋新食堂（相关内容，参见第45章）以及规定所有学生人手一台笔记本电脑（相关内容，参见第17章）。哈佛商学院舒服地藏身于这个国家最伟大的大学（哈佛大学）之中，它承诺不会受到企业的影响，并解决课程主题和时间分配上存在的根本问题——如何保证权力的使用让世界变得更加美好。

事实上，哈佛商学院将赌注押在了迈克尔·詹森等"人皆自私论者"的身上，忽略了判断的重要性，并带着这个国家走上了致力于使股票价格最大化的道路。从那之后，包括诺瑞亚所谓的拥有领导背景的人都跟着迈上了这条道路。学院并没有提出一种极其重要的企业理论和综合管理理论，而是在追求诸如领导理念和创业理论等一些次要概念的过程中，一点点地挥霍着世界级教授们的知识才干。这些教授拥有无与伦比的资源，

---

① 描述一种政治腐败或政府行政失败的现象，指政府制定出的某种公共政策损害公众利益，只为了使少数人的利益团体受益。——译者注

却从事着某种学术阴谋,用大量的咨询合同、演讲活动来填满他们身边空洞的知识空间。他们也被吸引到一些关于"自信可以怎样使你变得卓越"的探讨之中。

不过,我们反而看到哈佛商学院的一位院长提议制定属于经理人的《希波克拉底誓言》。当2009届学生提议将该誓言命名为"MBA誓言"时,诺瑞亚举手赞成。有趣的是,在倡导该誓言的mbaoath.org网站上,组织者遗憾地告知那些有兴趣的读者,这些誓言仅限于MBA使用。即使是在自我改革中,他们也想方设法突出自己的精英地位。尽管该誓言起初成为媒体报道的对象,但很快便销声匿迹了。从那以后,很少再有人听到关于它的消息。一位学生说:"MBA誓言看上去是一种进步思想,其实是一种失败的历史思潮……为追求社会和环境进步的流行处方,都不可避免地带有社会主义气息。"

哈佛商学院的新任院长把注意力集中在不切实际的理想上,是有原因的:近几年来,MBA的行为不太理想。当《商业周刊》记者询问诺瑞亚对高盛2010年在国会面前的拖延行为持何种看法时,他表现得很淡然。他说:"哈佛商学院一直在密切关注金融行业。随着越来越多的信息被披露,我们会继续研究这些案例,以便厘清这些金融公司正在做什么。我确定,到某个时候,我们将编写一些关于高盛公司的案例,因为我们就是通过这种方式学习的。"

对诺瑞亚说的这些话,菲利普·德尔夫斯·布劳顿在《经济学人》杂志上反驳道:"他可以支持或批评高盛……然而,他并未提起这个时代显而易见的商业问题。这预示着,哈佛商学院在商业世界面前持一种谄媚态度。"布劳顿是在响应萌生于10年前的一种情结,当时学院承诺要从安然事件中汲取教训。宾夕法尼亚州立大学管理学教授丹尼斯·焦亚(Dennis Gioia)说:"太多的人认为自己只是旁观者。其实,安然事件为我们的课程提供了一些很好的故事和绝佳的例子,但似乎没有人对其做进一步的分析和研究。在课堂里,做出批评很容易。然而,我们得认为自己有权干预那些试图对众多无辜者犯下罪行的人。"

但在面对这些问题时,诺瑞亚显然成了不屑回答的"大师"。2012年,当苹果一位高管拒绝承认苹果作为美国企业应当承担公民责任时说道:"我们在100多个国家销售智能手机……没有义务来解决美国的问题。我们唯一的义务是尽可能制造出质量最好的产品。"当时,《时代》记者请

诺瑞亚谈一谈那位高管的言论是否正确时,他巧妙地回避了记者的问题:"各公司也开始意识到,如果每个人都像苹果认为的那样,那么,对平民百姓来说,这将是一场悲剧。我们确实依赖本土市场的健康发展,但跨国公司也不能不顾及这些市场。"这种回答过于理论化,以至于变得没有任何意义。

消除歧视:划分性别,区别对待?

诺瑞亚还决定认真处理一个困扰哈佛商学院多年的问题——教师队伍和学生中的女性待遇。这个问题几乎从商学院着手对学生进行道德教学的时候便已经存在。2013年,恰逢哈佛商学院首次录取女性15周年纪念。虽然许多女毕业生后来都拥有了很好的职业,但如果学院细致地观察女性在MBA项目中的表现,他们便会发现,尽管每年的MBA班级中都有30%的女生,但在贝克学者中,女生所占比例只有15%。不但如此,学院往往很难留住女教授。从2006年到2007年,有1/3的初级女教授离开了哈佛商学院。同时,男性终身教授比女性终身教授多出许多,比例达到76:19。

为解决性别问题,诺瑞亚首先从任命扬米·穆恩教授为MBA项目主管着手。穆恩拥有斯坦福大学博士学位,但没有MBA学位。她是哈佛商学院第一位担任MBA项目主管的女性。另外,从院长办公室传递出来的消息显示,学院不再允许某些小组中有兄弟会式的关系存在,同时要求必须解决男女学生的分数差距问题。哈佛商学院一年级课程主管弗朗西斯·弗莱(Frances Frei)教授告诉《纽约时报》:"我们要首开先河,然后才能在这方面引领全世界。"但在某种程度上,他只是把"勇敢地引领世界奔向未来"与"追赶上其他商学院的步伐"相混淆了。几乎在一夜之间,分数差距的问题不见了,这要归功于一些新的打分软件,这类软件能客观评估女性的课堂参与情况,帮助教授们避免性别歧视。此外,当前一些帮助女性教授提高教学技能的努力,也产生了类似的成效。

2013年年中,哈佛商学院自信地宣布,自己已解决了性别问题,于是便请来《时代》记者乔迪·坎特(Jodi Kantor)写了一篇内容全面且丰富的报道。哈佛商学院以为,这篇报道会附和他们自己所宣称的"成果"。

等到 2013 年 9 月份坎特发表了《哈佛商学院案例研究：性别平等》(*Harvard Business School Case Study: Gender Equity*) 一文时，哈佛商学院大感震惊。坎特在文章中对学院在性别平等方面的进步提出了质疑，认为其深度和实质内容都存在不足。此外，还令哈佛商学院感到震惊的是，坎特的文章中与性别相关的内容有些肤浅。哈佛商学院显然以为，坎特会同意直接把他们提供的统计数据拿去重印一遍，不用自己劳心费力地调查、报道。另外，坎特在报道中还揭秘了哈佛商学院"X 小组"的故事。"X 小组"是哈佛商学院里超级富有的学生组成的一个秘密社团，因其成员的颓废作风而闻名。这个社团，就好比骷髅会。这些故事一经放到网上，便立即引来人们的关注。这是很少见的情况，因为，此前那些关于哈佛商学院的故事几乎都无法获得如此高的关注度。

哈佛商学院没能在《时代》上吹嘘自己迅速解决了性别歧视问题。在坎特的报道发表以后，学院只能极力在媒体上大声呼吁读者们擦亮眼睛。不过，2015 年，在接受美国著名脱口秀主持人查理·罗斯（Charlie Rose）的采访时，诺瑞亚恢复了进攻姿态，他对哈佛商学院努力缩小分数差距的努力，做出了一番只能用怪异来形容的解释。

诺瑞亚说，他们起初怀疑男教授有性别歧视行为，但后来他们发现，女教授所教的女学生，她们的成绩也比男学生差一些，因此……男教授并非性别歧视者。一个更加明显的结论是：男教授和女教授都是性别歧视者。然后，哈佛商学院声称，性别歧视不只是哈佛商学院才有，它是一个有着深层次原因的社会问题。诺瑞亚夸口道，哈佛商学院将在 3 年内解决该问题。接下来，他恳求我们对集体的性别歧视行为进行忏悔，并表示哈佛商学院将引领大家进行勇敢的、纠正性的干预行为。

诺瑞亚说："我们必须意识到，多年来，女性的才干和成就往往被人们低估，这并不是出于刻意，而是出于非常微妙的原因。在充满竞争的世界里，哪怕只是轻微的低估，便足以成为歧视的根源。那正是我们在哈佛商学院发现的现象。我们在思考纠正的办法时，要保证课堂上至少有一位学生在认真记录学生的发言状况。这一措施将确保那些发表了出色评论的女学生不会被忽略或遗忘。这就是一种简单的干预。"

哈佛商学院并没有迫使教授更加关注女学生在课堂上的表现，他们只是在歧视发生之后才予以纠正。

MBA 速成平台：线上教育

哈佛商学院近年来真正发挥了领导作用的领域是数字化学习（digital learning）。一直以来，成功的大型教育机构的特点之一是，以缓慢的节奏改革教学内容。哈佛商学院推出了名为 HBX 的学习平台，在数字化学习领域充当了各商学院的领头羊。HBX 在选择性准入和学费要求方面采取了严格的过滤措施。HBX 第一阶段的学习为"证书准备"（Credentials of Readiness，以下简称 CORe），它是由三个部分组成的 MBA 入学前课程，包括商业分析、经理人经济以及金融会计等内容。这些课程都由哈佛商学院教授设计。CORe 通常要上 10 周，学费是 1 800 美元。它在 2014 年刚一推出，便受到好评。但是完成了课程，并不会让高管教育项目好评如潮，只是某些完成了这门课程的人会被称为哈佛商学院的校友罢了。公平地讲，这只是一门课而已，为何它会受到如此重视？最重要的是，那些课程提供的东西与哈佛商学院并不相关。

虽然有传言说，哈佛商学院将无法证明它支持远程教学的创意，因为它坚持在案例探讨期间通过类似 NBA 球星奥尔德里奇的神奇时刻，来创造 MBA 真正的奇迹，但那真的只是一些谣言。同时，哈佛商学院已经开始考虑怎样将其产品转移到互联网上。事实是这样的：在哈佛商学院，只要任何人谈到"品牌稀释"（Brand Dilution）①的风险，就是胡说八道。多年前，他们跨过那座桥，打开了高管教育项目的闸门。他们每年吸引1万余人前来学习，等这些人学成之后，便可以称他们为校友。

高级撰稿人杰瑞·乌西姆（Jerry Useem）在发表于《纽约时报》的《商学院，已分裂》（*Business School, Disrupted*）一文中暗示，哈佛商学院所面临的实际上是在两位最杰出教授（迈克尔·波特和克莱顿·克里斯坦森）的理念之间做出选择。有大量竞争者（例如沃顿商学院和斯坦福商学院）已经开始提供免费、大规模的开放式网络课程（或称为 MOOC），其目的是尽可能使更多人接受教育。这些竞争者的做法是否会对哈佛商学院数十年来打造的品牌构成威胁，还有待考究。

因此，哈佛商学院面临的选择是：是坚持迈克尔·波特的观点，强制执行以他的大部分研究工作为基础的独特定位，不但要收费，而且还要

---

① 当一个品牌延伸到一个不相关的产品类别时，会失去它原有的品牌联想。——译者注

收取很高的费用；还是坚持克莱顿·克里斯坦森的观点，强制执行以他的大部分研究工作为基础的破坏理论，要使价格便宜？

哈佛商学院选择站在迈克尔·波特这一边。在哈佛大学内部，这个决定引得其他学院垂涎，因为他们可能无意间发现了第三种创收方式（另外两种方式包括课堂教学和出版）。哈佛商学院教授杰伊·洛希（Jay Lorsch）告诉《纽约时报》："我们不再只有两大生产线了，我们可能发明了第三大生产线。"

迈克尔·波特对《纽约时报》说："要说克莱顿·克里斯坦森与我的不同，那便是他在所有地方都发现了破坏，我只是偶尔地看到破坏。而真正看起来像是破坏的，实际上是企业不欢迎创新。"亨利·明茨伯格也暗示，克里斯坦森看到的东西并不存在。他说："我觉得克里斯坦森令人难以置信。他犯了一个根本的错误——和其他任何人相比，他可能都没预料到这些破坏性创新。因此，如果他要说这就是一种破坏性创新，我认为那是值得怀疑的。"

在CORe推出5年前，诺瑞亚就说过，哈佛商学院没有设计推出类似于HBX之类的平台是一种缺陷，并表示在哈佛商学院上学的经历，过多涉及校园本身，所以，可以考虑单纯的在线学习方式。他说的这番话，表明了这位院长在对哈佛商学院有着极其重要意义的某件事情上改变了自己的立场。这是领导真正的意义所在。尽管一谈到学费，他更像是个因循守旧的人。CORe的学费起初是1 500美元，后来上涨了20%。但也有许多学校比它的学费更高：杰克·韦尔奇管理学院的线上MBA课程，一年的学费为3.6万美元。

当然，杰克·韦尔奇管理学院要想对哈佛商学院构成威胁，还是遥遥无期的事。不过，哈佛商学院会把眼光投向美国西海岸，时刻关注斯坦福商学院的情况。围绕这两所商学院的竞争，斯坦福的支持者甚至提出了一种有意思的说法："如果你想为自己的爷爷争光，就上哈佛商学院；如果你想为自己的孙子争光，就上斯坦福商学院。"

介于人们对哈佛商学院院长有所期望，于是，诺瑞亚便迅速推行改革。即使有些改革只是面子工程，也无法改变这样一个事实：他比自华莱士·多纳姆以来的任何一位院长都更乐于承认，哈佛商学院有缺陷，需要弥补。那可能是因为他实际上认为，和约翰·麦克阿瑟时代优秀的老男孩相比，或者和唐纳德·戴维时代建设起来的设施相比，如今的哈佛商学院只是产出了更多的 BS①。诺瑞亚认为他自己的职业生涯就是为了印证学院理念,如果你凝视他的双眼,你会发现他如信徒般不可动摇的信念。

在另一个同样重要的方面,诺瑞亚延续了之前历任院长的做法——在印度塔塔集团的董事会中担任董事。对于那些认为院长应当避免潜在利益冲突的人来说,这显然不恰当。(他只在一家公司的董事会中任职,使得他在哈佛商学院的编年史中显得像个胆小鬼。但是,请给他一些时间。)根据一些知情人士的说法,哈佛商学院的二年级课程一团糟,整个学年几乎成了漫长的求职年。诺瑞亚曾说过,要提高美国人对商业和商学教育的信任度。如果他确实想这么做,那么,你就很难将他的这种说法与哈佛商学院的妄自尊大联系起来。

不过,诺瑞亚的眼睛可能还盯着别的地方:哈佛大学校长德鲁·福斯特的办公室。毕竟,就在不久之前,哈佛商学院确实是整个哈佛校园的中心——地理位置如此,财务状况也是如此。所以,对哈佛商学院的院长而言,最终的去向是升任为哈佛大学校长。到那时,接管将是全面的。

---

①BS既可以是商学院(Business School)的首字母缩写,也可以是胡说八道(bullshit)的缩写。作者在这里并未说明,显然有讽刺的意味。——译者注

哈佛商学院能带头前行吗?

如果你读完本书,你会意识到,要想不批评哈佛商学院真的很难。哈佛商学院是真实的、具体的,并且产生着真正而持久的影响。与此同时,他们的影响、模式,还有他们已经开始运转的知识风险资本主义,确实是一种可怕的现象。他们制造的"机器"和维持"机器"运转的方式,如果不值得表扬,至少值得钦佩。

然而,到2016年,对于商业在美国社会中的地位,人们可以清楚地发现:哈佛商学院必须改变了。华尔街依然对经济发挥着过度的影响,膨胀的高管薪酬计划给社会留下的不平等问题,接近历史最高点,而商业给华盛顿造成的政治障碍,使得像唐纳德·特朗普之流的总统梦可能成为现实[1]。

虽然类似于迈克尔·波特这样的教授努力为国家的弊病提出解决方案,但它们大多来自相同的"处方":让企业发挥更大的影响。这并不是答案。回到鼓吹商业是一种职业的神话时代,也不是答案。商业从来就不是一种职业,今后也绝不会是。

但是,如果从哈佛商学院之类的院校走出的MBA对商业的目的有着更深刻的理解,会如何?假如对各所商学院的考验,不仅着眼于它们

---

[1] 译者翻译这本书的时候,特朗普已经确定当选美国第45任总统。——译者注

在课堂上的表现，还着眼于其毕业生所在企业除了简单地追求利润之外，还为这个社会带来什么，会如何？如果它们探索管理修辞的政治特点，而不是将管理修辞视为赋予某人职业成功机会的工具，又会如何？

正如托马斯·约翰逊提醒的那样，我们之所以一开始在有组织的小组中合作，是希望充分利用与他人密切合作以及与环境的交互，来满足人们的需要。然而，由于米尔顿·弗里德曼和迈克尔·詹森之类的人，让我们意识到，我们身处的民主资本主义的核心机构——企业——除了追求底线利润，就是反对一切。认为企业管理者只盯紧利润的观念，不仅过于简单，也是不可接受的——每个人都已经知道这一点。问题在于，太多的MBA要么过于胆小、软弱、贪婪，要么就是沉浸在分析之中，无法做别的事情。这正是需要改变的。

J.-C. 斯彭德曾说，商学教育的原罪是它允许甚至是欢迎这样一种思潮：企业在道德上和政治上是中立的。这种思潮压制了与之相矛盾的，且绝对明显的经验事实。在接受了这种思潮后，商学教育者便放弃了他们本应发挥的学术作用——教育好下一代学生，并训练学生开展自我批判。这种方式，存在于非暴力的进步之中。但是，哈佛商学院永远也无法逃脱这样的义务：在它清晰阐述一种更加中肯的企业理论之前，先要清晰阐述并传播一种支持现有社会政治局面的思想意识。

哈佛商学院凭借自己的决策，主动放弃了它可能拥有的有意义的社会作用，变成了人们口中"文化优化"的重要参与者。一些原本重要的事情，比如说意义、贡献、礼仪以及服务社区，被他们搁置一旁，转而痴迷于调整数字，寄希望于利润最大化。不仅如此，大部分企业只知道用一种方式来追求利润最大化——以牺牲质量和无数的其他标准为代价，压缩成本、强调效率。这就难怪那些通过衡量来寻找意义的人会拼命衡量可以衡量的一切。甚至当他们能罕见地退后一步，以全局视角谈论一些更重要的事情时，也抓不住要领。例如：2010年，克莱顿·克里斯坦森在《哈佛商业评论》上发表的《怎样衡量你的人生？》（*How Will You Measure Your Life?*）一文。可是，人生并不是一个案例研究。正确的问题应当是：怎样过好你的人生？

也许我们本该看到这种情况出现。一旦我们允许哈佛商学院向我们兜售"处理抽象的事情，是处理真实事情的一种合适的替代选择"这种理念——它不但是案例分析法的本质，也是金融主义的本质——那么，其结果与真正的目的之间并没有出现太大偏差。如果你没有更深层次的目的，那么，数字就是你需要关注的问题，否则，你将失去任何指引。此时此刻，你将变成一个人际关系的高手。

在帮助更多思考商业的人重新发现除利润以外的经商目的方面，哈佛商学院应当发挥作用。但是，如果我们坚持认为，在任何特定的商业情形中，企业道德败坏都是无解的问题，那么，我们就无法发现企业除利润以外的其他目的。值得庆幸的是，哈佛商学院可能希望不再只从表面上解决问题，例如他们为校园内性别歧视制定的解决方案。同样，也许他们应当重新思考"真诚领导"的可笑之处及其关注焦点——社会中那些支持无偏见观点（比如社会福利）的幸运之人的精神福利。它可以首先纠正其在研究民主资本主义时犯下的离谱错误。

好消息是，学生们似乎是一群可以真正迫使原本抗拒改革的哈佛商学院着手改革的利益相关者。在这个方面，他们走在了哈佛商学院前面。而且，不仅是类似于凯西·杰拉尔德那些近期毕业的学生才懂得这一点，1965届毕业生卡特·贝尔斯也懂。历届毕业生的声音，已经对哈佛商学院缺乏什么和应当做些什么，得出了相同的结论。如果有一天，尼廷·诺瑞亚终于不再到全国各地奔跑，试图向校友索要金钱，他可能有机会听到凯西·杰拉尔德和卡特·贝尔斯这些人的建议。

无须怀疑，哈佛商学院已经证明，自己成功地帮助人们取得了成功。但是，我们并不需要哈佛商学院再培养一代仅仅以追求成功为动机的人。我们需要的是它最终兑现建院时的承诺，培养出开明的、能够为世界带来积极影响的商界人士。要做到这样，哈佛商学院得让更多学生在毕业时以解决问题为动机，而不是将制造问题作为动机。

在社会科学以及商业研究中，尽管以哈佛商学院为代表的商学院多年来在尽最大努力量化商业，但事实上，商业研究仍是一门社会科学——学者的主要作用是帮助澄清我们的民主论述语言，具有哲学性。学者们有一定的空间来摆脱、评论、批评和拯救由当权者破坏的语言。对美国经济和文化愿景的侵蚀，始于那种腐败的论述语言，而哈佛商学院的悲剧是，它动用了所有资源，仍然没能从知识上或哲学上努力阻止持续蔓延的腐蚀。最后，他们只影响了其毕业生的职业生涯。但如果他们想要与我们所有人的未来福祉扯上关系，而且对我们产生积极的影响，那么，他们是时候卸掉伪装，为让这个世界变得更美好而做出努力了。

致 谢

　　写这本书，对我来说是长达31个月的漫长而刺激的旅程。对于本书，一位朋友说，这是我关于美国商业"三部曲"中的第三部。第一部是《最后的胜者》(*Last Man Standing*)，描述了杰米·戴蒙的职业生涯，他是他那一代商界领袖中最为成功的银行家；第二部是《麦肯锡经验》(*The Firm*)，记载了麦肯锡以及管理咨询行业的崛起；这本《哈佛风云录》透过哈佛商学院这面棱镜来观察、讲述和记录管理学教育的历史以及MBA的兴起，这是"三部曲"中的最后一部。我的朋友说得对，"三部曲"中的每一部，都是同一个故事的不同组成部分。

　　我只希望那些艰难地读完这三本书的读者能够发现，很多结论是层层递进的。我十分确定的是，读者将注意到我对许多事情的想法在不断变化，也能察觉到我描述的语气也在变化。

　　针对《最后的胜者》，有人提出批评，说我在撰写美国最杰出银行家的传记的过程中，并没有对金融行业进行问责。我接受这样的批评，但我还是要"狡辩"一句，那本书原本就是讲述某个人的职业生涯，并非对金融危机进行调查。

　　不过，人们对《麦肯锡经验》一书的批评，则让我疑惑不解。人们说，我提出了一个问题——麦肯锡（以及所有的咨询公司）是否配得上他们得到的咨询费——却没能给出令人满意的答案。批评者想要一个确切的答案——"配得上"或是"配不上"。对此，我的回应只能是，如果这个问题的答案如此简单，那就不需要写一本书来阐述了。但我能理解，为什么我给出的"一切要看具体情况"的答案会让某些人感到不满。也许我有些过于中庸,既提出了管理咨询的好处,也分析了它的坏处,让读者去得出自己的结论。

当我开始写《哈佛风云录》时,我的目标是讲述一所"年长"的教育机构在 MBA 这群难以监控的主宰者面前的地位。我研究哈佛商学院所选择的路径,与研究麦肯锡的路径是一样的,在为《麦肯锡经验》开展研究时,我偶然发现哈佛商学院与麦肯锡之间有着密切联系。于是,在书中的一个小节中,我把它们合称为"麦肯哈佛"(McHarvard)。

我不是反商学院人士。我自己曾在沃顿商学院读本科;我也不是反对财富者,尽管金钱从来就不是我前进道路上的首要动力,但谈到他人的价值观时,我坚持不干涉主义。因为,人各有志。我甚至也不觉得民主资本主义已经腐败到需要推倒重建的地步。很明显,它是可以改进的,就跟人类所做的任何事情一样。我甚至担任过《财富》的特约编辑,该杂志可以说是资本主义的《圣经》。

但我很快意识到,我对哈佛商学院的评价标准,高于对麦肯锡咨询的标准。因为,哈佛商学院是一所教育机构,我们将年轻一代托付给它,它应该对我们负有更大的责任。它有着伟大的使命,通过运用丰富的资源,在世界各地都留下足迹。在过去一个世纪里,还有哪所商学院能比哈佛商学院更好地塑造和提升企业的形象和地位?同时,在美国和美国以外的地方,它又做了什么?

这个问题激发了我,于是,我开始探询哈佛商学院在长达一个世纪里的统治地位。和我之前的两本书一样,我首先询问采访对象是否有兴趣参与,有没有管理人员和教授可以接受采访,或者能否让我接触哈佛商学院广泛的历史收藏资料。回想 2008 年,尽管在金融市场混乱、公共关系复杂的局面下,杰米·戴蒙经营着世界上最大的银行,面临着诸多挑战,但他仍然马上就为我提供了诸多便利。在写第二本书时,我在麦肯锡身上稍稍费了一些周折,但他们最终也为我提供了便利。然而,哈佛商学院却告诉我,他们绝对没有任何兴趣与我接触,我不能对哈佛商学院的任何一个人(从院长到普通教职员工)进行哪怕一次采访。他们确实特别为我提供了一些可用的历史资料,但并没有最近 50 年的资料。不过,由于互联网的存在,加上有许多人在过去一个世纪里从不同的视角观察哈佛商学院,所以,我自己也能找到他们并没有提供给我的资料。

哈佛商学院是一所一半由纳税人支持，一半由哈佛大学支持的教育机构。人们相信，它致力于追求真理。我完全没有想到它会将我拒之门外，但它确实这么做了。有几次，我试图请求它改变主意。2016年春，我最后一次找上门去，看看院长能否抽时间接受我的采访，谈一谈这本书中某些宽泛的主题。他们再次拒绝了我。

好吧，他们的决定对我来说是一种解脱。如果我曾对之前的两本书有任何担心，那就是我在采访时要付出辛劳。我总是一丝不苟地做好自己的工作，我也非常清楚地知道，即使只是简单地提供有条件的访问，也会改变采访的性质。但如果没有进行采访，《最后的胜者》和《麦肯锡经验》这两本书的质量都会受到影响。不过，书中写到的人与公司，确实没有义务和我以及和任何人交谈，但如果缺乏那几百次的交谈，没有那些幕后故事，那两本书都会失去它们的吸引力。这并不是说除了进行采访，我就没有别的办法来写书了，一定还有其他办法。而且，我在任何时候都不后悔自己采用直接采访书中人物和公司的方法来写那两本书。

然而，当哈佛商学院拒绝接受我的采访时，他们并不能用拒绝他人的方式来阻止我。关于这所商学院，已经有太多信息可以使用，比如那些出自哈佛商学院的作者对读书生涯的叙述。这种叙述几乎形成了一个小型产业。其中，有少数作者仍在哈佛商学院工作，但大多数人并没有在哈佛商学院工作，包括高管、其他MBA研究生院的教授、哈佛商学院校友，他们也都愿意谈一谈哈佛商学院及其影响。大部分拥有哈佛商学院文凭的杰出CEO，同样乐意跟我交谈，在此我对他们表示感谢，尽管有些交谈结果并没有进入最终的编辑程序。到最后，唯一不愿意探讨哈佛商学院的人，恰好是哈佛商学院如今聘用的那批人。

哈佛商学院可能没有为我提供任何帮助，但谢天谢地，有许多其他人帮助了我。

第一，我要感谢霍利斯·海姆鲍奇（Hollis Heimbouch）和哈珀商业出版社的所有人，包括TK出版社。谢谢你信任我，霍利斯，你是最优秀的。

第二，感谢我的经纪人戴维·库恩（David Kuhn）以及库恩团队中的其他人。库恩，我们在一起工作了十年，在你的激励下我才能走到如今这个职业阶段，我永远感激你。

第三，我要感谢许多既与我分享他们的想法，又留出时间和我一起开展研究工作的人。那些在本书中被引用到的话，我也要感谢说过、写过它们的人，但我需要从中挑选几位，予以特别感谢，包括 J.-C. 斯彭德、亨利·明茨伯格、凯西·杰拉尔德、沃尔特·基切尔、凯文·梅琳（Kevin Mellyn）、米里亚姆·达斯科夫斯基（Miriam Datskovsky）和拉尔夫·纳德。和往常一样，对于和我交谈过的任何人，我希望这本书配得上他们付出的时间。

第四，我要感谢那些在事情脱离正轨时让我保持清醒的人，包括鲁克·弗劳德（Luke Froude）、巴勃罗·加拉尔萨（Pablo Galarza）、亚当·玛斯里（Adam Masry）、吉尔达·里卡迪（Gilda Riccardi）、劳伦·威尔斯（Lauren Wells）、塔拉·麦金度（Tara McIndoo）、劳拉·琼斯（Laura Jones）。此外，我还要单独向 J. P. 文森特（J. P. Vicente）和肯·柯森（Ken Kurson）表达我特别的感谢，谢谢你们！

最后，我要感谢我的家人，他们一直和我在一起。在此，我想讲两则关于他们的趣事。

第一件趣事有关我弟弟史蒂夫（Steve）。有一次他来看望我，当时，我正好在竭尽全力把之前的研究写到书中。他听到了一段关于埃尔顿·梅奥特别热情的独白后，望着我说：“你真的应当将你的说话风格融入到你的写作中。”那听起来很适合我，因此我就按他说的做了。谢谢你，史蒂夫。

第二件趣事和我的女儿玛格丽特（Marguerite）有关。一天晚上，她在昏昏欲睡时说了一句"我不能相信，我有一位当作家的爸爸"。我当时既有作为父亲的骄傲（要给一个 6 岁孩子留下印象，并不是难事），又对她是否懂得什么是作家表示怀疑。然后她接着说道：“我不能相信，我有一只小狗。”

2016 年 8 月
纽约

欢迎加入 iHAPPY 书友会

十几年来，中资海派陪伴数百万读者在阅读中收获更好的事业、更多的财富、更美满的生活和更和谐的人际关系，拓展他们的视界，见证他们的成长和进步。

现在，我们可以通过电子书、有声书、视频解读和线上线下读书会等更多方式，给你提供更周到的阅读服务。

认准书脊"中资海派"LOGO
让我们带你获得更高配置的阅读体验

加入"iHappy 书友会"，随时了解更多更全的图书及活动资讯，获取更多优惠惊喜。还可以把你的阅读需求和建议告诉我们，认识更多志同道合的书友。让海派君陪你，在阅读中一起成长。

中资海派微信公众号　　中资海派天猫专营店

也可以通过以下方式与我们取得联系：

采购热线：18926056206 / 18926056062　　服务热线：0755-25970306
投稿请至：szmiss@126.com　　新浪微博：中资海派图书

经济管理・金融投资・人文科普・政史军事・心理励志・生活两性・家庭教育・少儿出版